Entre naturalismo e religião

JÜRGEN HABERMAS

Entre naturalismo e religião

Ensaios filosóficos

Tradução

Antonio Ianni Segatto
Rúrion Melo

editora
unesp

Título original: *Zwischen Naturalismus und Religion. Philosophische Aufsätze*

Direitos de publicação reservados à:
Fundação Editora da Unesp (FEU)
Praça da Sé, 108
01001-900 – São Paulo – SP
Tel.: (0xx11) 3242-7171
Fax: (0xx11) 3242-7172
www.editoraunesp.com.br
www.livrariaunesp.com.br
atendimento.editora@unesp.br

Dados Internacionais de Catalogação na Publicação (CIP)
de acordo com ISBD
Elaborado por Odilio Hilario Moreira Junior – CRB-8/9949

H144e

Habermas, Jürgen

Entre naturalismo e religião: Ensaios filosóficos / Jürgen Habermas; traduzido por Antonio Ianni Segatto, Rúrion Melo. Apresentação à edição brasileira por Erick Lima – São Paulo: Editora Unesp, 2024.

Tradução de: *Zwischen Naturalismus und Religion*
Inclui bibliografia.
ISBN: 978-65-5711-225-0

1. Filosofia. 2. Religião. 3. Naturalismo. 4. Teoria crítica. 5. Escola de Frankfurt. 6. Agir comunicativo. 7. Sociologia. 8. Epistemologia. I. Segatto, Antonio Ianni. II. Melo, Rúrion. III. Título.

2024-4093 CDD 100
CDU 1

Editora afiliada:

Sumário

Introdução à Coleção . *7*

Apresentação à edição brasileira . *11*
Erick Lima

Introdução . *37*

I. A constituição normativa do espírito guiado por normas

1 Espaço público e esfera pública política. Raízes biográficas de dois motivos de pensamento . *49*

2 Ação comunicativa e razão destranscendentalizada . *65*

3 Sobre a arquitetônica da diferenciação do discurso: pequena réplica a uma grande controvérsia . *141*

II. Pluralismo religioso e solidariedade cívica

4 Fundamentos pré-políticos do Estado democrático de direito? . *173*

5 Religião e esfera pública. Pressupostos cognitivos para o "uso público da razão" por cidadãos religiosos e seculares . *191*

III. Naturalismo e religião

6 Liberdade e determinismo . *243*

7 "Eu mesmo sou evidentemente um fragmento de natureza". Sobre o entrelaçamento de razão e natureza em Adorno. Considerações sobre a relação entre liberdade e indisponibilidade . *285*

8 O limite entre fé e saber. Sobre a história da recepção e o significado atual da filosofia da religião de Kant . *323*

IV. Tolerância

9 Tolerância religiosa como precursora dos direitos culturais . *377*

10 Tratamento cultural igual e os limites do liberalismo pós-moderno . *405*

11 Uma Constituição política para uma sociedade mundial pluralista? . *463*

Referências bibliográficas . *521*

Índice onomástico . *543*

Introdução à Coleção

Se desde muito tempo são raros os pensadores capazes de criar passagens entre as áreas mais especializadas das ciências humanas e da filosofia, ainda mais raros são aqueles que, ao fazê-lo, podem reconstruir a fundo as contribuições de cada uma delas, rearticulá-las com um propósito sistemático e, ao mesmo tempo, fazer jus às suas especificidades. Jürgen Habermas consta entre estes últimos.

Não se trata de um simples fôlego enciclopédico, de resto nada desprezível em tempos de especialização extrema do conhecimento. A cada passagem que Habermas opera, procurando unidade na multiplicidade das vozes das ciências particulares, corresponde, direta ou indiretamente, um passo na elaboração de uma teoria da sociedade capaz de apresentar, com qualificação conceitual, um diagnóstico crítico do tempo presente. No decorrer de sua obra, o diagnóstico se altera, às vezes incisiva e mesmo abruptamente, com frequência por deslocamentos de ênfase; porém, o seu propósito é sempre o mesmo: reconhecer na realidade das sociedades modernas os potenciais de emancipação e seus obstáculos, buscando apoio em pesquisas empíricas e nunca deixando de justificar os seus próprios critérios.

Certamente, o propósito de realizar um diagnóstico crítico do tempo presente e de sempre atualizá-lo em virtude das transformações históricas não é, em si, uma invenção de Habermas. Basta se reportar ao ensaio de Max Horkheimer sobre "Teoria Tradicional e Teoria Crítica", de 1937, para dar-se conta de que essa é a maneira mais fecunda pela qual se segue com a Teoria Crítica. Contudo, se em cada diagnóstico atualizado é possível entrever uma crítica ao modelo teórico anterior, não se pode deixar de reconhecer que Habermas elaborou a crítica interna mais dura e compenetrada de quase toda a Teoria Crítica que lhe antecedeu – especialmente Marx, Horkheimer, Adorno e Marcuse. Entre os diversos aspectos dessa crítica, particularmente um é decisivo para compreender o projeto habermasiano: o fato de a Teoria Crítica anterior não ter dado a devida atenção à política democrática. Isso significa que, para ele, não somente os procedimentos democráticos trazem consigo, em seu sentido mais amplo, um potencial de emancipação, como nenhuma forma de emancipação pode se justificar normativamente em detrimento da democracia. É em virtude disso que ele é também um ativo participante da esfera pública política, como mostra boa parte de seus escritos de intervenção.

A presente Coleção surge como resultado da maturidade dos estudos habermasianos no Brasil em suas diferentes correntes e das mais ricas interlocuções que sua obra é capaz de suscitar. Em seu conjunto, a produção de Habermas tem sido objeto de adesões entusiasmadas, críticas transformadoras, frustrações comedidas ou rejeições virulentas – dificilmente ela se depara com a indiferença. Porém, na recepção dessa obra, o público brasileiro tem enfrentado algumas dificuldades que esta Coleção pretende sanar. As dificuldades se referem principalmente à ausência de tradução de textos importantes e à falta de uma padronização terminológica nas traduções existentes, o que, no mínimo, faz obscurecer os laços teóricos entre os diversos momentos da obra.

Incluímos na Coleção praticamente a integralidade dos títulos de Habermas publicados pela editora Suhrkamp. São cerca de quarenta volumes, contendo desde as primeiras até as mais recentes publicações do autor. A ordem de publicação evitará um fio cronológico, procurando atender simultaneamente o interesse pela discussão dos textos mais recentes e o interesse pelas obras cujas traduções ou não satisfazem os padrões já alcançados pela pesquisa acadêmica ou simplesmente inexistem em português. Optamos por não adicionar à Coleção livros apenas organizados por Habermas ou, para evitar possíveis repetições, textos mais antigos que foram posteriormente incorporados pelo próprio autor em volumes mais recentes. Notas de tradução e de edição serão utilizadas de maneira muito pontual e parcimoniosa, limitando-se, sobretudo, a esclarecimentos conceituais considerados fundamentais para o leitor brasileiro. Além disso, cada volume conterá uma apresentação, escrita por um especialista no pensamento habermasiano, e um índice onomástico.

Os editores da Coleção supõem que já estão dadas as condições para sedimentar um vocabulário comum em português, a partir do qual o pensamento habermasiano pode ser mais bem compreendido e, eventualmente, mais bem criticado. Essa suposição anima o projeto editorial desta Coleção, bem como a convicção de que ela irá contribuir para uma discussão de qualidade, em meio ao público brasileiro, sobre um dos pensadores mais inovadores e instigantes do nosso tempo.

Comissão Editorial

Antonio Ianni Segatto
Denilson Luís Werle
Luiz Repa
Rúrion Melo

Apresentação à edição brasileira

Erick Lima[1]

Entre naturalismo e religião foi publicado por Jürgen Habermas em 2005, pela editora Surhkamp. Tomado em si mesmo, em abstração de uma relação com o itinerário que vem sendo trilhado pelo autor, o livro é uma manifestação não apenas da profundidade, pertinência e atualidade do pensamento habermasiano, mas também da extraordinária envergadura de suas discussões. Os temas se estendem desde a filosofia teórica e a filosofia da linguagem, passando por questões já clássicas – mas com desdobramentos contemporâneos – da epistemologia das ciências humanas, chegando a reflexões sobre filosofia do direito, teoria da democracia e filosofia da religião.

Quanto a essa última, *Entre naturalismo e religião* compõe, por outro lado, em conjunto com *Fé e saber* (2001) e *Pensamento pós-*

1 Professor da Universidade de Brasília.

-metafísico II (2012), o núcleo programático de uma ampliação das investigações de Habermas em direção à filosofia da religião – e isso num sentido relativamente inaudito,[2] sobretudo quando comparadas com suas considerações sobre a religião até a década de 1980, no contexto do desenvolvimento de sua teoria da modernização.[3] Essa trilogia consolidou nesse ínterim a via que conduziu nosso autor à alentada obra-prima *Também uma história da filosofia* (2019), seríssima candidata a uma das mais impactantes obras filosóficas do século XXI.

Eis por que, diante de um pensamento tão vertiginoso e prolífico, que se desenvolveu e expressou por mais de sete décadas, qualquer humilde tentativa de apresentar a primorosa tradução desta importante obra, de que se incumbiram os especialistas Antonio Segatto e Rúrion Melo, terá de lidar com um instigante desafio: compreender retrospectivamente a peculiaridade de *Entre naturalismo e religião* na trajetória de Habermas – em especial nos últimos vinte anos, nos quais algumas das principais hipóteses de trabalho, propostas e relativamente desenvolvidas em *Entre naturalismo e religião*, encontraram entrementes importantes e alentados desdobramentos.[4] É possível, penso

---

2 Para uma percepção das continuidades e descontinuidades da produção de Habermas a partir dos anos 2000, em comparação com períodos anteriores, ver: Thein, *Habermas und die Genealogie nachmetaphysischen Denkens*, cap. 3.

3 Sobre a trajetória do tema "religião" na produção de Habermas entre os anos 1980 e as primeiras décadas do século XXI, ver: Calhoun/Mendieta/VanAntwerpen, *Habermas and Religion*, p.12 ss., mas também o apêndice de E. Mendieta (682 ss.).

4 Um dos exemplos mais marcantes é a questão da "genealogia do pensamento pós-metafísico", a que se dedica o primeiro capítulo do volume I de *Também uma história da filosofia* (2019). Como mostra

eu, conferir a *Entre religião e naturalismo* um significado muito singular, na medida em que nele parece sinalizar-se, conquanto não uma virada ou guinada, ao menos uma inflexão, uma redefinição programática.

Vou tentar confirmar essa hipótese me concentrando sobretudo em dois temas, os quais parecem constituir justamente eixos fundamentais das variegadas discussões propostas por *Entre naturalismo e religião*. Em primeiro lugar, trata-se da assim chamada "questão ontológica do naturalismo"[5] – um tema que, embora sempre de algum modo presente no horizonte em que Habermas se movera até então, encontra um novo resgate sob o signo da consolidação mais ou menos definitiva de suas mais fundamentais teses em epistemologia e filosofia da linguagem. O tema do naturalismo representa, sem dúvida, um dos eixos por meio dos quais se pode rastrear a peculiar transição temática proposta por Habermas entre as décadas de 1990 e 2000. Desdobrada em textos da virada do milênio também num registro vinculado, digamos, à bioética, a questão en-

---

Thein, Habermas estabeleceu tal programa em *Entre naturalismo e religião*. "O pensamento pós-metafísico não pode se compreender a si mesmo se não incluir na própria genealogia as tradições religiosas lado a lado com a metafísica" (ENR, p.44). Sobre isso, ver: Thein, *Habermas und die Genealogie nachmetaphysischen* Denkens, p.105 ss. Sobre o conceito habermasiano de genealogia, ver a proposta de Amy Allen: Calhoun/Mendieta/VanAntwerpen, *Habermas and Religion*, p.234 ss.

5 "Como a normatividade, incontornável da perspectiva dos participantes, de um mundo da vida estruturado linguisticamente, no qual nós 'sempre já' nos encontramos previamente enquanto sujeitos capazes de falar e agir, pode ser compatibilizada com a contingência de um desenvolvimento histórico-natural de formas de vida socioculturais." Habermas, *A inclusão do outro*, p.7-8.

contra então, em *Entre naturalismo e religião*, o engate com aquele que, desde então, tem se mostrado o tema absolutamente diretivo do pensamento mais recente de Habermas: a relação entre religião e filosofia – aqui sobretudo seu desdobramento pós-metafísico – no contexto formado pelas demandas normativas inscritas em sociedades pós-seculares.[6]

A capacidade de alinhavar tantos tópicos diversos e de propor intervenções tão profundas e fecundas em diferentes disciplinas testemunha, mais uma vez, o gênio filosófico de Habermas. Ademais, como sói acontecer em suas obras, o livro contém ainda uma percepção muito aguda e incisiva do modo como algumas das questões sociais e políticas de nossos dias vêm pressionando o pensamento filosófico – questões às quais ele se vê, portanto, absolutamente instado a dar respostas.

Entre naturalismo e religião é, na verdade, uma coletânea composta por onze ensaios divididos em quatro partes. O fato de que esses ensaios tenham sido escritos em circunstâncias diversas pode contribuir para uma apressada impressão de unidade à primeira vista fragmentária. No entanto, seria possível ver o autor movendo-se ainda no horizonte temático, definido já nas décadas de 1970 e 1980, de crítica da razão e do inacabamento da modernidade como projeto político.[7] Isso porque o livro

---

6 Essa visão do lugar ocupado por *Entre naturalismo e religião* no quadro da inflexão experimentada pelo pensamento de Habermas nos anos 2000, corresponde, em linhas gerais, à percepção defendida em Brunkhorst/Kreide/Lafont, *Habermas-Handbuch*, p.273-90. Sobre o significado normativo do "pós-secular": "Na consciência pública de uma sociedade pós-secular se reflete muito mais uma perspectiva normativa que tem consequência para as relações políticas entre cidadãos não crentes com os cidadãos crentes" (ENR, p.187).

7 Calhoun/Mendieta/VanAntwerpen, *Habermas and Religion*, p.205 ss.

como um todo procura reagir às pressões provocadas por dois dos mais importantes rebentos da modernidade esclarecida: o naturalismo e o secularismo.

Em virtude dessa origem histórica comum, as formas mais robustas de naturalismo, de objetivação extrema do humano, ocasionadas por uma visão cientificista do mundo, que Habermas já criticara desde *Técnica e ciência como ideologia* (1968), sempre pareceram indicar afinidades com formas radicais de secularismo, de desencantamento e esvaziamento de tradições e ortodoxias religiosas. No entanto, a modernidade tecnocrática e radicalmente cientificista, que parece agora se consumar numa atuação mais inescrupulosa de imperativos mercadológicos, em técnicas para alteração da herança genética humana, nas expectativas por um desempenho ainda mais eficaz de sistemas de inteligência artificial e na despolitização da esfera pública,[8] assiste ao reaparecimento, e mesmo ao recrudescimento, de ortodoxias religiosas, seja no Ocidente, seja no Oriente, nas nações capitalistas mais desenvolvidas ou nas antigas colônias e no Sul Global.

Do ponto de vista filosófico, isso provoca a necessidade de enfrentamento de ao menos três questões cruciais. Em primeiro lugar, no campo da filosofia teórica, trata-se de empreender uma crítica àquilo que Habermas, desde *Verdade e justificação* (1999), vinha chamando de "naturalismo forte".[9] O objetivo é

---

8 Sobre isso, ver a apresentação de R. Melo e D. Werle a Habermas, *Uma nova mudança estrutural na esfera pública*, p.7 ss.

9 Habermas, *Wahrheit und Rechtfertigung*, p.32-40. Sobre isso, ver Lima, Realismo cognitivo, naturalismo e pragmatismo ético: a estrutura normativa das "formas de vida" segundo Habermas e Putnam, *Principia*, v.17, n.3, p.461-5.

revelar os motivos de sua supressão da normatividade intrínseca às formas de vida socioculturais, mormente quando consideradas sob a ótica da evolução natural da espécie e, portanto, de sua incontornável naturalidade. Por outro lado, uma renitente religiosidade, que não se deixa simplesmente dissolver, como parecia antecipar a teoria social no século XX, no cadinho de uma irresistível secularização, continua a suscitar, no campo da filosofia política, o desafio de pensar as circunstâncias de estabilização do pluralismo de visões de mundo no quadro das sociedades democráticas contemporâneas, as quais demandam doses expressivas de uma solidariedade cívica sempre sob risco. A isso, Habermas pensa contribuir com uma discussão sobre as condições epistêmicas[10] e propriamente políticas para que cidadãos leigos e não leigos, sem que sejam onerados com uma limitação não razoável de adesão aos valores constitutivos de suas visões de mundo, possam participar, de forma igualitária, no debate público, em que deve afinal se processar reciprocamente a formação democrática de suas vontades. Finalmente, ao conectar a ameaça do naturalismo à parcialidade da secularização, a filosofia, a quem parece ter restado a sóbria visão abrangente da realidade contemporânea, pode, enquanto pensamento pós-metafísico, reestabelecer, na forma de um diálogo mutuamente produtivo, o liame entre filosofia e religião; mas agora nos marcos de uma sociedade pós-secular, na qual a parcialidade do processo de secularização pode finalmente ser

10 Especialmente sobre pré-requisitos epistêmicos, demandados numa sociedade pós-secular tanto de cidadãos leigos quanto de religiosos, em conexão com a genealogia do pensamento pós-metafísico, ver ENR, p.234.

reformulada em termos de uma teoria acerca de seus limites filosoficamente desejáveis e politicamente razoáveis.

De volta à filosofia teórica

A primeira parte do livro se compõe de ensaios que resgatam, com inovações interessantes, algumas das diretrizes fundamentais da filosofia teórica de Habermas, tal como consolidada em *Verdade e justificação* (1999). Em *Entre naturalismo e religião*, contudo, a leitora e o leitor encontrarão não apenas um aprofundamento dos debates que Habermas trava com filósofos contemporâneos, sobretudo do campo analítico – embora muitas vezes lidos à luz de questões postas no intrincado desenvolvimento das correntes continentais. Além disso, creio que se aprofundará a percepção, nem sempre enfatizada como se deveria, da radicalidade da intervenção de Habermas nos debates epistemológicos e linguísticos que vêm marcando os séculos XX e XXI.

Adotando um tom biográfico, incomum em seus textos, Habermas inicia a jornada mostrando, ao recorrer a vivências próprias de impacto crucial, a forma como foi conduzido ao tema filosófico que desde então tem sido desdobrado ao longo das últimas sete décadas. Trata-se da defesa intransigente do primado de uma intersubjetividade destranscendentalizada, naturalmente enraizada e metafisicamente deflacionada, defesa que se desdobra então em termos de uma investigação multidimensional sobre o espaço público (1).

Em *Verdade e justificação*, Habermas já havia caracterizado, do ponto de vista histórico-filosófico, o núcleo epistemológico de seu pensamento não apenas sob a ótica da tese, compartilhada com a teoria dos atos de fala de Austin, de uma irredutível e recíproca implicação das funções comunicativa e descritiva da linguagem,[11] das dimensões semântica e pragmática do significado. De maneira ainda mais radical, Habermas chegou a uma dialética entre as contribuições, como também em *Entre naturalismo e religião*, das tradições hermenêutica e analítica na filosofia da linguagem: uma dialética entre a função da linguagem como abertura do mundo,[12] por um lado, e a relativa autonomia da função descritiva,[13] que se conecta, por sua vez, a teorias da referência que, na esteira de Frege e do *Tractatus* de Wittgenstein, chegam a Dummett e Putnam.[14] De modo mais direto, trata-se do entrelaçamento da intersubjetividade com a objetividade.[15] Interessantemente, apenas uma tal dialética sem reducionismo lograra responder tanto à "questão epistemológica do realismo"[16] quanto às demandas de uma teoria materialista da sociedade que pretende escapar ao contextualismo, ao relativismo e às críticas totalizantes da razão – uma teoria materialista não comprometida com qualquer filosofia da his-

---

11 Habermas, *Wahrheit und Rechtfertigung*, p.11-2

12 Ver Habermas, *Wahrheit und Rechtfertigung*, p.101. E ainda: "a dialética entre linguagem que abre mundos e processos de aprendizagem intramundanos" (ENR, p.68).

13 Sobre o modo como Habermas, em *Entre naturalismo e religião*, continua a enxergar, na fase pragmática de Wittgenstein, o nivelamento de validade social e validade, ver ENR, p.68.

14 Habermas, *Wahrheit und Rechtfertigung*, p.40-8.

15 "[...] a objetividade do mundo só se constitui para um observador junto com a intersubjetividade do entendimento possível acerca do que ele apreendeu cognitivamente do acontecimento intramundano" (ENR, p.268).

16 Habermas, *Wahrheit und Rechtfertigung*, p.8 e 48-55.

tória[17] e que se debruça, por exemplo, de modo não fatalista ou quietista sobre os influxos da racionalidade instrumental nos processos de aprendizagem que especificam uma evolução social sempre falível e descontínua.[18]

Contudo, os dois últimos ensaios da segunda parte de *Entre naturalismo e religião* aprofundam o peculiar processamento por Habermas da discussão epistemológica na tradição analítica; pois Habermas, no contexto de uma instrutiva discussão sobre a relação entre as pressuposições idealizadoras da pragmática formal e as ideias transcendentais de Kant, deixa ver, de maneira ainda mais clara, no campo da filosofia da linguagem posterior a Frege, sua maior afinidade com a corrente que segue, na defesa de uma normatividade intrínseca à linguagem, de Wittgenstein, e alcança Dummett e Brandom;[19] e não com aquela que, sob certa radicalização da naturalização e objetificação dos fenômenos linguísticos, parte de Carnap e Quine, chegando até Davidson (2).

A propósito, em comparação com *Verdade e justificação*, Habermas acentuará em leitores e leitoras a percepção da forma como sua concepção da iniludível normatividade da linguagem, que torna também irredutível a perspectiva do participante, pode ser vista enquanto uma espécie de surpreendente mediação entre Apel e Brandom. Por um lado, recuperando todo seu já clássico e remoto debate com Apel em torno do estatuto transcendental dos pressupostos pragmáticos da participação discursiva no agir comunicativo, Habermas continua investin-

---

17 Habermas, *Die postnationale Konstellation*, p.217-8.

18 Habermas, *Wahrheit und Rechtfertigung*, p.99-101.

19 ENR, p.109.

do numa crescentemente intensa destranscendentalização.[20] Por outro lado, parece agora ainda mais plausível a suspeita de que, no processo de destranscendentalização a que tende o "pragmatismo kantiano"[21] de Habermas, haja certa influência da produtiva discussão com o neo-hegelianismo[22] e sobretudo com Brandom[23] – de quem continua, contudo, distanciando-se sob a alegação de incontornabilidade, de necessidade prática, das pressuposições formais acionadas pelos participantes do discurso ou da argumentação[24] (3).

A questão ontológica do naturalismo

Porém, ainda em *Verdade e justificação*, a posição habermasiana acerca da normatividade intrínseca às práticas linguisticamente mediadas, consolidada em termos de um "pragmatismo kantiano", foi sustentada como única posição capaz de solucionar a "questão ontológica do naturalismo"[25] – algo que logra fazer, diz Habermas, com uma espécie de compatibilização de Kant com Darwin. A visão destranscendentalizada e metafisicamente desonerada da razão humana, agora situada em contextos

20 Habermas, *Wahrheit und Rechtfertigung*, p.186.

21 Habermas, *Wahrheit und Rechtfertigung*, p.16.

22 Habermas, *Wahrheit und Rechtfertigung*, p.156-229.

23 Habermas, *Wahrheit und Rechtfertigung*, p.138-55.

24 Habermas se distancia de Hegel sobretudo por insistir na distinção "entre a 'lógica da autoeducação histórica' em normas, e a 'lógica transcendental da justificação" para normas" (Pippin, *Hegel on Self-consciousness*, p.18). Comparar com Brandom, Para a reconciliação de dois heróis: Habermas e Hegel, *Novos Estudos Cebrap*, 2013.

25 Habermas, *Wahrheit und Rechtfertigung*, p.7-8.

socioculturais concretos, suscita a questão, que também acomete o neohegelianismo[26] de inspiração wittgensteiniana,[27] acerca dos contornos inevitavelmente naturalizados da efetivação da normatividade em formas de vida socioculturais. Em *Entre naturalismo e religião*, são sobretudo os capítulos 6 e 7, incluídos na Parte III – a qual articula, por sua vez, já pelo próprio título, os temas mais decisivos da obra –, que retomam a questão do naturalismo. Primeiramente, demonstrando o já típico interesse de uma filosofia como *Platzhalter und Interpret* por resultados alcançados pelas ciências naturais, Habermas examina, no contexto de propostas reducionistas desenvolvidas na neurobiologia, na robótica e nas ciências cognitivas, segundo as quais a experiência tipicamente humana é considerada parte de um sistema causal fechado, as condições para se fazer justiça à intuição, presente nos participantes de práticas comunicativas, de sua própria consciência da liberdade (6).

Em meio à prevalência nas ciências naturais de uma solução reducionista e marcadamente determinista para o conflito articulado pela *Terceira Antinomia* de Kant, Habermas persegue uma intenção inspirada na revisitação do tema da "história natural", desenvolvido por Adorno na *Dialética negativa* e em outros opúsculos. Segundo Habermas, Adorno tende a uma solução, digamos, compatibilista para a *Terceira Antinomia*, a qual, em comparação com Kant, parece, no entanto, destranscendentalizada e metafisicamente deflacionada: o enraizamento

26 Brandom, *A Spirit of Trust*, p.262 ss. Ver também Pinkard, *Hegel's Naturalism*, p.45 ss.

27 "Dar ordens, fazer perguntas, contar estórias, conversar pertencem à nossa história natural, como andar, comer, beber, jogar." Wittgenstein, *Werkausgabe in 8 Bänden*, I, 251.

natural e somático de uma incontornável consciência individual da liberdade.[28]

No entanto, Habermas desenvolve esse núcleo conceitual numa direção heterodoxa em comparação com Adorno, mas que remete à interpretação intersubjetivista do não idêntico,[29] a qual remonta em última instância ao comunitarismo do jovem Hegel[30] e fora sistematizada no capítulo IV do volume I do *opus magnum Teoria da ação comunicativa.*[31] Com essa inflexão intersubjetivista do não idêntico e, por conseguinte, com a tese do enraizamento natural de uma consciência individual da liberdade alcançada sempre intersubjetivamente, Habermas

---

28 "[A] fenomenologia da autoria responsável nos conduziu a um conceito de liberdade determinada, enraizada no organismo e na história de vida" (ENR, p.257).

29 "O sentido intrínseco do outro reforça, por um lado, a individualidade de uma *pessoa inconfundível*, que escapa à apreensão de determinações universais. O Adorno da *Dialética negativa* elabora esse momento do não idêntico com grande firmeza. A singularidade [*Einzigartigkeit*] de indivíduos individuados de acordo com sua história de vida só se revela performativamente, ou seja, pelo reconhecimento operante na interação da alteridade [*Andersheit*] do outro. Apenas uma intersubjetividade incólume pode salvaguardar o desigual diante da assimilação ao igual. [...] Toda tentativa de instrumentalização nega ao outro a posição de uma *pessoa insubstituível* que por juízo próprio toma posição criticamente com 'sim' ou 'não' e, de maneira correspondente, age por vontade própria. As tomadas de posição autônomas do outro não se deixam controlar" (ENR, p.315).

30 Habermas, *Técnica e ciência como "ideologia"*, p.35 ss. Habermas, *Discurso filosófico da modernidade*, p.42-54. Ver Lima, Realismo cognitivo, naturalismo e pragmatismo ético: a estrutura normativa das "formas de vida" segundo Habermas e Putnam, *Principia*, v.17, n.3, p.84-90.

31 Habermas, *Teoria da ação comunicativa*. v.1. *Racionalidade da ação e racionalização social*, p.534 ss.

sustenta – justamente através da tese da inevitabilidade, para seres humanos, da *individualização através da socialização*[32] – estar em condições de limitar o naturalismo radical. Em virtude disso, torna-se então possível pensar Kant com Darwin, ou seja, sustentar a irredutibilidade de uma socialização que transcorre necessariamente no espaço normativo de razões,[33] mas de forma compatível com a compreensão naturalista da evolução da espécie e com a perspectiva, igualmente irredutível sob a ótica do observador da natureza, segundo a qual seres humanos são seres naturais, habitantes de um mundo não de normas, e sim inteiramente sujeito a causas. Com tais ressalvas ao naturalismo extremo, Habermas alinhava sua própria resposta ao enigma proposto pela *Terceira Antinomia* de Kant, a qual se conecta com uma reformulação da percepção naturalista da evolução humana: "Se discernirmos que a consciência da liberdade performativamente presente é cooriginária da forma de vida linguisticamente estruturada, não precisamos nos preocupar com ideias sobre uma evolução natural dessa própria forma de vida".[34]

---

32 Ver a discussão dessa tese proposta em Habermas, *Wahrheit und Rechtfertigung*, p.198-9, a qual remete a ensaios dos anos 1960 (Habermas, *Técnica e ciência como "ideologia"*, p.35 ss.) e 1980 (Habermas, *Nachmetaphysisches Denken*, p.187 ss.). "Somente no curso da socialização de sua cognição se forma o 'espírito subjetivo' de participantes que exercitam práticas comuns e, ao mesmo tempo, se individuam. É assim que denominamos a autocompreensão de sujeitos que emergem no espaço público de uma cultura comum" (ENR, p.276-7).

33 Sobre o modo como o naturalismo forte contesta a intervenção do "espaço das razões", revertendo à polaridade do monismo "idealista", ver ENR, p.262.

34 ENR, p.321.

Afora o indiscutível interesse filosófico para a história da teoria crítica suscitado por essa revisitação de Adorno,[35] no que concerne exclusivamente à trajetória de Habermas,[36] a discussão como um todo faz ver, nas preocupações nutridas – por exemplo, em *Constelação pós-nacional* (1998) e *O futuro da natureza humana* (2001) – quanto às possibilidades, alcançadas recentemente pelas ciências genéticas, de intervenção no genoma humano e possivelmente de manipulação, com finalidades terapêuticas ou mercadológicas, da herança genética, um nexo de íntima continuidade com um dos tópicos filosóficos, segundo Habermas, mais prodigiosos para o pensamento contemporâneo: a dialética do esclarecimento.[37] No entanto, em

---

35 Para essa discussão, ver Sommer, *Das Konzept einer negativen Dialektik – Adorno und Hegel*, p.4-12, e Gordon, *Prekäres Glück – Adorno und die Quellen der Normativität*, p.37-60.

36 Para uma discussão acerca da relação entre Habermas e a primeira geração da teoria crítica no tocante ao naturalismo, ver: Simon, *Lebenswelt oder Natur*, p.275 ss.

37 Habermas, *Discurso filosófico da modernidade*, p.73; ENR, p.180. Em *Entre naturalismo e religião*, Habermas constrói da seguinte forma a modulação da dialética do esclarecimento em termos de possível intervenção no genoma humano: "Certamente, essa conexão dialética entre dominação da natureza e a decomposição do sujeito seria gerada pela segunda natureza mediante a *organização social* de um crescimento infinito das forças produtivas. Mas hoje também vemos essa dialética em funcionamento quando removemos do contexto social amplo a relação de uma pessoa geneticamente modificada com seus pais, a quem supomos uma preocupação bem-intencionada. A natureza externa tornada disponível é, nesse caso, o corpo embrionário de uma futura pessoa; e a natureza subjetiva decomposta é o organismo desenvolvido a partir de um embrião, que experiencia a pessoa em crescimento como seu corpo vivo, manipulado de forma pré-natal" (ENR, p.312-3).

Entre naturalismo e religião, o interesse mais específico consiste em descortinar critérios enfáticos para a rejeição do naturalismo reducionista ou forte,[38] que se ergue das ciências em termos de uma visão cientificista do mundo, em favor do naturalismo brando da teoria pragmática das formas de vida socioculturais. "A ontologização do conhecimento científico que leva a uma imagem de mundo naturalista, condensada em fatos 'duros', não é ciência, mas má metafísica."[39]

A rejeição do primeiro em favor do segundo se embasa na sustentação do necessário entrelaçamento das irredutíveis perspectivas do observador e do participante, o dualismo de perspectivas, que se conecta em última instância com o entrelaçamento das funções descritiva e comunicativa da linguagem, mas encontra também sua expressão filosófica mais ampla na dialética irredutível entre a abertura do mundo pela linguagem e a relativa autonomia da sua função cognitiva. Já do ponto de vista dos processos de aprendizado que constituem os nexos individualizantes da socialização, tal dualismo de perspectivas se insere e manifesta, segundo Habermas, já no sistema de pronomes pessoais.[40] Enquanto o ponto de vista do participante guarda a irredutibilidade de nosso engajamento normativo em práticas comunicativas, o ponto de vista do observador responde pela possibilidade de lida instrumental

38 Habermas associa o naturalismo forte a um reducionismo descritivista de fenômenos espirituais, sua submissão a uma ontologia nominalista aplicável a ocorrências observáveis e, no limite, a "uma solução naturalista da terceira antinomia kantiana" (ENR, p.315).

39 ENR, p.316.

40 ENR, p.265.

e científica com os objetos presentes na natureza – embora, graças à conexão intrínseca entre significado e validade,[41] entre verdade e justificação, a própria atividade cognitiva se mostre sempre dependente do resgate argumentativo de pretensões de validade.[42]

Finalmente, debelados tanto o naturalismo reducionista quanto quaisquer soluções ontologizantes à questão do naturalismo,[43] a própria evolução da espécie pode ser compreendida como uma diferenciação de capacidades, sempre entrelaçadas, ora para lidar com a tessitura normativa da dimensão social, ora com o encadeamento natural que causas observáveis e mensuráveis (7). Em vez de uma teoria da evolução natural da espécie

---

41 Habermas, *Wahrheit und Rechtfertigung*, p.80.

42 "A perspectiva do observador, o qual conduz experiências ao se relacionar com algo no mundo em uma atitude objetivante, entrelaça-se nesse estágio reflexivo ainda mais com a perspectiva de um participante do discurso, o qual apresenta argumentos a seus críticos ao aceitar uma atitude performativa" (ENR, p.269). Aparentemente, portanto, mesmo o conhecimento alegadamente científico, formulado a partir de uma atitude objetivante acerca dos fatores normativos constitutivos da experiência humana, tem mais uma vez de recorrer paradoxalmente àquilo que contesta – a saber, nosso movimento no espaço de razões – para sustentar a validade de suas pretensões científicas. Com isso, aparece em Habermas mais uma figura da *contradição performativa*. "Esse programa já malogra uma vez que a própria pesquisa do mundo objetivo se apoia sobre um conflito levado a cabo de maneira argumentativa, o qual certamente se refere a acontecimentos acessíveis à perspectiva do observador, mas se nutre de recursos hermenêuticos" (ENR, p.319).

43 "O dualismo metodológico de explicação baseado nas perspectivas do participante e do observador não permite ser ontologizado em um dualismo entre espírito e natureza" (ENR, p.257).

tout court, Habermas propõe, na esteira de Tomasello,[44] "[u]ma compreensão naturalista adequada da evolução cultural [que] deve dar conta tanto da constituição intersubjetiva do espírito quanto do caráter normativo de suas operações guiadas por regras".[45] E isso significa conectar à compreensão da evolução cultural a dinâmica de desenvolvimento do dualismo epistêmico através de processos específicos de aprendizado, ou seja, como "resultado de um processo de aprendizagem evolucionário".[46]

> O dualismo epistêmico não pode ter caído do céu transcendental. Ele precisou *proceder* de um processo de aprendizagem evolucionário e já ter-se confirmado na confrontação cognitiva do *homo sapiens* com os desafios de um ambiente perigoso. A continuidade de uma história natural [...] assegura então [...] a unidade de um universo ao qual os homens pertencem como seres naturais.[47]

44 Sobre a perspectiva adotada por Tomasello, ver: ENR, p.270. Para uma crítica das posições de Tomasello a partir de Habermas, ver: Simon, *Lebenswelt oder Natur*, p.224 ss. Dizendo retomar os "teóricos da infraestrutura social" do conhecimento – sobretudo Mead, Vygotsky, Peirce, Bakhtin, Wittgenstein, Hegel –, Tomasello reconstrói os processos cognitivos constitutivos da *intencionalidade compartilhada*, os quais explicariam as formas especificamente humanas de comportamento cooperativo e coordenação de ações. "Quando indivíduos participam com outros em atividades colaborativas, eles formam juntos objetivos compartilhados e desenvolvem atenção conjunta, os quais criam então papéis individuais e perspectivas individualizadas que precisam ser coordenadas no interior dessas atividades" (Tomasello, *A Natural History of Human Thinking*, p.3).

45 ENR, p.37.

46 ENR, p.267.

47 ENR, p.264.

Pensamento pós-metafísico, sociedades pós-seculares e teoria crítica

A articulação sistemática dos temas constituintes do próprio título *Entre naturalismo e religião* fica clara no Capítulo 5, com o qual se conclui a discussão sobre "Pluralismo religioso e solidariedade cívica". É nesse contexto que o naturalismo reducionista se manifesta como contrapartida ontológico-científica de uma "modernidade descarrilhada", da qual uma secularização abstrata e ilimitada compõe outra importante feição.[48] Isso se dá porque uma secularização extrema, que se processa em paralelo com a imposição de uma visão de mundo cientificista e radicalmente naturalista, parece conter a explicação para a inviabilidade de um diálogo produtivo, inclusive com consequências democráticas, entre filosofia e religião. Assim, o paradigma pós-metafísico de pensamento, alcançado pela filosofia de Habermas, parece estar mais à altura do desiderato imposto por nossa época: pensar os limites da secularização e o papel a ser possivelmente desempenhado pela religião nos espaços públicos do Estado constitucional e na própria reformulação pós-metafísica da filosofia.

No referido e crucial Capítulo 5, Habermas parece revisitar, do ponto de vista da relação entre a concepção deliberativa de democracia, desenvolvida nos anos 1990, e a questão da relação entre cidadãos leigos e não leigos na esfera pública, alguns traços de seu debate com Rawls, publicado na coletânea

48 Sobre a forma como o naturalismo forte e a visão cientificista do mundo se conectam com as encruzilhadas de uma secularização descarrilhada, ver ENR, p.230.

A inclusão do outro (1997). Habermas tratara ali, dentre outras coisas, do problema do hiato, em Rawls, entre a dimensão normativa da teoria da justiça em relação àquilo que ele, Rawls, chama de "doutrinas abrangentes". Naquela ocasião, Habermas parecia propor,[49] mesmo no quadro de um "republicanismo kantiano",[50] uma solução que faz lembrar o argumento hegeliano da eticidade e que consiste na imanência do ponto de vista normativo no tecido das práticas comunicativas.[51] Ora, em *Entre naturalismo e religião*, aprofunda essa discussão sob a ótica de uma compatibilização dos limites laicos da justificação de normas no Estado constitucional com a possibilidade de recurso no espaço público, por parte de cidadãos que professam fé religiosa, a nexos valorativos constitutivos de sua própria visão de mundo. Se isso, por um lado, tem de significar a não oneração de cidadãos crentes com a abstração de sua pertença cultural como condição para participação no debate público, por outro lado, enseja também em cidadãos leigos a demanda cooperativa de tradução de conteúdos religiosos em termos que façam justiça a pretensões universais de validade.[52] Tais práticas, as quais podem tornar conteúdos valorativos e religiosos proveitosos e mesmo benéficos em debates públicos, põe definitivamente limite à rejeição categórica, como efeito

---

49 Habermas, *A inclusão do outro*, p.159-84.

50 Habermas, *A inclusão do outro*, p.188.

51 Ver Lima, Filosofia prática e teoria crítica, em Crisóstomo, *Filosofia, ação e criação*, p.431-4.

52 Sobre contribuição de cidadãos crentes no debate público e a contrapartida de uma obrigação, por parte de cidadãos leigos, de traduzir tais contribuições nos termos de uma linguagem publicamente acessível, ver ENR, p.188.

da secularização, da relevância política e pública da religião, instaurando a pressão normativa pela vida sob uma sociedade pós-secular, resultante de processos de aprendizados complementares desencadeados pelos paradoxos da secularização.

Assim, movendo-se na esteira da filosofia kantiana da religião, embora sensível à sua apropriação crítica oitocentista – principalmente por Schleiermacher, Hegel e Kierkegaard –, Habermas propõe programaticamente dar continuidade à investigação do processamento, pelo pensamento filosófico, de conteúdos religiosos, sem perder de vista, entretanto, a distinção entre fé e saber.[53] Tomando como exemplo o próprio Kant, mas também personagens como Marx e Benjamin, Habermas estabelece, como diretriz de algumas das suas principais obras posteriores a *Entre naturalismo e religião*, a importância de uma investigação, inclusive genealógica, da relação entre o pensamento pós-metafísico e conteúdos religiosos.

Contudo, ao contrário de algumas críticas recentes, não considero que Habermas esteja pagando um preço alto por esse reposicionamento em direção à filosofia da religião, a saber, o abandono de uma sempre tencionada teoria materialista

53 Para Habermas, o pensamento pós-metafísico se atém à distinção entre fé e saber (ENR, p.184), mas entendendo sua persistente discordância em limites razoáveis (ENR, p.187). Isso leva a uma posição ambivalente à religião: "o pensamento pós-metafísico está preparado para aprender com a religião e, ao mesmo tempo, permanece agnóstico. Insiste na diferença entre as certezas da fé e as pretensões de validade criticáveis publicamente, mas evita a presunção racionalista de que pode decidir por si próprio quais aspectos das doutrinas religiosas são racionais e quais são irracionais" (ENR, p.234). Isso está na base do caráter complementar dos processos de aprendizagem em jogo entre filosofia e religião.

da sociedade. Isso porque, para Habermas, o processamento filosófico de conteúdos religiosos tem a ver sobretudo com a necessidade, por parte do pensamento pós-metafísico, de articular, com teor experiencial mais intenso, as patologias decorrentes tanto de compreensões objetivadoras e instrumentalizantes do humano quanto da drenagem de solidariedade social pela atuação indiscriminada de imperativos mercadológicos e burocráticos. Esse gesto, o qual recobra afinal, conquanto em nova dimensão, a discussão sobre a "colonização do mundo da vida",[54] desenvolvida na década de 1970 e 1980, atesta o compromisso dessa nova fase do pensamento de Habermas com a crítica aos paradoxos do processo de modernização. A apropriação dos conteúdos religiosos é um recurso do pensamento pós-metafísico para intensificar sua experiência do sofrimento social, contribuindo assim para a recomposição de uma consciência empobrecida da normatividade intrínseca ao mundo contemporâneo (8).

A reorientação do pensamento de Habermas para temas de filosofia da religião, perceptível e implementada em *Entre naturalismo e religião*, não significa, portanto, de maneira nenhuma, o abandono do projeto originário de teoria materialista da sociedade e de crítica da modernidade política – vinculado em última instância, como mostrou Honneth, à inspiração

54 Ver: Habermas, *Teoria da ação comunicativa*. v.2. *Para a crítica da razão funcionalista*, p.484 ss. Trata-se "do diagnóstico segundo o qual o equilíbrio conseguido na modernidade entre os três grandes meios de integração social está em perigo porque os mercados e o poder administrativo expulsam, de cada vez mais âmbitos da vida, a solidariedade social [...] um tipo de coordenação social baseada em valores, normas e uso da linguagem orientado para o entendimento mútuo" (ENR, p.186).

hegeliano-marxiana pela detecção, crítica e superação de patologias sociais.[55] Habermas fala de descarrilhamento (*entgleisen*) num duplo sentido, tanto do ponto de vista de uma secularização que, no afã de amputar sumariamente de si própria os conteúdos experienciais religiosos, termina por sacrificar parte de seu potencial crítico,[56] quanto do descarrilhamento da própria modernização,[57] cuja compreensão é tarefa do pensamento pós-metafísico formular. "A consciência secular de que vivemos em uma sociedade pós-secular encontra expressão filosófica no pensamento pós-metafísico."[58]

A percepção dos paradoxos da secularização, que obstinadamente considera experiências religiosas como "relíquias arcaicas das sociedades pré-modernas",[59] extrínsecas com isso ao "conteúdo normativo da modernidade",[60] serve justamente a uma recomposição da sensibilidade filosófica para o reconhecimento de patologias e para o aprendizado coletivo com as crises e catástrofes.[61] "As tradições religiosas fizeram até hoje a articulação de uma consciência daquilo que falta. Elas mantêm viva a sensibilidade para o que falhou. Elas preservam do esquecimento as dimensões de nosso convívio social e pessoal, nas quais os progressos da racionalização cultural e social provocaram danos catastróficos."[62] Não se trata, portanto,

55 Honneth, *Sofrimento de Indeterminação*, p.57 ss.
56 ENR, p.173.
57 ENR, p.181.
58 ENR, p.229.
59 ENR, p.228.
60 Habermas, *Discurso filosófico da modernidade*, p.467 ss.
61 Habermas, *Die postnationale Konstellation*, p.65 ss.
62 ENR, p.45.

quanto ao desiderato normativo encampado pelo pensamento pós-metafísico, apenas "da sensibilidade respeitosa ao possível significado existencial da religião".[63]

De certa maneira, o viés proposto por Habermas lembra Hegel em mais de um sentido.[64] A encruzilhada em que desemboca a secularização rende à filosofia, como diz Habermas, um "desafio cognitivo",[65] a oportunidade para uma metacrítica da razão esclarecida, numa nova rodada da dialética do esclarecimento que consiste "[n]uma avaliação autocrítica dos limites da razão secular",[66] agora equipada com uma dimensão genealógica.[67] "Em vez de levar ao extremo de crítica da razão, penso ser melhor considerar sem drama a questão sobre se uma modernidade ambivalente pode ser estabilizada apenas a partir das forças seculares de uma razão comunicativa como uma questão não resolvida empiricamente."[68] De forma interessante, essa reorientação do projeto habermasiano parece atrelada a uma dupla forma de negatividade: por um lado, uma relação negativa a si mesma de uma razão mutilada – um movimento por meio do qual logra transcender-se a partir de dentro em direção ao seu outro. Por outro lado, uma negatividade que plasticamente remodela a sensibilidade normativa da consciência

63 ENR, p.228.

64 ENR, p.45.

65 ENR, p.283.

66 ENR, p.229.

67 Sobre a autocrítica da razão secular em sua contraparte genealógica, ver: "uma via pela qual a razão [...] pode alcançar um esclarecimento crítico dos seus limites é a reconstrução de sua própria gênese" (ENR, p.232).

68 ENR, p.183.

crítica para detecção do sofrimento em sua concretude e, com isso, para o desdobramento da crítica social.

> [...] refiro-me aqui às possibilidades de expressão e a sensibilidades em relação à vida malograda, às patologias sociais, aos fracassos dos projetos de vida individuais e à deformação dos contextos de vida mutilados. [...] cabe fundamentar uma disposição à aprendizagem da filosofia ante a religião, e não por razões funcionais, mas – lembrando seus exitosos processos "hegelianos" de aprendizagem – por razões de conteúdo.[69]

Referências bibliográficas

BRANDOM, R. Para a reconciliação de dois heróis: Habermas e Hegel. *Novos Estudos Cebrap*, p.123-40, 2013.

______. *A Spirit of Trust*. Cambridge, Mass.: Harvard University Press, 2019.

BRUNKHORST, H.; KREIDE, R.; LAFONT, C. *Habermas-Handbuch*. Stuttgart: Metzler, 2009.

CALHOUN, C.; MENDIETA, E.; VANANTWERPEN, J. *Habermas and Religion*. Polity, 2013.

GORDON, P. *Prekäres Glück*: Adorno und die Quellen der Normativität. Frankfurt am Main: Suhrkamp, 2023.

HABERMAS, J. *Nachmetaphysisches Denken*. Frankfurt am Main: Suhrkamp, 1988.

______. *Die postnationale Konstellation*. Frankfurt am Main: Suhrkamp, 1997.

______. *Wahrheit und Rechtfertigung*. Frankfurt am Main: Suhrkamp, 1999.

______. *Discurso filosófico da modernidade*. São Paulo: Martins Fontes, 2002.

69 ENR, p.185.

HABERMAS, J. *Técnica e ciência como "ideologia"*. São Paulo: Editora Unesp, 2014.

______. *A inclusão do outro*. São Paulo: Editora Unesp, 2018.

______. *Teoria da ação comunicativa. v.1. Racionalidade da ação e racionalização social*. São Paulo: Editora Unesp, 2022a.

______. *Teoria da ação comunicativa. v.2. Para a crítica da razão funcionalista*. São Paulo: Editora Unesp, 2022b.

______. *Uma nova mudança estrutural na esfera pública*. São Paulo: Editora Unesp, 2023.

HONNETH, A. *Sofrimento de Indeterminação*: uma reatualização da *Filosofia do Direito* de Hegel. São Paulo: Esfera Pública, 2007.

______. *Pathologien der Vernunft*. Frankfurt am Main: Suhrkamp, 2014.

LIMA, E. Realismo cognitivo, naturalismo e pragmatismo ético: a estrutura normativa das "formas de vida" segundo Habermas e Putnam. *Principia*, v.17, n.3, p.459-88, 2013a.

LIMA, E. Normatividade e dialética de socialização e individualização: Hegel, Habermas e Honneth. In: MELO, R. *A teoria crítica de Axel Honneth*: Reconhecimento, liberdade e justiça. São Paulo: Saraiva, 2013b.

LIMA, E. Filosofia prática e teoria crítica. In: CRISÓSTOMO, J. *Filosofia, ação e criação*. Salvador: Editora da UFBA, 2021.

PINKARD, T. *Hegel's Naturalism*. Oxford: Oxford University Press, 2012.

PIPPIN, R. *Hegel on Self-consciousness*. Princeton: Princeton University Press, 2011.

SIMON, W. *Lebenswelt oder Natur . Schwacher Naturalismus und Naturbegriff bei Jürgen Habermas*. Würzburg: Echter, 2015.

SOMMER, M. *Das Konzept einer negativen Dialektik*: Adorno und Hegel. Tübingen: Mohr Siebeck, 2016.

TOMASELLO, M. *A Natural History of Human Thinking*. Cambridge, Mass.: Harvard University Press, 2014.

THEIN, C. *Habermas und die Genealogie nachmetaphysischen Denkens*. Hamburgo: Meiner, 2024.

WITTGENSTEIN, L. *Werkausgabe in 8 Bänden*. Frankfurt am Main: Suhrkamp, 1984.

Introdução

Duas tendências opostas caracterizam a situação espiritual de nossa época – a proliferação de imagens naturalistas de mundo e a crescente influência política de ortodoxias religiosas.

De um lado, os progressos na biogenética, na neurociência e na robótica, conduzidos com esperanças terapêuticas e eugênicas, são apresentados de modo exitoso. Com esse programa, pretende-se que uma autocompreensão objetivada das pessoas em conformidade com as ciências naturais penetre nos contextos cotidianos de comunicação e ação. A colocação em prática de uma perspectiva de auto-objetivação, que reduz tudo o que é compreensível e que pode ser vivenciado a algo observável, também estimularia a disposição a uma correspondente auto-instrumentalização.[1] No que concerne à filosofia, essa tendência se vincula à exigência de um naturalismo cientificista. Não se discute o fato de que todas as operações do espírito humano

1 Cf. Habermas, *Die Zukunft der menschlichen Natur*.

dependem inteiramente de substratos orgânicos. A controvérsia tem mais a ver com o modo correto de naturalizar o espírito. Uma compreensão naturalista adequada da evolução cultural deve dar conta tanto da constituição intersubjetiva do espírito quanto do caráter normativo de suas operações guiadas por regras.

De outro lado, a tendência à proliferação de imagens naturalistas de mundo vai de encontro a uma inesperada revitalização, assim como da politização em escala mundial, de comunidades de fé e de tradições religiosas. No que concerne à filosofia, a revitalização de forças religiosas, da qual apenas a Europa parece excluída, se vincula à exigência de uma crítica fundamental à autocompreensão pós-metafísica e não religiosa da modernidade ocidental. Não se discute o fato de que as possibilidades de configuração política só existem no interior do universo das infraestruturas técnico-científicas e econômicas surgidas no Ocidente e para as quais não existem alternativas. Controversa é, antes, a interpretação correta das consequências da secularização de uma racionalização social e cultural que os defensores das ortodoxias religiosas denunciam cada vez mais como a verdadeira via singular da história mundial do Ocidente.

Essas tendências intelectuais opostas remontam a tradições antagônicas. O naturalismo duro pode ser entendido como uma consequência das premissas do Esclarecimento [*Aufklärung*] que dizem respeito à crença na ciência, enquanto a consciência religiosa renovada politicamente rompe com as premissas liberais do Esclarecimento. Essas figuras do espírito não se chocam, porém, apenas nas controvérsias acadêmicas, mas se transformam em poderes políticos – tanto no interior da sociedade civil da nação predominante no Ocidente quanto em escala internacional no embate das religiões mundiais e das culturas que dominam o mundo.

Na perspectiva de uma teoria política que se ocupa com fundamentos normativos e com as condições de funcionamento de Estados democráticos de direito, essa oposição revela também uma cumplicidade secreta: se falta em ambos os lados a disposição à autorreflexão, as duas tendências opostas se dividem no trabalho de, em certo sentido, colocar em perigo a coesão da comunidade política por meio da polarização das visões de mundo. Uma cultura política que, seja em questões de pesquisa de embriões humanos, seja do aborto ou do tratamento de pacientes em coma, se polariza de modo irreconciliável ao longo da linha que separa o par de contrários secular/religioso coloca em xeque o *common sense* dos cidadãos mesmo na democracia mais antiga. O *ethos* da cidadania liberal exige de ambos os lados a certificação reflexiva dos limites tanto da fé como do saber.

Como mostra de modo preciso o exemplo dos Estados Unidos, o Estado constitucional moderno também foi inventado para tornar possível um pluralismo religioso pacífico. Apenas o exercício de um poder político secular em conformidade com o Estado de direito, neutro em relação às imagens de mundo, pode garantir a convivência equânime e tolerante de comunidades de fé diferentes que, na substância de suas visões de mundo ou doutrinas, permanecem irreconciliáveis. A secularização do poder estatal e as liberdades positiva e negativa da prática religiosa são os dois lados de uma mesma moeda. Elas protegeram comunidades religiosas não apenas das consequências destrutivas dos conflitos sangrentos entre elas, mas também da mentalidade antirreligiosa de uma sociedade secularizada. O Estado constitucional só pode proteger seus cidadãos religiosos ou não religiosos uns dos outros se estes, em seu convívio enquanto cidadãos, não apenas encontram um *modus vivendi*, mas convivem por convicção em uma ordem democrática. O Estado democrático se nutre de uma solidariedade jurídica e não coercitiva dos cidadãos que se respeitam mutuamente como membros livres e iguais de sua comunidade política.

Na esfera pública política, essa solidariedade de cidadãos, que tem um baixo custo, precisa se confirmar também e sobretudo além dos limites das visões de mundo. O reconhecimento recíproco significa, por exemplo, que cidadãos religiosos e seculares estão dispostos a se ouvir mutuamente e a aprender uns com os outros em debates públicos. Na virtude política da relação civil recíproca se expressam determinadas atitudes cognitivas. Elas não podem ser prescritas, mas apenas aprendidas. Disso decorre, porém, uma consequência que tem especial interesse em nosso contexto. Na medida em que o Estado liberal requer de seus cidadãos que adotem um comportamento cooperativo que vai além dos limites das visões de mundo, ele tem que *pressupor* que as atitudes cognitivas exigidas do lado religioso e do lado secular já se formaram como resultado de processos de aprendizagem históricos. Processos de aprendizado desse tipo não são apenas modificações de mentalidade casuais, que "ocorrem" independentemente de ideias racionalmente compreensíveis. Mas eles tampouco podem ser produzidos e controlados através dos *media* do direito e da política. No longo prazo, o Estado liberal depende de mentalidades que ele não é capaz de produzir com recursos próprios.

Isso fica evidente quando pensamos nas expectativas de tolerância que os cidadãos religiosos têm que cumprir no Estado liberal. Convicções fundamentalistas são incompatíveis com a mentalidade que precisa ser compartilhada por um número suficiente de cidadãos para que a comunidade democrática não desmorone. Na perspectiva da história da religião, as atitudes cognitivas que os cidadãos religiosos precisam adotar em sua relação civil com aqueles que têm outras crenças e com aqueles que não têm crença podem ser entendidas como resultado de um processo de aprendizagem coletivo. No Ocidente marcado pelo cristianismo, a teologia assumiu evidentemente um papel pioneiro nessa autorreflexão hermenêutica sobre doutrinas herdadas da tradição. A questão sobre se é "bem-sucedida" a elaboração dogmática dos desafios cognitivos colocados pela ciência moderna e pelo pluralismo religioso, pelo direito constitucional e pela moral social secular, e a questão sobre se é possível falar em "processos de aprendizagem" em geral, só podem naturalmente ser julgadas a partir da perspectiva interna dessas tradições que, desse modo, encontram uma conexão com as condições da vida moderna.

Em suma, a formação da opinião e da vontade na esfera pública democrática só pode funcionar se um número suficientemente grande de cidadãos cumpre determinadas expectativas relativas à civilidade de seu comportamento apesar das profundas diferenças de crença e de visões de mundo. Mas os cidadãos religiosos só podem ser confrontados com isso sob a suposição de que eles cumprem de fato os pressupostos cognitivos requeridos para tanto. Devem ter aprendido a relacionar de modo reflexivo e razoável suas próprias convicções religiosas com o fato do pluralismo religioso e das visões de mundo, e devem ter conciliado o privilégio cognitivo das ciências institucionalizadas socialmente bem como a precedência do Estado secular e da moral social universalista com sua fé. A filosofia, diferentemente da teologia ligada às comunidades de fé, não pode influenciar esse processo. A esse respeito, a filosofia se limita ao papel de observador externo a quem não compete julgar sobre aquilo que no interior de uma doutrina religiosa pode valer como fundamentação ou o que deve ser recusado.

A filosofia entra em campo apenas no lado secular. Pois mesmo os cidadãos não religiosos só podem cumprir as expectativas de solidariedade civil sob a condição de adotar uma determinada atitude cognitiva em relação a seus concidadãos religiosos e às suas manifestações. Quando os dois lados se encontram na confusão de vozes de uma esfera pública pluralista em suas visões de mundo e discutem sobre questões políticas, certas obrigações epistêmicas resultam da exigência de respeito mútuo. Mesmo os participantes que se expressam em uma linguagem religiosa têm a pretensão de serem levados a sério por seus concidadãos seculares. Estes últimos não podem de antemão recusar um conteúdo racional às contribuições formuladas em uma linguagem religiosa.

É certo que faz parte da compreensão comum e compartilhada da constituição democrática que todas as leis, todas as decisões judiciais, todos os decretos e medidas sejam formulados em uma linguagem pública, isto é, igualmente acessível a todos os cidadãos e que sejam capazes de uma justificação secular. Mas, na disputa informal de opiniões da esfera pública política, os cidadãos e as organizações da sociedade civil ainda se encontram aquém do patamar de um recurso institucional ao poder de sanção do Estado. Aqui, a formação da opinião e da vontade não pode ser canalizada por meio de censuras linguísticas nem isolada das possíveis fontes produtoras de sentido.[2] Nessa medida, o respeito que os cidadãos secularizados devem manifestar por seus concidadãos crentes tem também uma dimensão epistêmica.

Por outro lado, apenas cumprindo uma condição cognitiva essencialmente controversa é que se poderia esperar dos cidadãos seculares a abertura para aceitar um possível conteúdo racional de contribuições religiosas – e ainda mais a disposição de participar da tradução cooperativa desses conteúdos dos idiomas religiosos para uma linguagem acessível a todos. Pois, a seus olhos, o conflito entre convicções seculares e doutrinárias só pode ter *prima facie* o caráter de um dissenso razoável se for possível tornar plausível de um ponto de vista secular o fato de que as tradições religiosas não são simplesmente irracionais ou absurdas. Apenas sob tal pressuposto os cidadãos não religiosos podem aceitar que as grandes religiões mundiais *poderiam* trazer consigo intuições racionais e momentos instrutivos de demandas não atendidas, mas legítimas.

Entretanto, isso é objeto de uma discussão aberta que não pode ser prejulgada por princípios constitucionais. Não está de modo algum predeterminado qual lado terá razão. O secularismo da imagem científica de mundo insiste na ideia de que as formas de pensamento arcaicas das doutrinas religiosas foram superadas e desvalorizadas completamente pelos progressos do conhecimento da pesquisa estabelecida. Ao contrário, o pensamento pós-metafísico falibilista mas não derrotista, no curso da reflexão sobre os próprios limites – e sobre a tendência ins-

2 Habermas, "Glauben und Wissen", em *Zeitdiagnosen*, p.249-62.

crita nele próprio de ultrapassar os limites – se diferencia dos dois lados. Ele desconfia igualmente das sínteses científicas naturalistas e das verdades reveladas.

A polarização das visões de mundo em um campo religioso e um campo secular, que coloca em perigo a coesão entre os cidadãos, é objeto de uma teoria política. Mas, assim que atentamos para os pressupostos cognitivos que condicionam o funcionamento da solidariedade de cidadãos, temos de deslocar a análise para um outro patamar. Assim como o processo por meio do qual a consciência religiosa se torna reflexiva na era da modernidade, a superação reflexiva da consciência secular também tem um lado epistemológico. A caracterização desses dois processos de aprendizagem complementares já revela a descrição distanciada feita do ponto de vista de um observador pós-metafísico. Mas, do ponto de vista dos participantes, aos quais pertence o próprio observador, a disputa está aberta. Os pontos controversos são claros. Por um lado, a discussão gira em torno do modo correto de naturalização de um espírito que é, desde sua origem, constituído intersubjetivamente e guiado por normas. A isso corresponde, por outro lado, a discussão sobre a compreensão correta daquele impulso cognitivo marcado pelo surgimento das religiões universais por volta do primeiro milênio antes de Cristo – Jaspers fala da "era axial".

Nessa disputa, defendo a tese hegeliana, segundo a qual as grandes religiões pertencem à história da própria razão. O pensamento pós-metafísico não pode se compreender a si mesmo se não incluir na própria genealogia as tradições religiosas lado a lado com a metafísica. Aceita essa premissa, seria insensato colocar de lado essas tradições "fortes" como um resíduo arcaico, em vez de explicar o nexo interno que as vincula às formas de pensamento modernas. As tradições religiosas fizeram até hoje a articulação de uma consciência daquilo que falta. Elas mantêm viva a sensibilidade para o que falhou. Preservam contra o esquecimento as dimensões de nosso convívio social e pessoal, nas quais os progressos da racionalização cultural e social provocaram danos catastróficos. Por que elas não deveriam ainda manter potenciais semânticos cifrados que poderiam desenvolver uma força inspiradora, desde que fossem vertidas em discursos de fundamentação e seu conteúdo de verdade profano fosse liberado?

* * *

O presente volume reúne ensaios que se movem no horizonte de tais questionamentos. Eles vieram a lume durante os últimos anos em circunstâncias bastante contingentes e não formam um conjunto sistemático. Mas ao longo de todas as contribuições percorre, como um fio vermelho, a intenção de enfrentar os desafios opostos, mas complementares, do naturalismo e da religião com a insistência pós-metafísica no sentido normativo de uma razão destranscendentalizada.

Os comentários e estudos da primeira parte recordam a abordagem intersubjetivista da teoria do espírito, que persigo há muito tempo. Na linha de um pragmatismo que vincula Kant e Darwin,[3] é possível deflacionar as ideias platônicas com o auxílio do conceito de pressupostos idealizadores, sem levar a cabo o antiplatonismo a tal ponto que as operações do espírito guiado por regras sejam reduzidas precipitadamente a regula-

3 Cf. a introdução de Habermas, *Wahrheit und Rechtfertigung*, p.7-64.

ridades explicáveis nomologicamente. Os estudos da segunda parte desenvolvem o questionamento central, esboçado antecipadamente aqui, segundo a perspectiva de uma teoria normativa do Estado constitucional, enquanto os textos da terceira parte abordam o tema epistemológico e procuram explicar a posição do pensamento pós-metafísico entre naturalismo e religião. As três contribuições finais retornam a temas da teoria política. Nelas, me interessam sobretudo as correspondências existentes entre, por um lado, o controle estatal do pluralismo religioso e das visões de mundo e, por outro, a perspectiva da constituição política de uma sociedade mundial pacificada.[4]

Starnberg, março de 2005
Jürgen Habermas

4 Na última contribuição, me ocupo novamente com questões de constitucionalização do direito internacional, cf. o ensaio correspondente em Habermas, *Der gespaltene Westen*, p.113-93.

I
A constituição normativa do espírito guiado por normas

1
Espaço público e esfera pública política
Raízes biográficas de dois motivos de pensamento[1]

Confesso meu constrangimento diante do pedido para transmitir-lhes em termos compreensíveis algo instrutivo sobre minha trajetória e minhas experiências de vida. A solicitação do presidente Inamori ao ganhador do prêmio dizia: "Por favor, fale sobre você mesmo" – "Diga-nos como você superou dificuldades, qual foi sua diretriz quando esteve diante das encruzilhadas de sua vida".[2] Em geral, a vida dos filósofos é pobre em acontecimentos exteriores. E estes transcorrem, sobretudo, no plano da universalidade. Permitam-me, portanto, explicar inicialmente as inibições da esfera privada com uma referência geral à relação entre o privado e o público.

---

1 Discurso público proferido na recepção do Prêmio Kyoto, em 11 de novembro de 2004, publicado em *Neue Zürcher Zeitung*, 11-12 dez. 2004.

2 Em inglês, no original: "Please, talk about yourself" – "Tell us how you overcame hardships, what your guideline was when standing at the crossroads of your life". (N. T.)

Para isso, uma distinção entre dois tipos de esfera pública é de grande serventia. Em nossa sociedade midiática, a esfera pública serve como espaço de autoexposição para aqueles que alcançam notoriedade. Visibilidade ou fama é a verdadeira finalidade das aparições públicas. Os astros pagam por esse tipo de presença nos meios de comunicação de massa o preço de uma confusão entre sua vida privada e sua vida pública. A participação em controvérsias políticas, científicas ou literárias tem outra finalidade. O entendimento sobre um tema entra aqui no lugar da autoexposição pessoal. Nesse caso, o público não forma um espaço de espectadores ou ouvintes, mas o espaço para falantes e destinatários que apresentam uns aos outros discursos e respostas. Trata-se da troca de argumentos, não da concentração de olhares. Os participantes de discursos, que se concentram sobre um tema comum, como que voltam as costas à sua vida privada. Eles não precisam falar de si mesmos. A esfera pública e a esfera privada não se misturam, mas assumem uma relação de complementaridade.

Esse tipo de objetividade explicaria por que nós, enquanto professores de filosofia, nos limitamos em nossas aulas sobre Aristóteles, Tomás de Aquino ou Kant a meros dados biográficos: quando nasceram, viveram e morreram. Mesmo episódios turbulentos na vida desses filósofos ficam em segundo plano em relação à sua obra. A vida dos filósofos não produz lendas sagradas. O que deles resta é, no melhor dos casos, um novo pensamento, formulado de modo obstinado, frequentemente enigmático, que as gerações futuras retrabalham. Em nossa disciplina, chamamos de clássico aquele que, com sua obra, permanece contemporâneo. O pensamento de tal clássico é similar ao núcleo em ebulição de um vulcão que sedimentou as fases da biografia como lava solidificada. Essa imagem não é imposta pelos grandes pensadores do passado, cuja obra resistiu à mudança dos tempos. Nós, os filósofos vivos, que somos muito mais professores de filosofia do que outra coisa, permanecemos contemporâneos de nossos contemporâneos. E, quanto menos originais são nossos pensamentos, tanto mais eles permanecem presos ao seu contexto de surgimento. Eles são também e frequentemente não são mais que uma expressão da história da vida à qual pertencem.

Por ocasião do meu septuagésimo aniversário, meus alunos prepararam um volume comemorativo intitulado: *Die Öffentlichkeit de Vernunft und die Vernunft der Öffentlichkeit* [A publicidade da razão e a razão da esfera pública]. O título não é uma má escolha, pois a esfera pública enquanto espaço do trato comunicativo racional de uns com os outros é o tema que tem me ocupado ao longo da vida. De fato, a tríade conceitual formada por esfera pública, discurso e razão dominou meu trabalho científico e minha vida política. Toda obsessão tem raízes biográficas. A meu ver, quatro experiências podem ter sido relevantes: após o nascimento e na primeira infância, passei pela experiência traumática de diversas intervenções cirúrgicas (1) – experiências de enfermidade estão presentes na trajetória de vida de muitos filósofos; da época que vem em seguida a meu ingresso na escola, me recordo da experiência das dificuldades de comunicação e de humilhações decorrentes de minha deficiência (2); durante a adolescência, fui marcado pela experiência geracional da cesura histórica do ano de 1945 (3); e, ao longo de minha vida adulta, inquietei-me com as experiências políticas de uma liberalização precária e gradual da sociedade alemã do pós-guerra (4). Permitam-me explicar minhas suposições sobre os vínculos entre teoria e biografia segundo a sequência desta última.

(1) Comecemos, portanto, pela primeira infância e a cirurgia realizada imediatamente após o nascimento. Não acredito, como se poderia supor, que essa intervenção tenha abalado de modo duradouro minha confiança no mundo ao redor. Ao contrário, essa intervenção pode ter despertado o sentimento de dependência e o sentido da relevância do trato *com os outros*. De qualquer modo, mais tarde, a natureza social do ser humano se tornou um ponto de partida de minhas reflexões filosóficas. Existem muitas espécies de animais que vivem em sociedade. Inclusive os primatas, nossos parentes mais próximos, vivem em hordas e formas de socialização familiais – no entanto, sem os complexos sistemas de parentesco que somente o *homo sapiens* inventou. O que distingue o ser humano não são as formas de convivência social em geral. Para saber o que é específico na natureza social do ser humano, temos de traduzir literalmente a famosa formulação de Aristóteles, segundo a qual o homem é um *zoon politikón*: o homem é um animal político, isto é, um animal que vive em um *espaço público*. De modo mais preciso, isso diria o seguinte: o homem é um animal que, graças à sua inserção originária em uma rede pública de relações sociais, desenvolve as competências que o tornam uma pessoa. Quando comparamos a constituição biológica de mamíferos recém-nascidos, vemos que nenhuma outra espécie vem ao mundo de modo tão despreparado e carente quanto o ser humano e que nenhuma espécie precisa de um período tão longo de criação sob proteção no seio da família e de uma cultura pública compartilhada intersubjetivamente pelos semelhantes. Nós, seres

humanos, aprendemos *uns com os outros*. E isso só é possível no espaço público de um meio cultural estimulante.

Quando, aos cinco anos, aquela operação do palato foi repetida, portanto com a memória já desperta, certamente se agudizou a consciência de uma profunda dependência de uns em relação aos outros. De qualquer modo, essa sensibilização à reflexão sobre a natureza social do homem me conduziu àquelas posições filosóficas que acentuam a constituição intersubjetiva do espírito humano – da tradição hermenêutica, que remonta a Wilhelm von Humboldt, ao pragmatismo americano de Charles Sanders Peirce e de George Herbert Mead, à teoria das formas simbólicas de Ernst Cassirer e à filosofia da linguagem de Ludwig Wittgenstein.

A intuição da profunda dependência recíproca de um em relação aos outros se articula em uma "imagem" da "posição do homem no mundo". Tais paradigmas determinam, de um lado, nossa autocompreensão cotidiana, mas, muitas vezes, também dão as coordenadas para disciplinas científicas inteiras. Tenho em mente a imagem de uma subjetividade que se deve imaginar como uma luva que foi virada do avesso para reconhecer a estrutura de seu tecido tramado com os fios da intersubjetividade. No interior do sujeito individual, um exterior se espelha. Pois o espírito subjetivo obtém sua estrutura e conteúdo a partir do engate no espírito objetivo das trocas intersubjetivas entre sujeitos *desde sempre* socializados. O homem individual se defronta com seu entorno social não como simples organismo do ambiente natural – como algo interior que se delimita osmoticamente do mundo exterior estranho. A oposição abstrata entre sujeito e objeto, entre interior e exterior é enganosa, pois o organismo do recém-nascido só se forma enquanto homem com a adoção de interações sociais. Ele se torna uma pessoa com a entrada no espaço público de um mundo social que o espera de braços abertos. E esse domínio público do interior habitado em comum de nosso mundo da vida é ao mesmo tempo interior e exterior.

Por isso, o adolescente só forma o centro *interior* de uma vida vivenciada de modo consciente na medida em que se *exterioriza* nas relações interpessoais produzidas comunicativamente. A consciência aparentemente *privada*, mesmo nas manifestações de suas sensações pessoais e inclinações íntimas, se alimenta dos impulsos recebidos da rede cultural de pensamentos *públicos*, expressos simbolicamente e compartilhados intersubjetivamente. É errônea a imagem cartesiana, revivida pelas ciências cognitivas, das mônadas da consciência recursivamente fechadas em si mesmas, que se encontram em uma relação opaca com o substrato orgânico de seu cérebro e seu genoma.

Nunca foi evidente para mim que o fenômeno da autoconsciência devesse ser algo originário. Não nos tornamos conscientes de nós mesmos apenas pelo olhar que um outro lança sobre nós? Nos olhares de um tu, de uma segunda pessoa que fala comigo como uma primeira pessoa, eu me torno consciente de mim mesmo não apenas como um sujeito vivente em geral, mas ao mesmo tempo como um eu individual. Os olhares subjetivadores do outro têm uma força individuadora.

(2) Basta sobre o paradigma em que se move minha investigação. A concepção de filosofia da linguagem e a teoria moral que desenvolvi nesse quadro poderiam ter sido inspiradas em duas experiências com as quais me deparei enquanto era aluno: a de que os outros não me entendiam (a); e a de que reagiam a isso com rejeição (b).

(a) Lembro-me das dificuldades na sala de aula e no pátio da escola ao me fazer entender com uma nasalização e uma articulação distorcida, das quais eu não era consciente. Eu ia além dos limites da família e do ambiente familiar e tinha que me afirmar em um espaço em certa medida anônimo. Comunicações malsucedidas dirigem a atenção para a realidade de um mundo intermediário discretamente persistente de símbolos, que não se pode apreender como se apreende objetos. É apenas no fracasso que o médium da comunicação linguística se apresenta como camada de uma comunhão sem a qual não podemos sequer existir como indivíduos. Nós nos encontramos sempre em meio à linguagem. Apenas aqueles que falam podem calar. É apenas porque estamos desde sempre ligados aos outros que podemos nos isolar.

Os filósofos não se interessaram especificamente por essa força da linguagem capaz de criar comunhão. Desde Platão e Aristóteles, eles analisam a linguagem como médium da *representação* e investigam a forma lógica de enunciados, com os quais nos referimos a objetos e reproduzimos fatos. Mas a linguagem existe, antes de tudo, para a comunicação, por meio da qual qualquer um pode tomar posição diante das pretensões de validade do outro com um "sim" ou um "não". Precisamos da linguagem para fins comunicativos mais do que para fins puramente cognitivos. A linguagem não é o espelho do mundo, mas nos abre um acesso a ele. Com isso, ela dirige nossos olhares ao mundo sempre de um certo modo. Nela está inscrito algo como uma visão de mundo. Felizmente, esse saber prévio que adquirimos com uma determinada linguagem não está definido de uma vez por todas. Caso contrário, não poderíamos aprender nada de novo em nossa relação com o mundo e no diálogo sobre ele. O que vale para as linguagens teóricas da ciência vale também no cotidiano: podemos revisar o significado de predicados e de conceitos à luz das experiências que temos com o seu auxílio.

A deficiência na fala talvez possa explicar também por que ao longo da minha vida me mantive convencido da superioridade da palavra escrita. A forma escrita encobre o estigma do oral. Sempre avaliei meus estudantes mais por seus trabalhos escritos do que pela sua participação em discussões nos seminários por mais inteligente que ela fosse. E, como vocês podem ver, até hoje receio falar em público, para o prejuízo dos meus ouvintes. Essa retirada para a forma precisa da expressão escrita pode ter me estimulado a fazer uma importante distinção teórica. Na *ação comunicativa*, comportamo-nos de certo modo ingenuamente, enquanto no *discurso* nós trocamos argumentos a fim de examinar pretensões de validade que se tornaram problemáticas. Este deve facultar a coerção não coercitiva do melhor argumento.

(b) Essa concepção me auxiliou a elaborar teoricamente uma outra experiência – humilhações na forma de discriminações mais ou menos inocentes que muitas crianças sofrem na escola ou na rua pelo fato de serem diferentes das outras. Nesse meio-tempo, a globalização, o turismo em massa, a migração em escala mundial, sobretudo o crescente pluralismo das visões de mundo e das formas culturais de vida nos tornaram familiares tais experiências de exclusão dos que são estranhos e de marginalização de minorias. Hoje, cada um pode imaginar como é ser um estrangeiro no exterior, um estranho entre estranhos ou um outro para os demais. Tais situações despertam nossas sensibilidades morais. Pois a moral é um dispositivo de proteção, tecido com os meios da comunicação, contra a peculiar vulnerabilidade de indivíduos socializados comunicativamente.

Quanto mais a individuação avança para o interior, tanto mais profundamente o indivíduo se enreda como que para fora em uma rede cada vez mais densa e frágil de relações de reconhecimento recíproco. Com isso, ele se expõe aos riscos da reciprocidade *negada*. A moral do igual respeito por cada um visa absorver esses riscos. Pois ela se define pelo objetivo de eliminar a discriminação e incluir os marginalizados na rede da consideração recíproca. Normas de convivência que podem criar solidariedade mesmo entre estranhos dependem da concordância geral. Devemos entrar em discursos para desenvolver tais normas. Pois os discursos morais permitem a todos os concernidos tomar igualmente a palavra. Eles levam os participantes a adotar as perspectivas de cada um dos outros.

(3) Até agora, falei sobre motivos pessoais da minha infância. Mas apenas a cesura de 1945 proporcionou à minha geração uma nova experiência, sem a qual eu talvez não tivesse chegado à filosofia e à teoria da sociedade. A sociedade e o regime de um cotidiano vivido de modo mais ou menos normal foram, da noite para o dia, desmascarados como patológicos e criminosos. Por isso, o confronto com a herança do passado nazista se tornou um tema fundamental de minha vida política adulta. O interesse dirigido para o futuro, que surge do olhar sobre o passado, tem a ver com condições de vida que escapam da falsa alternativa entre "comunidade" e "sociedade". Ocorrem-me, como diz Brecht, formas "amigáveis" de convivência que não jogam fora a diferenciação das sociedades modernas nem renegam a dependência recíproca de sujeitos que andam

de rosto erguido – e sua recíproca confiança uns em relação aos outros.

Poucos meses antes de completar dezesseis anos, a Segunda Guerra Mundial chegou ao fim. Até a fundação da República Federal e o início de meus estudos no verão de 1949, se passaram quatro anos de uma adolescência atenta ao que ocorria. Eu tive a "sorte de ter nascido mais tarde" – tinha idade suficiente para acompanhar a ruptura histórica em uma idade moralmente sensível, mas jovem demais para poder arcar com as circunstâncias políticas. Nós nem sequer fomos soldados. E não precisamos nos responsabilizar por falsas tomadas de partido ou por erros políticos prenhes de consequências. Depois das revelações sobre Auschwitz, tudo passou a ter duas medidas. O que tínhamos vivenciado como uma infância ou adolescência mais ou menos normais, se tornou a partir de então um cotidiano à sombra de uma ruptura civilizatória. Minha geração, sem nenhum mérito próprio, teve a chance de aprender com os processos de Nuremberg, que acompanhávamos pelo rádio, contra os criminosos de guerra. Fizemos nossa a distinção de Karl Jaspers entre culpa coletiva e responsabilidade coletiva.

Esse hábito é considerado hoje frequentemente de modo crítico e está longe de ser considerado um mérito. O tipo de reação que encontramos entre os contemporâneos de direita e liberais, bem como entre os de esquerda, tem algo de inevitável típico da época. As noções políticas e morais adquiridas sem custo se vinculavam naquele momento com a revolução do modo de pensar em geral – com a abertura cultural para o Ocidente. Durante o período do nazismo, aqueles de nós que não tinham conhecido a época de Weimar cresceram em um ambiente pesado e cheio de ressentimento de *kitsch* patriótico, monumentalismo e culto à morte. Depois de 1945, abriram-se as portas para a arte do expressionismo, para Kafka, Thomas Mann e Hermann Hesse, para a literatura mundial anglo-saxã, para a filosofia contemporânea de Sartre e dos católicos franceses de esquerda, para Freud e Marx, bem como para o pragmatismo de um John Dewey, cujos discípulos influenciaram significativamente a *reeducation* [reeducação]. O cinema contemporâneo trouxe mensagens estimulantes. O espírito revolucionário da modernidade encontrou sua encarnação visual mais convincente no construtivismo de um Mondrian, nas formas geométricas frias da arquitetura da Bauhaus e no *design* industrial descompromissado.

A palavra mágica para mim era "democracia", não o liberalismo anglo-saxão. As construções da tradição do direito racional, a que tive acesso na época por meio de apresentações populares, estavam ligadas ao espírito inovador e às promessas de emancipação da modernidade. Mais e mais nós estudantes nos sentíamos isolados no ambiente autoritário inalterado de uma sociedade pós-guerra. A continuidade das elites sociais e das estruturas preconceituosas, de que Adenauer se valeu para a concordância com sua política, era paralisante. Não houvera nenhuma ruptura, nenhum recomeço pessoal e nenhuma mudança de mentalidade – nem uma renovação moral nem uma transformação na consciência política. Compartilhei minha profunda decepção política com minha esposa, que conheci durante os estudos universitários. Ainda nos anos 1950, no deparamos com a autocompreensão elitista e, ao mesmo tempo, apolítica da universidade alemã, bem como com a associação infeliz entre nacionalismo e antissemitismo burguês, que em 1933 havia desarmado intelectualmente nossos professores acadêmicos ou os havia lançado diretamente nos braços dos nazistas.

Nesse clima, de esquerda quase não havia relação de minhas convicções políticas com o estudo de filosofia. Política e filosofia, dois universos de pensamento, permaneceram por muito tempo separadas. Elas se chocaram apenas naquele final de semana do semestre de verão de 1953, quando meu amigo Karl-Otto Apel me colocou nas mãos um exemplar, que acabara de ser impresso, da *Introdução à metafísica* de Heidegger. Até então, Heidegger fora, mesmo que à distância, o principal mestre. Eu havia lido *Ser e tempo* com os olhos de Kierkegaard. A ontologia fundamental continha uma ética que, ao que me parecia, apelava à consciência individual e à veracidade existencial do indivíduo. Agora, esse mesmo Heidegger publicava aulas do ano de 1935 sem ressalvas e comentários. O vocabulário dessas aulas refletia o endeusamento do espírito do povo, a desculpa de Schlageter[3] e o coletivismo festivo do pronome "nós". De modo insuspeitado, o "ser-aí [*Dasein*] do povo" tomara o lugar do "ser-aí" individual. Minha aversão incrédula se expressou naquele momento por meio da escrita.

"Pensar com Heidegger contra Heidegger" era o título do artigo de jornal, que revelava, apesar de tudo, o apegado discípulo de Heidegger. A escolha das citações permite reconhecer ainda hoje o que me incomodava no texto de Heidegger. Eram principalmente quatro coisas: a vinculação fatal da conclamação heroica para a "violência criadora" com um culto da vítima –

---

3 Habermas se refere aqui a Albert Leo Schlageter, oficial alemão morto por tropas francesas em 1923 e transformado em herói pelo partido nazista. (N. T.)

o "sim mais profundo e amplo para a queda". Na sequência, irritavam-me os preconceitos platonistas do mandarim alemão, que desvalorizava a "inteligência" em favor do "espírito", a análise em favor do pensar autêntico e que queria reservar a verdade esotérica "a poucos". Incomodavam-me também os afetos anticristãos e antiocidentais que se dirigiam contra o universalismo igualitário do Esclarecimento [*Aufklärung*]. Mas o verdadeiro escândalo foi a recusa da responsabilidade moral e política do filósofo nazista pelas consequências de um assassinato em massa sobre a qual naquele momento, oito anos depois do final da guerra, quase ninguém falava. Na controvérsia que se seguiu, perdeu-se completamente de vista a interpretação por meio da qual Heidegger estilizava o fascismo em "destino do ser" [*Seinsgeschick*], que se manifestava pessoalmente. Como se sabe, ele renegou seu erro político prenhe de consequências como simples reflexo de um "desvio" que não poderia ser imputado a uma pessoa.

(4) Nos anos seguintes, reconhecer com mais clareza o afeto que unia espíritos como Heidegger, Carl Schmitt, Ernst Jünger ou Arnold Gehlen. Em todos eles, o desprezo pelas massas e pelo que é medíocre se associava, de um lado, com a celebração do indivíduo arrogante, do escolhido, do excepcional e, por outro lado, com a rejeição da conversa fiada, da esfera pública e do não autêntico. O silenciar foi contraposto ao diálogo, a ordenação do mando e da obediência foi contraposta à igualdade e à autodeterminação. Desse modo, o pensamento jovem-conservador se definia por meio da dura oposição ao impulso democrático fundamental que nos estimulava desde 1945. Para mim, essa "síndrome de Weimar" se tornou um ponto de referência negativo no momento em que, depois de

terminar meus estudos, passei a elaborar teoricamente a decepção sobre o difícil e precário processo de democratização da Alemanha no pós-guerra. Meu receio de que houvesse um retrocesso político permaneceu até os anos 1980 como um aguilhão para o trabalho científico – um trabalho que eu iniciara no final dos anos 1950 com *Mudança estrutural da esfera pública.*

Como assistente de Theodor W. Adorno, eu me tornei em seguida colaborador do Instituto de Pesquisa Social em Frankfurt. A Teoria Crítica da sociedade me ofereceu uma perspectiva que podia inserir o início da democracia americana, francesa e inglesa, bem como os impulsos sempre fracassados da democracia na Alemanha, no contexto mais amplo da modernização social. Naquela época, no final dos anos 1950, a cultura política não estava de modo algum estabelecida. Não estava de modo algum decidido que os princípios de uma ordem democrática, de certa forma impostos de fora, fossem fincar raízes nas cabeças e nos corações das pessoas. E, evidentemente, uma tal mudança de mentalidade não poderia acontecer de modo isolado. Ela também não poderia ser levada a cabo administrativamente. Apenas uma formação da opinião vital, pública e discursiva dentro das possibilidades poderia levar adiante esse processo.

Por isso, minha atenção teórica se dirigiu para a esfera pública política. O fenômeno geral do "espaço público" que surge já nas interações simples, sempre me interessou pela força secreta de unir elementos distintos sem assimilá-los. Nos espaços públicos, podem-se detectar estruturas da integração social. Na constituição dos espaços públicos se revelam sobretudo traços anômicos da ruína ou das fissuras de uma socialização repressiva. Sob as condições de sociedades modernas, a esfera pública política da comunidade democrática em particular adquire um significado sintomático para a integração da sociedade. As sociedades complexas só podem ser mantidas unidas normativamente por meio de uma solidariedade entre cidadãos abstrata e mediada pelo direito. Entre cidadãos da sociedade que não podem mais se conhecer pessoalmente, é possível criar e reproduzir uma comunhão frágil através do processo de formação pública da opinião e da vontade. O estado de uma democracia pode ser auscultado na pulsação de sua esfera pública política.

Os professores certamente não são apenas cientistas que se ocupam, na perspectiva do observador, de questões da esfera pública política. Eles também são cidadãos. E eventualmente participam na vida política de seu país enquanto intelectuais. Eu mesmo participei nos anos 1950 do protesto pacífico da "Marcha da Páscoa" e nos anos 1960 tive que tomar publicamente uma posição sobre o protesto dos estudantes. Nos anos 1980 e 1990, me envolvi em debates sobre o tratamento do passado nazista, sobre a desobediência civil, sobre o modo da reunificação, sobre a primeira guerra do Iraque, sobre a reforma do direito de asilo político etc. Durante os últimos dez anos, me manifestei principalmente sobre questões da unificação europeia e da bioética. Desde a invasão do Iraque, contrária ao direito internacional, me ocupo com a constelação pós-nacional tendo em vista o futuro do projeto kantiano de uma ordem cosmopolita. Menciono essas atividades porque, para concluir, gostaria de enunciar o que acredito ter aprendido sobre o papel do intelectual a partir dos meus erros e dos erros de outros.

O intelectual, sem ser requisitado, isto é, sem receber um encargo de nenhuma parte, deve fazer uso público do saber profissional de que dispõe, por exemplo, como filósofo, como escritor, como físico ou como cientista social. Sem ser imparcial, ele deve se manifestar ciente de sua falibilidade. Deve se limitar a temas relevantes, fornecer informações objetivas e bons argumentos, deve se esforçar para melhorar o deplorável nível discursivo das controvérsias públicas. Em outros aspectos, também se esperará do intelectual uma difícil caminhada na corda bamba. Ele trairá sua autoridade em ambos os lados se não separar cuidadosamente seu papel profissional de seu papel público. E não pode utilizar a influência que adquire com palavras como meio para obter poder, ou seja, não pode confundir "influência" com "poder". Em cargos públicos, os intelectuais deixam de ser intelectuais.

Não é de admirar que, na maioria das vezes, nós fracassamos em cumprir esses critérios; mas isso não pode desvalorizar os próprios critérios. Pois os intelectuais, que tantas vezes combateram seus pares e os declararam mortos, não podem se permitir o seguinte: ser cínicos.

2
Ação comunicativa e razão destranscendentalizada[1]

Ao amigo Tom McCarthy, por ocasião do seu sexagésimo aniversário.

No prefácio a *Ideals and Illusions*, Thomas McCarthy caracteriza as duas direções que, desde Hegel, tomou a crítica dos conceitos da razão kantianos: "De um lado, estão aqueles que, nas pegadas de Nietzsche e Heidegger, atacam as concepções kantianas de razão e sujeito racional em suas próprias raízes; do outro lado, estão aqueles que, nas pegadas de Hegel e Marx, as reformulam em moldes sócio-históricos".[2] As "ideias" de Kant,

1 Publicado individualmente sob o mesmo título [*Kommunikatives Handeln und detranszendentalisierte Vernunft*] na Universalbibliothek da Reclam, Stuttgart, 2001. Reimpresso com a gentil permissão de Reclam Verlag.

2 McCarthy, *Ideals and Illusions: on Reconstruction and Deconstruction in Contemporary Social Theory*, p.2. [Em inglês, no original: "On one side are those who, in the wakes of Nietzsche and Heidegger, attack Kantian

mesmo em suas formas pragmaticamente dessublimadas, ainda mantêm seu duplo papel original. Elas são utilizadas como diretrizes da crítica e, simultaneamente, são desmascaradas como o substrato de uma ilusão transcendental – *ideals and illusions* [ideais e ilusões]. McCarthy opõe-se, porém, tanto à desconstrução iconoclasta, que joga fora o bebê com a água do banho, quanto a uma abordagem normativista, que mantém intacta a ilusão de uma razão pura. Mesmo depois da virada pragmática, ele não perde de vista as duas funções da razão – a que estabelece normas e possibilita a crítica, bem como a função dissimuladora que provoca a autocrítica: "Se efetuarmos uma virada pragmática, podemos avaliar os dois aspectos das ideias prático-sociais da razão: sua função insubstituível na interação cooperativa e o seu potencial para um mau uso".[3]

Em outro lugar, McCarthy fala em "social-practical *analogues* of Kants ideas of reason" [*análogos* prático-sociais das ideias de razão de Kant]. Com isso, ele se refere, sobretudo, a três pressuposições pragmático-formais da ação comunicativa. A suposição comum de um mundo objetivo, a racionalidade que os sujeitos agentes se atribuem reciprocamente e a validade incondicional que eles, em atos de fala, reivindicam para seus enunciados, remetem umas às outras e constituem aspectos de uma razão dessublimada, encarnada na prática comunicativa cotidiana:

---

conceptions of reason and the rational subject at their very roots; on the other side are those who, in the wakes of Hegel and Marx, recast them in sociohistorical molds". (N. T.)]

3 Ibid., p.4. [Em inglês, no original: "If we take a pragmatic turn, we can appreciate both aspects of the social-practical ideas of reason: their irreplaceable function in cooperative interaction and their potential for misuse". (N. T.)]

"Tanto as idealizações de imputabilidade racional quanto a objetividade do mundo real figuram em nossa noção idealizada da verdade, pois a objetividade é o outro lado da validade intersubjetiva de certos tipos de pretensões de verdade".[4] Com isso, a tensão transcendental entre o ideal e o real, entre o reino do inteligível e o reino dos fenômenos se transfere para a realidade social dos contextos de ação e das instituições. É essa transformação da razão "pura" em uma razão "situada" que McCarthy faz valer energicamente contra a crítica da razão abstratamente liquidadora no estilo do trabalho objetivador de Foucault e do trabalho paradoxal de Derrida de desmascaramento e desestabilização (sem ignorar os discernimentos de uma desconstrução daquelas ilusões da razão que penetram até os capilares dos discursos cotidianos).

A tarefa de "situar a razão" tanto na linha da tradição do pensamento histórico de Dilthey até Heidegger quanto na linha do pensamento pragmático de Peirce até Dewey (e, de certo modo, até Wittgenstein) foi entendida como tarefa de uma destranscendentalização do sujeito cognoscente. O sujeito finito deve encontrar-se "no mundo" sem perder inteiramente sua espontaneidade "criadora do mundo". Nessa medida, a controvérsia entre McCarthy e os discípulos de Heidegger, Dewey e Wittgenstein é uma briga de família sobre a questão de saber qual lado leva a cabo de modo correto a destranscen-

4 Hoy; McCarthy, *Critical Theory*, p.39. [Em inglês, no original: "The idealizations of rational accountability and real world objectivity both figure in our idealized notion of truth, for objectivity is the other side of the intersubjective validity of certain types of truth claims". (N. T.)]

dentalização:[5] se os rastros de uma razão transcendente se perdem nas areias da historicização e da contextualização ou se uma razão encarnada em contextos históricos mantém a força para uma transcendência a partir de dentro. A cooperação entre sujeitos capazes de aprender mantém, no interior de seus respectivos mundos da vida linguisticamente articulados, a força de revisão para alteração racionalmente motivada da interpretação do mundo? A razão está à mercê do efeito de "abertura do mundo" da linguagem ou permanece ela, ao mesmo tempo, uma força que "move o mundo"?[6]

Na disputa com os desconstrutivistas, ao menos o questionamento enquanto tal não é controverso. Mas, para os discípulos de Hume, ou seja, para uma grande parte da filosofia analítica, a dialética entre linguagem que abre mundos e processos de aprendizagem intramundanos não tem nem mesmo um sentido bem determinado. Se nem sequer admitirmos a ideia kantiana de uma razão "formadora do mundo" e a concepção de entendimento que "constitui" os objetos da experiência possível, não pode haver razões para se falar em uma destranscendentalização da "consciência" de sujeitos cognoscentes e agentes, nem mesmo para uma controvérsia sobre os problemas decorrentes de uma tal correção. McCarthy defen-

5 Não preciso voltar aqui à briga de família *dentro da* briga em família. Cf. McCarthy, "Practical Discourse: on the Relation of Morality to Politics", em *Ideals and Illusions*, op. cit., p.181-99; id., "Legitimacy and Diversity", em Rosenfeld; Arato (orgs.), *Habermas on Law and Democracy: Critical Exchanges*, p.115-53; minha resposta está em Rosenfeld; Arato (orgs.), *Habermas on Law and Democracy*, op. cit., p.391-404.

6 Habermas, *Wahrheit und Rechtfertigung*.

de a explicação linguístico-pragmática do processo de "situar a razão" contra *objeções* desconstrutivistas. Tentarei enfrentar a *incompreensão* da filosofia analítica em relação à *questão* do uso destranscendentalizado da razão.

No entanto, não pretendo falar de forma direta em favor de uma teoria pragmático-formal do significado nem repetir os argumentos conhecidos.[7] A dificuldade de compreensão não reside nos detalhes, mas na abordagem. A própria semântica da verdade estabeleceu um nexo interno entre o significado e as condições de validade de enunciados e, com isso, abriu o caminho para concepções de uma racionalidade linguisticamente e comunicativamente encarnada (Davidson, Dummett, Brandom). Mas, nos marcos outrora estabelecidos por Kant e Hume a favor ou contra uma consideração nominalista das operações do espírito humano, ainda hoje se colocam, sobre outros trilhos e em direções diferentes, pensamentos estruturalmente similares.

Se vejo corretamente, a reformulação das "ideias" kantianas da razão pura em pressuposições "idealizadoras" da ação comunicativa levanta dificuldades de compreensão sobretudo no que diz respeito ao papel *factual* das suposições *contrafactuais* pressupostas performativamente. Elas assumem um efeito operativo na estruturação de processos de entendimento mútuo e na organização de contextos de ação:

> Esse (lance) tem o efeito de realocar a oposição kantiana ente o ideal e o real no interior do domínio da prática social. A interação cooperativa é vista como estruturada em torno das ideias

7 Id., *On the Pragmatics of Communication*.

da razão, que não são completamente constitutivas no sentido platônico nem meramente reguladoras no sentido kantiano. Enquanto suposições idealizadoras que não podemos deixar de fazer enquanto estamos engajados em processos de entendimento mútuo, elas são *realmente efetivas* na organização da comunicação e, ao mesmo tempo, contrafactuais na medida em que apontam para além dos limites de situações reais. Como resultado disso, as ideias sociopráticas da razão são tanto "imanentes" quanto "transcendentes" às práticas constitutivas das formas de vida.[8]

Segundo a concepção pragmático-formal, a estrutura racional interna da ação orientada para o entendimento mútuo se reflete em suposições que os agentes *devem* assumir quando entram nessa prática. A obrigatoriedade de tal "dever" tem que ser entendida mais no sentido de Wittgenstein do que no de Kant – não no sentido transcendental de condições universais, necessárias, inteligíveis e sem origem da experiência possível, mas no sentido gramatical de uma "inevitabilidade" que resulta de contextos conceituais internos de um sistema de compor-

8 Hoy; McCarthy, *Critical Theory*, op. cit., p.38. [Em inglês, no original: "This (move) has the effect of relocating the Kantian opposition between the real and the ideal *within* the domain of social practice. Cooperative interaction is seen to be structured around ideas of reason which are neither fully constitutive in the Platonic sense nor merely regulative in the Kantian sense. *As idealizing suppositions* we cannot avoid making while engaged in processes of mutual understanding, they are *actually effective* in organizing communication and at the same time *counterfactual* in ways that point beyond the limits of actual situations. As a result, social-practical ideas of reason are both 'immanent' and 'transcendent' to practices constitutive of forms of life". (N. T.)]

tamento posto em prática, conduzido por regras, mas "incontornável para nós". Depois do deflacionamento pragmático da abordagem kantiana, a "análise transcendental" significa a investigação de condições supostamente universais, mas apenas *de facto* iniludíveis, que têm de ser satisfeitas para que certas práticas ou realizações fundamentais possam ocorrer. Nesse sentido, "fundamentais" são todas as práticas para as quais não existem equivalentes funcionais, nem mesmo imagináveis, no interior de nossas formas de vida socioculturais. Uma língua natural pode ser substituída por outra. Mas, para a linguagem proposicionalmente diferençada enquanto tal (para a "faculdade da espécie"), não existe um substituto imaginável que pudesse preencher as mesmas funções. Gostaria de elucidar essa ideia fundamental com um olhar genealógico sobre Kant.

Em nosso contexto, não se trata da tarefa sistemática de explicação do conceito "razão comunicativa",[9] mas do contexto de surgimento dessa concepção. Tratarei das pressuposições idealizadoras mencionadas anteriormente, que se efetuam performativamente na ação comunicativa: a suposição comum de um mundo de objetos que existem independentemente; a suposição recíproca de racionalidade ou de "imputabilidade"; a incondicionalidade de pretensões de validade que transcendem o contexto, como a verdade e a correção moral; e as exigentes pressuposições da argumentação que exigem dos participantes um descentramento de suas perspectivas interpretativas. Falo aqui de "pressuposições" [*Voraussetzungen*], porque pressupos-

9 Habermas, "Rationalität der Verständigung. Sprechakttheoretische Erläuterungen zum Begriff der kommunikativen Rationalität", em *Wahrheit und Rechtfertigung*, op. cit, p.102-37.

tos [*Präsuppositionen*] são condições que devem ser satisfeitas para que o condicionado assuma um entre dois valores: atos de referência não podem ou ser bem ou malsucedidos sem um sistema de referência; sem a suposição de racionalidade, os participantes da comunicação podem se entender mutuamente ou se desentender; se os enunciados pudessem, em outro contexto, perder a característica de "verdadeiros" que possuem em um contexto, não se poderia pôr em questão a pretensão de verdade em qualquer contexto; e sem a situação de comunicação, que faz jus à coerção não coercitiva do melhor argumento, os argumentos não poderiam contar nem a favor nem contra. Em que sentido tais pressuposições têm um conteúdo "ideal" é algo de que ainda nos ocuparemos.

De qualquer modo, impõe-se um parentesco entre essas pressuposições e os conceitos kantianos. Pode-se supor um vínculo genealógico:

- entre a "ideia cosmológica" da unidade do mundo (ou da totalidade das condições do mundo sensível) e a suposição pragmática de um mundo objetivo comum (1);
- entre a "ideia de liberdade" como um postulado da razão prática e a suposição pragmática da racionalidade de atores imputáveis (2);
- entre o movimento totalizante da razão que, enquanto "faculdade das ideias", transcende tudo o que é condicionado em direção a um incondicionado e a incondicionalidade das pretensões de validade levantadas na ação comunicativa (3);
- por fim, entre a razão como a "faculdade dos princípios", que assume o papel de um "supremo tribunal de todos

os direitos e pretensões", e o discurso racional enquanto fórum iniludível das justificações possíveis (4).

Na primeira parte, pretendo desdobrar esses nexos histórico-conceituais (1-4). Evidentemente, as ideias da razão pura não podem ser traduzidas sem perdas da linguagem da filosofia transcendental para a linguagem de uma pragmática formal. Não basta a formulação de "analogias". Pela via de sua transformação, os pares kantianos de opostos (constitutivo *versus* regulador, transcendental *versus* empírico, imanente *versus* transcendente etc.) perdem sua nitidez, pois a destranscendentalização significa uma intervenção profunda na arquitetônica das suposições fundamentais. À luz desses nexos genealógicos, também descobrimos as encruzilhadas em que a filosofia analítica da linguagem recusa a herança das ideias kantianas da razão. Ainda assim, como irei mostrar na segunda parte, ela chega a descrições normativas da prática linguística semelhantes às da pragmática formal mais fortemente apoiada em Kant. Partindo da crítica de Frege ao psicologismo (5), sigo a linha analítica da discussão segundo o fio condutor do "princípio de caridade" de Davidson (6), da recepção crítica de Wittgenstein por Dummett (7), assim como a concepção de Brandom acerca do entendimento mútuo como uma troca discursiva de razões (8).

I

(1) Além da ideia de unidade do sujeito pensante e da ideia de Deus como origem única das condições de todos os objetos do pensamento, Kant conta, entre as ideias teóricas da razão, a *ideia* cosmológica *da unidade do mundo*. No que diz respeito à fun-

ção heurística que essa ideia tem para o progresso do conhecimento empírico, Kant fala de um uso "hipotético" da razão. A antecipação totalizante do conjunto dos objetos da experiência possível possui uma função de conduzir e não tornar possível o conhecimento. Enquanto o conhecimento empírico é a "pedra de toque da verdade", a ideia cosmológica desempenha o papel de um princípio metodológico de completude; ela aponta para o objetivo de uma unidade sistemática dos conhecimentos do entendimento. Diferentemente das categorias constitutivas do entendimento e das formas constitutivas da intuição, a "unidade do mundo" é uma ideia reguladora.

O pensamento metafísico cai na ilusão dialética de uma ordem hipostasiada do mundo, pois faz um uso constitutivo dessa ideia reguladora. O uso reificador da razão teórica confunde o projeto construtivo de um *focus imaginarius* para a persecução da investigação com a constituição de um objeto acessível à experiência. A esse uso exacerbado, porque "apodítico", da razão corresponde o uso "transcendente" das categorias do entendimento que ultrapassa os limites da experiência possível. Essa transgressão dos limites conduz a uma assimilação inadmissível do conceito de "mundo" – com o conjunto dos objetos acessíveis à experiência – ao conceito de um objeto em grande formato que representa o mundo como tal. A diferença entre o mundo e o intramundano, reivindicada por Kant, tem que ser mantida mesmo quando o sujeito transcendental perde a posição além do espaço e do tempo e se transforma em inúmeros sujeitos capazes de falar e agir.

A destranscendentalização leva, de um lado, à inserção de sujeitos socializados em contextos do mundo da vida e, de outro, ao entrelaçamento da cognição com o falar e a ação. O conceito de "mundo" se modifica juntamente com a arquitetônica da teoria. Inicialmente, explico o que entendo por "suposição pragmático-formal do mundo" (a); para em seguida chamar a atenção para algumas consequências importantes, a saber: a substituição do idealismo transcendental por um realismo interno (b); a função reguladora do conceito de verdade (c); e a inserção das referências ao mundo em contextos do mundo da vida (d).

(a) Os sujeitos capazes de falar e agir têm de poder se "referir", a partir do horizonte de seu mundo da vida compartilhada, "a algo" no mundo objetivo ao se entenderem mutuamente na comunicação "sobre algo" ou, se quiserem, no trato prático, lidar "com algo". Para poder se referir a algo, seja na comunicação sobre estados de coisas, seja no trato prático com pessoas e objetos, eles têm – cada um por si, mas em concordância com todos os outros – de partir de uma pressuposição pragmática. Supõem "o mundo" como a totalidade dos objetos que existem independentemente, que podem ser julgados e manipulados. São "julgáveis" todos os objetos dos quais é possível em geral enunciar fatos. Mas apenas objetos identificáveis no espaço e no tempo podem ser "tratados" no sentido de uma manipulação com respeito a fins.

A "objetividade" do mundo significa que ele nos é "dado" como um mundo "idêntico para todos". Nesse contexto, é a prática da linguagem – sobretudo o uso dos termos singulares – que nos obriga à suposição pragmática de um mundo objetivo comum. O sistema de referência embutido em linguagens naturais garante a quaisquer falantes a antecipação formal de possíveis objetos de referência. Por meio dessa suposição formal de mundo, a comunicação sobre algo no mundo se entrelaça com intervenções práticas no mundo. Para falantes e atores, o mundo objetivo sobre o qual eles se entendem e no qual podem intervir é o mesmo. Para a garantia performativa de referências semânticas, é importante que os falantes possam, enquanto atores, estar em contato com objetos do trato prático e possam retomar tais contatos.[10]

A concepção da suposição de mundo repousa, do mesmo modo que a ideia cosmológica da razão de Kant, sobre a diferença transcendental entre o mundo e o intramundano, que reaparece em Heidegger como a diferença ontológica entre "ser" e "ente". O mundo objetivo suposto por nós é diferente daquilo que, de acordo com tal suposição, pode ocorrer enquanto objeto (estado, coisa ou evento). Por outro lado, essa concepção não se encaixa mais nos conceitos kantianos dicotômicos. Com o desarmamento destranscendentalizante das categorias *a priori* do entendimento e das formas *a priori* da intuição, a distinção clássica entre razão e cognição se borra. Evidentemente, a suposição pragmática de mundo não é uma ideia reguladora, mas "constitutiva" para a referência a tudo aquilo de que se podem constatar fatos. Nesse contexto, o conceito de mundo permanece tão formal que o sistema para possíveis referências não predefine quaisquer determinações conceituais para objetos em geral. Todas as tentativas de reconstruir um *a priori* de sentido material para possíveis objetos de referência fracassaram.[11]

10 Sobre a relevante teoria da referência de Putnam, cf. Mueller, *Referenz und Fallibilismus: zu Hilary Putnams pragmatischen Kognitivismus*.

11 Sobre a discussão das relevantes investigações de Peter Strawson, cf. Niquet, *Transzendentale Argumente: Kant, Strawson und die Aporetik der Detranszendentalisierung*, cap.4 e 5.

(b) Nessa perspectiva, também perde sentido a distinção entre fenômeno e "coisa em si". Agora, experiências e juízos são reacoplados a uma prática que lida com a realidade. Por meio da ação orientada para a resolução de problemas, controlada pelo sucesso, eles estão em contato com uma realidade surpreendente, que resiste à nossa apreensão ou que inclusive "entra no jogo". De um ponto de vista ontológico, um realismo interno entra no lugar de um idealismo transcendental que concebe a totalidade dos objetos experienciáveis como um mundo "para nós", isto é, como um mundo fenomênico. Segundo este, é "real" tudo o que pode ser representado em enunciados verdadeiros, embora os fatos sejam interpretados em uma linguagem que é sempre "nossa" linguagem. O próprio mundo não nos impõe "sua" linguagem; ele próprio não fala e só "responde" em sentido figurado.[12] Chamamos de "real" a existência dos estados de coisas enunciados. Esse "ser veritativo" dos fatos, porém, não pode – de acordo com um modelo representacionalista do conhecimento – ser apresentado como realidade afigurada [*abgebildete*] e, com isso, equiparada à "existência" de objetos.

Constatações de fatos não podem abandonar sem mais o sentido operativo dos processos de aprendizagem, soluções de problemas e justificações dos quais *resultam*. Por isso, é recomendável distinguir, seguindo Charles Sanders Peirce, entre a "realidade" [*Realität (oder Wirklichkeit)*] representada pela linguagem e a "existência", experimentada como resistência no trato

12 Sobre o "realismo interno" de Hilary Putnam, cf. Habermas, "Werte und Normen. Ein Kommentar zu Hilary Putnams Kantischem Pragmatismus", em *Wahrheit und Rechtfertigung* (ed. bolso expand.).

prático, aquilo com que "topamos" no mundo repleto de riscos e que temos de "enfrentar". Em enunciados verdadeiros, o "vir ao encontro" ou o "resistir" dos objetos de que sempre falamos já está elaborado. Nessa medida, na "existência" [*Bestehen*] dos estados de coisas também se veicula a "existência" [*Existenz*] de objetos pertinentes (ou a facticidade de circunstâncias surpreendentes). Mas esse "mundo", que supomos como a totalidade de objetos, não de fatos, não pode ser confundido com a "realidade" [*Wirklichkeit*] que consiste de tudo o que pode ser representado em enunciados verdadeiros.

(c) Os dois conceitos, "mundo" e "realidade", expressam totalidades, mas apenas o conceito de realidade, em função de sua ligação interna com o conceito de verdade, pode ser colocado lado a lado com as ideias reguladoras da razão. O conceito peirciano de realidade (como a totalidade dos fatos constatáveis) é uma ideia reguladora no sentido de Kant, porque ele obriga a constatação de fatos a adotar uma orientação pela verdade que, por sua vez, desempenha uma função reguladora. Para Kant, a "verdade" não é uma ideia nem se vincula às ideias da razão, porque as condições transcendentais da objetividade da experiência devem esclarecer ao mesmo tempo a verdade do juízo de experiência: "Para Kant, a pergunta [...] pelas condições de possibilidade da constituição de objetos, isto é, da constituição do sentido da objetividade, era idêntica à pergunta [...] pelas condições de possibilidade da validade intersubjetiva do conhecimento verdadeiro".[13] Contra isso, K.-O. Apel defende a distinção entre o "*a priori* da experiência" interpretado de modo

13 Apel, "Sinnkonstitution und Geltungsrechtfertigung", em Forum für Philosophie (org.), *Martin Heidegger: Innen- und Außenansichten*, p.134.

pragmático, que determina o sentido dos objetos da experiência possível, e as condições da justificação argumentativa de enunciados sobre tais objetos.

Peirce quis explicar a própria "verdade" por meio dos conceitos epistêmicos de um progresso do conhecimento orientado pela verdade. Ele determina o sentido de verdade pela antecipação daquele consenso a que todos os que participam do processo autocorretivo de pesquisa teriam que chegar sob condições ideais.[14] A *community of investigators* [comunidade de pesquisadores] idealmente ilimitada constitui o fórum para o "supremo tribunal" da razão. Contra tal epistemização do conceito de verdade, que assimila "verdade" a "assertibilidade idealmente justificada", podem-se aduzir bons argumentos.[15] Entretanto, a *orientação pela* verdade – enquanto "característica inalienável" de enunciados – assume uma função reguladora imprescindível para processos de justificação falíveis por princípio, mesmo que estes consigam no melhor dos casos apenas levar à decisão sobre a aceitabilidade racional, não sobre a verdade de enunciados.[16]

---

14 Peirce, *Collected Papers*, v.V/VI, p.268: "A opinião que está destinada a ser acordada em última instância por todos os que pesquisam é o que queremos dizer por verdade e o objeto representado nessa opinião é o real" [em inglês, no original: "The opinion which is fated to be ultimately agreed to by all who investigate, is what we mean by the truth, and the object represented in this opinion is the real"] (5.407). Cf. sobre isso Apel, *Der Denkweg von Charles S. Peirce*.

15 Cf. a crítica ao conceito discursivo de verdade em: Wellmer, *Ethik und Dialog*, p.51 ss.; Lafont, *The Linguistic Turn in Hermeneutic Philosophy*, p.283 ss.

16 Habermas, "Wahrheit und Rechtfertigung. Zu Richard Rortys pragmatischer Wende", em *Wahrheit und Rechtfertigung*, p.230-70.

O elemento central de crítica da metafísica presente na advertência de Kant contra um uso apodítico da razão ou um uso transcendente do entendimento se mantém mesmo depois de uma destranscendentalização que vincula o conhecimento objetivo à justificação discursiva como "pedra de toque da verdade". Não são a sensibilidade e o entendimento que definem, a partir de então, a fronteira que separa o uso transcendental do uso transcendente da nossa faculdade de conhecimento, mas o fórum dos discursos racionais, nos quais bons argumentos têm de desenvolver sua capacidade de persuasão.

(d) De certo modo, a distinção entre verdade e aceitabilidade racional substitui a distinção entre "coisa em si" e fenômeno. Kant não conseguiu superar esse abismo nem mesmo se valendo da ideia reguladora da unidade do mundo, porque nem mesmo a heurística da completude de todos os conhecimentos condicionados conduz o entendimento *para fora* do reino dos fenômenos. Mesmo depois da destranscendentalização do sujeito cognoscente permanece uma lacuna entre aquilo que é verdadeiro e aquilo que conta como justificado ou aceitável racionalmente para nós. Essa lacuna não pode ser fechada de forma definitiva no âmbito de discursos, mas pode sê-lo pragmaticamente por meio de uma passagem racionalmente motivada do discurso à ação. Uma vez que os discursos *permanecem* enraizados no mundo da vida, existe um nexo interno entre os dois papéis que a ideia de orientação pela verdade assume aqui e ali – nas figuras de certezas de ação e em pretensões de validade hipotéticas.[17]

---

17 Habermas, *Wahrheit und Rechtfertigung*, op. cit., p.48 ss., 261 ss., 291 ss.

No entanto, a função reguladora da orientação pela verdade, apoiada na suposição do mundo objetivo, dirige os processos fáticos de justificação a um objetivo que de certa forma torna o supremo tribunal da razão algo móvel. No curso da destranscendentalização, as ideias teóricas da razão saem, por assim dizer, do mundo estático do inteligível e desenvolvem sua dinâmica *no interior* do mundo da vida. Do mundo inteligível temos apenas uma "ideia", diz Kant, não "conhecimento". Depois que a ideia cosmológica foi transposta para a suposição de um mundo objetivo comum, a orientação por pretensões de validade incondicionadas libera os recursos do mundo outrora inteligível para a aquisição de conhecimentos empíricos. O abandono das suposições de fundo lógico-transcendentais transforma as ideias da razão em idealizações, que os sujeitos capazes de falar e agir levam a cabo. O "ideal", elevado e petrificado em "reino" do além, se dissolve em operações do aquém, e é transposto do estado transcendente para uma "transcendência de dentro". Isso porque, na disputa discursiva sobre a interpretação correta daquilo com que nos deparamos no mundo, os contextos dos mundos da vida divergentes entre si têm que ser superados "de dentro".

Os sujeitos capazes de falar e agir só podem se dirigir *a* algo intramundano *a partir* do horizonte do seu respectivo mundo da vida. Não existem referências ao mundo completamente isentas de contexto. Heidegger e Wittgenstein demonstraram, cada um à sua maneira, que a consciência transcendental dos objetos de Kant se nutre de falsas abstrações.[18] Os contextos

18 Sobre a "hermenêutica do ser-no-mundo desde sempre interpretado linguisticamente", cf. Apel, "Wittgenstein und Heidegger", em

do mundo da vida e as práticas linguísticas, em que os sujeitos socializados se encontram desde sempre, abrem o mundo a partir das perspectivas de tradições e hábitos fundadores de sentido. Tudo aquilo com que os membros de uma comunidade local de linguagem se deparam no mundo é experimentado à luz de uma pré-compreensão "gramatical", não como objetos neutros. A mediação linguística da referência ao mundo explica a retroconexão da objetividade do mundo suposta no agir e na fala com a intersubjetividade do entendimento mútuo entre participantes da comunicação. O fato que eu *anuncio* de um objeto tem que ser *afirmado* e eventualmente *justificado* perante outros que podem se opor. A necessidade específica de interpretação surge pelo fato de que nós não podemos ignorar, mesmo em um uso descritivo da linguagem, seu caráter de abertura do mundo.

Esses problemas de tradução lançam uma luz sobre a densidade dos contextos do mundo da vida, mas não oferecem nenhuma razão para sustentar um teorema da incomensurabilidade.[19] Os participantes da comunicação podem se entender mutuamente para além dos limites de mundos da vida divergentes, porque eles, com o olhar voltado para um mundo objetivo comum, se orientam pela pretensão à verdade, isto é, pela validade incondicional de seus enunciados. Ainda voltarei a esse tema da orientação pela verdade.

(2) A ideia cosmológica da unidade do mundo ramifica-se, por um lado, na suposição pragmática de um mundo objetivo

McGuinness et al., *Der Löwe spricht... und wir können ihn nicht verstehen*, p.27-68.

19 Bernstein, *Beyond Objectivism and Relativism*.

enquanto totalidade dos objetos e, por outro, na orientação por uma realidade concebida como totalidade dos fatos. Nas relações interpessoais entre sujeitos capazes de falar e agir, que "tomam a palavra" e "pedem explicações" uns dos outros, nos deparamos com uma idealização de outro tipo. Na relação cooperativa de uns com os outros, eles têm que supor mutuamente a racionalidade, ao menos inicialmente. Em circunstâncias especiais, pode *se mostrar* que essa suposição era injustificada. Contra todas as expectativas, pode se *revelar* que o outro não presta contas de suas ações e proferimentos e que não vejamos como ele poderia justificar seu comportamento. No contexto da ação orientada pelo entendimento mútuo, esse desapontamento só ocorre sobre o pano de fundo de uma suposição de racionalidade, que temos de fazer ao entrarmos na ação comunicativa. Essa suposição significa que um sujeito que age intencionalmente está em condição de fornecer, em circunstâncias apropriadas, um motivo mais ou menos plausível *pelo qual* ele (ou eles) se comportou ou agiu assim e não de outro modo. Proferimentos incompreensíveis e estranhos, bizarros e enigmáticos provocam questionamentos por contradizerem implicitamente uma suposição inevitável na ação comunicativa e, por isso, desencadearem emperramentos.

Quem não puder assumir a responsabilidade por suas ações e proferimentos perante outros levanta a suspeita de não ter agido de modo "imputável". Inclusive o juiz penal, diante da suspeita de um delito, constata de saída a culpabilidade do acusado. Em seguida, examina se há razões que eximem a culpa. Para o julgamento justo de um crime, temos que saber se o criminoso era imputável e se o delito deve ser atribuído às circunstâncias ou ao próprio agente. Razões que eximem a culpa confirmam a suposição de racionalidade que assumimos não somente nos procedimentos judiciais, mas também no cotidiano em relação a outros atores. O exemplo do discurso jurídico se presta muito bem para uma comparação da suposição pragmática da imputabilidade com a ideia de liberdade de Kant.

Até aqui, consideramos a razão "em seu uso teórico" como "a faculdade de julgar segundo princípios". A razão se torna "prática" na medida em que determina o querer e o agir segundo princípios. A ideia de liberdade adquire, principalmente por meio da lei moral expressa no imperativo categórico, uma "causalidade própria", a saber, a força racionalmente motivadora de boas razões. Diferentemente das ideias teóricas da razão, que apenas regulam o uso do entendimento, a liberdade, enquanto "exigência irrecusável da razão prática", é constitutiva para a ação. É certo que também podemos a qualquer momento considerar ações sob categorias do comportamento observável enquanto processos determinados por leis da natureza. Na intenção prática, porém, temos que referir as ações a motivos pelos quais um sujeito racional poderia tê-las realizado. A "intenção prática" significa uma mudança de perspectiva para o tipo de julgamento normativo que, com nossa suposição de racionalidade, também nos envolve na ação comunicativa.

É certo que os motivos que são relevantes para a "liberdade" (no sentido kantiano) formam apenas um recorte do espectro de motivos em que se evidencia a imputabilidade de sujeitos que agem comunicativamente. Kant caracteriza a liberdade em termos gerais como a capacidade de um ator de vincular sua vontade a máximas, isto é, de orientar seu agir por regras de cujo conceito ele dispõe. Desse modo, o "livre-arbítrio" nos coloca em condição de, conforme a inclinação e o fim escolhido subjetivamente, adotar regras de prudência ou de destreza, enquanto a "vontade livre" segue leis universalmente válidas que ela deu a si mesma de um ponto de vista moral por convicção. Apesar de o livre-arbítrio preceder a vontade livre, ele permanece subordinado a esta no que se refere ao estabelecimento de fins. Kant se limita, pois, a motivos prático-técnicos e prático-morais. A ação comunicativa coloca em jogo um espectro mais amplo de razões – razões epistêmicas para a verdade de enunciados, pontos de vista éticos para a autenticidade de uma decisão vital, indicadores para detectar a sinceridade de confissões, experiências estéticas, explicações narrativas, padrões culturais valorativos, reivindicações jurídicas, convenções etc. A imputabilidade não se mede apenas pelos padrões de moralidade e de racionalidade orientada para fins. Ela nem sequer é assunto apenas da razão prática, mas consiste *de modo universal* na capacidade de um ator de orientar sua ação por pretensões de validade.[20]

Entre as ideias práticas da razão, a liberdade é a única de que Kant declara podermos *discernir a priori* a possibilidade de sua realização. Por isso, essa ideia adquire força "legisladora" para todo ser racional. Ela se torna acessível por meio do ideal de um "reino dos fins" ao qual todos os seres racionais se vinculam sob leis comuns, de tal modo que eles nunca se tratam meramente como meios, mas como fins em si mesmos. Nesse reino, todo cidadão, "embora legislador universal, também está, ele próprio, submetido a essas leis". Temos um discernimento *a priori* desse modelo de autolegislação, que indica duas coisas. Ela tem, por um lado, o sentido categórico de uma

20 Habermas, *Faktizitat und Geltung*, p.19.

obrigação (a saber, de realizar o reino dos fins pelas próprias ações e omissões) e, por outro, o sentido transcendental de uma certeza (a de que esse reino *pode* ser promovido por nossas ações e omissões morais). Podemos saber *a priori* que uma realização dessa ideia prática *é possível*.

Sob o primeiro aspecto, a comparação da ideia da liberdade com a suposição da racionalidade na ação comunicativa não é muito produtiva. A racionalidade não é uma obrigação. Mesmo em relação ao comportamento moral ou legal, a suposição da racionalidade não tem o sentido de que o outro se sente obrigado a obedecer a normas; imputa-se a ele apenas um saber sobre o que significa agir de forma autônoma. O segundo aspecto é mais fecundo, segundo o qual a ideia de liberdade nos dá a certeza de que a ação autônoma (e a realização do reino dos fins) *é possível* – e não nos é atribuída de modo contrafactual. Segundo Kant, os seres racionais se entendem mutuamente como atores que agem com base em boas razões. No que diz respeito à ação moral, eles possuem um saber *a priori* sobre a possibilidade de realização da ideia de liberdade. Na atividade comunicativa, nós também partimos da ideia de que todos os participantes *são* atores imutáveis. Faz parte simplesmente da autocompreensão de sujeitos que agem comunicativamente tomar uma posição racionalmente motivada em relação a pretensões de validade; os atores supõem reciprocamente que eles *de fato* agem levados por razões justificáveis racionalmente.

Com efeito, as observações sobre o comportamento das ciências sociais ou da psicologia não foram as primeiras a nos ensinar que esse "saber" performativo, condutor na execução da ação, é problemático. Já na prática cotidiana, somos ao mesmo tempo participantes e observadores e constatamos que muitos proferimentos são motivados por outras coisas que não boas razões. Dessa perspectiva empírica, a imputabilidade daquele que age comunicativamente é uma suposição contrafactual não menos que a ideia de liberdade de Kant. Mas, para os *próprios* sujeitos agentes, esses conhecimentos curiosamente perdem seu caráter contraditório na realização da ação. O contraste entre o saber objetivo do observador e o saber da ação reinvindicado de modo performativo fica *in actu* sem efeito. O estudante de sociologia aprende no primeiro semestre que todas as normas, mesmo que sejam seguidas apenas de forma mediana, valem de modo contrafactual, porque, para o observador sociológico, os casos estatisticamente comprováveis de comportamentos desviantes fazem parte de qualquer norma vigente.[21] O conhecimento desse fato não impedirá, porém, nenhum destinatário de aceitar e de seguir uma norma reconhecida como válida na comunidade como uma norma simplesmente obrigatória.

Quem age moralmente não se atribui "mais ou menos" autonomia; e, na ação comunicativa, os participantes não supõem ora "um pouco mais", ora "um pouco menos" de racionalidade. Da perspectiva de participantes, esses conceitos são codificados de modo binário. A partir do momento em que agimos por "respeito à lei" ou "orientados pelo entendimento mútuo", não podemos agir ao mesmo tempo do ponto de vista objetivante de um observador. Durante a realização da ação, suspendemos as autodescrições empíricas em prol da autocompreensão racional de atores. A suposição de racionalidade é, no entanto, uma hipótese *refutável*, não um saber *a priori*.

21 Essa ideia já se encontra em Durkheim, *Die Regeln der soziologischen Methode*.

Ela "funciona" como uma pressuposição pragmática comprovada de muitos modos, que é constitutiva para a ação comunicativa em geral. Mas, em um caso singular, ela pode ser ilusória. Essa diferença no estatuto do saber da ação se explica não apenas pela destranscendentalização do sujeito agente, que foi transferido do reino dos seres inteligíveis e colocado no mundo da vida de sujeitos socializados articulado linguisticamente. Com a mudança de paradigma, altera-se toda a orientação da análise.

No quadro conceitual mentalista, Kant concebe a autocompreensão racional de atores como um saber da pessoa sobre si mesma, contrapondo esse saber da primeira pessoa ao saber da terceira pessoa de um observador. Entre ambos, existe um desnível transcendental, de modo que a autocompreensão do sujeito inteligível não pode ser corrigida por princípio por meio de um saber mundano. Enquanto falantes e destinatários, sujeitos que agem comunicativamente, pelo contrário, encontram-se, no papel de primeiras e *segundas* pessoas, literalmente cara a cara. Eles estabelecem uma relação interpessoal na medida em que se entendem mutuamente sobre algo no mundo objetivo e adotam a mesma referência ao mundo. Nessa atitude performativa *recíproca*, eles têm ao mesmo tempo, sobre o pano de fundo de um mundo da vida compartilhado intersubjetivamente, experiências comunicativas *uns com os outros*. Entendem o que o outro diz ou quer dizer. Aprendem com as informações e objeções do interlocutor e tiram suas conclusões da ironia ou do silêncio, dos proferimentos paradoxais, alusões etc. A incompreensibilidade de um comportamento opaco ou a da quebra da comunicação é uma experiência comunicativa de tipo reflexivo. Nesse nível, uma suposição de racionalidade não pode ser desmentida enquanto tal, mas pode ser refutada indiretamente.

Esse tipo de refutabilidade parece não valer para idealizações no âmbito da cognição, mesmo que tenham a mesma forma de uma suposição pragmática. A suposição de um mundo objetivo comum projeta um sistema de possíveis referências ao mundo e torna possíveis, com isso, intervenções no mundo e interpretações de algo no mundo. A suposição de um mundo objetivo comum é "transcendentalmente" necessária no sentido de que ela não pode ser corrigida por meio de experiências que não poderiam acontecer sem ela. Os conteúdos descritivos de caracterizações estão sujeitos naturalmente a revisões fundamentadas, mas não o está a projeção formal de uma totalidade de objetos identificáveis em geral – pelo menos não enquanto nossas formas de vida forem cunhadas por linguagens naturais com a estrutura proposicional conhecida até agora. Sabemos *a posteriori*, no máximo, que a projeção não foi suficientemente formal. Mas, para as *práticas*, as suposições "inevitáveis" são aparentemente "constitutivas" em um sentido diferente do que para os *âmbitos objectuais*.

Para um comportamento orientado por regras, as regras constituintes abrem sempre a alternativa entre o cumprimento e a infração delas. Além disso, existe por princípio a alternativa de ser capaz e de não ser capaz de fazer. Quem não domina as regras de um jogo, e não é sequer capaz de cometer erros, não é jogador. Isso se mostra *no* decorrer da prática. Assim, é apenas durante a ação comunicativa que se evidencia quem viola a suposição pragmática da imputabilidade, nem sequer "entrando no jogo". Enquanto a suposição de um mundo objetivo comum não está sujeita ao controle pelo tipo de experiências que ela torna possíveis, a suposição de racionalidade necessária na ação comunicativa vale apenas *até segunda ordem*. Ela está exposta aos desmentidos de experiências que os participantes fazem com essa prática.

(3) Até aqui, investigamos o uso destranscendentalizado da razão segundo a suposição de um mundo objetivo comum e a suposição recíproca de racionalidade, que os atores têm que adotar quando se envolvem na ação comunicativa. Tocamos apenas rapidamente em um outro sentido de "idealização" como a função reguladora da orientação pela verdade que completa a referência a um mundo. A vinculação genealógica com as "ideias" de Kant sugere a expressão "idealização". A prática da ação orientada para o entendimento mútuo obriga seus participantes a certas antecipações totalizadoras, abstrações e superações de limites. Mas o que realmente têm em comum as diferentes idealizações se as examinamos na prática?

A referência ao mundo de uma linguagem proposicionalmente diferenciada, que cumpre as funções de representação, obriga os sujeitos capazes de falar e agir a projetar um sistema comum de objetos de referência existentes independentemente, sobre os quais eles formam opiniões e sobre os quais podem atuar intencionalmente. A suposição pragmático-formal de um mundo projeta guardadores de lugar para objetos, aos quais sujeitos falantes e agentes podem se referir. No entanto, a gramática não pode "impor leis" à natureza. Uma "projeção transcendental" em sentido fraco depende de seu "vir ao encontro". Na dimensão vertical da referência ao mundo, a idealização consiste, pois, na antecipação da totalidade das referências possíveis. Na dimensão horizontal das relações que os sujeitos estabelecem entre si, a suposição de racionalidade adotada reciprocamente significa o que eles *por princípio* esperam uns dos outros. Se o entendimento e a coordenação comunicativa da ação devem ser possíveis em geral, os atores devem ser capazes de se posicionar de modo fundamentado em relação a pretensões de validade criticáveis e de se orientar por pretensões de validade em sua própria ação.

Aqui, a idealização consiste em uma abstração provisória dos desvios, das diferenças individuais e dos contextos limitadores. Somente se esses desvios ultrapassam uma margem de tolerância ocorrem distúrbios na comunicação – em casos extremos, o rompimento da comunicação. Contra a compreensão kantiana, adota-se aqui um sentido platônico de idealização. Antes de chegar ao limite em que a discrepância entre o ideal e a realização incompleta no caso específico se torna crasso, os agentes, enquanto mantiverem uma atitude performativa, estão imunes de tomar ciência das imperfeições empiricamente observáveis. Nessa dimensão, não é decisiva a antecipação totalizante em relação a todos os participantes. O que é determinante é a neutralização operada *in actu* dos desvios negligenciáveis em relação a um padrão ideal, pelo qual a própria ação objetivamente divergente de fato se orienta.

Apenas com a orientação pela verdade na avaliação crítica de pretensões de validade incondicionais entra em jogo uma idealização que parece ser excessiva, pois eleva, ao que parece, os sentidos platônico e kantiano de "idealização" a uma associação híbrida. Uma vez que nosso contato com o mundo é mediado pela linguagem, o mundo se esquiva tanto de uma apreensão direta dos sentidos quanto de uma constituição imediata por meio de formas da intuição e de conceitos do entendimento. A objetividade do mundo, que supomos na fala e no agir, está tão firmemente entrelaçada com a intersubjetividade do entendimento mútuo sobre algo no mundo que não podemos iludir essa conexão nem podemos nos desligar do horizonte, aberto pela linguagem, de nosso mundo da vida intersubjetivamente compartilhado. Isso não exclui, entretanto, uma comunicação que ultrapasse as fronteiras de mundos da vida particulares. Podemos ultrapassar reflexivamente nossas diversas situações hermenêuticas iniciais e chegar a concepções intersubjetivamente compartilhadas sobre um tema controverso. Gadamer caracteriza isso como "fusão de horizontes".[22]

A suposição de um mundo comum de objetos existentes independentemente dos quais podemos enunciar fatos é complementada pela ideia de verdade como característica "não perdível" desses enunciados. Mas se enunciados falíveis não puderem ser confrontados imediatamente com o mundo e só puderem ser fundamentados ou refutados por meio de outros enunciados, e se não houver nenhuma base de enunciados que sejam garantia de si próprios e sejam simplesmente evidentes, as pretensões de verdade só podem ser verificadas discursivamente. Desse modo, a relação bipartida da validade de enunciados se amplia na relação tripartida da validade que enunciados válidos têm "para nós". Sua verdade tem que ser reconhecível por um público. Nesse caso, porém, pretensões à validade *incondicionada* da verdade desenvolvem, sob as *condições* epistêmicas de sua justificação possível, uma força explosiva *no interior* dos contextos de

22 Gadamer, *Wahrheit und Methode*. A visão sobre a apropriação de obras clássicas, no entanto, seduz Gadamer por uma estetização da problemática da verdade. Sobre isso, Habermas, "Wie ist nach dem Historismus noch Metaphysik möglich?", em *"Sein, das verstanden werden kann, ist Sprache": Hommage an Hans-Georg Gadamer*, p.89-99.

entendimento mútuo existentes. O reflexo epistêmico de incondicionalidade é a elevação ideal do público crítico a uma instância "última". Para isso, Peirce emprega a imagem da comunidade de pesquisadores, idealmente ilimitada quanto ao espaço social e ao tempo histórico, que impulsiona sempre mais – até o valor-limite da "*final opinion*" – um processo de pesquisa inclusivo.

Essa imagem é enganadora sob dois aspectos. Por um lado, ela sugere que a verdade pode ser entendida como assertibilidade ideal, sendo que esta, por sua vez, é aferida por um consenso obtido sob condições ideais. Mas um enunciado recebe o assentimento de todos os sujeitos racionais porque é verdadeiro; ele não é verdadeiro porque poderia formar o conteúdo de um consenso obtido em condições ideais. Por outro lado, essa imagem não dirige o olhar para o *processo* da justificação em cujo transcurso enunciados verdadeiros teriam que resistir a todas as objeções, mas para o *estado final* de uma concordância resistente à revisão. A isso se opõe uma autocompreensão falibilista que se expressa no "uso acautelador" do predicado "verdadeiro". Enquanto espíritos finitos, não podemos prever a alteração de condições epistêmicas e, por isso, também não podemos excluir que um enunciado, por mais idealmente justificado que esteja, venha um dia a se revelar como falso.[23] Independentemente dessas objeções contra uma concepção epistêmica do conceito de verdade, a ideia de um processo de argumentação tão inclusivo quanto possível e que pode ser levado a cabo a qualquer momento mantém, mesmo depois da despedida das justificações fundamentalistas, um papel importante para a explicação – se não da "verdade" – da "acei-

23 Cf. a crítica de Wellmer, *Ethik und Dialog*, op. cit., p.69 ss.

tabilidade racional". Pois, para nós, seres falíveis e situados no mundo da vida, não é possível a *certificação* da verdade por outra via que não a do discurso racional e, ao mesmo tempo, aberto ao futuro.

Por mais que seja enganosa a imagem de uma comunidade de comunicação idealmente ampliada (Apel) que, sob condições ideais de conhecimento (Putnam), perante um auditório ideal (Perelman) ou em uma situação ideal de fala (Habermas), visa a um acordo fundamentado, não podemos nos furtar a semelhantes idealizações. Pois a ferida que uma pretensão de validade tornada problemática abre na prática cotidiana tem que ser tratada em discursos que não podem ser terminados de uma vez por todas nem por evidências "acachapantes" nem por argumentos "cogentes". É certo que as pretensões de verdade não podem ser *resgatadas* em discursos; mas apenas por argumentos é que podemos ser *convencidos* da verdade de enunciados problemáticos. É convincente o que podemos aceitar como racional. A aceitabilidade racional depende de um procedimento que não protege "nossos" argumentos contra alguém e algo. O processo de argumentação enquanto tal tem que permanecer aberto a todas as objeções relevantes e a todas as melhorias das circunstâncias epistêmicas. Esse tipo de prática argumentativa tão inclusiva e contínua quanto possível é tributário da ideia de alargamento cada vez mais amplo das formas atuais de entendimento mútuo no que diz respeito a espaços sociais, tempos históricos e competências objetivas. Com isso, amplia-se o potencial de réplica em que se confirmam pretensões de validade aceitas racionalmente.

Com a compreensão intuitiva do sentido da argumentação em geral, proponentes e oponentes se obrigam mutuamente a descentrar suas perspectivas de interpretação. Desse modo, a antecipação idealizadora da totalidade por Kant é transferida do mundo *objetivo* para o mundo *social*. Na atitude performativa dos participantes da argumentação, essa "totalização" se vincula a uma "neutralização"; os participantes abstraem do desnível evidente que existe entre o modelo ideal da inclusão social e objetiva completa de um "diálogo infinito", por um lado, e os discursos finitos, locais e temporalmente limitados que de fato realizamos, de outro lado. Uma vez que os participantes da argumentação se orientam pela verdade, reflete-se no nível da certificação discursiva da verdade o conceito de uma verdade válida de modo absoluto em idealizações realizadas performativamente que conferem a essa prática argumentativa seu caráter pretensioso. Antes de abordar em detalhes essas pressuposições pragmáticas de discursos racionais, devo caracterizar ao menos brevemente o espectro de pretensões de validade que é mais amplo do que a pretensão de "verdade". Mesmo sob as premissas do conceito kantiano de razão prática, nós pretendemos validade incondicional não somente para enunciados assertóricos verdadeiros, mas também para enunciados morais corretos (e, com ressalvas, jurídicos).

(4) Até aqui, tratava-se da referência ao mundo objetivo comum quando se falou que sujeitos que agem comunicativamente se entendem sobre algo "no" mundo. As pretensões de verdade levantadas para as frases assertóricas serviram como paradigma para pretensões de validade em geral. Em atos de fala regulativos, como conselhos, pedidos e ordens, os atores se referem a ações às quais (é o que eles acreditam) seus destinatários se sentem obrigados. Enquanto membros de um grupo social, eles compartilham determinadas práticas e orientações

valorativas, reconhecem determinadas normas comuns, estão acostumados a determinadas convenções etc. No caso do uso regulativo da linguagem, os falantes se apoiam em um complexo de costumes, instituições ou regras reconhecidos intersubjetiva ou habitualmente, que ordena as relações interpessoais de uma coletividade de tal forma que os seus membros sabem qual comportamento podem esperar legitimamente uns dos outros. (Enquanto, com atos de fala comissivos, um falante produz uma relação legítima na medida em que assume uma obrigação; nesse caso, os participantes supõem que os sujeitos que agem comunicativamente podem vincular sua vontade a máximas e assumir responsabilidade.)

Nesses jogos de linguagem normativos, os atores também se referem naturalmente a algo no mundo objetivo por meio dos conteúdos proposicionais de seus proferimentos, mas apenas circunstancialmente. Eles mencionam as circunstâncias e as condições de sucesso das ações que exigem, pedem, aconselham, reprovam, desculpam, prometem etc. Mas se referem diretamente a ações e normas enquanto "algo no mundo social". No entanto, não entendem as ações reguladas por normas como fatos sociais que, por assim dizer, constituem uma fatia do mundo objetivo. Do ponto de vista objetivante de um observador sociológico, "existem" certamente "no mundo", ao lado de coisas físicas e de estados mentais, expectativas normativas, práticas, costumes, instituições e prescrições de todo tipo. Mas os atores engajados assumem *in actu* uma outra atitude diante da rede de suas interações normativamente reguladas, a saber, a atitude performativa de um destinatário que só pode "infringir" normas porque as reconhece como obrigatórias. Do ponto de vista de uma segunda pessoa, a cuja "boa vontade" se dirigem expectativas normativas, eles utilizam um sistema de referência complementar ao mundo objetivo. Aquele extrai do contexto abrangente do seu mundo da *vida*, para fins de tematização, a parte relevante à ação regulada por normas. Desse modo, os membros entendem seu "mundo social" como uma totalidade das possíveis relações interpessoais legitimamente reguladas. Assim como o "mundo objetivo", esse sistema de referência também é uma suposição necessária, que está vinculada gramaticalmente ao uso regulativo da linguagem (em vez do uso constatativo).

O uso expressivo de frases de primeira pessoa completa essa arquitetônica de "mundos". Dada a autoridade epistêmica que um falante possui para a expressão veraz de "vivências" próprias, diferenciamos um "mundo interior" do mundo objetivo e do mundo social. A partir do argumento da linguagem privada de Wittgenstein e da crítica de Wilfried Sellars ao mentalismo,[24] levou-se a cabo uma discussão sobre proposições de autopercepção e vivências que torna evidente que a totalidade das vivências às quais se tem um acesso privilegiado não pode ser entendida como um outro sistema de referência em analogia com os mundos objetivo e social. "Minhas" vivências são subjetivamente certas, elas não têm que ser identificadas como dados objetivos ou como expectativas normativas – e não podem sê-lo. O "mundo" subjetivo se determina negativamente como sendo o conjunto daquilo que não aparece nem no mundo objetivo nem possui validade ou encontra reconhecimento intersubjetivo em um mundo social. De modo complementar a esses dois mundos acessíveis publicamente, o mundo subjetivo

24 Sellars, *Empiricism and the Philosophy of Mind*.

abarca todas as vivências que um falante, no modo expressivo da autoapresentação, pode tornar conteúdo de proposições na primeira pessoa quando ele deseja dar a conhecer algo de si mesmo diante de um público.

A pretensão à correção de enunciados normativos se apoia na validade presumida de uma norma subjacente. Diferentemente da validade veritativa de enunciados descritivos, o âmbito de validade de uma pretensão de correção varia com o pano de fundo legitimador, isto é, varia em geral com os limites de um mundo social. Somente imperativos *morais* (e normas jurídicas que, a exemplo dos direitos humanos, só se fundamentam moralmente) reivindicam, tal como as afirmações, validade absoluta, isto é, reconhecimento universal. Disso se explica a exigência de Kant, segundo a qual imperativos morais válidos têm que ser "universalizáveis". As normas morais têm que poder encontrar o reconhecimento racionalmente motivado de *todos* os sujeitos capacitados de falar e agir para além dos limites históricos e culturais de cada um dos mundos sociais particulares. A ideia de uma comunidade completamente ordenada moralmente implica, por isso, a ampliação contrafactual do mundo social, no qual nos encontramos previamente, até um mundo totalmente inclusivo de relações interpessoais bem ordenadas: *todos* os homens se tomam irmãos (e irmãs).

Uma hipostasiação dessa comunidade "universal" de todas as pessoas capazes de julgar e de agir moralmente no sentido de uma não restrição espaçotemporal conduziria, porém, ao erro. A imagem de um "reino dos fins" autodeterminado sugere a existência de uma república de seres racionais, ainda que se trate de uma construção que, como nota Kant, "não existe, mas pode se tornar real por nossas ações e omissões". Ela pode e deve ser efetivada de acordo com a ideia prática da liberdade. O reino dos fins "existe" de um certo modo e é, no entanto, mais um "legado" [*aufgegeben*] do que um dado [*gegeben*]. Essa ambiguidade não foi o menor dos motivos para Kant dividir a prática dos homens nos mundos do inteligível e o dos fenômenos. No momento em que não podemos mais admitir essa divisão transcendental, temos que legitimar o *sentido construtivo* da moral de outro modo.

Podemos conceber os processos de aprendizagem morais como a ampliação inteligente e a imbricação recíproca de mundos sociais que, em um dado caso de conflito, ainda não se sobrepõem suficientemente. As partes em conflito aprendem a se *inserir* reciprocamente em um mundo construído em conjunto de tal modo que possam avaliar e solucionar consensualmente ações controversas à luz de padrões de avaliação concordantes. Isso foi descrito por G. H. Mead como a ampliação de uma troca reversível de perspectivas interpretativas. As perspectivas dos participantes, enraizadas inicialmente no próprio mundo da vida, tornam-se tanto mais fortemente "descentradas", como diz Piaget, quanto mais o processo de imbricação das perspectivas se aproxima do valor-limite da "inclusão" completa. O que é interessante é que a prática da argumentação aponta desde o início para isso. Tendo em vista o fato de que, do ponto de vista moral, somente normas que forem igualmente boas para todos merecem reconhecimento, o discurso racional se oferece como o procedimento adequado para a solução de conflitos, já que ele representa um procedimento que assegura a inclusão de todos os concernidos e a consideração equitativa de todos os interesses em jogo.

A "imparcialidade" no sentido da justiça converge com a "imparcialidade" no sentido da certificação discursiva de pretensões de validade cognitivas.[25] Essa convergência fica patente quando se compara a orientação de processos de aprendizagem moral com as condições que têm que ser preenchidas para uma participação em argumentações em geral. Os processos de aprendizagem moral solucionam conflitos desencadeados pela oposição entre oponentes sociais com orientações valorativas dissonantes por meio da inclusão recíproca do outro ou dos outros. Mas, como se mostra, a forma comunicativa da argumentação está talhada para esse tipo de ampliação dos horizontes valorativos, que imbrica perspectivas. Para que a discussão de pretensões de validade controversas não perca seu sentido cognitivo, os participantes da argumentação devem aceitar um universalismo igualitário requerido pela própria estrutura da argumentação e que não possui, inicialmente, nenhum sentido moral, mas apenas um sentido pragmático-formal.

Nas argumentações, o caráter cooperativo da competição por melhores argumentos se explica por um fim ou uma função que é constitutiva desse jogo de linguagem: os participantes querem convencer uns aos outros. À medida que prosseguem a ação comunicativa cotidiana no nível reflexivo de pretensões de validade tematizadas, eles continuam a se orientar pelo objetivo do entendimento mútuo, porque um proponente só pode ganhar o jogo se *convencer* seus oponentes de que sua pretensão de validade é justificada. A aceitabilidade racional do enunciado correspondente se funda na capacidade de convencimento do

25 Rehg, *Insight and Solidarity: A Study in the Discourse Ethics of Jürgen Habermas.*

melhor argumento. Não são convicções privadas que decidem qual argumento convence, mas as tomadas de posição, reunidas em um acordo racionalmente motivado, de todos os que participam na prática pública da troca de argumentos.

Ora, os próprios padrões segundo os quais algo conta como um bom ou mau argumento podem se tornar controversos. Tudo pode ser arrastado para o turbilhão dos contra-argumentos. Por isso, a aceitabilidade racional de pretensões de validade se apoia *em última instância* apenas sobre aqueles argumentos que se afirmam sob determinadas condições exigentes da comunicação contra objeções. Para que o processo de argumentação não perca seu sentido, a forma comunicativa do discurso tem que ser modelada de tal modo que, tanto quanto possível, todas as explicações e informações relevantes sejam exprimidas e ponderadas de tal forma que o posicionamento dos participantes possa ser motivado intrinsecamente apenas pela capacidade de revisão de argumentos que flutuam livremente. Mas, se este é o sentido intuitivo que vinculamos às argumentações em geral, sabemos também que uma prática não poderá contar seriamente como argumentação se não preencher determinadas pressuposições pragmáticas.[26]

As quatro pressuposições mais importantes são: (a) publicidade e inclusão: ninguém que puder dar uma contribuição relevante em relação a uma pretensão de validade controversa pode ser excluído; (b) igual direito comunicativo: a todos é concedida a mesma oportunidade de se manifestar sobre um

26 Sobre o que se segue, cf. Habermas, "Eine genealogische Betrachtung zum kognitiven Gehalt der Moral", em *Die Einbeziehung des Anderen*, p.11-64, em particular p.61 s.

assunto; (c) exclusão do engano e da ilusão: os participantes têm de acreditar no que dizem; (d) ausência de coação: a comunicação deve estar livre de restrições que impeçam que o melhor argumento apareça e determine o resultado da discussão. As pressuposições (a), (b) e (d) impõem ao comportamento argumentativo regras de um universalismo igualitário que, *no que diz respeito às questões prático-morais*, têm como consequência que os interesses e as orientações valorativas de cada um dos concernidos sejam tratados igualmente. E como, nos discursos práticos, os participantes são ao mesmo tempo os concernidos, a pressuposição (c), que, *no que diz respeito a questões teórico-empíricas*, exige apenas uma ponderação sincera e imparcial de argumentos, adquire o significado adicional de ser crítica em relação aos autoenganos, assim como hermeneuticamente aberta e sensível à compreensão que os outros têm de si e do mundo.

Essas pressuposições da argumentação contêm, evidentemente, idealizações tão fortes que levantaram sobre si a suspeita de uma descrição tendenciosa. Como seria possível que os participantes da argumentação partissem performativamente de pressuposições de cuja natureza contrafactual deveriam estar cientes? Eles certamente não esquecem, enquanto participam do discurso, por exemplo, que o círculo de participantes é composto de modo altamente seletivo, que o espaço de participação comunicativa de uma das partes é privilegiado em relação a outras partes, que um ou outro, em relação a este ou aquele tema, permanece preso a preconceitos, que muitos eventualmente se comportam de modo estratégico ou que as tomadas de posição em termos de sim ou não são frequentemente determinadas por outros motivos que não o melhor discernimento. É certo que um analista do discurso não participante poderia detectar tais desvios de uma "situação de fala" que se supõe ser aproximadamente "ideal" com mais acuidade que os próprios participantes engajados. Mas inclusive os próprios participantes não se deixam absorver inteiramente por seu engajamento a ponto de que, mesmo na atitude performativa, não tenham presentes – ao menos intuitivamente – muitas coisas das quais eles poderiam ter um conhecimento temático em uma atitude objetivadora.

Por outro lado, aquelas pressuposições inevitáveis da prática da argumentação, anda que sejam contrafactuais, não são de modo algum meros constructos, uma vez que estão *efetivamente em operação* no comportamento dos próprios participantes da argumentação. Quem participa seriamente de uma argumentação parte em termos factuais de tais pressuposições. Isso pode ser visto nas consequências que os participantes extraem, quando necessário, de inconsistências que percebem. O procedimento da argumentação é um procedimento autocorretivo no sentido de que as razões necessárias, por exemplo, para uma liberalização "pendente" das normas de funcionamento e do regime de discussão, para a modificação de um círculo de participantes insuficientemente representativo, para uma ampliação da agenda ou para uma melhoria da base de informação resultam por si mesmas do curso de uma discussão insatisfatória. Isso é *notado precisamente* quando novos argumentos têm que ser postos em consideração ou quando vozes marginalizadas têm que ser levadas a sério. Por outro lado, as inconsistências percebidas não são, em *todos* os casos, motivo para esses ou outros reparos. Isso se explica pelo fato de que os participantes da argumentação são convencidos *imediatamente* pela substância dos argumentos e não pela configuração comunicativa utilizada para a troca de argumentos. Características procedimentais do processo de argumentação fundamentam a expectativa racional de que as informações e argumentos decisivos sejam "colocados na mesa" e "venham à tona". Enquanto os participantes da argumentação tomarem como ponto de partida que isso é o caso, não há nenhum motivo para que se preocupem com características procedimentais insuficientes do processo comunicativo.

As características formais da argumentação adquirem relevância tendo em vista a diferença entre assertibilidade e verdade. Uma vez que, "em última instância", faltam evidências concludentes ou argumentos definitivos e que mesmo afirmações bem fundamentadas podem ser falsas, apenas a qualidade do procedimento da certificação discursiva da verdade fundamenta a expectativa racional de que as melhores informações e argumentos alcançáveis estejam de fato disponíveis no discurso e também "contem" no final. As inconsistências percebidas que levantam a suspeita "de que aqui nada é argumentado" só aparecem quando participantes *relevantes* são visivelmente excluídos, contribuições *relevantes* são suprimidas e tomadas de posição de sim/não são manipuladas ou condicionadas por meio de outro tipo de influência.

A eficácia operativa da antecipação idealizadora que os participantes tacitamente levam a cabo com suas pressuposições da argumentação se faz notar na função crítica que tal antecipação cumpre: uma pretensão de validade absoluta deve ser justificada em foros cada vez mais amplos, perante um público cada vez mais competente e extenso contra objeções sempre novas. Essa dinâmica embutida na prática argumentativa de um descentramento cada vez mais amplo das próprias perspectivas interpretativas estimula especialmente os discursos práticos, nos quais não se trata da certificação de pretensões de validade, mas da construção e da aplicação inteligente de normas morais (e jurídicas).[27]

A validade de tais normas "consiste" no reconhecimento universal que as normas merecem. Uma vez que as pretensões de validade morais carecem de conotações ontológicas, que são características das pretensões de verdade, no lugar da referência ao mundo objetivo aparece a orientação pela ampliação do mundo social, isto é, pela inclusão cada vez mais ampla de pretensões e pessoas estranhas. A validade de um enunciado moral tem um sentido epistêmico, segundo o qual ele seria aceito sob condições ideais de justificação. Mas se a "correção moral", diferentemente da "verdade", *esgota* seu sentido na aceitabilidade racional, nossas convicções morais têm de se fiar em última instância no potencial crítico da autossuperação e do descentramento, que está embutido, junto com a "inquietação" derivada da antecipação idealizadora, na prática da argumentação – e na autocompreensão de seus participantes.

II

(5) Kant se movimentou em um paradigma que não atribuía à linguagem nenhum papel constitutivo para a teoria e para a prática. O mentalismo esboça a imagem de um espírito, seja ele mais construtivo ou mais passivo, que converte seus contatos com o mundo, contatos esses mediados pelos sentidos, em representações de objetos – e em interferências conformes

---

27 Sobre o que se segue, cf. Habermas, "Richtigkeit *vs.* Wahrheit", em *Wahrheit und Rechtfertigung*, op. cit., p.271-318.

a fins sobre objetos –, sem ser essencialmente afetado nessas operações pela linguagem e suas estruturas. Enquanto a linguagem não perturba o espírito com seus ídolos, com as imagens ou ideais meramente herdados, ele vê através do *medium* da linguagem como através de um cristal sem mácula. Em um olhar genealógico retrospectivo sobre a origem mentalista de um uso destranscendentalizado da razão, a linguagem ainda não pode, por isso, aparecer como aquele *medium* estruturador do espírito que recoloca a consciência transcendental nos contextos históricos e sociais do mundo da vida.

Para Kant, a razão se completa totalmente no âmbito da prática: ela é constitutiva apenas para a ação moral. Por isso, era evidente que os vestígios da razão destranscendentalizada fossem buscados na *ação* comunicativa. A expressão "ação comunicativa" designa aquelas interações sociais para as quais o uso da linguagem orientado para o entendimento assume um papel de coordenação da ação.[28] Por meio da comunicação linguística, as pressuposições idealizadoras se transferem para a ação orientada para o entendimento. Por isso, a teoria da linguagem, em especial a semântica, que explica o sentido das expressões linguísticas por meio das condições da compreensão da linguagem, é o lugar no qual uma pragmática formal de proveniência kantiana poderia se juntar às investigações do campo analítico. De fato, a tradição de investigação analítica toma, em Frege, como ponto de partida o caso elementar de uma pressuposição idealizadora que só poderia ser notada após a virada linguística. Se as estruturas do espírito são moldadas

28 Habermas, "Handlungen, Sprechakte, sprachlich vermittelte Interaktionen und Lebenswelt", em *Nachmetaphysisches Denken*, p.63-104.

pela gramática da linguagem, coloca-se a questão sobre como proposições e expressões predicativas conseguem manter, na diversidade de seus contextos de aplicação, a generalidade e a identidade de significado que os juízos e conceitos possuem originalmente na esfera mental.

Ainda se mantendo na tradição kantiana e sendo colocado com justiça por Dummett ao lado de Husserl, Frege propõe distinguir entre o conceito semântico de "pensamento" e o conceito psicológico de "representação". Para que possam ser comunicados, os pensamentos precisam ultrapassar os limites de modo *inalterado* de uma consciência individual, ao passo que as representações pertencem apenas a cada sujeito individualizado no espaço e no tempo. As proposições conservam o mesmo conteúdo de pensamento, mesmo quando são proferidas ou compreendidas enquanto proposições por diferentes sujeitos e cada um dos contextos distintos. Isso leva Frege a atribuir aos pensamentos e conteúdos conceituais um estatuto ideal, isto é, desvinculado do espaço e do tempo. Ele explica a peculiar diferença de estatuto entre pensamentos e representações por meio das formas gramaticais de sua expressão. Diferentemente de Husserl, Frege investiga a estrutura dos juízos ou do pensamento segundo a estrutura da proposição assertórica composta de palavras enquanto a menor unidade gramatical que pode ser verdadeira ou falsa. Na articulação das proposições e na inter-relação entre referência e predicação, mostra-se como os conteúdos de pensamentos se distinguem dos objetos do pensamento representativo.[29]

29 Tugendhat, *Vorlesungen zur Einführung in die sprachanalytische Philosophie*, p.35 ss.

O fato de que o pensamento ultrapasse os limites de uma consciência incivilizada espaçotemporalmente e o de que o conteúdo ideal dos pensamentos seja independente do fluxo de vivências do sujeito pensante são condições para que expressões linguísticas possam manter o *mesmo* significado para diferentes pessoas em diferentes situações. Já no nível elementar do substrato do signo, o falante e o ouvinte têm que poder reconhecer o mesmo tipo de signo na pluralidade das correspondentes ocorrências. No nível semântico, isso corresponde à suposição de significados invariantes. Os membros de uma comunidade linguística têm que partir na prática do fato de que as expressões formadas gramaticalmente que eles proferem têm, para todos os participantes, um significado *geral* e *idêntico* na variedade dos contextos de aplicação. Apenas sob essa pressuposição é possível chegar à conclusão de que proferimentos são eventualmente incompreensíveis. A suposição inevitável *in actu* do uso de expressões de uma linguagem comum com significado idêntico não exclui naturalmente a divisão de trabalho linguística nem a mudança histórica do significado. Um saber modificado sobre o mundo induz uma mudança do saber linguístico, e os progressos no conhecimento se sedimentam em uma mudança de significado dos conceitos teóricos fundamentais.[30]

Também no caso da generalidade ideal do significado de expressões gramaticais se trata de uma pressuposição idealizadora que na perspectiva de um observador é frequentemente inadequada e no microscópio de um etnometodólogo o é sempre. Mas, enquanto suposição contrafactual, ela é inevitá-

30 Putnam, "The Meaning of Meaning", em *Mind, Language and Reality*, p.215-71.

vel para o uso da linguagem orientado para o entendimento. Frege se deixou levar, no entanto, em sua crítica justificada ao psicologismo, por um platonismo do significado, que era compartilhado, aliás, por Husserl sob premissas diferentes. O último Frege considerava que a arquitetônica mentalista dos dois mundos, segundo a qual o mundo objetivo das coisas se contrapõe a um mundo subjetivo das representações, deveria ser complementada por um terceiro mundo, notadamente o mundo ideal das proposições. Com essa manobra infeliz, ele se colocava em uma situação difícil. Quando os significados proposicionais são hipostasiados em um ser em si ideal, permanece um mistério como essas entidades etéreas do "terceiro reino"[31] devem entrar em contato, por um lado, com as coisas físicas do mundo objetivo e, por outro, com os sujeitos representadores. A relação da "representação" mental de entidades se torna independente de um espírito subjetivo, em relação à qual não se sabe mais como ele faz para "apreender" ou "julgar" proposições.

Que os "pensamentos expulsos da consciência" (Dummett) tenham, enquanto proposições, uma existência ambígua e inclusive incompreensível é um dos problemas que Frege legou a seus sucessores. O outro problema é o reverso da ideia pioneira de introduzir a "verdade" como conceito semântico fundamental para a explicação do sentido de expressões linguísticas. Para entender uma proposição, é preciso conhecer as condições sob

31 Frege, "Der Gedanke (1918-1919)", em *Logische Untersuchngen*, p.30-53. Frege chega (p.43) ao seguinte resultado: "Os pensamentos não são nem coisas do mundo exterior nem representações. É preciso reconhecer um terceiro reino".

as quais ela é verdadeira, isto é, saber, como Wittgenstein dirá mais, "o que é o caso se ela for verdadeira". Com isso, se coloca a tarefa de explicar o sentido da verdade – da "satisfação" das condições de verdade. A proposta de Frege de entender o valor de verdade de uma proposição como seu objeto de referência é evidentemente insatisfatória. Pois sua própria análise da estrutura da proposição evidencia que a verdade não pode ser assimilada à referência. Desse modo, a tradição da semântica das condições de verdade foi onerada desde o início com dois problemas persistentes.

Os conteúdos proposicionais extraídos do fluxo das vivências tinham que ser incorporados, enquanto significados, ao *medium* das expressões linguísticas de tal modo que se dissolvesse o fantasmagórico reino intermediário de proposições que flutuam livremente. Na via da explicação do sentido de proposições pela semântica das condições de verdade só se consegue isso se o conceito explanatório fundamental de "verdade" não permanecer na escuridão. As duas questões – o que fazemos com proposições? E como devemos entender o predicado "verdadeiro"? – podem ser interpretadas como hipotecas de um conceito mentalista de razão reprimido. De um ponto de vista linguístico, duas reações se colocam. Ou o próprio conceito de razão é liquidado junto com o paradigma mentalista ou esse conceito é libertado de seu quadro mentalista e transferido para o conceito de razão comunicativa. Donald Davidson persegue a primeira estratégia. Ele pretende desarmar sob premissas empiristas a peculiar normatividade da linguagem que se reflete na relação dos sujeitos capazes de falar e agir com o mundo tanto quanto em suas relações interpessoais (6). Michael Dummett e Robert Brandom vão na direção contrária e querem reconstruir passo a passo a normatividade da prática de entendimento mútuo (7 e 8). O esboço que se segue é a tentativa de retraçar a linha na qual o sentido próprio e normativo da razão encarnada na linguagem também tem validade na filosofia analítica da linguagem.

(6) Davidson mira o fenômeno carente de explicação – saber o que significa compreender uma expressão linguística. Com uma decisão metodológica prenhe de consequências, ele modifica o papel do analista da linguagem, na medida em que o dispensa do papel de leitor ou de ouvinte que tenta compreender textos ou proferimentos de um autor ou de um falante. Em vez disso, ele coloca o intérprete no papel de um teórico que procede de forma empírica, que faz observações comportamentais de uma cultura estranha e que – diferentemente do etnólogo de Wittgenstein – busca uma explicação nomológica para o comportamento linguístico incompreensível dos nativos. Com isso, o comportamento comunicativo de sujeitos capazes de falar e agir é trazido, por assim dizer, totalmente para o lado do objeto. À equiparação enérgica de proferimentos simbólicos compreensíveis à categoria de fenômenos naturais observáveis corresponde a assimilação da compreensão do sentido a explicações para as quais necessitamos de uma teoria empírica. Davidson desenvolve tal teoria utilizando a convenção de verdade de Tarski como conceito fundamental *não definido* para o estabelecimento de equivalências de significado.

Com esse lance, Davidson pode desdramatizar o problema sobre como se deve enfrentar a ideia da verdade e do conteúdo ideal de pretensões de verdade que se fazem valer comunicativamente. Para o outro problema sobre como evitar a reduplicação platônica dos significados de sentenças nas proposições, vinculado ao problema do uso de expressões gramaticais com significado idêntico, ele sugere a eliminação do conceito de significado.

Davidson considera que uma das vantagens de seu procedimento objetivista é não precisar fazer uso "de significados enquanto entidades": "Não são introduzidos objetos a que predicados ou proposições devam corresponder".[32] No entanto, o problema ainda não desaparece sem deixar rastros. Ele volta no plano metodológico na questão sobre como o intérprete correlaciona as evidências coletadas no campo, isto é, o comportamento linguístico e as características da atitude de falantes estrangeiros – às sentenças-T geradas teoricamente. Para que o intérprete possa extrair uma estrutura lógica do fluxo de dados observáveis, ele deve antes decompor essas sequências de comportamento em unidades semelhantes a sentenças que passam ser correlacionadas aos bicondicionais da teoria de Tarski. Mas, mesmo na segmentação bem-sucedida, a covariância observada de expressões individuais com as circunstâncias típicas nas quais estas aparecem não é, porém, suficiente para estabelecer uma clara correlação.

Em geral, um falante competente profere uma sentença de percepção apoiado no *significado lexical* conhecido da expressão utilizada relacionando-a apenas com aquilo que *acredita* perceber na situação dada, isto é, com o que toma por verdadeiro. Uma vez que o significado das palavras e as crenças podem variar independentemente uns dos outros, os dados observacionais – isto é, além do comportamento do falante, as circunstâncias em que ele aparece – só podem dar alguma informação

32 Davidson, *Wahrheit und Interpretation*, p.10.

ao intérprete sobre o significado da expressão a ser interpretada se o falante estrangeiro toma por verdadeiro aquilo que diz. Um observador deve saber se o falante estrangeiro acredita no que diz para descobrir o que significa o que foi dito. Para excluir a incômoda interdependência entre crença e significado, o intérprete deve atribuir constantemente ao falante observado o tomar-por-verdadeiro. Somente a *suposição de tomar-por--verdadeiro* torna a covariância observada entre proferimento e situação de proferimento uma evidência suficiente para a escolha teoricamente informada da interpretação correta. Por essa razão, Davidson introduz como um princípio metodológico a *suposição refutável* de que os falantes observados no campo, via de regra, *se comportam racionalmente*. Isso significa que em geral eles acreditam no que dizem e que, no curso de seus proferimentos, não caem em contradições. Sob esse pressuposto, o intérprete pode partir do fato de que os falantes observados percebem e acreditam na maioria das situações o mesmo que ele, de modo que as duas partes concordam em um grande número de convicções. Isso não exclui discrepâncias nos casos particulares, mas o princípio pede ao intérprete para "maximizar o acordo".

Neste ponto é preciso reter que o princípio de caridade (melhor seria princípio de "generosidade"), introduzido por razões metodológicas, obriga o intérprete, colocando-se na *perspectiva do observador*, a atribuir ao falante "racionalidade" enquanto disposição comportamental. Essa atribuição não pode ser confundida com a suposição de racionalidade realizada *performativamente*. Em um caso, o conceito de racionalidade é usado de modo descritivo, no outro, de modo normativo. Nos dois casos, trata-se de uma pressuposição falível: "A recomendação metodológica de interpretar de tal forma que o acordo seja otimizado não deveria ser entendida como algo baseado em uma pressuposição generosa em relação à inteligência humana [...]. Se não encontramos nenhuma possibilidade de interpretar os enunciados e o comportamento restante de uma criatura de tal modo que apareça uma série de convicções em sua maior parte isentas de contradições e, segundo nossos próprios critérios, verdadeiras, não temos nenhuma razão para considerar essa criatura um ser racional que defende convicções ou que diz algo em geral".[33]

Dessa formulação (que se encontra novamente no argumento de Davidson contra a distinção entre esquema conceitual e conteúdo) já se segue que o princípio metodológico adquire em certa medida um significado transcendental.[34] A atribuição de racionalidade não é apenas uma pressuposição inevitável para a interpretação radical, mas também para a comunicação cotidiana normal entre membros da mesma comunidade linguística.[35] Sem a suposição recíproca de racionalidade, não encontraríamos nenhuma base suficientemente comum que, partindo de nossas distintas teorias interpretativas (ou idio-

---

33 Davidson, "Radikale Interpretation", em *Wahrheit und Interpretation*, op. cit., p.199 (trad. alemã modificada).

34 Fultner, *Radical Interpretation or Communicative Action: Holism in Davidson and Habermas*, p.178 ss.

35 Cutrofello, "On the Transcendental Pretensions of the Principle of Charity", em Hahn (org.), *The Philosophy of Donald Davidson*, p.333: "Supõe-se que o princípio da caridade seja uma condição universalmente vinculante para a própria possibilidade de interpretar quem quer que seja". Em sua réplica, Davidson aceita a expressão "transcendental" no sentido fraco de uma inevitabilidade factual; em todo caso, ele fala da "inevitabilidade do apelo a esse princípio" (p.342).

letos), levasse ao entendimento mútuo.[36] O "tomar-por--verdadeiro" é então reacoplado no quadro da teoria integrada da linguagem e da ação com uma "preferência" geral pelas sentenças verdadeiras ("preferring one sentence true to another" [preferindo uma sentença verdadeira a outra]).[37]

A racionalidade da ação é medida pelos padrões habituais – pela consistência lógica, por princípios gerais da ação orientada pelo êxito e pela consideração das evidências empíricas. Recentemente, na réplica a uma intervenção de Richard Rorty, Davidson formulou novamente o princípio de caridade:

> A caridade é uma questão de encontrar suficiente racionalidade naqueles que queremos entender para atribuir sentido ao que dizem e fazem, pois, se não formos bem-sucedidos nisso, não podemos identificar os conteúdos de suas palavras e pensamentos. Enxergar racionalidade nos outros é uma questão de reorganizar nossas próprias normas de racionalidade em sua fala e seu comportamento. Essas normas incluem as normas de consistência lógica, de ação em conformidade com os interesses essenciais ou básicos do agente e a aceitação de pontos de vista que sejam sensatos à luz da evidência.[38]

---

36 Davidson, "Eine hübsche Unordnung von Epitaphen", em Picardi; Schulte (orgs.), *Die Wahrheit der Interpretation*, p.203-27.

37 Davidson, *Handlung und Ereignis*.

38 Davidson, "Reply to Richard Rorty", em Hahn (org.), *The Philosophy of Donald Davidson*, op. cit., p.600. [Em inglês, no original: "Charity is a matter of finding enough rationality in those we would understand to make sense do what they say and do, for unless we suceed in this, we cannot identify the contents of their words and thoughts. These norms include the norms of logical consistency, of action in

É interessante notar que a normatividade do comportamento humano, visada pela suposição de racionalidade, também serve a Davidson como critério de demarcação para a linguagem da física em relação à linguagem do mental: "Há diversas razões para a irredutibilidade do mental ao físico. Uma razão [...] é o elemento normativo na interpretação introduzido pela necessidade (!) de apelar à caridade ao relacionar as sentenças dos outros com as nossas".[39] Contra a visão monista do naturalismo cientificista, Davidson deseja manter ao menos uma linha tênue de demarcação entre a mente e a natureza. Contra essa tentativa heroica, Richard Rorty pode se valer de argumentos fortes, pois com isso ele apenas radicaliza a estratégia perseguida pelo próprio Davidson de neutralizar o potencial racional presente na comunicação linguística.[40] Não é de modo algum claro como Davidson pode manter o dualismo das perspectivas mente-corpo depois de ter transferido o comportamento racional totalmente para o lado do objeto e ter reduzido a compreensão das expressões linguísticas às explicações *teóricas* de um intérprete com atitude *objetivadora*. Pois a compreensão da linguagem e os padrões de racionalidade,

---

reasonable accord with essential of basic interests of the agent, and the acceptance of views that are sensible in the light of evidence". (N. T.)]

39 Davidson, "Could There Be a Science of Rationality?", *International Journal of Philosophical Studies*, n.3, p.1-16, 1995, aqui, p.4. [Em inglês, no original: "There are several reasons for the irreducibility of the mental to the physical. One reason [...] is the normative element in interpretation introduced by the necessity (!) of appealing to charity in matching the sentences of others to our own". (N. T.)]

40 Rorty, "Davidson's Mental-Physical Distinction", em Hahn (org.), *The Philosophy of Donald Davidson*, op. cit., p.575-94.

que Davidson em princípio pressupõe por parte do intérprete radical, também não caíram do céu. Elas precisam de uma explicação complementar.

A interpretação radical não é suficiente para tornar compreensível, no interior do quadro empírico escolhido, como o próprio intérprete aprendeu a falar, como a linguagem em geral pôde surgir. Se os sujeitos capazes de linguagem e ação são "seres mentais" porque podem ter atitudes intencionais sobre conteúdos proposicionais logicamente articulados, e se é a estrutura intencional de seus atos de fala e de suas ações o que exige do intérprete tanto a suposição de racionalidade como a conceitualização mentalista, então fica aberta a questão sobre como pôde surgir algo como a intencionalidade. Davidson responde a isso, como se sabe, com o modelo de uma situação de aprendizado "triangular", na qual dois organismos reagem ao mesmo tempo ao "mundo" e uns aos outros. Davidson pretende mostrar, no sentido de uma gênese lógica da aquisição de expressões linguísticas elementares, como poderia ter sido possível, a partir de "nosso" ponto de vista, mas sob premissas naturalistas, que dois organismos da mesma espécie, altamente evoluídos e inteligentes, adaptados a um ambiente natural, mas ainda pré-linguístico, aprenderam, por meio de símbolos usados com significado idêntico, a tomar aquela distância em relação a seu ambiente sensível que chamamos de "intencional".

A suposição de um mundo objetivo aos quais podemos nos *referir* é constitutiva para a formação intencional da mente. Essa referência ao mundo é um pressuposto para que possamos fazer enunciados sobre objetos e para que possamos adotar distintas atitudes em relação aos conteúdos dos enunciados. Com base nessa descrição, a consciência intencional é cooriginária a uma linguagem proposicionalmente diferenciada. Ora, a gênese dessa consciência deve ser pensada como se surgisse de uma espécie de interação com o mundo para o qual a referência a um mundo *suposto como objetivo* ainda não é constitutiva. O mundo só entra em conexão com a linguagem de modo causal. Essa premissa naturalista se adéqua à tese do chamado externalismo, segundo a qual a linguagem "está ancorada no mundo" por meio de um vocabulário preceptivo elementar e seu conteúdo semântico se deve a uma elaboração inteligente de estímulos causais dos sentidos: "Nos casos mais simples e especialmente fundamentais, as palavras e as sentenças derivam seu significado dos objetos e das circunstâncias nas quais elas foram aprendidas. Uma sentença que se está condicionado a tomar por verdadeira por causa da presença de fogo durante o processo de aprendizagem será verdadeira se na presença de fogo".[41]

Essa explicação remete o *significado* de uma expressão e a *verdade* de uma sentença às circunstâncias *causais* sob as quais elas foram aprendidas. Entretanto, o processo, descrito no jogo de linguagem causal como condicionamento, encontra-se em uma tensão contraintuitiva com nossa autocompreensão enquanto seres racionais. Por isso, Davidson quer explicar o modo como o *distanciamento intencional do mundo e em relação ao mundo* poderia ter sido provocado, de acordo com o modelo estímulo-resposta, *pelo* próprio mundo. Dois seres vivos interagindo adquirem esse distanciamento específico do estímulo, que inicialmente condiciona sem distanciamento, e ao qual eles reagem, devido a suas

41 Davidson, *Der Mythos des Subjektiven*, p.93 s.

disposições idênticas, de modo semelhante, não apenas pelo fato de perceberem o próprio estímulo, mas também porque, pela via da observação recíproca, percebem simultaneamente que o outro reage da mesma maneira ao mesmo estímulo:

> Com isso, foram estabelecidas características suficientes para conferir significado à ideia de que o estímulo tem um lugar objetivo em um espaço comum; isso depende do fato de duas perspectivas privadas convergirem para marcar um lugar no espaço intersubjetivo. Até agora, no entanto, nada demonstra nesta imagem que [...] os objetos investigados [...] disponham do conceito de objetivo.[42]

No entanto, ainda não fica claro como alguém pode saber que o outro reage ao *mesmo* objeto da mesma forma que ele. Ambos devem averiguar respectivamente se o outro tem em mente o mesmo objeto. É sobre isso que eles precisam se entender mutuamente. Entretanto, só podem estabelecer a requerida comunicação recíproca se usarem simultaneamente o modelo de reação percebido como semelhante (ou uma parte dele) enquanto expressão simbólica e o endereçarem ao outro enquanto mensagem. Precisam se comunicar mutuamente *sobre exatamente aquilo que* gerou a reação em ambos: "Para que duas pessoas possam saber mutuamente que elas – e seus pensamentos – estão reciprocamente em tal relação, é necessário que estejam em comunicação entre si. Cada uma dessas duas pessoas deve falar com a outra e ser entendida por ela".[43] Um estímulo

42 Ibid., p.12.
43 Ibid., p.15.

que gera uma reação semelhante nas duas partes envolvidas se transforma "para elas" em um objeto, isto é, em objeto em um mundo objetivo comum, no momento em que – para além da observação recíproca da similaridade de suas reações – com a ajuda de sua reação comportamental *dirigida simbolicamente ao outro*, as partes se entendem "sobre ela". Apenas por meio de tal uso comunicativo o modelo das duas reações comportamentais adquire simultaneamente um significado idêntico para as duas partes.

A intuição que Davidson expressa na imagem da triangulação é clara: a referência e as atitudes intencionais acerca de algo no mundo objetivo só são possíveis na perspectiva de um falante que, sobre a base de relações intersubjetivas estabelecidas comunicativamente, se coordena com a perspectiva de ao menos outro falante. A objetividade surge com um distanciamento intencional do mundo. Os falantes só conseguem obter esse distanciamento aprendendo a se comunicar entre si sobre *o mesmo*. No entanto, é difícil entender como Davidson poderia explicar essa imbricação da objetividade com uma intersubjetividade cooriginária recorrendo a sua situação de aprendizagem fictícia. As dificuldades não resultam do externalismo da suposição epistemológica fundamental, mas do solipsismo metodológico do observador isolado.

De que modo esses dois organismos, que se encontram no mesmo ambiente e se observam mutuamente nas reações semelhantes a *um* estímulo proveniente desse ambiente, podem se entender reciprocamente sobre o fato de que eles têm diante de si o *mesmo* estímulo – a não ser que já disponham de um conceito correspondente? Mas eles só adquirem esse conceito com o auxílio de um critério que aplicam do mesmo modo – a saber, com o auxílio de um símbolo que tem o mesmo significado para ambos. Só então poderiam se entender mutuamente sobre semelhanças objetivamente dadas. É certo que se alguém, digamos um professor, pudesse assumir em relação a uma criança o papel de um intérprete radical, iria descobrir se ele e a criança "pensam o mesmo" – e, caso necessário, iria corrigir as falhas dela. Mas esse caso de triangulação poderia explicar, na melhor das hipóteses, como crianças podem aprender, no interior de uma comunidade de linguagem existente, as partes elementares do vocabulário perceptivo. Isso ainda não diz nada sobre a possibilidade de um surgimento *originário* da intencionalidade a partir da observação recíproca do comportamento de organismos que reagem de modo semelhante a determinados segmentos do ambiente, mas que ainda não reagem de modo intencional.

A partir da percepção recíproca de reações objetivamente *similares* só pode haver a atribuição mútua *do mesmo* modelo de reação se os participantes utilizam *o mesmo* critério. Pois diferentes sujeitos só podem constatar similaridades objetivas a partir de determinados pontos de vista estabelecidos intersubjetivamente. Eles devem, como diz Wittgenstein, poder seguir uma regra. Não é suficiente que, do ponto de vista de um observador que não participa, ocorram reações similares; os próprios participantes devem *observar* uma similaridade das reações a respeito do mesmo estímulo ou objeto.[44] Isso pres-

---

44 *Post hoc*, encontrei a mesma objeção em Fennell, "Davidson on Meaning Normativity: Public or Social", *European Journal of Philosophy*, v.8, p.139-54, 2000: "A regularidade no ambiente, a identificação dos estímulos comuns como *aqueles* aos quais ambos respondemos

supõe de antemão o que se deve explicar: "Toda consciência de tipos, semelhanças, fatos etc. [...] é uma questão linguística".[45] É certo que Davidson enfatiza o núcleo social da normatividade de uma mente que se caracteriza, entre outras coisas, pela intencionalidade, pela relação com um mundo objetivo *comum*. Mas ele não concebe essa sociabilidade a partir da perspectiva de um participante que se "encontra previamente" em uma forma de vida compartilhada com outros e que não apenas é objetivamente dotado de disposições comportamentais similares, mas que ao mesmo tempo tem uma consciência, ao menos intuitiva, desse acordo.

A compreensão, compartilhada previamente com os outros membros daquilo que faz da própria forma de vida algo comum faz parte desse pertencimento ou "companheirismo". A escolha de uma abordagem objetivista, que assimila a compreensão do sentido à explicação teórica, significa se decidir por um solipsismo metodológico. Este obriga a remeter aquele acordo comunicativo ao resultado construtivo da coordenação e sobreposição das operações interpretativas que cada um, da posição de um observador, assume para si sem poder recorrer a um fundo de elementos comuns preexistentes e objetivamente

---

implica um juízo de similaridade normativa [...]. Para fazer o juízo requerido de similaridade normativa, o intérprete deve ir além do que é acessível ao observador externo [...]. Por isso, a triangulação enfrenta o problema da identificação dos estímulos comuns, [...] e se a triangulação for entendida em termos puramente causais como a correlação de pares de estímulo-resposta, ela deixa problema sem resposta" (p.149).

45 Sellars, *Empiricism and the Philosophy of Mind*, op. cit., p.63. [Em inglês, no original: "All awareness of sorts, resemblances, facts etc. [...] is a linguistic affair". (N. T.)]

convencionados, mas subjetivamente atualizados ao mesmo tempo. Do contrário, teria sido óbvio introduzir a triangulação, por exemplo no sentido de G. H. Mead, como um mecanismo que explica como um par de congêneres que interagem toma consciência do significado de seus padrões de reação comuns e específicas da espécie por meio da adoção recíproca da perspectiva alheia e como esse significado se torna simbolicamente disponível para ambas as partes.[46]

(7) A hermenêutica filosófica ocupa uma posição contrária à das abordagens objetivistas. Segundo ela, o processo de interpretação está dirigido por uma pré-compreensão que não é controlada, como em uma hipótese empírica, com base em observações do comportamento alheio, mas que é explicitada e corrigida, como em um diálogo com uma segunda pessoa, por meio de perguntas e respostas. Os interlocutores, mesmo quando têm que desenvolver primeiro uma linguagem comum, se movem dentro do horizonte de uma compreensão de fundo já compartilhada. Esse modo de proceder é circular na medida em que tudo o que um intérprete aprende a entender é o resultado falível da explicação de uma pré-compreensão, por mais vaga que seja. Nesse ínterim, o intérprete parte, como destaca Gadamer em concordância com Davidson, da suposição pragmática de que o texto a ser interpretado só pode ter um sentido claro enquanto expressão de um autor racional. Apenas sobre o pano de fundo dessa "antecipação de perfeição" é que os textos podem se revelar como incompreensíveis e os proferimentos como opacos: "Essa é evidentemente uma pressuposição formal que guia toda compreensão. Ela significa que só

46 Habermas, *Theorie des kommunikativen Handelns*, v.II, p.11-68.

é compreensível aquilo que realmente representa uma unidade perfeita de sentido".[47]

A suposição hermenêutica de racionalidade mostra uma semelhança surpreendente com o princípio de caridade de Davidson. Uma semelhança que inclusive vai mais longe. Assim como o "intérprete radical" deve dirigir seu olhar às circunstâncias sob as quais o falante realiza um proferimento presumivelmente tido por verdadeiro, o intérprete de Gadamer deve dirigir seu olhar simultaneamente para o texto *e* para o assunto de que nele se trata. É preciso primeiro "se entender sobre o assunto" antes de "poder extrair a opinião do outro enquanto tal". Essa é a versão hermenêutica do princípio da semântica formal segundo o qual o sentido de uma sentença é determinado por suas condições de verdade. Existe, porém, uma diferença significativa desde outro ponto de vista. Enquanto o intérprete de Davidson, segundo a perspectiva de um observador, atribui ao estrangeiro a disposição de se guiar pelas normas de racionalidade pelas quais *ele mesmo* se orienta, o intérprete de Gadamer, segundo a perspectiva de um participante, supõe que o interlocutor se expressa racionalmente de acordo com padrões de racionalidade *comuns*. A suposição de racionalidade realizada performativamente parte, diferentemente da atribuição objetivista de racionalidade, de uma compreensão *comum* da racionalidade e não apenas de uma compreensão objetivamente concordante.

Seja como for, o modelo global de um diálogo que se alimenta de tradições vitais, adota um grande número de pressuposições não esclarecidas. A fim de torná-lo acessível a uma

47 Gadamer, *Wahrheit und Methode*, op. cit., p.277 s.

análise mais precisa, a pragmática formal reduz o conjunto desse cenário hermenêutico à estrutura de uma troca elementar de atos de fala orientados para o entendimento mútuo. O potencial de racionalidade que opera no nível macroscópico da ação comunicativa é investigado novamente em termos microscópicos por Wittgenstein no plano do comportamento guiado por regras. Com esse lance, Wittgenstein inspira o ramo não empirista da tradição fregiana que chega até Dummett e Brandom. Diferentemente da tradição Carnap-Quine-Davidson, esses autores partem das práticas exercitadas em comum e normativamente reguladas que instituem um contexto de sentido compartilhado intersubjetivamente. Metodologicamente, elas se situam na perspectiva dos participantes do jogo que torna explícita a capacidade de falantes competentes.

Aquilo que uma análise pragmático-formal que parte "de cima" apresenta como uma rede de suposições idealizadoras, a abordagem analítica que vai no sentido inverso à destranscendentalização descobre, por assim dizer, "de baixo". Também por esse lado se mostra que a suposição de significado idêntico das palavras *remete* às pressuposições mais complexas de um mundo objetivo comum, da racionalidade dos sujeitos capazes de linguagem e de ação e do caráter incondicionado das pretensões de validade. O nível mais baixo de idealização não pode ser *pensado* independentemente dessas outras idealizações. Wittgenstein reverte o platonismo semântico de Frege sem abandonar a ideia da comunicabilidade pública dos significados gerais e idênticos. Dummett reserva à função representativa da linguagem e, com isso, à referência ao mundo objetivo uma autonomia em relação à forma de vida intersubjetivamente compartilhada e ao consenso de fundo da comunidade linguística.

Brandom, por fim, apreende detalhadamente a racionalidade e a imputabilidade que os participantes do discurso supõem mutuamente nos conceitos de uma pragmática formal. Naturalmente, neste ponto posso apenas recordar a traços largos uma história argumentativa extraordinariamente densa a fim de tornar visível essa rede de suposições idealizadoras também dessa perspectiva.

O significado de uma expressão simbólica aponta para além das circunstâncias específicas de suas instâncias. Wittgenstein analisa esse momento platônico da universalidade do significado que se vincula a qualquer predicado ou conceito por meio do conceito de comportamento "guiado por regras". Enquanto na perspectiva de um observador o comportamento "guiado por normas" apenas concorda com uma regra, o comportamento "guiado por regras" requer a orientação por uma regra da qual o próprio sujeito agente precisa ter um conceito. Isso lembra a distinção que Kant introduz entre "agir em conformidade com a lei" e um "agir por respeito à lei". Wittgenstein, porém, ainda não pensa em normas de ação complexas, mas em regras de produção para operações simples – em regras aritméticas, lógicas ou gramaticais, que podem ser investigadas seguindo o modelo das regras de um jogo.

Seguindo essa via, ele analisa a camada inferior da normatividade que caracteriza as atividades mentais. As regras têm que ser dominadas praticamente, pois, como já sabia Aristóteles, elas não poderiam regular sua própria aplicação sem enredar o agente em um regresso infinito. O saber implícito sobre como seguir uma regra precede o saber explícito sobre qual é a regra que se segue. É preciso que nos "entendamos em" uma prática guiada por regras antes de poder tornar explícita essa capacidade e formular como tal essa regra que sabemos intuitivamente. Partindo da fundação do conhecimento da regra em uma capacidade, Wittgenstein conclui que todo aquele que tenta tornar claro seu saber prático de certa forma já se encontra previamente em uma prática enquanto participante.[48]

Da análise da normatividade específica desse tipo de comportamento elementar guiado por regras resulta, além disso, que essas práticas são exercitadas em comum, isto é, têm desde o início um caráter social. As regras são "normativas" no sentido fraco, ainda isento de qualquer conotação *obrigatória* das normas de ação, de que condicionam o livre-arbítrio de um sujeito na medida em que "direcionam" suas intenções em uma determinada direção:

– as regras "condicionam" a vontade de tal modo que os sujeitos agentes tentam evitar possíveis infrações das regras; o cumprimento de uma regra significa a omissão de uma "ação em sentido contrário";
– quem segue a regra pode cometer erros e se expõe à crítica de possíveis erros; ao contrário do saber prático sobre como se segue um regra, a avaliação sobre se um dado comportamento é correto exige o conhecimento explícito das regras;
– em princípio, aquele que segue uma regra tem de poder se justificar perante um crítico; por isso, a virtual divisão de trabalho entre os papéis e o saber do crítico e o de quem pratica pertence ao próprio conceito de seguir uma regra;

48 Isso já foi dito por Apel, "Wittgenstein und das Problem des Hermeneutischen Verstehens", em *Transformation der Philosophie*, v.1, p.335-77.

– portanto, ninguém pode seguir uma regra de forma solipsista, por si só; o domínio prático de uma regra significa a capacidade de participação *social* em uma prática comum, na qual os sujeitos já se encontram tão logo se certificam reflexivamente de seu saber intuitivo com a finalidade de se justificar diante dos outros.

Wittgenstein explica a universalidade ideal do significado de Frege por meio da "concordância" já existente dos membros de uma prática comum. Nisso se expressa o reconhecimento intersubjetivo de regras que são seguidas tacitamente. Sobre esse pano de fundo, os membros podem "tomar" um determinado comportamento como exemplo para uma regra ou podem entendê-lo como o "cumprimento" de uma regra. Uma vez que podem existir por princípio controvérsias sobre a correção de um determinado comportamento, o "sim" ou o "não" de um possível crítico, que se segue implicitamente, faz parte do sentido de validade normativa de uma regra. Juntamente com a codificação binária "certo" ou "errado", está incorporado ao mesmo tempo um mecanismo de autocorreção no comportamento guiado por regras.

No entanto, inicialmente não ficou claro qual instância servia de medida *em último caso* para a crítica pública. A crítica parece não poder se estender por sua vez às regras intuitivamente subjacentes, pois estas são constitutivas para uma prática dada – por exemplo, para o jogo de xadrez. Como Wittgenstein analisa a gramática dos jogos de linguagem segundo o modelo dos jogos sociais, ele considera (segundo uma leitura não completamente livre de controvérsia) o acordo factualmente convencionado da comunidade linguística como uma autoridade irrevogável para a avaliação do certo e do errado – como uma espécie de certeza em que "se entorta a pá". De qualquer modo, é assim que se pode entender a passagem da semântica veritativa para a teoria do significado como uso que o último Wittgenstein leva a cabo. Frege já havia definido o significado de uma proposição por meio das condições de verdade que estabelecem como uma sentença é empregada corretamente. Se podemos agora extrair as condições de verdade do consenso de fundo local que se imiscuiu convencionalmente entre os membros de uma comunidade linguística, é muito mais fácil renunciar ao incômodo conceito de verdade ou falsidade das sentenças e descrever diretamente o uso linguístico dominante: "O significado de uma sentença ou forma de sentença não deve, portanto, ser explicado expondo a condição para que ela *seja* verdadeira, mas descrevendo seu uso".[49]

Esse argumento, porém, perde sua plausibilidade se lembrarmos o princípio do contexto de Frege, segundo o qual o significado das palavras individuais é determinado pela contribuição que dão para a composição do significado das sentenças verdadeiras. Desse modo, o significado dos predicados ou conceitos individuais não se segue imediatamente das circunstâncias de uso das palavras individuais, mas do contexto das sentenças em que têm um uso correto *quando as sentenças são verdadeiras*. O significado dessas sentenças, portanto, é determinado em sua totalidade pelas circunstâncias nas quais elas

49 Dummett, "Language and Communication", em *The Seas of Language*, p.181. [Em inglês, no original: "The meaning of a statement or form of statement is therefore not to be explained by stating the condition for it to *be* true, but by describin its use". (N. T.)]

podem ser usadas de modo verdadeiro. Se alguém utiliza corretamente o predicado "vermelho", isto é, se domina a regra predicativa correspondente, avaliaremos os exemplos de sentenças que devem ser verdadeiras se expressarem um resultado de teste acertado – por exemplo, referências a objetos vermelhos realizadas sucessivamente.

De modo similar, o domínio prático de regras matemáticas ou lógicas comprova-se com base na correção das proposições correspondentes. Em se tratando de regras operacionais com uma função cognitiva – como no caso de regras de jogo explicitamente acordadas, que não estão enraizadas em um saber prático anterior –, sua "validade" parece não se explicar pelas convenções existentes, mas pela contribuição que as operações efetuadas de acordo com a regra dão para a formação de enunciados verdadeiros. Por isso, no âmbito de operações cognitivas simples, o comportamento guiado por regras deixa entrever uma normatividade que já *aponta* para a verdade e a aceitabilidade racional dos enunciados de uma linguagem natural. O "sim" ou "não" elementar de um professor wittgensteiniano que controla a operação de um aluno ao aplicar a regra, só se desenvolve – isto é, se dá a conhecer completamente em seu sentido de validade – no nível mais complexo da tomada de posição explícita de sim ou de não dos participantes de uma argumentação acerca de pretensões de verdade dotadas de conteúdo empírico.

De modo semelhante, Dummett faz valer a intuição original de Frege contra o último Wittgenstein. Sua objeção se apoia essencialmente no fato de que a avaliação da verdade de um enunciado se mede por ele reproduzir um fato e não pelo falante se ater ao uso da linguagem de seu entorno. A autoridade epistêmica da assertibilidade justificada não se esgota na autoridade social da comunidade linguística. É certo que depois da virada linguística fica claro que a representação de estados de coisas depende do *medium* da linguagem, pois qualquer pensamento claro só encontra expressão na forma proposicional de uma sentença assertórica correspondente. O pensamento está acoplado à função representativa da linguagem. No entanto, uma sentença assertórica corretamente expressa não é verdadeira porque as regras de uso da sentença refletem o consenso ou a imagem de mundo de uma determinada comunidade linguística, mas porque garantem, se usadas corretamente, a aceitabilidade racional da sentença. As regras concebidas segundo a função representativa da linguagem possibilitam uma referência a objetos e estados de coisas sobre cuja existência não decidem os hábitos locais, mas o próprio mundo suposto como algo objetivo. Os falantes não podem comunicar algo sobre o mundo se, ao mesmo tempo, o mundo suposto como objetivo não se "comunicar" com eles.

Wittgenstein emprega a expressão "gramática da linguagem" no sentido amplo de uma "gramática das formas de vida" porque qualquer linguagem natural está "entrelaçada", em suas funções comunicativas, com a articulação conceitual fundamental da imagem de mundo e a estrutura social da comunidade linguística. No entanto, as regras linguísticas não devem ser assimiladas a "costumes", já que qualquer linguagem goza de uma certa autonomia em relação ao pano de fundo cultural e às práticas sociais da comunidade linguística. Ela deve essa autonomia ao intercâmbio entre o saber linguístico e o saber sobre o mundo. Com efeito, é apenas a abertura linguística do mundo que torna possíveis os processos de aprendizagem intramundanos de que se alimenta o saber sobre o mundo. Mas o saber sobre o mundo conserva, por sua vez, uma força de revisão ante esse saber linguístico, porque a função representativa da linguagem não se esgota nas formas de seu uso comunicativo: "Que uma afirmação satisfaça a condição de *ser* verdadeira certamente não é em si mesma uma característica de seu uso [...]. Os enunciados não adquirem em geral autoridade devido à frequência com que são emitidos. Precisamos, antes, distinguir o que é dito de modo meramente habitual daquilo que os princípios que governam nosso uso da linguagem e que determinam os significados de nossos proferimentos *exigem* ou nos *permitem* dizer".[50] Essa peculiaridade da função representativa da linguagem lembra a suposição comum de um mundo objetivo, que os participantes da comunicação têm que fazer quando fazem afirmações sobre algo no mundo.

(8) Por outro lado, Dummett mantém contra Frege a intuição wittgensteiniana de que a linguagem está enraizada na ação comunicativa e que sua estrutura só pode se tornar visível por meio da explicação das capacidades dos falantes treinados. Apesar disso, dentre os complexos contextos de uso, ele enfatiza especialmente uma determinada prática, a saber, aquele jogo de linguagem de afirmações, objeções e justificações em que são tematizadas expressamente "obrigações" e "justificações"

50 Ibid., p.182 s. [Em inglês, no original: "A statement's satisfying the condition for it to *be* true is certainly not in itself a feature of its use [...]. Statements do not in general acquire authority from the frequency with which they are made. We need, rather, to distinguish what is merely customarily said from what the principles governing our use of language and determinative of the meanings of our utterances *require* or *entitle* us to say". (N. T.)]

semanticamente fundamentadas ("what the principles of language *require* and *entitle* us to say" [aquilo que os princípios da linguagem *exigem* e nos *permitem* dizer]). O lugar privilegiado do discurso racional se explica pela virada epistêmica que Dummett dá na semântica veritativa. Como ninguém tem um acesso não mediado linguisticamente a condições de verdade, uma sentença só pode ser entendida caso se saiba como se pode reconhecer que suas condições de verdade estão satisfeitas. Só conhecemos as condições que tornam uma sentença verdadeira por meio das razões ou do tipo certo de razões que um falante poderia aduzir quando afirmasse a sentença como verdadeira: "Ao identificar o fato de alguém tomar uma sentença por verdadeira com sua disposição para afirmá-la, distinguimos dois critérios de correção: o modo como os falantes estabelecem ou chegam a reconhecer as sentenças como verdadeiras; e o modo como reconhecê-las enquanto tal afeta o curso subsequente de sua ação".[51]

Naturalmente, essa estrutura discursiva interna do entendimento mútuo só vem à tona quando existe a oportunidade de duvidar da inteligibilidade ou da validade de um ato de fala. Mas a troca comunicativa sempre acontece sobre o pano de fundo e um teatro de sombras discursivo que implicitamente o acompanha, porque um proferimento só é compreensível para aquele que sabe por que razões (ou que tipo de razões)

51 Dummett, "Language and Truth", em *The Seas of Language*, op. cit., p.143. [Em inglês, no original: "Identifying someone's taking a sentence to be true with his willingness to assert it, we distinguished two criteria of correctness: how the speakers establish or come to recognize sentences as true; and how so recognizing them affects their subsequent course of action". (N. T.)]

ele é aceitável. Segundo esse modelo, os falantes *implicitamente* oferecem uns aos outros, mesmo na comunicação cotidiana normal, razões para a aceitabilidade de seus proferimentos, exigem essas razões uns dos outros e julgam reciprocamente o estatuto de seus proferimentos. Cada um decide se considera justificado ou não o compromisso argumentativo que o outro contraiu.

Robert Brandom escolhe essa abordagem como ponto de partida de uma pragmática formal que combina a semântica inferencial de Wilfrid Sellars com uma impressionante investigação lógica da prática de "dar e exigir razões". Ele substitui a questão semântica fundamental da teoria do significado sobre o que quer dizer entender uma proposição pela questão pragmática sobre o que faz um intérprete quando ele "considera e trata" corretamente um falante como alguém que com seu ato de fala reivindica "verdade" para o enunciado "p" proferido. O intérprete atribui ao falante um compromisso (*commitment*) de justificar "p" em caso de necessidade; e ele próprio toma uma posição acerca dessa pretensão (*claim*) de validade na medida em que concede ou nega ao falante um direito (*entitlement*) para afirmar "p". Já considerei essa teoria em outro lugar.[52] Interessa-me aqui apenas a suposição de racionalidade necessariamente realizada em tais discursos. É certo que Brandom parte do fato de que falante e ouvinte tratam-se reciprocamente como seres racionais para os quais "contam" as razões. Falante e ouvinte se obrigam ou autorizam por meio de argumentos a reconhecer pretensões de validade por princípio criticáveis.

---

52 Habermas, "Von Kant zu Hegel. Zu Robert Brandoms Sprachpragmatik", em *Wahrheit und Rechtfertigung*, op. cit., p.138-85.

Mas falta em Brandom aquela interpretação intersubjetivista da validade objetiva, que vê a prática da argumentação conectada a uma forte antecipação idealizadora.

Brandom localiza a normatividade da linguagem, que permite "vincular" os sujeitos racionais, na coação não coercitiva do melhor argumento. Esta se desenvolve pela via de uma prática discursiva na qual os participantes justificam racionalmente seus proferimentos diante dos outros: "Essa força é uma espécie de força *normativa*, um 'deve' racional. Ser racional é estar vinculado ou constrangido por essas normas, estar sujeito à autoridade das razões. Dizer 'nós' nesse sentido é nos colocar e colocar os outros no espaço de razões, oferecendo e pedindo razões para nossas atitudes e performances".[53] Esse tipo de responsabilidade (*responsibility*) racional é constitutiva para a autocompreensão que nos caracteriza como sujeitos capazes de falar e agir. A autocompreensão racional é ao mesmo tempo determinante para aquela perspectiva inclusiva do "nós" a partir da qual uma pessoa se qualifica como "um de nós".

É interessante notar que Brandom inicia seu livro, inteiramente na tradição de Peirce, Royce e Mead, com a concepção intersubjetivista de um conceito de razão universalista. Esses pragmatistas concebem o universalismo fundamentalmente como a forma de evitar a exclusão. A perspectiva do "nós", a

53 Brandom, *Making it Explicit: Reasoning, Representing, and Discursive Commitment*, p.5. [Em inglês, no original: "This force is a species of *normative* force, a rational 'ought'. Being rational is being bound or constrained by these norms, being subject to the authority of reasons. Saying 'we' in this sense is placing ourselves and each other in the space of reasons, by giving and asking for reasons for our attitudes and performances". (N. T.)]

partir da qual os seres racionais se diferenciam dos outros seres vivos enquanto "*sapient rather than sentient*" [sapientes em vez de sencientes] impede o particularismo, mas não o pluralismo: "A abordagem mais cosmopolita começa com um *insight* pluralista. Se perguntamos 'Quem somos nós?' ou 'Que tipo de coisa somos nós?', as respostas podem variar sem se excluir. Cada um define uma forma diferente de dizer 'nós'; cada modo de dizer 'nós' define uma comunidade diferente. Aponta para uma grande Comunidade que compreende todos os membros de todas as comunidades particulares – a Comunidade daqueles que dizem 'nós' com e para alguém, seja se os membros dessas diferentes comunidades reconhecem uns aos outros ou não".[54] Esse C maiúsculo poderia caracterizar o ponto ideal de referência para a aceitabilidade racional daquelas pretensões de validade incondicionadas, isto é, que transcendem o contexto, que devem ser justificadas diante de um público "cada vez mais amplo". Em Brandom, não se encontra nenhum equivalente pragmático para essa ideia – por exemplo, sob a forma daquelas pressuposições da argumentação que mantêm em funcionamento a dinâmica de um progressivo descentramento das perspectivas pluralistas de interpretação. Nesse sentido, há nessa obra im-

54 Ibid., p.4. [Em inglês, no original: "The most cosmopolitan approach begins with a pluralist insight. When we ask, Who are we? Or What sort of things we are? the answers can vary without competing. Each one defines a different way of saying 'we'; each kind of 'we'-saying defines a different community. It points to the one great Community comprising members of all particular communities – the Community of those who say 'we' with and to someone, whether the members of those different communities recognize each other or not". (N. T.)]

ponente em seu conjunto um aspecto revelador que eu gostaria de destacar criticamente.

Como toda a tradição analítica, Brandom ignora a relevância cognitiva do papel da segunda pessoa. Ele não atribui nenhum peso à atitude performativa do falante diante do destinatário, que é constitutiva de qualquer conversação, e não concebe a relação pragmática de pergunta e resposta propriamente como uma troca dialógica. Esse objetivismo se evidencia, por exemplo, no tratamento do problema acerca de como se pode preservar a "prioridade metodológica do social" sem conceder ao consenso da comunidade linguística a última palavra em questões de validade epistêmica. Brandom contrapõe à imagem coletivista de uma comunidade linguística que impõe autoridade a imagem individualista de relações individualizadas dos pares. Cada par de sujeitos individuais se atribui reciprocamente "*commitments*" [compromissos] e concede ou nega mutuamente "*entitlements*" [direitos]. Cada parte forma seu juízo de modo monológico, isto é, de tal modo que nenhum pode "se encontrar com" o outro no reconhecimento intersubjetivo de uma pretensão de validade. Brandom fala de "relações eu-tu", mas na realidade as constrói como relações entre uma primeira pessoa, que sustenta a verdade de um enunciado, e uma terceira pessoa que atribui às outras – sob a reserva de um julgamento próprio – uma pretensão de verdade. O ato de atribuição, fundamental para toda a prática discursiva, objetiviza a segunda pessoa em um terceiro observado.

Não por acaso, Brandom equipara preferencialmente o intérprete a um público que julga o proferimento de um falante *observado* – e não a um destinatário do qual o falante espera que dê a ele uma resposta. Uma vez que não considera a possibilidade de uma atitude dialógica em relação a uma segunda pessoa, Brandom se vê ao final obrigado a diluir o vínculo interno entre objetividade e intersubjetividade a favor de uma "prioridade do objetivo". A independência epistêmica em relação à autoridade coletiva de cada comunidade linguística parece só poder ser assegurada ao indivíduo por meio de um distanciamento monológico. Essa descrição individualista falseia o propósito do entendimento linguístico.

As comunicações cotidianas são sustentadas pelo contexto de suposições de fundo compartilhadas, de tal modo que a necessidade de comunicação surge quando as opiniões e intenções de sujeitos que julgam e decidem independentemente têm que ser conciliadas. A necessidade prática de coordenar planos distintos de ação é o que fornece um perfil claro à expectativa dos participantes da comunicação de que os destinatários se posicionarão acerca de suas próprias pretensões de validade. Eles esperam uma reação afirmativa ou de recusa que conta como resposta, pois apenas o reconhecimento intersubjetivo das pretensões de validade criticáveis gera o tipo de comunidade sobre a qual podem ser fundadas para ambas as partes vínculos confiáveis que tenham consequências relevantes para a interação.

A prática de argumentação simplesmente dá continuidade a essa ação comunicativa, embora no plano reflexivo. Por isso, os participantes individuais da argumentação, que continuam mantendo sua orientação pelo entendimento mútuo, por um lado, permanecem inseridos em uma prática exercida em comum; por outro, devem se posicionar de modo fundamentado acerca das pretensões de validade tematizadas, ou seja, sob a suave coação de um julgamento próprio e autônomo. Nenhuma autoridade coletiva limita o espaço individual de avaliação, ninguém mediatiza a competência judicativa do indivíduo. O peculiar rosto de Janus das pretensões de validade incondicionadas corresponde a esses dois aspectos. Enquanto *pretensões*, elas dependem do reconhecimento intersubjetivo; por isso, a autoridade pública de um consenso alcançado discursivamente sob as condições da capacidade de dizer não de modo algum pode ser substituída pelo discernimento privado do indivíduo mais sábio. Enquanto pretensões à validade *incondicionada*, elas apontam para além de qualquer acordo alcançado factualmente: o que aqui e hoje é aceito como racional pode se mostrar como falso sob condições epistêmicas melhores, diante de outro público e diante de objeções futuras.

Uma discussão só faz jus a esse rosto de Janus de pretensões de validade incondicionadas sob a pressuposição idealizante de que todas as razões e informações relevantes, que podem ser alcançadas, sejam levadas em conta. Com essa idealização aguda, o espírito finito enfrenta a intuição transcendental de que a objetividade tem seu fundamento irrecusável na intersubjetividade linguística.

3
Sobre a arquitetônica da diferenciação do discurso: pequena réplica a uma grande controvérsia[1]

Continuarei devendo a meu amigo Karl-Otto Apel uma resposta satisfatoriamente adequada a suas três propostas de diálogo crítico.[2] Essa falta não se explica apenas pela enorme abrangência e pela complexidade de suas reflexões cuidadosas e de amplo alcance, mas sobretudo pela natureza de nossas diferenças. Trata-se de diferenças quanto à arquitetura da teoria, sobre as quais é difícil discutir no plano das premissas, já que a contribuição das teorias deve ser atestada pela fecundidade de suas consequências. Isso não pode ser uma tarefa dos próprios autores envolvidos. Ao comparar teorias que se aproximam tanto em suas intenções, falta frequentemente aos imediatamente envolvidos o longo fôlego hermenêutico necessário para

1 Publicado sob o mesmo título ["Zur Architektonik der Diskursdifferenzierung: Kleine Replik auf eine große Auseinandersetzung"], em Böhler; Kettner; Skirbekk (orgs.), *Reflexion und Verantwortung*, p.44-64.

2 Apel, *Auseinandersetzungen*, p.689-838.

ao menos seguir os argumentos do outro a partir da distância requerida. Tenho a impressão de que os pontos em comum existentes se entrecruzam a tal ponto com as críticas que cada um, por assim dizer, interrompe a fala do outro cedo demais e introduz seus próprios argumentos de modo precipitado. As reservas amistosas e críticas podem ter se reforçado nas décadas entre *Erkenntnis und Interesse* [*Conhecimento e interesse*] (1968), a época de maior acordo, e *Faktizität und Geltung* [*Facticidade e validade*] (1992). Por um lado, ao longo desse período aumentou a distância que separa a pretensão transcendental forte de Apel e minha abordagem destranscendentalizada. Por outro lado, espero ter aprendido em seminários conjuntos com Apel a compreender melhor as distintas estratégias argumentativas. Extraí da cooperação contínua as ideias que hoje constituem o pano de fundo de nosso diálogo.

Irei me limitar aqui a uma objeção central que Apel levanta contra a especificação do princípio de discurso proposta em *Facticidade e validade* (1). Para enfraquecer a objeção, distingo inicialmente o teor normativo das pressuposições inevitáveis da argumentação e os aspectos de validade sob os quais esse potencial de racionalidade pode ser aproveitado (2). Por isso, o princípio moral não pode ser derivado, como sugere Apel, unicamente a partir das pressuposições da argumentação que são normativas em um sentido transcendental. Ele extrai a força deontológica de obrigação da vinculação do conteúdo transcendental dos discursos com o sentido da validade das normas morais de ação que são introduzidas nos discursos de fundamentação (3). O direito moderno é um direito subjetivo, coercitivo e positivo, que depende das resoluções de um legislador político, e se diferencia por essas propriedades formais da moral racional tanto por sua função quanto por sua necessidade de fundamentação (4). Finalmente, a exigência de justificação neutra em relação às imagens de mundo de um direito entrelaçado com a política explica por que o princípio de democracia assume uma posição independente em relação ao princípio moral (5). As diferenças na arquitetônica da teoria, que se expressam também na complementação de Apel à ética do discurso recorrendo a uma ética da responsabilidade para a realização da moral, se fundam em última instância em diferentes concepções metafilosóficas. Irei me referir a isso apenas rapidamente no final (6).

(1) Em *Facticidade e validade*, desenvolvi uma proposta de fundamentação do sistema dos direitos fundamentais que pretende fazer jus à ideia da cooriginariedade da autonomia privada e da autonomia pública.[3] No decorrer da fundamentação do Estado constitucional democrático, os dois princípios de legitimação do "império das leis" e da "soberania popular" se pressupõem mutuamente. Diante disso, o liberalismo que remonta a Locke defende um primado da liberdade dos modernos sobre a liberdade dos antigos. Eu gostaria de evitar essa subordinação contraintuitiva do princípio de democracia ao princípio do Estado de direito, uma vez que ela desemboca em uma fundação jusnaturalista do direito coercitivo e positivo em normas morais fundamentais. Ela subtrai da formação democrática da vontade os fundamentos da constituição democrática. Não preciso entrar aqui na estratégia argumentativa com a qual fundamento a cooriginariedade do princípio de democracia e

3 Habermas, *Faktizität und Geltung*, p.135 ss.

dos direitos humanos.[4] A motivação bastará para tornar claro o ponto de partida da controvérsia com Apel.

O fato de que nas condições modernas de vida as normas morais e jurídicas se diferenciam ao mesmo tempo das formas religiosas e jusnaturalistas da eticidade tradicional não tem apenas um interesse histórico. Antes, esse paralelismo em seu surgimento atesta que esses dois tipos complementares de normas de ação altamente abstratas não se diferenciam quanto ao nível, mas quanto ao tipo de fundamentação. O direito coercitivo moderno deve ser gerado de acordo com um procedimento que garanta sua legitimidade e que obedeça ao mesmo nível pós-metafísico de fundamentação, isto é, neutro em relação às imagens de mundo, assim como da moral racional. Mas esse procedimento democrático não pode extrair sua força legitimadora de uma moral *acima* do direito, sem destruir o sentido performativo da autodeterminação democrática de uma coletividade concreta, delimitada espacial e temporalmente.

Entretanto, o procedimento de criação do direito deve, por sua vez, ser institucionalizado juridicamente, a fim de garantir uma inclusão igualitária de todos os membros da comunidade política na formação democrática da opinião e a vontade. O próprio princípio de democracia está constituído na linguagem do direito: ele assume uma figura positiva na igualdade dos direitos de participação política para todos os cidadãos. Evidentemente, os cidadãos *também* devem ser capazes de fazer juízos morais; mas não os emitem no contexto extrajurí-

4 Id., "Constitutional Democracy: A Paradoxical Union of Contradictory Principles?", *Political Theory*, v.29, n.6, p.766-81, dez. 2001.

dico do mundo da vida de pessoas naturais, mas em seu papel, construído juridicamente, de cidadãos que estão autorizados a exercer seus direitos democráticos. Do contrário, os destinatários do direito não poderiam se compreender *integralmente* como seus autores. Eles só poderiam cumprir adequadamente seu papel de cidadãos se despojando de seu invólucro de pessoas jurídicas e recorrendo à capacidade de julgar moralmente das pessoas naturais.

Com a independência de um princípio de democracia "moralmente neutro", está em jogo ao mesmo tempo a tese de que a legitimidade do direito vigente se explica *somente* a partir do procedimento de formação democrática da opinião e da vontade. Por isso, defini o princípio de discurso, que inicialmente só estava talhado para o princípio moral de universalização "U", de modo tão abstrato que agora só expressa a necessidade pós-metafísica de fundamentação em relação às normas de ação em geral. O princípio deveria deixar espaço para uma posterior especificação das exigências de fundamentação.

> Esse princípio [...] possui certamente um teor normativo, porque explicita o sentido da imparcialidade dos juízos práticos. Mas ele se encontra em um nível de abstração que, apesar desse teor normativo, *ainda é neutro* perante a moral e o direito; isto é, ele se refere a normas de ação em geral:
>
> D: São válidas apenas as normas de ação com as quais todos os possíveis concernidos poderiam concordar enquanto participantes de discursos racionais.[5]

5 Id., *Faktizität und Geltung*, op. cit., p.138. [Ed. bras.: *Facticidade e validade*, p.155. (N. T.)]

O teor de "D" só será especificado (como veremos) no nível do princípio moral e do princípio de democracia[6] em relação às condições de validez [*Gültigkeitsbedingungen*] que devem cumprir *respectivamente* as regras morais e as normas jurídicas para merecer reconhecimento geral em seus âmbitos de validade, que são certamente sobrepostos, mas ainda assim não idênticos.

Frente a isso, Apel expressou dúvida sobre se em "D" já não está contido todo o teor normativo do princípio moral:

> Não vejo como se poderia negar ao "teor normativo" do "princípio de imparcialidade dos juízos práticos" a qualidade moral [...] se, como Habermas postula na sequência, se pretende, pela "especificação do princípio universal de discurso", extrair desse princípio um princípio moral, para o qual deve ser determinante, embora agora "unicamente", o ponto de vista da "igual consideração dos interesses" de todos os concernidos.[7]

6 Recorde-se: o princípio moral tem a forma de um princípio de universalização que é introduzido como regra de argumentação. Segundo essa regra, as normas de ação moralmente válidas devem cumprir a condição de que sua obediência geral pudesse ser aceita por todos os possíveis concernidos, em seu papel de participantes do discurso, tendo em vista as consequências e efeitos colaterais previsíveis para os interesses de cada um. O princípio de democracia, que assume a forma de direitos de participação e comunicação política na parte das constituições democráticas dedicada aos direitos fundamentais e que garante a prática de autodeterminação de uma associação voluntária de parceiros de direito livres e iguais, estabelece que só podem reivindicar validade legítima aquelas leis que contem com o assentimento (por sua vez, operacionalizado juridicamente) de todos os cidadãos em um processo de criação de direito constituído discursivamente.

7 Apel, *Auseinandersetzungen*, op. cit., p.761 s.

É indiscutível que, para a fundamentação de normas que apresentam as propriedades formais do direito moderno, as razões morais desempenham uma função importante ao lado das razões empíricas, pragmáticas, éticas e jurídicas, e em muitos casos desempenham inclusive um papel decisivo. É certo que os direitos devem estar constituídos em geral de tal modo que possam ser seguidos "por respeito à lei".

Mas se o direito não pode ir de encontro à moral, o princípio de democracia, que regula a produção de direito legítimo, não pode ser moralmente "neutro". Ele parece dever seu teor moral a esse mesmo princípio "D", que também está na base do princípio moral. O impulso para controvérsia surge, pois, com a questão sobre se Apel pode partir dessa reflexão para extrair como conclusão o primado do princípio moral sobre o princípio de democracia, que é decisivo para a legitimação do direito. A concepção hierárquica de Apel se apoia em um determinado entendimento do princípio moral que me parece problemático. Para tornar clara minha reserva em relação a esse fundamentalismo, preciso inicialmente recordar o ponto de partida comum de nossas reflexões sobre a ética do discurso.

(2) A teoria discursiva da verdade, da moral e do direito é explicada pelo constrangimento de que o pensamento pós-metafísico se despediu daqueles conceitos essencialistas fortes que extraem tudo que é normativo da constituição do ente ou da subjetividade. Em vez disso, ela obtém seu teor normativo da prática argumentativa, na qual desde sempre nos vemos remetidos em situações de insegurança – porém não apenas como filósofos ou cientistas, mas já quando, na prática comunicativa cotidiana, a perturbação de rotinas leva a nos determos por um momento para nos certificar reflexivamente de nossas

expectativas justificadas. O ponto de partida é constituído, pois, pelo teor normativo daquelas pressuposições pragmáticas "inevitáveis" que os participantes na argumentação devem aceitar implicitamente assim que participem – com o objetivo de resgatar pretensões de validade controversas – em uma busca cooperativa da verdade sob a forma de uma competição pelos melhores argumentos. O sentido performativo da prática argumentativa consiste, pois, em que, no que se refere a questões relevantes e sobre a base de todas as informações apropriadas, a "coerção sem coerções do melhor argumento" seja decisiva (!). Na ausência de argumentos convincentes ou de evidências concludentes, pode haver controvérsia sobre a própria decisão acerca do que pode contar como um bom ou um mau argumento em cada contexto também. Por isso, a aceitabilidade racional dos enunciados acerca dos quais há disputa se apoia *em última instância* na vinculação das "boas razões" com as idealizações da situação cognitiva que os participantes devem supor quando ingressam na forma de comunicação dos discursos racionais. Menciono as quatro pressuposições pragmáticas inevitáveis mais importantes:

(a) inclusividade: ninguém que pudesse dar uma contribuição relevante pode ser excluído da participação;
(b) distribuição igualitária das liberdades comunicativas: todos têm as mesmas oportunidades de fazer contribuições;
(c) condição de sinceridade: os participantes devem querer dizer [*meinen*] o que dizem [*sagen*];
(d) ausência de coerções externas contingentes ou coerções inerentes à estrutura da comunicação: tomada de posição de "sim" ou "não" dos participantes em relação às

pretensões de validade criticáveis só pode ser motivada pela capacidade de persuasão de razões evidentes.

Nesse ponto, deparamo-nos com a premissa sobre a qual Apel apoiará sua objeção. Ele interpreta a força vinculante do teor normativo dessas pressuposições da argumentação em um sentido forte, deontologicamente obrigatório, e acredita poder derivar diretamente certas normas fundamentais da certificação reflexiva desse conteúdo – como a obrigação de um tratamento igual ou o imperativo de veracidade. Ele pretende inclusive extrair do que devemos pressupor ao argumentar, a que voltarei mais adiante, um princípio de "corresponsabilidade" orientado para o futuro: segundo esse princípio, podemos saber que todos os participantes no discurso são responsáveis "pela realização e êxito de discursos práticos para resolver os conflitos de interesses".[8] Confesso que desde o início não pude acompanhar essa extrapolação *imediata*. Pois não é de modo algum evidente que as regras que são constitutivas para a prática argumentativa enquanto tal e que, por isso, são inevitáveis *no interior* dos discursos, permaneçam vinculantes também para a regulação da ação *fora* dessa prática improvável.[9]

As pressuposições transcendentais (em sentido fraco)[10] da argumentação se diferenciam das obrigações morais pelo fato de não poderem ser violadas sistematicamente sem destruir o

8 Id., p.756; id., "Diskursethik als Ethik der Mitverantwortung vor den Sachzwängen der Politik, des Rechts und der Marktwirtschaft", em Apel; Burckhart (orgs.), *Prinzip Mitverantwortung*, p.69-96.

9 Habermas, "Diskursethik: Notizen zu einem Begründungsprogram", em *Moralbewußtsein und kommunikatives Handeln*, p.96.

10 Tenho que deixar de fora aqui a discussão sobre o sentido pragmático-linguístico e o estatuto dos argumentos transcendentais.

jogo da argumentação enquanto tal. Ao contrário, não devemos de modo algum sair do jogo de linguagem moral quando infringirmos as regras morais. Ainda que entendamos a distribuição igualitária das liberdades comunicativas e a condição de sinceridade para a participação no discurso no sentido de *direitos* e *deveres* argumentativos, não se pode transferir imediatamente do discurso à ação a necessidade pragmático-transcendental, nem traduzi-la em uma força deontológica de direitos e deveres morais, isto é, em uma força reguladora da ação. Tampouco a condição de "inclusividade" implica a exigência de universalidade das normas de ação para além da ausência de restrições de acesso ao discurso. Mesmo a pressuposição da ausência de coerções se refere apenas à constituição do próprio processo argumentativo, não às relações interpessoais para além dessa prática.

O teor normativo do jogo argumentativo apresenta um potencial de racionalidade que só pode ser atualizado na dimensão epistêmica do exame de pretensões de validade, e isso de tal modo que a publicidade, igualdade de tratamento, sinceridade e ausência de coerções pressupostas na prática argumentativa estabeleçam *critérios* para um processo de aprendizagem que se corrige a si mesmo. A exigente forma de comunicação que é o discurso racional obriga os participantes, no curso da mobilização de todas as razões relevantes disponíveis em cada caso, a um descentramento crescente de suas perspectivas cognitivas. Nessa medida, a substância normativa contida nas pressuposições da argumentação só tem "relevância para a ação" no estrito sentido de que torna possível a avaliação de pretensões de validade criticáveis e desse modo contribui para os processos de aprendizagem. No entanto, um aspecto é especialmente importante em nosso contexto: esse potencial de racionalidade se desdobra em diferentes direções conforme o tipo de pretensão de validade tematizado e o tipo de discurso correspondente.

A direção da transferência de racionalidade também é determinada pelas conotações da pretensão de validade e pelos padrões de fundamentação relevantes. Antes de tudo, temos de esclarecer a diferença entre o teor pragmático-transcendental da forma de comunicação dos discursos racionais e o sentido específico da validade das normas de ação fundamentadas em cada caso, a fim de compreender a autonomia do princípio do discurso, que prescreve um determinado nível de fundamentação independente de quaisquer suposições metafísicas de fundo, sem por isso já prejulgar o sentido instrumental ou utilitário, o sentido ético, moral ou jurídico da validade dos possíveis enunciados normativos. A fundamentação de enunciados descritivos simples já mostra que o teor normativo das pressuposições da argumentação representa um potencial universal de racionalidade, o qual assume vínculos específicos com o sentido da validade das formas dos enunciados inseridos nos discursos.

(3) O sentido das *pretensões de verdade* que vinculamos aos enunciados assertóricos não se resume à assertibilidade ideal, porque referimos os estados de coisas afirmados a objetos dos quais *supomos* pragmaticamente que são partes de um mundo objetivo, idêntico para todos os observadores e que existe independentemente de nossas descrições.[11] Essa suposição ontológica proporciona ao discurso veritativo um ponto de referência para além do discurso e fundamenta a distinção entre verdade

---

11 Habermas, *Wahrheit und Rechtfertigung*, Einleitung VII, p.48-55.

e assertibilidade justificada. Entretanto, mesmo nas condições epistêmicas mais favoráveis, os participantes do discurso que tematizam uma pretensão de verdade controversa são obrigados a aceitar finalmente a melhor justificativa possível de "p", em lugar da verdade de "p" – justamente quando, como costumamos dizer, "todos os argumentos se esgotaram". Estando conscientes de nossa falibilidade, nos entregamos seguros a esse quiproquó, pois confiamos em uma situação epistêmica que sabemos exigir um contínuo descentramento de nossas perspectivas.

A situação não é muito diferente quando se trata de discursos nos quais se examina a *racionalidade com respeito a fins ou a racionalidade da escolha de decisões*, isto é, a adequação da escolha dos meios ou a função de utilidade da escolha entre alternativas de ação. Além da suposição de um mundo objetivo de estados possíveis vinculados por meio de leis, os participantes no discurso devem dominar o jogo de linguagem da realização de objetivos escolhidos racionalmente para saber o que significa fundamentar regras de ação instrumental ou estratégias complexas de decisão. Mas, no cerne empírico, aqui também se trata do resgate discursivo de pretensões de verdade.

Outra pretensão de validade entra em jogo com os enunciados valorativos "fortes", assim que se tornam problemáticos os próprios valores à luz dos quais os atores elegem ou estabelecem fins.[12] Os discursos que servem à clarificação de tais orientações de valor têm uma força epistêmica comparativamente fraca. Eles possibilitam conselhos clínicos referidos ao

12 Id., "Vom pragmatischen, ethischen und moralischen Gebrauch der praktischen Vernunft", em *Erläuterugen zur Diskursethik*, p.100-8.

contexto de uma história de vida individual ou de uma forma de vida coletiva, que são apropriadas conscientemente; eles se orientam por *pretensões de autenticidade da autocompreensão* ou do projeto de vida de uma primeira pessoa do singular ou do plural. Associamos à autoridade epistêmica da primeira pessoa a suposição de um mundo subjetivo, ao qual os próprios concernidos têm um acesso privilegiado. Uma perspectiva completamente diferente assume a dianteira tão logo se trate da escolha, do ponto de vista da justiça, de valores *generalizados* que se encontram incorporados em normas morais de ação.

Com a questão fundamental da moral sobre quais formas de ação são "igualmente boas" para todos os membros, nos referimos a um mundo de relações interpessoais reguladas legitimamente. *A pretensão* de *correção dos enunciados morais* tem o sentido de que as normas correspondentes *merecem* ser universalmente reconhecidas no círculo dos destinatários. Diferentemente da pretensão de verdade, a pretensão de correção, análoga à verdade, não possui uma referência que transcenda as justificativas; ela esgota seu sentido na assertibilidade idealmente justificada.[13] A aceitabilidade racional não só é um comprovante da validade, mas consiste no sentido da validade das normas que, em caso de conflito, devem proporcionar razões igualmente convincentes para todas as partes em conflito, isto é, razões imparciais. Só depois de ter se ampliado até atingir uma ideia pós-tradicional da justiça é que essa "imparcialidade", encarnada inicialmente na figura do juiz, passa a coincidir com a

13 Id., "Richtigkeit *vs.* Wahrheit: Zum Sinn der Sollgeltung moralischer Urteile und Normen", em *Wahrheit und Rechtfertigung*, op. cit., p.271-318.

"imparcialidade" epistêmica dos participantes no discurso, que são impelidos no jogo da argumentação a descentrar suas perspectivas. A feliz convergência da "justiça", no sentido de uma resolução imparcial de conflitos, com a "correção", no sentido da fundamentação discursiva dos enunciados normativos correspondentes, só se produz no nível pós-tradicional de fundamentação.

A adoção mútua de perspectivas epistêmicas de interpretação, à qual os participantes na argumentação se veem sempre obrigados quando querem examinar a aceitabilidade racional de um enunciado qualquer, se *transforma*, do ponto de vista moral da igual consideração dos interesses de *todos* os possíveis concernidos, na exigência de uma adoção de perspectivas com *pretensões existenciais*. Apenas no que diz respeito a questões práticas, em que os participantes estão implicados na própria pessoa, as condições comunicativas da argumentação já não têm unicamente o sentido de garantir que intervenham todas as contribuições relevantes e conduzam a tomadas de posição de sim ou não racionalmente motivadas. A pressuposição inofensiva de uma ponderação sincera e imparcial de todos os argumentos obriga os participantes de discursos práticos a tratar de modo autocrítico suas próprias necessidades e avaliações da situação, e a considerar as situações de interesses dos outros da perspectiva de uma compreensão de si mesmos e do mundo sempre distanciada.

Partindo apenas do teor normativo das pressuposições da argumentação não é possível, portanto, fundamentar o princípio moral da igual consideração dos interesses. O potencial de racionalidade inerente aos discursos só pode ser exigido com esse objetivo quando já se sabe o que significa ter obrigações e justificar ações moralmente. O saber acerca de como participar em uma prática argumentativa tem que se *vincular* a um conhecimento que se nutre das experiências de vida de uma comunidade moral. O fato de termos que nos familiarizar com a validade normativa de mandamentos morais e com a fundamentação de normas se torna claro quando contemplamos a genealogia desse desafio ao qual a moral racional apresenta a resposta.[14]

O ponto de partida da modernidade se caracteriza pela eclosão do pluralismo das visões de mundo. Nessa situação, os membros das comunidades morais enfrentam o dilema de que, em casos de conflito, discutem com razões morais a respeito do agir e do não agir, apesar de terem desmoronado o contexto das visões de mundo e doutrinas religiosas que fundava o consenso no qual se inscreviam essas razões. O único contexto unificador que ainda partilham os filhos e filhas da modernidade "desamparada" é a prática de uma disputa moral levada a cabo agora com razões insuficientes. O acervo do que é comum foi reduzido, portanto, às propriedades formais desses discursos. Os participantes podem recorrer unicamente ao teor normativo das pressuposições da argumentação, que na verdade já aceitaram quando se envolveram em discussões morais.

O *telos* da intenção de erigir um novo consenso de fundo sobre a estreita base das características formais dessa prática discursiva comum também revela, entretanto, os conhecimentos prévios que provêm de experiências morais passadas. Sem o recurso à sua familiaridade prévia com relações de reconhecimento

14 Id., "Eine genealogische Betrachtung zum kognitiven Gehalt der Moral", em *Die Einbeziehung des Anderen*, p.11-64, em particular p.56 ss.

intactas, sustentadas por tradições "fortes", da comunidade moral a que pertenceram em condições de vida pré-modernas, os participantes nem sequer poderiam compreender o propósito de reconstruir uma moral pós-tradicional partindo somente das fontes da razão comunicativa. Eles já sabem o que significa ter obrigações morais e justificar uma ação à luz de normas obrigatórias. Apenas vinculado a esses *conhecimentos prévios*, o potencial de racionalidade inerente à argumentação em geral pode ser empregado para a fundamentação de uma moral autônoma, separada dos contextos das visões de mundo.[15]

O sentido da validade deontológica das normas que nesse meio-tempo se tornaram problemáticas se revela, sob condições discursivas, como a ideia pós-tradicional de justiça da consideração igual de interesses. A necessidade de fundamentação que se estendeu às próprias normas chama a atenção para o desiderato de um princípio moral correspondente, que, enquanto regra de argumentação, pudesse tornar possível um consenso fundado acerca de normas controversas e, com isso, pudesse conservar um sentido cognitivo para a moral mesmo em condições modernas. A ideia de justiça depurada pós-tradicionalmente dá ensejo ao princípio de universalização "U", introduzido inicialmente apenas de modo hipotético,[16] o qual, se pudesse pretender uma obrigatoriedade universal, transcultural, poderia explicar como podem ser decididas racionalmente as questões morais em geral. A validez universal do próprio "U" é, então, "derivada" do conteúdo das pressuposições da argumentação transcendentalmente obrigatórias, à luz do sa-

15 Sobre o esboço de fundamentação que se segue cf. ibid., p.60-3.
16 Ver nota 6.

ber já introduzido sobre o que significa em geral fundamentar normas de ação. Com esse passo, sigo o modelo desenvolvido por Apel de uma fundamentação não dedutiva por meio da revelação das contradições performativas do cético que contesta a possibilidade de fundamentar enunciados morais.

(4) O que é controverso entre Apel e eu não é essa via de fundamentação, mas seu estatuto em um jogo de fundamentação não fundamentalista. Pois se – baseando-se na distinção entre um sentido transcendental e um sentido deontológico da normatividade – não concebemos como obrigatório em sentido deontológico o potencial de racionalidade universalmente inscrito nos discursos, é perfeitamente possível compreender o julgamento imparcial exigido por "D" de modo inespecífico a respeito da aceitabilidade das normas como sendo "*ainda neutro* perante a moral e o direito". Uma vez que na formulação de "D"[17] se fala de "normas de ação" e de "discursos racionais" em geral, esse princípio se situa em um nível de abstração superior ao princípio moral e ao princípio de democracia. Aqui se ignoram tanto o tipo de ações que requerem fundamentação quanto o aspecto específico de validade sob o qual aquelas são justificadas em cada caso. Certamente, o princípio de discurso já está talhado para questões práticas; só se refere a questões de verdade na medida em que os fatos se tornem relevantes para a justificativa de ações. Em relação às condições discursivas sob as quais deve ser atingido um consenso, "D" exige uma fundamentação pós-convencional de normas de ação em geral – mas sem fixar ainda o sentido específico em que se deve mobilizar a força que as razões têm para atingir um consenso.

---

17 Ver acima, p.146.

O potencial de racionalidade universalmente inscrito nos discursos pode ser considerado segundo os pontos de vista da verdade, da efetividade e da consistência conceitual para a fundamentação de regras de ação instrumental e de escolha racional, segundo o ponto de vista da autenticidade para a fundamentação de orientações por valores éticos, segundo a perspectiva da justiça para a justificação de juízos e normas morais. Como foi mencionado, a esses tipos de normas e de enunciados se associam conotações diferentes. Enunciados empíricos suscitam conotações ontológicas quanto à existência de estados de coisas; intervenções orientadas ao sucesso suscitam conotações instrumentais de eficácia e de maximização da utilidade; questões éticas têm conotações axiológicas quanto à preferibilidade de bens, questões morais têm conotações de reconhecibilidade de relações interpessoais ordenadas. Somente essas referências à constituição do mundo objetivo, subjetivo ou social estabelecem as perspectivas sob as quais "D" obtém um sentido concreto. O princípio moral, por exemplo, pode ser entendido, em relação ao mundo social legitimamente ordenado, como uma operacionalização especial de "D" que nos permite avaliar racionalmente as ações e normas do ponto de vista da justiça.

Ora, ainda que as normas jurídicas *também* sejam selecionadas do ponto de vista da justiça e não possam *contradizer* a moral, o princípio de democracia, que permite aos cidadãos instituir o direito legítimo, não está subordinado, como Apel supõe, ao princípio moral. Para mostrar que a subsunção do direito à moral e a integração jusnaturalista do direito em uma hierarquia de leis é falha, devo tratar da posição peculiar que o direito ocupa entre os tipos de normas mencionados até aqui, pois *representa um sistema de ação fundido com o poder político*. Isso se explica pelas propriedades formais do direito, por meio das quais se diferencia da moral enquanto direito (a) subjetivo, (b) coercitivo e (c) positivo.

(a) O direito moderno se constitui a partir de direitos subjetivos, que garantem à pessoa individual espaços de liberdade bem definidos, isto é, esferas de liberdade de arbítrio e de configuração autônoma da vida. Enquanto do ponto de vista moral nos asseguramos inicialmente dos deveres para só depois derivarmos direitos próprios a partir das obrigações dos demais em relação a nós, o direito moderno, em vez de começar com mandatos ("Deves..."), começa com uma especificação do que é "lícito". Deveres jurídicos resultam, com base em direitos igualmente distribuídos, apenas das expectativas legítimas que os outros dirigem a nós. Essa assimetria se explica pela autolimitação do direito moderno, que permite tudo o que não está explicitamente proibido. Enquanto o poder penetrante da moral abrange todos os âmbitos da vida e não conhece nenhum limite entre a consciência moral privada [*privatem Gewissen*] e a responsabilidade pública [*öffentlicher Rechenschaft*], o direito serve primariamente para a libertação dos âmbitos da autonomia privada das intervenções arbitrárias do poder público. O direito é uma forma seletiva, não holista, de regulação do comportamento e se refere aos indivíduos não na forma concreta de pessoas individualizadas por sua história de vida, mas apenas na medida em que as pessoas naturais assumem o estatuto, artificialmente produzido e estritamente delimitado, de pessoas jurídicas, isto é, de portadores de direitos subjetivos.

(b) O direito moderno está vinculado à ameaça de sanções estatais. O poder do Estado garante um cumprimento médio das leis e cumpre, com essa obediência ao direito que pode ser imposta coercitivamente, uma condição colateral da legitimidade dos princípios jurídicos gerais. Pois o cumprimento de uma norma só pode ser exigido quando cada destinatário pode partir do princípio de que ela será igualmente cumprida por todos os outros destinatários. Também a moral racional, que já não está inscrita em nenhuma visão de mundo religiosa, deve ser vinculada a padrões de socialização e tradições culturais para haver uma implementação média dos julgamentos morais em ações morais. Mas, desde o princípio, uma tal moral tornada autônoma só está talhada para o objetivo cognitivo de possibilitar discernimentos [*Einsichten*]. Os bons motivos e convicções [*Gesinnungen*] continuam sendo assunto dos próprios sujeitos racionais. O caráter institucional do direito, ao contrário, desonera os indivíduos de toda carga motivacional. Diferentemente da moral, o direito não é apenas um sistema de saber, mas um sistema de ação. Enquanto a moral apela ao discernimento e à boa vontade, o direito limita-se a exigir ações conformes à lei. Esse desacoplamento da conduta conforme à lei em relação ao motivo do "respeito à lei" explica também qual é a razão pela qual as regulações jurídicas só possam ser estendidas no essencial à "conduta externa".

(c) No entanto, a política não apenas empresta do direito os meios de sanção estatais, mas se serve, por seu turno, do direito – tanto como *medium* para suas próprias realizações conformadoras e organizativas quanto como fonte de legitimação. O direito estatuído, dependente da vontade política de um legislador, se presta a ser meio de organização da dominação. Desse caráter positivo resulta a separação de papéis entre os autores que estatuem o direito e os destinatários que estão submetidos ao direito. Esse voluntarismo da legislação também é alheio a uma moral entendida em termos construtivistas. Além disso, o direito assume objetivos e programas políticos que não podem ser justificados apenas do ponto de vista moral. As matérias que requerem regulação exigem justificações complexas nas quais intervêm razões de natureza empírica, instrumental-pragmática, estratégica e ética. A forma jurídica só permanece intacta desde que a cada nova regulação seja integrada consistentemente no sistema jurídico vigente e não infrinja os princípios da justiça. A reserva de que as razões morais não sejam sobrepujadas já é satisfeita pela vinculação da legislação ao conjunto de princípios de uma constituição democrática.

(5) Finalmente, para compreender a autonomia sistemática do princípio de democracia, criticada por Apel, devemos analisar a necessidade de fundamentação que resulta especificamente do entrelaçamento entre direito e política. Por um lado, o direito é constitutivo para o poder político,[18] por outro, depende ele próprio do exercício do poder político: os programas jurídicos são o resultado de uma vontade política. Essa vontade perde o caráter de um uso arbitrário do poder político não apenas por sua domesticação *jurídico-estatal*. O processo legislativo só adquire uma qualidade de fundar legitimidade por ser aplicado a si mesmo com o objetivo de estabelecer um *procedimento democrático*. Desse modo, as decisões do legislador político se tornam dependentes do resultado de uma formação inclusiva da vontade em uma esfera pública ampla, mediada pelos meios de comunicação e das deliberações discursivamente estruturadas de órgãos eleitos democraticamente. A institu-

18 Habermas, *Faktizität und Geltung*, op. cit., p.167-86.

cionalização jurídica dos procedimentos da política deliberativa extrai sua força legitimadora da ideia orientadora de uma autolegislação racional, independente de premissas provenientes de visões de mundo.

Nota-se aqui uma analogia muito estreita com o conceito kantiano de autodeterminação moral. A autolegislação democrática exige um procedimento de formação discursiva da vontade que possibilita a autovinculação do legislador democrático aos discernimentos da razão prática, de tal modo que os destinatários do direito podem se compreender ao mesmo tempo como seus autores não apenas em um sentido voluntarista. Disso resulta o princípio de democracia, que afirma que podem reivindicar uma validade legítima apenas aquelas leis que possam encontrar o assentimento de todos os cidadãos em um processo legislativo discursivo que está por sua vez constituído juridicamente. É importante, porém, que não ignoremos o *sentido político específico* dessa analogia com a autonomia moral.

Nas condições coletivas da formação política da vontade dos cidadãos de uma comunidade concreta, a analogia com o modelo da autodeterminação moral da pessoa individual consiste na simulação da autovinculação racional do arbítrio. Essa semelhança estrutural da legislação política com a autodeterminação moral não significa, porém, a assimilação de uma à outra. É certo que os cidadãos que se orientam pelo bem comum não devem se fechar às reflexões morais. Mas como a prática deliberativa da decisão é parte de um sistema político que também se legitima, ainda que não primordialmente, pela efetividade dos imperativos de autoconservação prudente, o procedimento democrático de legislação deve esgotar o potencial de racionalidade das deliberações em toda a gama de possíveis aspectos de validade – e, de modo algum, apenas do ponto de vista moral da universalização igualitária de interesses.

Ao passar da moral ao direito, realizamos uma mudança de perspectiva do ator para o plano do sistema institucional. Aquelas normas que orientam o indivíduo na ação instrumental, na escolha racional, na ação ética e na ação moral, são justificadas da perspectiva de um agente, ainda que este seja concebido como participante em discursos. Enquanto participante do discurso, o ator quer responder à pergunta sobre o que deve fazer do ponto de vista do êxito, da vantagem, do bem ou do justo. A razão prática se encarna em discursos que os participantes realizam *ad hoc* com o objetivo de clarificar questões práticas. Nem no discurso dos cidadãos do Estado se perde essa referência cognitiva. Mas as normas jurídicas têm, por si mesmas, um caráter institucional. Aqui a razão prática não só se faz valer na própria prática discursiva ou nas regras argumentativas que esta segue. Mais do que isso, a razão prática se encarna, no plano sistemático, nos princípios segundo os quais está constituído o sistema político enquanto tal. Isso explica por que o princípio de democracia, enquanto parte de uma ordem constitucional, não intervém nos discursos em benefício de um padrão argumentativo, como faz o princípio moral, mas fixa critérios para o *estabelecimento* e o *entrelaçamento* dos discursos políticos.

Os discursos dos cidadãos e de seus representantes estão inseridos de antemão em um sistema político de ação que obedece a seus próprios imperativos funcionais de conservação. Certamente, o direito legítimo deve proporcionar uma ordem justa de relações interpessoais no interior de um coletivo determinado. Mas, ao mesmo tempo, é a linguagem da programação de um sistema de ação dotado de forma jurídica que se responsabiliza pela estabilidade e a reprodução da sociedade em sua totalidade – isto é, que se responsabiliza pela vida coletiva em sua totalidade, não apenas da convivência legítima. Por isso, o direito exige *por si só* critérios de avaliação diferentes dos de uma moral que orienta seus mandamentos unicamente do ponto de vista da justiça, inclusive pelo assentimento fundado de todos, e primordialmente dos próprios cidadãos. Os imperativos de conservação política, econômica e cultural são pontos de vista que não se pode desprezar, sob os quais as regulações juridicamente consistentes podem ser submetidas a uma crítica empírica, pragmática e ética, sem entrar em conflito com os fundamentos morais da Constituição.

Desse modo, uma ordem constitucional que corrige democraticamente a si mesma pode garantir de forma duradoura a realização reformista do sistema dos direitos[19] e resolver de maneira conforme à moral precisamente aquele problema para cuja solução Apel introduz uma ética da responsabilidade que ultrapassa a moral em sua totalidade.

(6) Devido ao entrelaçamento do direito moderno com o poder político, o princípio de democracia que regula a legislação [*Rechtsetzung*] goza de autonomia em relação ao princípio moral. Como Apel não considera adequadamente esse vínculo interno entre direito e poder, ele também ignora o papel que o direito tem de domesticar o poder. Em vez disso, ocupa-o uma

19 Sobre as aporias de um posicionamento prudente para o estabelecimento de condições nas quais a ação moral se torna universalmente plausível, cf. Habermas, "Wege der Detranszendentalisierung: Von Kant zu Hegel und zurück", em *Wahrheit und Rechtfertigung*, op. cit., p.186-270, em particular p.224 ss.

domesticação moral do poder político que ao mesmo tempo trabalhe conjuntamente para a produção política de condições morais. *No interior* de discursos morais, não pode, de modo algum, se colocar um "problema da aplicação da moral com relação à história",[20] porque uma ética deontológica herdeira de Kant exclui compromissos por boas razões. Mandamentos morais válidos incondicionalmente não podem estabelecer compromissos, por mais magnânimos que sejam, com nenhum objetivo político, por mais ambicioso que seja. Mas será que ela de fato precisa do complemento de ética da responsabilidade, a que Apel dedica a chamada Parte B da ética?

O sentido categórico dos mandatos morais permanece intacto também perante a visão de tirar o fôlego da justiça intolerável, não precisa de modo algum de um "complemento" feito de compromissos, desde que consideremos uma "divisão moral do trabalho" no que diz respeito a nossas obrigações positivas, que dê conta do princípio, por seu turno moralmente justificado, segundo o qual só "devemos" fazer aquilo que está faticamente em nosso poder: *nemo ultra posse obligatur*. Mesmo normas bem fundamentadas não perdem nada do rigor de seu sentido categórico pelo fato de que antes de sua aplicação só valem *prime facie*. Em caso de colisão com outras normas válidas, elas precisam, porém, de uma avaliação cuidadosa de sua "adequação"; mas sua validez permanece intocada pelo fato de que no caso particular elas devem "recuar" para trás de outras normas.[21] A pretensão de validade reeferente ao dever [*Sollgeltunganspruch*] dos mandatos morais seria relativizada

20 Apel, *Diskurs und Verantwortung*, p.103-53.

21 Günther, *Der Sinn für Angemessenheit*.

e vinculada às condições de sucesso da ação estratégica – ou, como diz Apel, da ação "estratégico-contraestratégica" – se a preocupação "política" em sentido amplo pelo "sucesso aproximativo da moral em geral" (por exemplo, na forma de outro princípio da ética da responsabilidade) fosse incorporada à própria moral.[22]

Se o teor normativo das pressuposições universais da argumentação não tem um sentido deontologicamente obrigatório e não contribui em nada para uma dedução direta da igualdade e da reciprocidade impositivas fora da prática da argumentação, vejo ainda menos como pode ser extraído dessa substância normativa algum ganho para exigências mais amplas. Apel quer fundamentar com uma tacada só a "corresponsabilidade de todos os homens pelas consequências das atividades coletivas e, nessa medida, também pelas instituições".[23] Partindo da autorreflexão sobre as normas desde sempre pressupostas nas argumentações, ele pretende deduzir sem mais a obrigação moral de uma política cujo objetivo é *estabelecer* condições morais de vida para todos os homens em escala mundial.

---

22 Apel, "Diskursethik als Ethik der Mitverantwortung vor den Sachzwängen der Politik, des Rechts und der Marktwirtschaft", op. cit., p.77 s.

23 Ibid., p.82. Cf. também Böhler, "Warum moralisch sein? Die Verbindlichkeit der dialogbezogenen Selbst- und Mitverantwortung", em Apel; Burckhart (orgs.), *Prinzip Mitverantwortung*, op. cit., p.50: "Corresponsabilidade por quê? Antes de mais nada, pelo exame das próprias pretensões de validade, em seguida pela preservação e, na medida do possível, pela melhoria das condições reais de uma realização livre e mundialmente pública de discursos (sobretudo a respeito de questões de direitos humanos) e, finalmente, pela consideração prática (política, econômica e ecológica) de seus resultados".

Por um lado, o poder político é até hoje o único *medium* para a influência voluntária e coletivamente obrigatória sobre as condições sistêmicas e as formas institucionais de nossa existência social. Por outro lado, não se pode moralizar imediatamente a política, seja segundo o modelo platônico do "bom governante", seja pela via da ação revolucionária, ou, como Apel parece imaginar, por meio de um armamento moral universal das virtudes da ação política. Em contrapartida, a domesticação institucional da violência política por meio de uma juridificação regulada democraticamente parece ser o único caminho transitável para uma reforma moral de nossa conduta. Pode-se estudar o que é possível fazer no complexo desenvolvimento do Estado constitucional democrático assim como nas garantias do Estado social que foram conquistadas sobre essa base. A política, até agora domesticada, ao menos parcialmente, pelas constituições dos Estados-Nação, terá que se transformar mais uma vez no quadro de uma ordem jurídica cosmopolita se tiver de se desfazer de seus traços agressivos e autodestrutivos e se transformar em um poder mundial de configuração civilizadora.[24]

Nessa via política, a moral é uma bússola excessivamente imprecisa, inclusive desorientadora. O que Apel propõe na "Parte B" como a forma de compromisso de uma moral que calcula as perspectivas de sucesso da moral em seu todo, ignora a dimensão de uma progressiva juridificação democrática da política, que teria como resultado uma civilização das condições de vida. Na esteira da autoliquidação neoliberal da política por meio da globalização econômica, essa estratégia

24 Ver abaixo, p.463 ss.

corre, entretanto, o risco de perder seu objeto: como *medium* de ação sobre si, a política encolhe na medida em que cede aos mercados suas funções reguladoras. Sob o signo da "guerra contra o terrorismo", o "desaparecimento da política" é detido quando muito pelo rearmamento dos exércitos, dos serviços secretos e da polícia.

Apel sobrecarrega o discurso do filósofo que, no curso de uma argumentação qualquer, reflete sobre o conteúdo dos pressupostos necessários da argumentação, com o triplo fardo de: (a) justificar normas morais fundamentais diretamente, isto é, sem o desvio da fundamentação de um princípio de universalização; (b) demonstrar uma obrigação existencial de "ser moral"; e (c) complementar a moral com uma obrigação, baseada na ética da responsabilidade, de realizar historicamente a moral. Aludindo à fundação transcendental originária [*transzendentale Urstiftung*] de Husserl, Apel chama esse discurso de "primordial". Suponho que nossa discussão sobre a construção arquitetônica correta da teoria remonta em última instância a um dissenso a respeito do papel da própria filosofia. Apel reconstrói de forma sensata a história da filosofia ocidental como uma sucessão de três paradigmas, que classifica como ontologia, epistemologia e filosofia linguística. Ele está consciente da situação inicial autocrítica do pensamento moderno e, ao mesmo tempo, do limite falibilista do pensamento pós-metafísico. No entanto, ele tende para um entendimento fundamentalista da filosofia quando caracteriza a autorreflexão filosófica como um discurso primordial e sobrecarregado de objetivos exagerados. Ao final, Apel confia nas certezas infalíveis de um acesso direto, por isso presente de um modo pré-analítico, às intuições linguísticas de um participante na argumentação experiente na reflexão. Pois o argumento pragmático-transcendental, ao qual é atribuída a função de uma "fundamentação última", tem na verdade o valor de uma comprovação supostamente infalível, em todo caso, que não pode ser constatada discursivamente. Se fosse um argumento, estaria em um contexto linguístico que oferece tantos flancos de ataque quanto facetas que possui.

Com o lema da "reflexão estrita", introduzido por Wolfgang Kuhlmann, toca-se em um tema diferente, que já não pode ser abordado aqui. Limitei-me às diferenças que Apel destacou em sua discussão com minha filosofia do direito. Trata-se de diferenças de enfoque. Elas não podem esconder nem o que é comum nos resultados nem as intuições que desde minha época de estudante em Bonn devo ao ensinamento único de um amigo sempre presente em minha mente.

II
Pluralismo religioso e solidariedade cívica

4
Fundamentos pré-políticos do Estado democrático de direito?[1]

O tema proposto para nossa discussão lembra uma questão que Ernst Wolfgang Böckenförde formulou de modo pregnante em meados dos anos 1960 – se o Estado liberal e secularizado se nutre de pressupostos normativos que ele próprio não é capaz de garantir.[2] Nela, expressa-se a dúvida sobre se o Estado constitucional democrático pode renovar com seus próprios recursos os pressupostos normativos que o sustentam, bem como a suposição de que ele depende de tradições éticas autóctones, sejam elas visões de mundo ou tradições religiosas, mas que são de qualquer forma coletivamente impositivas. Diante do "fato do pluralismo" (Rawls), isso colocaria em apuros a

1 Introdução a uma discussão com o cardeal Ratzinger em 19 de janeiro de 2004, publicado em *Information Philosophie*, p.7-15, out. 2004.

2 Böckenförde, "Die Entstehung des Staates als Vorgang der Säkularisation", em *Recht, Staat, Freiheit*, p.92 ss., em particular p.112.

neutralidade do Estado em relação às visões de mundo. Mas essa consequência não depõe contra a própria suposição.

Inicialmente, gostaria de especificar o problema segundo dois pontos de vista. Do ponto de vista cognitivo, a dúvida se refere à questão sobre se o poder político, depois da positivação completa do direito, é passível de uma justificação secular, isto é, não religiosa ou pós-metafísica (1). Ainda que uma tal legitimação fosse admitida, do ponto de vista motivacional se mantém a dúvida sobre se é possível uma estabilidade normativa, isto é, uma estabilidade que vá além de um mero *modus vivendi*, se é possível uma coletividade pluralista em termos visões de mundo pela suposição de um acordo de fundo que, no melhor dos casos, seria formal e limitado a procedimentos e princípios (2). Ainda que fosse possível dissipar essa dúvida, permanece o fato de que os ordenamentos liberais dependem da solidariedade de seus cidadãos – cujas fontes poderiam secar como consequência de uma secularização "descarrilhada" da sociedade em seu todo. Esse diagnóstico não pode ser recusado de saída, mas não deve ser entendido de tal modo que os indivíduos cultos entre os defensores da religião pudessem extrair dele de certa maneira uma "mais-valia" (3). Em vez disso, irei propor entender a secularização cultural e social como um duplo processo de aprendizagem que obriga tanto as tradições do Esclarecimento quanto as doutrinas religiosas a refletir sobre seus respectivos limites (4). Em relação às sociedades pós-seculares, coloca-se finalmente a questão de quais são as atitudes cognitivas e as expectativas normativas que o Estado liberal deve exigir dos cidadãos crentes e não crentes nas relações entre eles (5).

(1) O liberalismo político (que defendo na forma especial de um republicanismo kantiano)[3] se compreende como uma justificação não religiosa e pós-metafísica dos fundamentos normativos do Estado constitucional democrático. Essa teoria se situa na tradição de um direito racional que renuncia às fortes suposições cosmológicas e soteriológicas das doutrinas clássicas e religiosas do direito natural. A história da teologia católica na Idade Média, em especial a escolástica tardia espanhola, faz parte naturalmente da genealogia dos direitos humanos. Mas os fundamentos de legitimação do poder estatal, neutros em relação a visões de mundo, remontam em última instância às fontes profanas da filosofia dos séculos XVII e XVIII. Foi apenas bem mais tarde que a teologia e a Igreja enfrentaram os desafios espirituais do Estado constitucional revolucionário. Do lado católico, que mantém uma relação tranquila com o *lumen naturale*, nada se opõe, se entendo corretamente, em princípio, a uma fundamentação autônoma (independente das verdades reveladas) da moral e o direito.

No século XX, a fundamentação pós-kantiana dos princípios constitucionais liberais tem que se confrontar menos com as sequelas do direito natural objetivo (bem como com a ética material de valores) do que com formas de crítica historicistas e empiristas. Do meu ponto de vista, bastam certas suposições fracas sobre o teor normativo da constituição comunicativa das formas de vida socioculturais para poder defender, contra o contextualismo, um conceito de razão não derrotista e, contra o positivismo jurídico, um conceito não decisionista de validade jurídica. A tarefa fundamental consiste então em explicar:

3 Habermas, *Die Einbeziehung des Anderen*.

– por que o processo democrático vale como um procedimento legislativo legítimo; e
– por que a democracia e os direitos humanos se limitam reciprocamente de maneira cooriginária no processo constituinte.

A explicação consiste na comprovação de que

– o processo democrático, na medida em que cumpre as condições de uma formação inclusiva e discursiva da opinião e da vontade, fundamenta uma suposição na aceitabilidade dos resultados;
– a institucionalização jurídica de um tal processo de legislação democrática exige a garantia simultânea tanto dos direitos *liberais* fundamentais quanto dos direitos políticos.[4]

O ponto crucial dessa estratégia de fundamentação é a constituição que os cidadãos associados dão a si mesmos, e não a domesticação de um poder estatal existente, pois este só pode ser forjado por meio de um processo constituinte democrático. Um poder estatal "constituído" (e não apenas domesticado constitucionalmente) está juridificado em seu núcleo mais interno, de modo que o direito impregna o poder político sem exceção. Enquanto o positivismo centrado na vontade estatal da doutrina alemã do direito público (desde Laband e Jellinek até Carl Schmitt), enraizado no império alemão, deixava aberta uma brecha para uma substância ética "do Estado" ou "do político" isenta de direito, no Estado constitucional não há nenhum sujeito do poder que se nutra de uma substância

4 Id., *Faktizität und Geltung*, cap.III.

pré-jurídica.[5] Da soberania pré-constitucional dos príncipes não resta no Estado constitucional nenhum lugar vazio que agora – em forma do *ethos* de um povo mais ou menos homogêneo – seria preciso rechear com uma soberania popular igualmente substancial.

À luz dessa herança problemática, a pergunta de Böckenförde é entendida do seguinte modo: se um ordenamento constitucional completamente positivizado precisa da religião ou de algum outra "força de sustentação" como confirmação cognitiva de seus fundamentos de validade. Segundo essa interpretação, a pretensão de validade do direito positivo depende de sua ancoragem nas convicções de carácter ético-político das comunidades religiosas ou nacionais, pois tal ordenamento jurídico não poderia se legitimar apenas de maneira autorreferencial a partir de procedimentos jurídicos gerados democraticamente. Pelo contrário, se o processo democrático é concebido não à maneira positivista de Kelsen ou Luhmann, mas como método para a criação de legitimidade a partir da legalidade, não se coloca nenhum déficit de validade que deva ser compensado mediante a "eticidade". Diante de uma concepção do Estado constitucional própria da direita hegeliana, existe a concepção procedimentalista de inspiração kantiana de uma fundamentação autônoma dos princípios constitucionais com a pretensão de ser racionalmente aceitável para todos os cidadãos.

(2) No que segue, partirei do fato de que a constituição do Estado liberal pode defender sua necessidade de legitimação de maneira autossuficiente, isto é, valendo-se da argumen-

---

5 Brunkhorst, "Der lange Schatten des Staatswillenspositivismus", *Leviathan*, v.31, p.362-81, 2003.

tação de recursos cognitivos que são independentes das tradições religiosas e metafísicas. Mesmo aceitando essa premissa, subsiste uma dúvida no que se refere ao aspecto motivacional. Os pressupostos normativos do Estado constitucional democrático são mais exigentes no que se refere ao papel dos cidadãos que se veem como os autores do direito do que no que se refere ao papel de membros da sociedade que são os destinatários desse direito. Dos destinatários do direito, espera-se apenas que no exercício de suas liberdades (e direitos) subjetivas não ultrapassem os limites legais. As motivações e atitudes que se esperam dos cidadãos, em seu papel de colegisladores democráticos, são distintas da obediência às leis coercitivas que regulam a liberdade.

Os cidadãos têm de exercer seus direitos de comunicação e de participação de maneira ativa não só em função de seu próprio interesse, mas também pelo bem comum. Isso exige um componente maior de motivação, que não é possível impor por via legal. A *obrigação* de participação eleitoral seria no Estado democrático de direito um corpo estranho tanto quanto a solidariedade *regulamentada*. A disposição para se colocar a favor de cidadãos estranhos, que permanecerão sendo anônimos, e a aceitar sacrifícios em nome do interesse geral é algo que só cabe *sugerir* aos cidadãos de uma comunidade liberal. Daí que as virtudes políticas, ainda que só sejam "arrecadadas" em pequenos trocados, sejam essenciais para a existência de uma democracia. São próprios à socialização e ao costume com práticas e formas de pensar de uma cultura política liberal. O *status* de cidadão político está, de certo modo, incorporado em uma sociedade civil que se nutre de fontes espontâneas e, se quisermos, "pré-políticas".

Disso ainda não cabe deduzir que o Estado liberal seja incapaz de reproduzir seus pressupostos motivacionais a partir de seus próprios recursos seculares. Os motivos para uma participação dos cidadãos na formação da opinião e da vontade política se nutrem, certamente, de projetos éticos de vida e de formas culturais de vida. Mas as práticas democráticas desenvolvem uma dinâmica política própria. Só um Estado de direito sem democracia, ao qual estivemos acostumados na Alemanha durante muito tempo, sugeriria uma resposta negativa à questão proposta por Böckenförde: "Como podem viver povos unidos pelo Estado unicamente da garantia da liberdade individual sem um vínculo unificador que preceda essa liberdade?".[6] O Estado de direito constituído democraticamente garante efetivamente não só liberdades negativas para os cidadãos da sociedade preocupados com o próprio bem; com o surgimento das liberdades comunicativas, ele *mobiliza* também a participação dos cidadãos no debate público a respeito de temas que concernem a todos em comum. O "vínculo unificador" que falta é um processo democrático que, em última instância, põe em discussão o entendimento correto da Constituição.

Assim, por exemplo, nas atuais discussões a respeito da reforma do Estado de bem-estar, da política de imigração, da guerra do Iraque ou da exclusão do serviço militar obrigatório, não se trata apenas de políticas particulares, mas também da interpretação controversa de princípios constitucionais – e, implicitamente, de como queremos nos entender enquanto cidadãos da República Federal e enquanto europeus à luz da

6 Böckenförde, "Die Entstehung des Staates als Vorgang der Säkularisation", op. cit., p.111.

multiplicidade de nossas formas de vida culturais, do pluralismo de nossas visões de mundo e convicções religiosas. Certamente, sob um olhar histórico retrospectivo, foram úteis para o surgimento de uma solidariedade cívica altamente abstrata um pano de fundo religioso comum, uma língua comum e, sobretudo, a recém-despertada consciência nacional. Mas as convicções republicanas desprenderam-se, no entanto, de grande parte desses ancoramentos pré-políticos – o fato de que não estejamos dispostos a morrer "por Nice" não constitui por isso nenhuma objeção contra uma Constituição europeia. Pensem vocês nos discursos ético-políticos sobre o Holocausto e os assassinatos em massa: eles têm permitido aos cidadãos da República Federal ser conscientes do ganho que representa a Constituição. O exemplo de uma "política da memória" autocrítica (que, nesse meio-tempo, deixou de ser excepcional, pois se estendeu também a outros países) mostra como se formam e renovam *por si mesmos* os laços do patriotismo constitucional no *medium* da política.

Contra um mal-entendido amplamente disseminado, o "patriotismo constitucional" implica que os cidadãos tornem seus os princípios da Constituição não só em seu conteúdo abstrato, mas de maneira concreta no contexto histórico de suas respectivas histórias nacionais. Se os conteúdos morais dos direitos fundamentais devem ser convertidos em convicções profundas, o mero processo cognitivo não basta. Intuições morais e concordância mundial na indignação ante violações e direitos humanos só bastariam para fomentar uma tênue integração dos cidadãos de uma sociedade global constituída politicamente (se algum dia ela chegasse a existir). Entre cidadãos, só pode surgir uma solidariedade, como sempre, abstrata e mediada juridicamente, se os princípios de justiça encontram no lugar no tecido mais denso de orientações axiológicas de caráter cultural.

(3) De acordo com as reflexões anteriores, a natureza secular do Estado constitucional democrático não mostra nenhuma debilidade interna, isto é, inerente ao sistema político como tal, que prejudique sua própria estabilidade do ponto de vista cognitivo ou motivacional. Com isso, no entanto, não se excluem fatores externos. Uma modernização descarrilhada da sociedade em seu todo poderia muito bem debilitar o vínculo democrático e enfraquecer o modo de solidariedade, dos quais depende o Estado democrático para não ter que recorrer à coerção jurídica. Nesse caso, estaríamos precisamente naquela constelação que Böckenförde tinha em vista: a transformação dos cidadãos das sociedades liberais prósperas e pacíficas em mônadas individualizadas, que atuam por interesse próprio e que apenas empregam seus direitos subjetivos como armas uns contra os outros. Evidências desse tipo de desmoronamento da solidariedade cidadã se mostram no contexto mais amplo da dinâmica, não governada politicamente, da economia e da sociedade mundiais.

Os mercados, que não podem ser democratizados como as administrações estatais, assumem progressivamente funções de controle em âmbitos da vida que até agora se tinham mantido coesos normativamente, isto é, cuja integração se assegurava mediante formas políticas ou pré-políticas de comunicação. Com isso, não só determinadas esferas privadas invertem seus polos, se transformando em mecanismos da ação orientada ao sucesso, isto é, de ação orientada à realização das respectivas preferências próprias; mas também se reduz o domínio daquilo que está submetido às exigências de legitimação pública. O privatismo cidadão se torna mais forte pela desmotivadora perda de função de uma formação democrática da opinião e da vontade que, quando muito, ainda funciona, e apenas parcialmente, nos âmbitos nacionais e que, portanto, não atinge os processos de decisão deslocados para o nível supranacional. Também a decrescente esperança na capacidade estruturante da comunidade internacional favorece a tendência para a despolitização dos cidadãos. Tendo em vista os conflitos e as gritantes injustiças sociais de uma sociedade global em grande medida fragmentada, cresce o desencanto com cada novo tropeço no caminho (empreendido só a partir de 1945) de uma constitucionalização do direito internacional.[7]

As teorias pós-modernas, ao exercer a crítica da razão, concebem as crises não como efeitos de um esgotamento seletivo dos potenciais de racionalidade acumulados na modernidade ocidental, mas como resultado lógico do programa de uma racionalização intelectual e social autodestrutiva. O ceticismo radical em relação à razão é algo estranho à tradição católica. Mas o catolicismo teve dificuldades, pelo menos até os anos 1860, com o pensamento secular do humanismo, o Esclarecimento e o liberalismo político. Por isso, volta a encontrar hoje ressonância o teorema segundo o qual unicamente a orientação religiosa para um ponto de referência transcendente pode ajudar a sair do beco sem saída de uma modernidade constritiva. Em Teerã, um colega me perguntou se, da perspectiva da comparação de culturas e da sociologia da religião, não seria na realidade a secularização europeia a exceção que precisa de

7 Ver adiante, p.466 ss.

uma correção. Isto lembra o estado de ânimo da República de Weimar, lembra Carl Schmitt, Heidegger ou Leo Strauss.

Em vez de levar ao extremo a crítica da razão, considero melhor ponderar sem drama a questão sobre se uma modernidade ambivalente pode ser estabilizada apenas a partir das forças seculares de uma razão comunicativa como uma questão não resolvida empiricamente. Com isso, não pretendo considerar o fato da sobrevivência da religião em um meio cada vez mais secularizado como um fenômeno meramente sociológico. A filosofia deve tomar a sério esse fenômeno a partir de dentro, por assim dizer, como um *desafio cognitivo*. Mas, antes de prosseguir por essa via de discussão, gostaria de mencionar um desvio possível do diálogo em uma direção diferente. Como consequência da crescente radicalização da crítica da razão, a filosofia se envolveu também na autorreflexão sobre suas próprias origens religioso-metafísicas e ocasionalmente no diálogo com uma teologia que, por sua vez, tem procurado se vincular às tentativas filosóficas de autorreflexão pós-hegeliana da razão.[8]

Excurso. Um dos possíveis pontos nodais do discurso filosófico sobre a razão e a revelação é uma figura do pensamento que sempre reaparece: a razão que reflete sobre seu mais profundo fundamento descobre sua origem em um outro; e deve reconhecer o poder desse outro se não quiser perder sua orientação racional no beco sem saída de um autoempoderamento híbrido. Como modelo serve aqui o exercício de uma mutação da razão levada a cabo, ou ao menos posta em marcha, com a própria força, isto é, de uma conversão da razão pela razão – pouco

8 Neuner; Wenz (orgs.), *Theologen des 20. Jahrhunderts*.

importa se a reflexão começa, como em Schleiermacher, na autoconsciência do sujeito de conhecimento e ação ou, como em Kierkegaard, na historicidade da autoconfirmação existencial do indivíduo, ou, como em Hegel, Feuerbach e Marx, na própria destruição existencial das relações éticas. Sem ser movida inicialmente por uma intenção teológica, uma razão que se faz consciente de seus próprios limites transcende a si mesma em direção a outra coisa: seja por meio de uma fusão mística com uma consciência cósmica envolvente, seja na desesperada esperança no acontecimento histórico de uma mensagem redentora ou na forma de uma solidariedade antecipatória com os humilhados e ofendidos, que trata de acelerar a salvação messiânica. Esses deuses anônimos da metafísica pós-hegeliana – a consciência envolvente, o acontecimento imemorial, a sociedade não alienada – são presa fácil para os teólogos. Prestam-se a ser decifrados como pseudônimos da trindade do Deus pessoal que se comunica a si mesmo.

Essas tentativas de renovação de uma teologia filosófica depois de Hegel são sempre mais simpáticas que aquele nietzchianismo que se limita a emprestar as conotações cristãs do ouvir e perceber, do pensar rememorativo e expectativa de graça, da chegada e do acontecimento, a fim de projetar um pensamento sem cerne preposicional através de Cristo e Sócrates em direção a uma indeterminada noção do arcaico. Diante disso existe uma filosofia que, consciente de sua falibilidade e de sua frágil posição no interior do complexo edifício da sociedade moderna, insiste na diferenciação genérica, mas de nenhum modo pejorativa, entre o discurso secular que aspira a ser acessível a todo mundo e o discurso religioso dependente das verdades reveladas. Diferentemente do que acontece com Kant e Hegel, esse traçado gramatical de limites não traz consigo uma pretensão filosófica de determinar por si mesma o que há de falso e daí o que há de verdadeiro no conteúdo das tradições religiosas para além do saber mundano socialmente institucionalizado. O respeito, que vai de par com essa abstenção cognitiva do julgamento, se funda no respeito de pessoas e formas de vida que nutrem sua integridade e autenticidade de convicções religiosas. Mas o respeito não é tudo: a filosofia tem razões para se manter *disposta a aprender* com tradições religiosas.

(4) Em contraposição à austeridade ética de um pensamento pós-metafísico, que o afasta de todo conceito universalmente vinculante de vida boa e exemplar, nos textos sagrados e nas tradições religiosas se encontram articuladas ideias de pecado e redenção, de saída redentora de uma vida experimentada como irremediável, as quais foram se verbalizando sutilmente durante milênios e mantidas vivas pela hermenêutica. Por isso, na vida das comunidades religiosas, na medida em que consigam evitar o dogmatismo e a coerção sobre as consciências, permanece intacto algo que em outros lugares se perdeu e que também não pode ser reproduzido apenas com o saber profissional dos especialistas – refiro-me aqui às possibilidades de expressão e a sensibilidade em relação à vida malograda, às patologias sociais, aos fracassos dos projetos de vida individuais e à deformação dos contextos de vida mutilados. A partir da assimetria das pretensões epistêmicas cabe fundamentar uma disposição à aprendizagem da filosofia ante a religião, e não por razões funcionais, mas – lembrando seus exitosos processos "hegelianos" de aprendizagem – por razões de conteúdo.

A interpenetração de cristianismo e metafísica grega não apenas produziu a configuração espiritual da dogmática teológica e uma helenização do cristianismo – que foi benéfica em todos os aspectos. Ela também fomentou, por outro lado, uma apropriação de conteúdos genuinamente cristãos por parte da filosofia. Esse trabalho de apropriação se condensou em redes conceituais normativamente impregnadas, tais como responsabilidade, autonomia e justificação, como história e memória, novo começo, inovação e retorno, como emancipação e realização, alienação, interiorização e encarnação, individualidade e comunidade. Ele transformou o sentido religioso original, mas não os deflacionou nem os consumiu a ponto de os esvaziar de sentido. A tradução de que o ser humano é imagem de Deus na ideia da igual dignidade de todos os seres humanos, que tem de ser respeitada incondicionalmente, é um exemplo desse tipo de tradução redentora. Ela expande o conteúdo de conceitos bíblicos para além dos limites de uma comunidade religiosa ao público geral dos que têm outra crença e dos não crentes. Benjamin foi um dos que algumas vezes conseguiu fazer tais traduções.

A partir dessa experiência da libertação secularizadora de potenciais de significação encapsulados na religião podemos dar um sentido inofensivo ao teorema de Böckenförde. Mencionei o diagnóstico segundo o qual o equilíbrio conseguido na modernidade entre os três grandes meios de integração social está em perigo porque os mercados e o poder administrativo expulsam cada vez mais âmbitos da vida da solidariedade social, isto é, de um tipo de coordenação social baseada em valores, normas e uso da linguagem orientado para o entendimento mútuo. Resulta também do interesse próprio do Estado constitucional tratar com cuidado todas as fontes culturais de que se nutre a consciência normativa e a solidariedade dos cidadãos. Essa consciência que se tornou conservadora se reflete no discurso da "sociedade pós-secular".[9]

Com essa expressão, não se alude apenas ao fato de que a religião se afirma em um contexto crescentemente secular e que a sociedade conta de maneira indefinida com a sobrevivência das comunidades religiosas. A expressão "pós-secular" também não se limita a pagar tributos às comunidades religiosas pela contribuição funcional que prestam para a reprodução de motivações e atitudes desejáveis. Na consciência pública de uma sociedade pós-secular se reflete muito mais uma perspectiva normativa que tem consequência para as relações políticas entre cidadãos não crentes com os cidadãos crentes. Na sociedade pós-secular, estabelece-se a ideia de que a "modernização da consciência pública" abarca de modo assincrônico e modifica de modo reflexivo tanto as mentalidades religiosas como as mundanas. Ambas as partes, se conceberem a secularização da sociedade como um processo de aprendizagem complementar, podem dar suas contribuições aos temas controversos na esfera pública e se levar a sério reciprocamente também por motivos cognitivos.

(5) Por um lado, a consciência religiosa precisou realizar processos de adaptação. Toda religião é originariamente uma "imagem de *mundo*" ou "*comprehensive doctrine*" [doutrina abrangente], também no sentido de que reclama autoridade para estruturar uma forma de vida em seu conjunto. Essa pretensão de monopólio interpretativo e de conformação de uma vida

9 Eder, "Europäische Säkularisierung – ein Sonderweg in die postsäkulare Gesellschaft?", *Berliner Journal für Soziologie*, v.3, p.331-43, 2002.

em todos seus aspectos teve que ser abandonada pela religião sob as circunstâncias da secularização do saber, a neutralização do poder estatal e a liberdade religiosa universalizada. Com a diferenciação funcional dos sistemas sociais, a vida das comunidades religiosas também se separa de seus contextos sociais. O papel de membro de uma comunidade se desassocia do papel de cidadão da sociedade. E dado que o Estado liberal é dependente de uma integração política dos cidadãos que vá além de um mero *modus vivendi*, essa diferenciação de pertencimentos não se esgota em uma adaptação cognitivamente sem pretensões do *ethos* religioso às leis *impostas* pela sociedade secularizada. Em vez disso, o ordenamento jurídico universalista e a moral social igualitária devem estar vinculados a partir de dentro ao *ethos* comunitário, de maneira que um derive de maneira consistente *do outro*. Para aclarar esse "encaixe", John Rawls elegeu a imagem de um módulo: ainda que tenha sido construído com ajuda de razões neutras em termos de visões de mundo, esse módulo da justiça secular deve se encaixar nos respectivos contextos de fundamentação ortodoxos.[10]

Essa expectativa normativa com a qual o Estado liberal confronta às comunidades religiosas se *encontra* com os interesses próprios de tais comunidades na medida em que desse modo se abre a possibilidade de exercer, através da esfera pública política, uma influência própria sobre a sociedade em seu conjunto. É certo que os custos da tolerância, como mostram as regulações do aborto mais ou menos liberais, não se repartem de maneira simétrica entre crentes e não crentes; mas inclusive a consciência secular tem que pagar um custo pelo gozo

10 Rawls, *Politischer Liberalismus*, p.76 ss.

da liberdade religiosa negativa. Dela se espera a prática de uma relação autorreflexiva em relação aos limites do Esclarecimento. A concepção da tolerância das sociedades pluralistas constituídas em termos liberais exige não só dos crentes que adotem no trato com os não crentes e com aqueles que têm outras crenças a atitude de ter que contar *razoavelmente* com a persistência de um dissenso. Por outro lado, no marco de uma cultura política liberal se exige a mesma atitude dos não crentes no trato com os crentes.

Para o cidadão religiosamente surdo [*unmusikalisch*], isso significa a exigência de modo algum trivial de determinar a relação entre fé e saber *de maneira autocrítica* a partir da perspectiva de um saber mundano. A expectativa de uma discordância persistente entre fé e saber só merece o predicado "razoável" se também concede às convicções religiosas, do ponto de vista do saber secular, um *status* epistêmico que não seja absolutamente irracional. Por isso, as imagens do mundo naturalistas, devedoras de uma elaboração especulativa de informações científicas e relevantes para a autocompreensão ética dos cidadãos,[11] não gozam em nenhum caso na esfera pública política de uma primazia *prima facie* em relação às visões de mundo ou às concepções religiosas concorrentes.

A neutralidade do poder estatal relativo em relação às visões de mundo, neutralidade que garante iguais liberdades éticas a todos os cidadãos, é incompatível com a universalização política de uma visão de mundo secular. Em princípio, os cidadãos

11 Ver, por exemplo, Singer, "Keiner kann anders sein, als er ist. Verschaltungen legen uns fest: Wir sollten aufhören, von Freiheit zu reden", *Frankfurter Allgemeine Zeitung*, p.33, 8 jan. 2004.

secularizados, na medida em que atuem em seu papel de cidadãos de um Estado, não devem negar às imagens de mundo religiosas um potencial de verdade, nem devem questionar o direito de concidadãos crentes de fazer contribuições na linguagem religiosa às discussões públicas. Uma cultura política liberal inclusive pode esperar dos cidadãos secularizados que participem dos esforços de traduzir as contribuições relevantes de uma linguagem religiosa a uma linguagem publicamente acessível.[12]

12 Habermas, *Glauben und Wissen*.

5
Religião e esfera pública
Pressupostos cognitivos para o "uso público da razão" por cidadãos religiosos e seculares[1]

(1) Desde a mudança histórica de 1989-1990, as tradições e as comunidades de fé religiosas têm adquirido um significado político novo e até então inesperado.[2] Naturalmente, estamos pensando antes de mais nada nas variantes do fundamentalismo religioso que se apresentam não só no Oriente Próximo, mas também em países da África, do Sudeste Asiático e no subcontinente indiano. Essas variantes se combinam ocasionalmente com conflitos nacionais e étnicos e constituem hoje um terreno favorável para as unidades descentralizadas de um terrorismo que opera globalmente e se dirige contra as humilhações infligidas por uma civilização ocidental que se

1 Texto inédito. Agradeço a Rainer Forst e Thomas M. Schmidt pelos seus comentários úteis; ambos publicaram seus próprios trabalhos sobre o tema aqui apresentado. Agradeço a Melissa Yates, que aborda questões semelhantes em sua tese de doutorado, pelas referências bibliográficas e pelas estimulantes discussões.

2 Berger (org.), *The Desecularization of the World*.

percebe como superior. Mas também são sintomáticos outros fenômenos.

Foi assim que surgiu no Irã, a partir do protesto contra um regime corrupto, imposto e apoiado pelo Ocidente, uma autêntica teocracia que serve de modelo a outros movimentos. Em muitos países muçulmanos, mas também em Israel, o direito religioso da família já substitui o direito civil estatal ou representa uma opção alternativa a este. Em países como Afeganistão e Iraque, mantém-se um ordenamento constitucional mais ou menos liberal com a condição de que seja compatível com a Sharia. A concorrência entre religiões adentra também a arena internacional. As esperanças que se associam à agenda política das *multiple modernities* [modernidades múltiplas] se alimentam da autoconsciência cultural daquelas religiões mundiais que até o dia de hoje impregnam inequivocamente a fisionomia das grandes civilizações. Mesmo do lado ocidental, transformou-se a percepção das relações e conflitos internacionais à luz dos temores de um "*clash of civilisations*" [choque de civilizações] – o "eixo do mal" é apenas um exemplo proeminente disso. Inclusive os intelectuais ocidentais, que até hoje tinham se mostrado autocríticos a esse respeito, começam a reagir de maneira ofensiva à imagem do Ocidentalismo [*Okzidentalismus*] que os outros fazem do Ocidente [*Westen*].[3]

O fundamentalismo em outras partes da Terra pode ser compreendido, entre outras coisas, como uma consequência de longo prazo de uma violenta colonização e de uma descolonização frustrada. Sob circunstâncias desfavoráveis, uma modernização capitalista imposta de fora provoca inseguran-

3 Buruma; Margalit, *Okzidentalismus: Der Westen in den Augen seiner Feinde*.

ças sociais e rejeições culturais. De acordo com essa leitura, os movimentos religiosos processam as mudanças radicais da estrutura social e os anacronismos culturais, os quais são percebidos como um desenraizamento sob as condições de uma modernização precipitada ou malograda. Mais surpreendente é a revitalização política da religião no interior de Estados Unidos, isto é, no interior da sociedade ocidental onde a dinâmica da modernização se desenvolveu com maior sucesso. É certo que na Europa já conhecemos, desde os dias da Revolução Francesa, a força de um tradicionalismo religioso que se entende a si mesmo como contrarrevolucionário. No entanto, nessa evocação da religião como poder da tradição se revela desde sempre a dúvida corrosiva sobre a vitalidade partida do que permanece sendo apenas tradicional. Ao contrário, o despertar político de uma consciência religiosa nos Estados Unidos não parece ter sido afetado pela dúvida sobre se tal poder foi desestabilizado pela reflexão.

No período desde o final da Segunda Guerra Mundial, todos os países europeus, à exceção da Irlanda e da Polônia, têm sido atingidos por uma onda de secularização que acompanha a modernização social.[4] Nos Estados Unidos, todos os dados apontam, ao contrário, que a proporção comparativamente mais alta de cidadãos crentes e ativos religiosamente se manteve constante durante as seis últimas décadas. Ainda mais importante é o fato de que os direitos religiosos nos Estados Unidos de hoje não representam um movimento tradicionalista. Precisamente porque tais direitos libertam energias espon-

4 Norris; Inglehart, *Sacred and Secular: Religion and Politics Worldwide*, cap.4.

tâneas de revitalização religiosa, suscitam entre seus oponentes seculares uma irritação paralisante.

Os movimentos de renovação religiosa no coração da sociedade civil da principal potência ocidental fortalecem no nível *cultural* a divisão *política* do Ocidente provocada pela guerra do Iraque.[5] Com a abolição da pena de morte, com as regulações liberais do aborto, com a consideração igualitária das orientações sexuais e a equiparação dos casais homossexuais, com a rejeição incondicional da tortura e, em geral, com o privilégio dos direitos individuais em relação aos bens coletivos, por exemplo, diante da segurança nacional, os estados da Europa parecem avançar sozinhos pela via que tinham seguido juntamente com Estados Unidos desde as duas revoluções constitucionais de finais do século XVIII. Nesse meio-tempo, a importância das religiões tomadas com pretensões políticas tem aumentado em todo o mundo. Nesse horizonte, a divisão do Ocidente é percebida de tal modo que a Europa parece se isolar do resto do mundo. Considerado em termos da história mundial, o "racionalismo ocidental" de Max Weber parece ser agora a via alternativa.

Desse ponto de vista revisionista, as correntes de tradição das religiões mundiais, correntes que têm prosseguido de maneira ininterrupta e inquebrantável, parecem se apagar ou, ao menos, parecem atenuar os limiares entre as sociedades modernas e as tradicionais que até então tinham se mantido estáveis. Desse modo, como se se tratasse de um experimento da psicologia da *Gestalt*, a própria imagem ocidental da modernidade parece estar submetida a uma inversão: de modelo normal para

5 Habermas, *Der gespaltene Westen*.

o futuro de todas as demais culturas passou a ser um caso especial. Ainda que essa analogia com a *Gestalt* não resista a uma verificação sociológica mais precisa e ainda que as explicações da secularização fornecidas pela teoria da modernização possam ser conciliadas com as evidências aparentemente contraditórias,[6] não se pode duvidar das próprias evidências e sobretudo da sintomática agudização dos estados de ânimo políticos.

Dois dias após as últimas eleições presidenciais nos Estados Unidos, foi publicado o artigo de um historiador com o título "The Day the Enlightenment Went Out" [O dia em que o Esclarecimento desapareceu], que propunha a seguinte questão alarmista: "Pode um povo que acredita mais fervorosamente no Nascimento Virginal do que na evolução ainda ser chamado de nação esclarecida? A América, a primeira democracia real da história, foi um produto dos valores do Esclarecimento [...]. Embora os fundadores divergissem em muitas coisas, eles compartilhavam os valores do que então consistia a

6 Norris; Inglehart, *Sacred and Secular*, op. cit., cap.10, defendem a hipótese clássica de que a secularização prevalece à medida que o sentimento de "segurança existencial" se espalha juntamente com a extensão de melhores condições de vida econômica e social. Juntamente com a suposição demográfica de que as taxas de fertilidade estão diminuindo nas sociedades desenvolvidas, essa hipótese explica principalmente por que a secularização hoje só atingiu amplamente os países ocidentais. Os Estados Unidos são uma exceção, em primeiro lugar, porque um capitalismo cujos efeitos são menos afetados pelo Estado de bem-estar social expõe a população, em média, a um maior grau de incerteza existencial; e, em segundo lugar, devido a uma taxa comparativamente elevada de imigração de países com sociedades tradicionais que têm taxas de fertilidade proporcionalmente elevadas.

modernidade [...]. O respeito pelas evidências parece não mais prevalecer quando uma sondagem realizada pouco antes das eleições mostrou que 75% dos eleitores de Bush acreditam que o Iraque trabalhou em estreita colaboração com a Al Qaeda ou esteve diretamente envolvido nos ataques de 11 de Setembro".[7]

Seja como se avaliem os fatos, as análises das eleições confirmam que a divisão cultural do Ocidente se estende pela nação norte-americana: as orientações de valor em conflito – *God, gays and guns* [Deus, gays e armas] – se sobrepuseram de maneira manifesta a temas de interesse mais concretos. Seja como for, o presidente Bush deve sua vitória a uma coalizão de eleitores motivados em sua maioria por questões religiosas.[8] Esse des-

---

7 Wills, "The Day the Enlightenment Went Out", *New York Times*, 4 nov. 2004, A 31. [Em inglês, no original: "Can a people that believes more fervently in the Virgin Birth than in evolution still be called an Enlightened nation? America, the first real democracy in history, was a product of Enlightenment values [...]. Though the founders differed on many things, they shared these values of what was then modernity [...]. Respect for evidence seems not to pertain any more, when a poll taken just before the election showed that 75% of Mr. Bush's supporters believe Iraq either worked closely with Al Qaeda or was directly involved in the attacks of 9/11". (N. T.)]

8 Goodstein; Yardley, "President Bush Benefits from Efforts to Build a Coalition of Religious Voters", *New York Times*, 5 nov. 2004, A 19. Bush foi votado por 60% dos eleitores falantes de espanhol, por 67% dos protestantes brancos e por 78% dos cristãos evangélicos ou dos cristãos renascidos. Inclusive entre os católicos, que em outras ocasiões votaram a favor dos democratas, Bush foi capaz de reverter as maiorias tradicionais a seu favor. Apesar da concordância quanto ao aborto, o apoio dos bispos católicos é algo surpreendente, tendo em vista que a administração Bush, ao contrário da Igreja, defendeu a pena de morte e colocou em risco as vidas de dezenas de milhares de soldados estadunidenses e de civis iraquianos em

locamento dos pesos políticos mostra uma correspondente transformação mental na sociedade civil. E ela forma também o pano de fundo dos debates acadêmicos sobre o papel político da religião no Estado e na esfera pública.

Mais uma vez, a disputa gira em torno do conteúdo da primeira cláusula da Primeira Emenda: "*Congress shall make no law respecting an establishment of religion, or prohibiting the free exercise thereof*" ["O Congresso não fará nenhuma lei a respeito do estabelecimento de uma religião ou proibindo o seu livre exercício"]. Os Estados Unidos foram os pioneiros políticos no caminho para uma liberdade religiosa que se baseia no respeito recíproco da liberdade religiosa dos demais.[9] O excelente artigo 16 da Declaração de Direitos da Virgínia do ano 1776 é o primeiro documento em que se garante como um direito fundamental a liberdade religiosa que os cidadãos de uma comunidade democrática se reconhecem *reciprocamente*, acima dos limites entre as diversas comunidades de fé religiosas. Diferentemente do que ocorreu na França, a introdução da liberdade religiosa nos Estados Unidos não significou a vitória do laicismo sobre uma autoridade que, no melhor dos casos, tinha consentido em tolerar as minorias religiosas segundo seus próprios critérios *impostos* à população. O poder estatal, neutralizado em relação às visões do mundo, não teve inicialmente o sentido negativo de proteger os cidadãos da coação a adotar uma fé

---

uma guerra que violou o direito internacional e estava baseada em motivos duvidosos.

9 Sobre essa "concepção de respeito", ver a investigação historicamente ampla e ao mesmo tempo sistematicamente convincente de Forst, *Toleranz im Konflikt: Geschichte, Gehalt und Gegenwart eines umstrittenen Begriffs*.

ou uma consciência moral. Ele tinha, antes, que garantir aos colonos, que tinham voltado as costas à velha Europa, a liberdade positiva de continuar praticando sem impedimentos sua respectiva religião. Por isso, no debate sobre o papel político da religião, todas as partes têm afirmado até hoje sua lealdade à Constituição. Veremos adiante até que ponto permanece válida essa pretensão.

No que segue, examinarei a discussão que foi desencadeada pela teoria política de John Rawls e, em particular, por sua concepção do "uso público da razão". O que significa a separação entre a Igreja e o Estado, exigida nas constituições liberais, para o papel que podem desempenhar as tradições religiosas e as comunidades religiosas na sociedade civil e na esfera pública política e, portanto, na formação política da opinião e da vontade dos cidadãos? Onde deveria ser traçado esse limite segundo a concepção dos revisionistas? Os oponentes, que hoje estão na ofensiva, da clássica definição liberal da limitação simplesmente fazem valer o sentido favorável à religião da neutralização do Estado em relação às visões do mundo ante um entendimento secularista estreito da sociedade pluralista ou eles estão alterando, mais ou menos dissimuladamente, a agenda liberal a partir de sua base? Movem-se já no horizonte de uma autocompreensão *diferente* da modernidade?

Inicialmente, quero recordar as premissas liberais do Estado constitucional e destacar as consequências que se seguem da ideia de John Rawls a respeito do uso público da razão para a ética da cidadania (2). Em seguida, tratarei das objeções mais importantes contra essa interpretação restritiva do papel político da religião (3). Em uma discussão com as propostas revisionistas, que afetam os fundamentos da autocompreensão liberal, proponho uma concepção que faz a mediação entre ambos os lados (4). No entanto, os cidadãos crentes e seculares só podem cumprir as expectativas normativas do papel liberal da cidadania se satisfizerem determinadas pressuposições cognitivas e atribuírem-se mutuamente as respectivas atitudes epistêmicas. Explicarei o que isso significa recordando primeiro a transformação da consciência religiosa que responde aos desafios da modernidade (5). Por outro lado, a consciência secular própria à vida em uma sociedade pós-secular se expressa no plano filosófico na forma de um pensamento pós-metafísico (6). Em ambos os sentidos, no entanto, o Estado liberal se vê diante do problema de que os cidadãos crentes e seculares só podem adquirir essas atitudes em "processos de aprendizagem" complementares, sendo discutível se se trata realmente de processos de aprendizagem e se, de todo modo, o Estado liberal não pode ter nenhuma influência sobre eles pelos meios disponíveis do direito e da dapolítica à sua disposição (7).

(2) A autocompreensão do Estado constitucional democrático se desenvolveu nos marcos de uma tradição filosófica que invoca a razão "natural" e que, portanto, se apoia unicamente em argumentos públicos que, de acordo com sua pretensão, são *acessíveis equitativamente* para todas as pessoas. A suposição de uma razão humana comum é a base epistêmica para a justificação de um poder secular do Estado que já não depende das legitimações religiosas. E isso torna possível, por sua vez, a separação entre a Igreja e o Estado no plano institucional. A superação das guerras religiosas e das disputas confessionais da primeira modernidade constitui a situação histórica de partida para a compreensão liberal; o Estado constitucional reage a essa situação com a neutralização do exercício da dominação

em relação às imagens do mundo e com a autodeterminação democrática dos cidadãos dotados dos mesmos direitos. Essa genealogia também constitui o pano de fundo da teoria da justiça de John Rawls.[10]

O direito fundamental à liberdade de consciência e à liberdade religiosa é a resposta política apropriada aos desafios do pluralismo religioso. Desse modo, pode ser desativado o potencial de conflito no plano das relações sociais dos cidadãos, enquanto no plano cognitivo esse potencial de conflito pode continuar existindo sem restrições entre as convicções existencialmente relevantes dos crentes, dos que têm outras crenças e dos não crentes. O caráter secular do Estado é uma condição necessária, mas não uma condição suficiente para garantir equitativamente a liberdade religiosa. Não basta a benevolência condescendente de uma autoridade secularizada que tolera as minorias que até agora foram discriminadas. São as *próprias* partes concernidas que devem se pôr de acordo sobre as precárias delimitações entre o direito positivo à prática religiosa e a liberdade negativa de que a prática religiosa dos outros seja garantida. Para que o princípio de tolerância possa ser isentado de toda suspeita de uma determinação repressiva dos limites da tolerância, a definição do que pode ser tolerado e do que já não pode ser tolerado requer razões convincentes que todas as partes possam aceitar equitativamente.[11] Só podem ser levadas a cabo regulações justas quando os participantes aprendem a adotar também as perspectivas dos outros. O procedimento

---

10 Rawls, *A Theory of Justice*, §§33 s.

11 Sobre a concepção da tolerância como respeito mútuo, ver Forst, *Toleranz im Konflikt*, op. cit.

adequado para esse fim é a formação democrática da vontade constituída deliberativamente.

No Estado secular, o exercício político da dominação tem que se ajustar, em qualquer caso, a fundamentos não religiosos. A constituição democrática tem que preencher os vazios de legitimação que a neutralização do poder estatal abre em relação às imagens de mundo. Na prática constituinte dos cidadãos, surgem os direitos fundamentais que esses cidadãos livres e iguais têm de reconhecer uns aos outros se quiserem regular sua convivência, de maneira autônoma e razoável, com os meios do direito positivo.[12] O procedimento democrático deve sua força geradora de legitimação a dois componentes – por um lado, à participação política equitativa dos cidadãos, que garante que os destinatários das leis possam também se entender a si mesmos simultaneamente como os autores dessas leis, por outro lado, à dimensão epistêmica das formas de discussão que justificam a suposição de resultados racionalmente aceitáveis.[13]

A partir desses dois componentes da legitimação, explicam-se as expectativas, que não podem ser impostas juridicamente,

---

12 Habermas, *Faktizität und Geltung*, cap.III; e id., "Der demokratische Rechtstaat: eine paradoxe Verbindung widersprüchlicher Prinzipien?", em *Zeit der Übergänge*, p.133-51.

13 Rawls, "The Idea of Public Reason Revisited", *University of Chicago Law Review*, v.64, n.3, p.765-807, aqui p.769: "Idealmente, os cidadãos deveriam pensar-se como se fossem legisladores e perguntar-se que estatutos, apoiados por que razões que satisfazem o princípio da reciprocidade, considerariam mais razoável promulgar". [Em inglês, no original: "Ideally citizens are to think of themselves as if they were legislators and ask themselves what statutes, supported by what reasons satisfying the principle of reciprocity, they would think it most reasonable to enact". (N. T.)]

dos comportamentos e convicções dos cidadãos. As condições da participação com sucesso na prática de autodeterminação realizada em comum definem os papéis dos cidadãos: apesar de seus persistentes desacordos sobre questões relativas às visões do mundo e às convicções religiosas, os cidadãos devem ser respeitados reciprocamente como membros com os mesmos direitos de sua comunidade política; e, sobre essa base de solidariedade civil, os cidadãos devem buscar um entendimento racionalmente motivado em relação às questões controversas – eles devem uns a outros boas razões. Rawls fala nesse contexto de um dever de conduta cívica dos cidadãos e de um uso público da razão: "O ideal de cidadania impõe um dever moral, e não legal – o dever de civilidade –, de ser capaz de explicar uns aos outros, no que se refere a essas questões fundamentais, como os princípios e políticas que defendem e votam podem se apoiar nos valores de razão pública. Esse dever também envolve a disposição de ouvir os outros e a equanimidade para decidir quando as adaptações às suas concepções devem ser razoavelmente feitas".[14]

O ponto de referência para o uso público da razão surge apenas com a diferenciação de uma associação de cidadãos livres e iguais que se determina a si mesma, fundada em suas próprias

---

14 Rawls, *Political Liberalism*, p.217. [Em inglês, no original: "The ideal of citizenship imposes a moral, not a legal, duty – the duty of civility – to be able to explain to one another on those fundamental questions how the principles and policies they advocate and vote for can be supported by the values of public reason. This duty also involves a willingness to listen to others and a fairmindedness in deciding when accommodations to their views should reasonably be made". (N. T.)]

normas: os cidadãos justificam seus posicionamentos políticos à luz (de uma interpretação fundamentada)[15] dos princípios constitucionais válidos. Rawls se refere aqui aos "*values of public reason*" [valores da razão pública] e, em outro lugar, às "*premises we accept and think others could reasonably accept*" [premissas que aceitamos e que consideramos que os outros poderiam razoavelmente aceitar],[16] porque em um Estado neutro em relação a visões de mundo só podem valer como legítimas aquelas decisões políticas que podem ser justificadas imparcialmente à luz de razões universalmente acessíveis e que, portanto, podem ser justificadas equitativamente perante cidadãos religiosos, perante cidadãos não religiosos ou perante cidadãos de diferentes orientações confessionais. O exercício de uma forma de dominação que não possa ser justificada de maneira imparcial é ilegítimo, porque nela fica manifesto que uma parte impõe sua vontade às outras. Os cidadãos de uma comunidade democrática estão obrigados a dar razões reciprocamente, porque só assim a dominação política pode perder seu caráter repressivo. Dessa consideração, segue-se a controversa "cláusula" ao uso público das razões não públicas.

Enquanto o princípio da separação entre a Igreja e o Estado obriga os políticos e servidores públicos dentro das instituições estatais a formular e a justificar as leis, as decisões judiciais, os decretos e medidas unicamente em uma lingua-

15 Rawls fala de uma "família de concepções liberais de justiça" à qual o uso público da razão pode se referir na interpretação de princípios constitucionais válidos; ver Rawls, "The Idea of Public Reason Revisited", op. cit., p.773 s.

16 Ibid., p.786.

gem que seja acessível equitativamente a todos os cidadãos,[17] os cidadãos, os partidos políticos e seus candidatos, as organizações sociais, as igrejas e outras associações religiosas na esfera pública política estão sujeitas a uma cláusula que não é tão estrita: "A primeira é que doutrinas razoáveis e abrangentes, religiosas ou não religiosas, podem ser introduzidas na discussão política pública a qualquer momento, desde que, no devido tempo, *sejam apresentadas razões políticas adequadas – e não razões dadas apenas por doutrinas abrangentes – suficientes para apoiar seja o que for que as doutrinas abrangentes supostamente apoiem*".[18] Isso significa que as razões políticas que apresentem em cada caso não podem ser propostas meramente como um pretexto, mas têm que "contar" também independentemente do contexto religioso em que estão inseridas.[19]

---

17 Para uma especificação da exigência de razões em uma linguagem "universalmente acessível", cf. Forst, *Kontexte der Gerechtigkeit: Politische Philosophie jenseits von Liberalismus und Kommunitarismus*, p.199-209.

18 Rawls, "The Idea of Public Reason Revisited", op. cit., p.783 s. (grifos meus). [Em inglês, no original: "The first is that reasonable comprehensive doctrines, religious or non-religious, may be introduced in public political discussion at any time, *provided that in due course proper political reasons – and not reasons given solely by comprehensive doctrines – are presented that are sufficient to support whatever the comprehensive doctrines are said to support*" (N. T.)]. Esta é uma revisão do princípio formulado de forma mais restrita em John Rawls, *Political Liberalism*, op. cit., p.224 s. Rawls restringe a referida reserva às questões centrais que dizem respeito aos elementos constitucionais essenciais; considero essa restrição irrealista nos sistemas jurídicos modernos, nos quais os direitos fundamentais afetam imediatamente leis específicas na legislação e na aplicação da lei e nos quais quase todas as questões controversas podem evoluir para questões de princípio.

19 Id., "The Idea of Public Reason Revisited", op. cit., p.777: "Elas não são marionetes manipuladas nos bastidores por doutrinas abrangen-

De acordo com a concepção liberal, o Estado só garante a liberdade religiosa sob a condição de que as comunidades religiosas não só deem adesão, da perspectiva de suas próprias tradições doutrinais, à neutralidade das instituições estatais em relação às visões do mundo e, portanto, à separação entre a Igreja e o Estado, mas também na delimitação restritiva do uso público da razão dos cidadãos. Rawls insiste nessa exigência diante de uma objeção que ele mesmo se propõe: "Como é possível [...] que aqueles que têm fé [...] endossem um regime constitucional mesmo quando as suas doutrinas abrangentes podem não prosperar sob ele e, na verdade, podem declinar?".[20]

Com sua concepção do uso público da razão, Rawls provocou críticas duras. As objeções não se dirigem primordialmente às premissas liberais enquanto tais, mas a uma delimitação secularista e muito estreita do papel político da religião nos marcos de um ordenamento liberal. No entanto, o dissenso também parece afetar em último caso a substância do ordenamento liberal. O que me interessa aqui são os limites às pretensões constitucionalmente ilegítimas. Os argumentos a favor de um papel político da religião com dimensões mais generosas, argumentos que são incompatíveis com o caráter secular do Estado constitucional, não deveriam se confundir, no entanto, com objeções justificadas a um entendimento secularista da democracia e do Estado de direito.

---

tes". [Em inglês, no original: "They are not puppets manipulated from behind the scenes by comprehensive doctrines". (N. T.)]

20 Ibid., p.781. [Em inglês, no original: "How is it possible [...] for those of faith [...] to endorse a constitutional regime even when their comprehensive doctrines may not prosper under it, and indeed may decline?". (N. T.)] Voltarei a essa objeção adiante.

O princípio da separação entre a Igreja e o Estado exige das instituições estatais uma estrita imparcialidade nas relações com as comunidades religiosas; os parlamentos e os tribunais, o governo e a administração ferem a prescrição da neutralidade em relação às imagens do mundo quando privilegiam uma das partes em detrimento das outras. Pelo contrário, a exigência laicista de que o Estado deveria se abster de adotar qualquer política que favoreça ou que (de acordo com as garantias da liberdade religiosa) constrinja a religião enquanto tal e, portanto, todas as comunidades religiosas, equivale a uma interpretação excessivamente estreita desse princípio.[21] Por outro lado, a rejeição do secularismo não deve abrir as portas a revisões que aboliriam a separação entre a Igreja e o Estado. Pois, como veremos, a admissão de justificações religiosas dentro do processo legislativo fere o próprio princípio. Seja como for, a posição liberal de Rawls certamente tem dirigido a atenção de seus críticos para as implicações normativas do papel dos cidadãos mais do que para a neutralidade das instituições estatais em relação às visões do mundo.

(3) Os críticos de Rawls recorrem a exemplos históricos da influência política favorável que têm tido realmente as igrejas e os movimentos religiosos na consecução ou na defesa da democracia e dos direitos humanos. Martin Luther King e o movimento dos direitos civis nos Estados Unidos ilustram a luta exitosa por uma inclusão mais ampla de minorias e de grupos marginais no processo político. Nesse contexto, também

21 Cf. a discussão entre Robert Audi e Nicholas Wolterstorff, em *Religion in the Public Square: The Place of Religious Convictions in Political Debate*, p.3 s., p.76 s. e p.167 s.

são impressionantes as profundas raízes religiosas das motivações da maioria dos movimentos sociais e socialistas tanto nos países anglo-americanos como nos países do continente europeu.[22] Há contraexemplos históricos do papel autoritário ou repressivo das igrejas e dos movimentos fundamentalistas; no entanto, nos marcos dos estados constitucionais estabelecidos, as igrejas e as comunidades religiosas geralmente realizam funções que não são insignificantes para a estabilização e para o desenvolvimento de uma cultura política liberal. Isso vale especialmente para a religião civil que tem marcado tão vigorosamente a sociedade norte-americana.[23]

Paul Weithman se vale desses resultados sociológicos em uma análise normativa da ética da cidadania. Ele descreve as igrejas e as comunidades religiosas como atores da sociedade civil que cumprem pressuposições necessárias para a estabilidade da democracia norte-americana. Elas proporcionam argumentos aos debates públicos sobre os assuntos relevantes, impregnados de conteúdos morais, e se encarregam de tarefas de socialização política fornecendo informações a seus membros e motivando a participação política. No entanto, os compromissos que assumem as igrejas na sociedade civil se debilitariam necessariamente, assim continua o argumento, se elas tivessem que distinguir a cada vez entre valores religiosos e valores políticos atendendo à "cláusula" de Rawls – se, para isso, estivessem obrigadas a procurar um equivalente em uma

22 Birnbaum, *Nach dem Fortschritt: Vorletzte Anmerkungen zum Sozialismus*.

23 Cf. o influente estudo de Bellah et al., *Habits of the Heart*. Sobre o relevante trabalho de Bellah nesse campo, ver o volume de homenagem: Madsen et al. (orgs.), *Meaning and Modernity: Religion, Polity, and Self*.

linguagem universalmente acessível para cada um de seus proferimentos religiosos. Por isso, o Estado liberal, por razões funcionais, teria que se abster de obrigar as igrejas e as comunidades religiosas a essa espécie de autocensura. Menos ainda deveria submeter seus cidadãos a uma tal restrição.[24]

---

24 Sobre esse argumento empírico, ver Weithman, *Religion and the Obligations of Citizenship*, p.91: "Argumentei que as igrejas contribuem para a democracia nos Estados Unidos, promovendo a cidadania democrática realizada. Elas encorajam os seus membros a aceitar os valores democráticos como base para decisões políticas importantes e a aceitar as instituições democráticas como legítimas. Os meios pelos quais dão as suas contribuições, incluindo as suas próprias intervenções na discussão cívica e no debate político público, afetam os argumentos políticos que os seus membros podem estar inclinados a utilizar, a base sobre a qual votam e a especificação da cidadania com a qual se identificam. Podem encorajar os seus membros a se considerarem sujeitos a normas morais previamente dadas, com as quais os resultados políticos devem ser consistentes. A concretização da cidadania por parte daqueles que têm o direito legal de participar na tomada de decisões políticas é uma enorme conquista para uma democracia liberal, na qual as instituições da sociedade civil desempenham um papel crucial". [Em inglês, no original: "I argued that churches contribute to democracy in the United States by fostering realized democratic citizenship. They encourage their members to accept democratic values as the basis for important political decisions and to accept democratic institutions as legitimate. The means by which they make their contributions, including their own interventions in civic argument and public political debate, affect the political arguments their members may be inclined to use, the basis on which they vote, and the specification of their citizenship with which they identify. They may encourage their members to think of themselves as bound by antecedently given moral norms with which political outcomes must be consistent. The realization of citizenship by those who are legally entitled to take part in political decision-making is an enormous achievement for a liberal de-

No entanto, essa não é a objeção central. Seja lá como possam ser distribuídos os interesses nas relações entre o Estado e as organizações religiosas, um Estado não pode impor a seus cidadãos, a quem garante a liberdade religiosa, deveres que são incompatíveis com sua forma de existência como crentes – o Estado não pode exigir deles algo impossível. Examinarei essa objeção com mais vagar.

Robert Audi expressou o dever da virtude de civilidade postulado por Rawls na forma de um "princípio de justificação secular" ["principle of secular justifications"]: "Alguém tem a obrigação *prima facie* de não defender ou apoiar qualquer lei ou política pública [...] a menos que tenha, e esteja disposto a oferecer, razões seculares adequadas para essa defesa ou apoio".[25] Audi complementa esse princípio com a exigência suplementar de que as razões seculares têm que ser suficientemente fortes para o próprio comportamento do cidadão, por exemplo, para sua votação nas eleições políticas, independentemente das simultâneas motivações religiosas.[26] A vinculação entre os motivos efetivos para agir e as razões expressas publicamente pode ser relevante no que se refere ao juízo ético-político do cidadão particular; mas ela é irrelevante do ponto de vista sistêmico sobre qual é a contribuição que os cidadãos têm que fazer na

mocracy, one in which the institutions of civil society play a crucial role". (N. T.)]

25 Audi; Wolterstorff, *Religion in the Public Square*, op. cit., p.25. [Em inglês, no original: "One has a prima facie obligation not to advocate or support any law or public policy [...] unless one has, and is willing to offer, adequate secular reasons for this advocacy or support". (N. T.)]

26 Ibid., p.29.

esfera pública política para manter uma cultura política liberal. Pois, em último caso, só são vinculantes as razões manifestas com consequências institucionais que possam ser relevantes para a formação das maiorias e para a busca das decisões dentro das corporações políticas.

Em relação às consequências políticas, "contam" todos e apenas aqueles temas, tomadas de posição, informações e razões que entram nos fluxos anônimos de comunicação pública e que contribuem para motivação cognitiva de *qualquer* decisão (que seja adotada e implementada pelo poder estatal) – seja diretamente apoiando as votações dos cidadãos ou indiretamente, apoiando as decisões tomadas pelos parlamentares ou por ocupantes de cargos oficiais (tais como juízes, ministros ou servidores públicos da administração). Por isso, passarei por alto a exigência adicional de Audi a respeito da motivação e não me aterei à distinção entre as razões expressas publicamente e as razões que resultam motivadoras na cabine de votar.[27] O que é essencial para a versão regular do liberalismo político é apenas o requisito da "justificação secular": dado que no Estado liberal só contam as razões seculares, os cidadãos crentes estão obrigados a estabelecer uma espécie de "equilíbrio" entre suas convicções religiosas e suas convicções seculares – um equilíbrio teo-ético.[28]

27 Essa distinção é o que também leva Paul Weithman a diferenciar correspondentemente sua versão modificada da estipulação; ver Weithman, *Religion and the Obligations of Citizenship*, op. cit., p.3.

28 Nesse meio-tempo, Robert Audi introduziu um equivalente ao princípio da justiça secular: "Nas democracias liberais, os cidadãos religiosos têm a obrigação *prima facie* de não defender ou apoiar qualquer lei ou política pública [...], que restrinja a conduta hu-

Contra essa exigência, dirige-se a objeção de que muitos cidadãos religiosos não poderiam proceder a esse desdobramento tão artificial de sua própria consciência sem pôr em perigo suas existências como pessoas devotas. Há que distinguir essa objeção da verificação empírica de que muitos cidadãos que se posicionam sobre questões políticas de um ponto de vista religioso não têm conhecimento suficiente ou imaginação para encontrar justificações seculares para elas que sejam independentes de suas autênticas convicções. Dado que o "dever" pressupõe o "poder", esse fato já é por si só suficientemente sério. Mas a objeção central tem uma dimensão normativa. Ela se refere ao papel integral, ao "lugar" que desempenha a religião na vida da pessoa crente. O devoto leva a cabo sua existência "a partir" da fé. A fé verdadeira não é só uma doutrina, um conteúdo que é objeto de crença, mas uma fonte de energia da qual se alimenta performativamente a vida inteira do crente.[29]

---

mana, a menos que tenham, e estejam dispostos a oferecer, razões religiosamente aceitáveis adequadas para esta defesa ou apoio". [Em inglês, no original: "In liberal democracies, religious citizens have a prima facie obligation not to advocate or support any law or public policy [...], that restricts human conduct, unless they have, and are willing to offer, adequate religiously acceptable reason for this advocacy or support". (N. T.)] (Audi, "Moral Foundations of Liberal Democracy, Secular Reasons, and Liberal Neutrality toward the Good", *Notre Dame Journal of Law, Ethics, & Public Policy*, v.19, p.197-218, 2005; aqui p.217). Obviamente, esse princípio de justificação religiosa deve impor o dever do autodiscernimento crítico aos cidadãos que se deixam guiar sobretudo por razões religiosas.

29 Sobre a distinção agostiniana entre *fides quae creditur* e *fides qua creditur*, cf. Bultmann, *Theologische Enzyklopädie*, Anexo 3: *Wahrheit und Gewissheit*, p.183 ss.

Entretanto, segundo a objeção, esse traço totalizador de um modo de crer que penetra nos poros da vida diária resiste a qualquer pronta transformação das convicções políticas, amarradas religiosamente, sobre uma base cognitiva *diferente*: "Faz parte das convicções religiosas de muitas pessoas religiosas na nossa sociedade que *elas devem basear* as suas decisões relativas a questões fundamentais de justiça *nas* suas convicções religiosas. Elas não veem como uma opção fazer ou não. É sua convicção que devem lutar pela totalidade, integridade, integração nas suas vidas: que devem permitir que a Palavra de Deus, os ensinamentos da Torá, o mandamento e o exemplo de Jesus, ou o que quer que seja, moldem a sua existência como um todo, incluindo, então, a sua existência social e política. A sua religião não é, para eles, *algo* que não seja a sua existência social e política".[30] Sua concepção da justiça, fundamentada religiosamente, diz-lhes o que é politicamente correto ou incorreto, de tal modo que são incapazes de "*to discern any 'pull' from any particular reason*" [discernir alguma "atração" de alguma razão particular].[31]

30 Audi; Wolterstorff, *Religion in the Public Square*, op. cit., p.105. [Em inglês, no original: "It belongs to the religious convictions of a good many religious people in our society that *they ought to base* their decisions concerning fundamental issues of justice *on* their religious convictions. They do not view it as an option whether or not to do it. It is their conviction that they ought to strive for wholeness, integrity, integration in their lives: that they ought to allow the Word of God, the teachings of the Torah, the command and example of Jesus, or whatever, to shape their existence as a whole, including, then, their social and political existence. Their religion is not, for them, about *something other* than their social and political existence." (N. T.)]

31 Weithman, *Religion and the Obligations of Citizenship*, op. cit., p.157.

Se aceitamos essa objeção, a meu ver, contundente, o Estado liberal, que protege expressamente tais formas de existência com a garantia do direito fundamental à liberdade religiosa, não pode esperar ao mesmo tempo de *todos* os crentes que também devam justificar seus posicionamentos políticos independentemente de suas convicções religiosas e de suas visões do mundo. Essa demanda estrita só pode ser dirigida aos políticos que estão sujeitos, dentro das instituições estatais, à obrigação de se manter neutros em relação às visões do mundo, portanto, a todos os que ocupam cargos públicos ou que são candidatos a tais cargos.[32]

---

32 Isso nos leva à interessante questão sobre até que ponto os candidatos durante uma campanha eleitoral devem se apresentar como pessoas religiosas ou mesmo se confessar como tais. O princípio da separação entre Igreja e Estado estende-se certamente à plataforma, programa ou "linha" que os partidos políticos e os seus candidatos defendem e lutam. Consideradas normativamente, as decisões eleitorais, em grande parte orientadas por traços de personalidade e não por questões substantivas, são, de qualquer forma, altamente problemáticas. Ainda mais problemático é que os eleitores são guiados pelas autoapresentações religiosas dos candidatos. Sobre esse assunto, cf. as considerações de Paul Weithman, *Religion and the Obligations of Citizenship*, op. cit., p.117-20: "Seria bom ter princípios que dissessem qual papel a religião pode desempenhar quando os candidatos são avaliados pelo que poderíamos chamar de seu 'valor expressivo' – sua adequação para expressar os valores de seus constituintes [...]. O que é mais importante lembrar sobre esses casos, no entanto, é que as eleições não devem ser decididas, nem os votos emitidos, total ou principalmente, com base no valor expressivo dos vários candidatos" (p.120). [Em inglês, no original: "It would be good to have principles saying what role religion can play when candidates are assessed for what we might call their 'expressive value' – their fittingness to express the values

A neutralidade do exercício da dominação em relação às visões do mundo é o pressuposto institucional para a liberdade religiosa equitativa. O consenso constitucional, que os cidadãos têm que se atribuir reciprocamente, se estende também ao princípio da separação entre a Igreja e o Estado. À luz da objeção central recém-mencionada, ampliar esse princípio do nível institucional até as tomadas de posição das organizações e dos cidadãos na esfera pública política é uma excessiva generalização secularista. Do caráter secular do poder estatal, não resulta a obrigação imediata, para todos os cidadãos pessoalmente, de complementar as convicções religiosas expressas publicamente com equivalentes em uma linguagem acessível para todos. A expectativa normativa de que todos os cidadãos religiosos deveriam se deixar guiar em suas votações *em última instância* por considerações seculares passa por alto a realidade de uma vida devota, de uma existência conduzida *pela* fé. No entanto, essa afirmação foi questionada fazendo referência à situação do crente nos ambientes diferenciados secularmente da sociedade moderna.[33]

O conflito entre as próprias convicções religiosas e as políticas ou projetos de lei justificados secularmente só pode surgir quando o cidadão religioso tiver aceitado a constituição do Estado secular por boas razões. Ele já não vive como um membro de uma população religiosamente homogênea dentro de um

---

of their constituencies [...]. What is most important to remember about these cases, however, is that elections should not be decided nor votes cast entirely or primarily on the basis of various candidates' expressive value". (N. T.)]

33 Schmidt, "Glaubensüberzeugungen und säkulare Gründe", *Zeitschrift für Evangelische Ethik*, n.4, p.248-61, 2001.

ordenamento estatal legitimado religiosamente. Por isso, as certezas religiosas da fé estão enredadas com convicções falíveis de natureza secular e têm perdido há muito tempo – na forma de "*unmoved motors*" [motores imóveis], mas não "*unmovable*" [inamovíveis] – sua suposta imunidade ante as exigências da reflexão.[34] Na realidade, as certezas da fé na diferenciada arquitetura das sociedades modernas estão expostas à pressão crescente da reflexão. Mas, graças à sua referência, defendida conforme o caso de maneira racional, à autoridade dogmática de um núcleo inviolável de verdades reveladas infalíveis, as convicções existenciais enraizadas eticamente se subtraem a esse tipo de debate discursivo *sem cláusulas*, debate ao qual se expõem outras orientações éticas da vida e outras visões do mundo, isto é, as "concepções do bom" mundanas.[35]

É essa extraterritorialidade discursiva de um núcleo de certezas existenciais que *pode* conferir às convicções religiosas (em determinadas variantes) um caráter integral. De qualquer forma, o Estado liberal que protege equitativamente todas as

34 Schmidt apoia sua objeção em Gerald F. Gaus, *Justificatory Liberalism: An Essay on Epistemology and Political Theory*.

35 Além disso, esse estatuto especial proíbe a assimilação de convicções religiosas a convicções éticas do ponto de vista da teoria política normativa, como propõe Forst (*Kontexte der Gerechtigkeit*, op. cit., p.152-61) quando exclui a diferença entre razões religiosas e razões seculares em favor da primazia geral dos critérios procedimentais sobre os critérios substantivos de justificação. Somente a partir de concepções religiosas antagônicas sabemos, *a fortiori*, que um consenso justificado não pode ser alcançado. Posteriormente, o próprio Forst se expressou de forma semelhante sobre o estatuto especial dessa categoria de crenças: Forst, *Toleranz im Konflikt*, op. cit., p.644-7.

formas de vida religiosas tem que eximir os cidadãos religiosos da excessiva exigência de efetuar na própria esfera pública política uma estrita separação entre as razões seculares e as religiosas, se esses cidadãos a perceberem como uma agressão a sua identidade pessoal.

(4) O Estado liberal não precisa transformar a impositiva separação *institucional* entre a religião e a política em um indevido ônus *mental e psicológico* que não pode ser exigido de seus cidadãos religiosos. Entretanto, tem que esperar que eles reconheçam o princípio de que o exercício da dominação se exerce com neutralidade em relação às visões do mundo. Cada um precisa saber e aceitar que, para além dos limiares institucionais que separam a esfera pública informal dos parlamentos, dos tribunais, dos ministérios e das administrações, só contam as razões seculares. Para isso basta a capacidade epistêmica de considerar reflexivamente as próprias convicções religiosas também a partir de fora e de colocá-las em relação com as concepções seculares. Os cidadãos religiosos bem podem reconhecer essa "cláusula de tradução institucional" sem ter que separar sua identidade em componentes públicos e privados tão logo participem em discussões públicas. Eles deveriam expressar e justificar suas convicções em uma linguagem religiosa quando não encontrem "traduções" seculares para elas.

Isso não deve de modo algum alienar os cidadãos "monolíngues" do processo de decisão política, pois eles também tomam uma posição com intenção política quando alegam razões religiosas.[36] Ainda que a linguagem religiosa seja a única

36 Refiro-me aqui a uma objeção que Rainer Forst me expressou por correspondência.

que eles falam e que as opiniões fundadas religiosamente sejam as únicas com as quais possam ou queiram contribuir para as controvérsias políticas, esses cidadãos se entendem entre si como membros de uma *civitas terrena* que os autoriza a ser autores das leis às quais se submetem enquanto destinatários. Dado que só podem se expressar sob a condição de que reconheçam a cláusula da tradução na linguagem religiosa, esses cidadãos podem se entender a si mesmos como participantes no processo legislativo, ainda que para isso só contem razões seculares, confiando nos esforços de tradução cooperativos de seus concidadãos.

A admissão na esfera pública política das manifestações religiosas que não foram traduzidas se justifica normativamente, não apenas porque a estipulação rawlsiana não pode ser exigida razoavelmente daqueles crentes que não podem renunciar ao uso político de razões supostamente privadas ou apolíticas sem pôr em perigo sua forma religiosa de vida. Também há razões funcionais que desautorizam uma redução precipitada da complexidade polifônica. Pois o Estado liberal tem interesse no livre acesso das vozes religiosas tanto na esfera pública política como na participação política das organizações religiosas. Ele não pode desencorajar os crentes e as comunidades religiosas a se manifestar *enquanto tais* também de uma maneira política, pois não pode saber se, do contrário, a sociedade secular não estaria se desligando de importantes recursos para a criação de sentido. Em certas circunstâncias, também os cidadãos seculares ou os cidadãos de outras confissões podem aprender algo das contribuições religiosas, como ocorre, por exemplo, quando reconhecem no conteúdo normativo de uma manifestação religiosa intuições que lhes são próprias e que ficam às vezes obscurecidas.

As tradições religiosas possuem um poder especial para articular intuições morais, sobretudo em relação às formas sensíveis da convivência humana. Esse potencial converte à fala religiosa, quando se trata de questões políticas apropriadas, em uma séria candidata para possíveis conteúdos de verdade, que podem então ser traduzidos do vocabulário de uma comunidade religiosa determinada em uma linguagem universalmente acessível. No entanto, os limiares institucionais entre a esfera pública política "espontânea" e os proceders formais das corporações estatais também constituem filtros que, dentre o emaranhado de vozes dos fluxos da comunicação pública, apenas deixam passar as contribuições seculares. No Parlamento, por exemplo, o regulamento da Câmara tem que permitir ao presidente suprimir do protocolo os posicionamentos e justificações religiosos. O conteúdo de verdade dos proferimentos religiosos não se perdem ao entrar na prática institucionalizada da deliberação e da tomada de decisões apenas se já se realizou a necessária tradução no âmbito pré-parlamentar, isto é, na própria esfera pública política.

Esse trabalho de tradução tem que ser entendido como uma tarefa cooperativa na qual participam os cidadãos não religiosos para que os concidadãos religiosos que são capazes e estão dispostos a participar não tenham que suportar um ônus de maneira assimétrica.[37] Os cidadãos religiosos podem se mani-

37 Nesse sentido, Forst (*Kontexte der Gerechtigkeit*, op. cit., p.158) também fala em "tradução" quando afirma que "uma pessoa deve estar em condições de traduzir (gradualmente) seus argumentos em razões

festar em sua própria linguagem apenas se atendo à cláusula da tradução; esse ônus fica compensado com a expectativa normativa de que os cidadãos seculares se abram ao possível conteúdo de verdade das contribuições religiosas e ingressem em diálogos dos quais podem resultar razões religiosas na forma transformada de argumentos universalmente acessíveis.[38] Os cidadãos de uma comunidade democrática devem *reciprocamente* razões para suas tomadas de posição políticas. Ainda que as contribuições da parte religiosa na esfera pública política não estejam submetidas a nenhuma autocensura, essas contribuições dependem dos esforços cooperativos de tradução. Pois, sem uma tradução bem-sucedida, não há nenhuma perspectiva de que o conteúdo das vozes religiosas tenha vez nas agendas e negociações das instituições estatais nem que "conte" no processo político mais amplo. Nicholas Wolterstorff e Paul Weithman também querem excluir essa cláusula. Mas com isso vão contra sua própria pretensão de estar de acordo com as premissas

que sejam aceitáveis segundo valores e princípios da razão pública". No entanto, Forst não vê a tradução como uma busca cooperativa pela verdade, na qual os cidadãos seculares devem participar, mesmo quando a outra parte se limita a manifestações religiosas. Forst formula a exigência, tal como Rawls e Audi, como um dever cívico das próprias pessoas religiosas. Além disso, a determinação puramente procedimental da operação de tradução a fim de alcançar uma "justificação reciprocamente universal" não faz justiça ao problema semântico da transferência do conteúdo do discurso religioso para uma forma de apresentação pós-religiosa e pós-metafísica. Dessa forma, perde-se a diferença entre o discurso ético e o discurso religioso. Cf., por exemplo, Arens, *Kommunikative Handlungen*, que interpreta as parábolas bíblicas como atos de fala inovadores.

38 Habermas, "Glauben und Wissen", em *Zeitdiagnosen*, p.249-63, em particular p.256 ss.

liberais e contra o princípio da neutralidade do poder estatal em relação às visões do mundo.

Segundo a concepção de Weithman, os cidadãos têm moralmente o direito a adotar posicionamentos políticos que eles justificam unicamente no contexto de uma visão do mundo ou de uma doutrina religiosa. Nesse caso, eles devem satisfazer duas condições: têm que estar convencidos de que seu governo está justificado a pôr em prática as leis ou políticas que eles mesmos apoiam recorrendo tão somente a argumentos religiosos ou relativos a visões do mundo; e têm que estar dispostos a explicar por que acreditam nisso. Essa versão atenuada da cláusula[39] equivale à exigência de realizar um teste de universalização a partir da perspectiva da primeira pessoa. Dessa forma, Weithman pretende garantir que os cidadãos façam o seu julgamento do ponto de vista de uma concepção de justiça, mesmo que seja baseada em termos de uma religião ou de outra visão de mundo substantiva. Os cidadãos devem con-

39 Weithman, *Religion and the Obligations of Citizenship*, op. cit., p.3: "Os cidadãos de uma democracia liberal podem oferecer argumentos no debate político público que dependam de razões extraídas das suas visões morais abrangentes, incluindo as suas opiniões religiosas, sem os tornarem bons apelando a outros argumentos – desde que acreditem que o seu governo estaria justificado em adotar as medidas que favorecem e estão preparados para indicar o que consideram que justificaria a adoção das medidas". [Em inglês, no original: "Citizens of a liberal democracy may offer arguments in public political debate which depend on reasons drawn from their comprehensive moral views, including their religious views, without making them good by appeal to other arguments – provided they believe that their government would be justified in adopting the measures they favor and are prepared to indicate what they think would justify the adoption of the measures". (N. T.)]

siderar em cada caso, na perspectiva da sua própria doutrina, o que seria igualmente bom para todos. Mas a regra de ouro não é o imperativo categórico. Não obriga todos os afetados a adotarem mutuamente as perspectivas *uns dos outros*.[40] Nesse procedimento egocêntrico, a visão do mundo de cada pessoa constitui o horizonte intransponível das suas deliberações sobre a justiça: "A pessoa que defende em público uma medida deve estar preparada para dizer o que ela pensa que justificaria a sua adoção pelo governo, *mas a justificação que está disposta a oferecer pode depender de reivindicações, incluindo reivindicações religiosas, que os proponentes da abordagem padrão considerariam inacessíveis*".[41]

Dado que não estão previstos filtros institucionais entre o Estado e a esfera pública, essa versão não exclui a possibilidade de que as políticas e os programas legais sejam implementados apenas com base nas crenças religiosas ou confessionais específicas de uma maioria dominante. Essa é a conclusão explicitamente tirada por Nicholas Wolterstorff, que não é a favor de qualquer restrição ao uso político de razões religiosas: mesmo o legislador político deveria ser autorizado a fazer uso de argumentos religiosos.[42] Contudo, ao abrir os parlamentos a

---

40 Habermas, "Vom pragmatischen, ethischen und moralischen Gebrauch der praktischen Vernunft", seç.IV, em *Erläuterungen zur Diskursethik*, p.112-5.

41 Weithman, *Religion and the Obligations of Citizenship*, p.121 (grifos meus). [Em inglês, no original: "The person who argues in public for a measure must be prepared to say what she thinks would justify the government in enacting it, *but the justification she is prepared to offer may depend on claims, including religious claims, which proponents of the standard approach would deem inaccessible*". (N. T.)]

42 Audi; Wolterstorff, *Religion in the Public Square*, op. cit., p.117 s.

conflitos sobre certezas religiosas, a autoridade governamental pode se tornar o agente de uma maioria religiosa que impõe a sua vontade em violação do procedimento democrático.

Claro que não é a votação maioritária em si, supondo que tenha sido corretamente realizada, que é ilegítima, mas a violação dos outros componentes essenciais do procedimento – o caráter discursivo das deliberações anteriores. O que é ilegítimo é a violação do princípio da neutralidade do exercício do poder político, que sustenta que todas as decisões políticas coercitivamente executáveis devem ser *formuladas e justificáveis em uma linguagem* que seja igualmente inteligível para todos os cidadãos. O governo da maioria se transforma em repressão se a maioria emprega argumentos religiosos no processo de formação de opinião e da vontade política e se recusa a oferecer *justificações* publicamente acessíveis que a minoria eliminada, seja ela secular ou de uma fé diferente, possa seguir e avaliar à luz de padrões compartilhados. O procedimento democrático deve o seu poder de gerar legitimidade ao seu caráter deliberativo, além do fato de incluir todos os participantes; pois a presunção justificada de resultados racionais se baseia nisso no longo prazo.

Wolterstorff se antecipa a essa objeção ao rejeitar toda a ideia de legitimação baseada num consenso razoável sobre fundamentos constitucionais. Na visão liberal, o poder político abandona o seu caráter inerentemente violento em virtude da sua ligação jurídica vinculativa ao exercício do poder de acordo com princípios capazes de encontrar um acordo universal.[43]

---

43 Rawls, *Political Liberalism*, op. cit., p.137: "O nosso exercício do poder político só é plenamente adequado quando é exercido de

Wolterstorff levanta objeções empíricas contra ela. Ele ridiculariza os pressupostos idealizadores inscritos nas práticas do Estado constitucional como o "*quaker meeting ideal*" [ideal de reunião quacre] (embora o princípio quacre de unanimidade não seja típico do processo democrático). Ele sustenta que o conflito entre concepções de justiça baseadas em religiões concorrentes ou visões de mundo nunca pode ser resolvido pela suposição comum de um consenso de fundo, por mais formal que seja. Ele quer manter o princípio da maioria do consenso constitucional liberal. Mas Wolterstorff pode conceber a coexistência em uma sociedade ideologicamente dividida baseada em decisões maioritárias apenas como uma adaptação relutante a uma espécie de *modus vivendi*: "Não concordo, *concedo* – a menos que considere a decisão verdadeiramente assustadora".[44]

Não fica claro, com base nessas premissas, por que a comunidade política não deveria estar em constante perigo de desintegração em conflitos religiosos. Na verdade, a leitura empirista habitual da democracia liberal sempre interpretou as decisões da maioria como a sujeição temporária de uma mi-

---

acordo com uma Constituição cujos elementos essenciais se pode razoavelmente esperar que todos os cidadãos, como livres e iguais, endossem à luz de princípios e ideais aceitáveis para a sua razão humana comum". [Em inglês, no original: "Our exercise of political power is fully proper only when it is exercised in accordance with a constitution the essentials of which all citizens as free and equal may reasonably be expected to endorse in the light of principles and ideals acceptable to their common human reason". (N. T.)]

44 Audi; Wolterstorff, *Religion in the Public Square*, op. cit., p.160. [Em inglês, no original: "I do not agree, I *acquiesce* – unless I find the decision truly appalling". (N. T.)]

noria ao poder de fato do partido numericamente superior.[45] Mas, de acordo com essa teoria, a aceitação do procedimento de votação é explicada pela disposição para firmar compromissos das partes que, de qualquer forma, concordam em sua preferência pela maior parcela possível de bens básicos, como dinheiro, segurança ou tempo de lazer. As partes podem chegar a compromissos porque todas aspiram às *mesmas* categorias de bens distribuíveis. No entanto, precisamente essa condição já não é satisfeita assim que os conflitos já não são desencadeados por bens básicos acordados, mas por bens de salvação concorrentes. Os conflitos sobre valores existenciais entre comunidades de fé não podem ser resolvidos através de compromissos. Só podem ser atenuados através da despolitização no contexto de um consenso assumido conjuntamente sobre os princípios constitucionais.

(5) A competição entre visões de mundo e doutrinas religiosas que pretendem explicar a posição dos seres humanos no mundo como um todo não pode ser resolvida no nível cognitivo. Assim que essas dissonâncias cognitivas penetram nos fundamentos da regulação normativa da vida em conjunto dos cidadãos, a comunidade política se fragmenta em segmentos religiosos e ideológicos inconciliáveis, baseados em um *modus vivendi* precário. Sem o vínculo unificador de uma solidariedade cívica legalmente não impositiva, os cidadãos não se consideram participantes livres e iguais nas práticas partilhadas de formação democrática da opinião e da vontade, nas quais *devem uns aos outros razões* para as suas posições políticas. Essa recipro-

45 Na tradição de Hayek e Popper, cf., por exemplo, Becker, *Die Freiheit, die wir meinen*.

cidade de expectativas entre os cidadãos é o que diferencia um sistema político liberal integrado por uma Constituição de uma comunidade segmentada de acordo com as divisões entre visões de mundo concorrentes. Essa última liberta os cidadãos religiosos e seculares, nas suas relações uns com os outros, da obrigação recíproca de se justificarem em controvérsias políticas entre si. Uma vez que aqui as crenças de fundo dissonantes e os laços subculturais superam o suposto consenso constitucional e a esperada solidariedade cívica, os cidadãos não precisam se adaptar ou se envolver *uns com os outros* como segundas pessoas em conflitos profundos.

A renúncia à reciprocidade e à indiferença mútua parece ser justificada pelo fato de o Estado liberal se contradizer se exigir que todos os cidadãos se adaptem a um *ethos* político que lhes impõe ônus cognitivos desiguais. A cláusula de tradução e a precedência institucional das razões seculares sobre as religiosas exigem que os cidadãos religiosos façam um esforço para aprender e se adaptar para que os cidadãos seculares sejam poupados. Isso, de qualquer forma, concordaria com a observação empírica de que um certo ressentimento persiste há muito tempo também dentro das igrejas em relação ao Estado secular. O dever de fazer "uso público da razão" só pode ser cumprido sob certos pressupostos cognitivos. No entanto, tais atitudes epistêmicas são uma expressão de uma mentalidade já existente e não podem ser transformadas no conteúdo de expectativas normativas e de apelos políticos à virtude, como acontece com as motivações. Cada "dever" pressupõe um "poder". As expectativas normativas associadas à cidadania democrática permanecem ineficazes, a menos que tenha ocorrido uma mudança correspondente na mentalidade; caso contrário, servem apenas para despertar o ressentimento por parte daqueles que se sentem incompreendidos e atormentados.

Em contrapartida, a cultura ocidental testemunhou uma transformação da consciência religiosa desde a Reforma e o Esclarecimento. Os sociólogos descrevem essa "modernização" da consciência religiosa como uma resposta das tradições religiosas aos desafios colocados pelo pluralismo religioso, pela emergência da ciência moderna e pela difusão do direito positivo e da moralidade secular. Nesses aspectos, as comunidades tradicionais de fé devem processar dissonâncias cognitivas que ou não surgem para os cidadãos seculares, ou surgem apenas quando aderem a doutrinas ancoradas de forma dogmática semelhante:

- Os cidadãos religiosos devem desenvolver uma postura epistêmica em relação a outras religiões e visões de mundo que encontram em um universo de discurso até agora ocupado apenas pela sua própria religião. Conseguem isso na medida em que relacionam as suas crenças religiosas de uma forma autorreflexiva com os enunciados de doutrinas de salvação concorrentes, de modo que não comprometam a sua própria pretensão exclusiva à verdade.
- Além disso, os cidadãos religiosos devem desenvolver uma postura epistêmica em relação ao significado interno do conhecimento secular e em relação ao monopólio institucionalizado do conhecimento dos especialistas científicos modernos. Só poderão ter sucesso nisso se conceberem a relação entre as crenças dogmáticas e o conhecimento secular do seu ponto de vista religioso, de tal forma que o progresso autônomo do conhecimento secular não possa entrar em conflito com os artigos de fé.

– Finalmente, os cidadãos religiosos devem desenvolver uma postura epistêmica em relação à prioridade que as razões seculares também gozam na arena política. Isso só poderá ter sucesso se eles incorporarem o individualismo igualitário do direito racional e da moral universalista de uma forma convincente no contexto das suas doutrinas abrangentes.

Esse trabalho de autorreflexão hermenêutica deve ser realizado a partir da perspectiva das tradições religiosas. Na nossa cultura, isso foi realizado em essência pela teologia e, no lado católico, também por uma filosofia apologética da religião que procura explicar a razoabilidade da fé.[46] No entanto, em último caso, é a fé e a prática da comunidade religiosa que decide se um processamento dogmático dos desafios cognitivos da modernidade foi "bem-sucedido" ou não; só então os crentes poderão aceitá-lo como um "processo de aprendizagem". As novas atitudes epistêmicas só podem ser descritas como "adquiridas pela aprendizagem" se resultarem de uma reconstrução de artigos de fé que seja convincente para as pessoas de fé, à luz das condi-

46 Devo à correspondência com Thomas M. Schmidt a caracterização de uma filosofia da religião não agnóstica dedicada ao autoesclarecimento da religião que, ao contrário da teologia, não fala "em nome de" uma determinada religião revelada, mas também o faz não apenas falar como "seu observador". Cf. também Lutz-Bachmann, "Religion--Philosophie-Religionsphilosophie", em Jung et al. (orgs.), *Religionsphilosophie*, p.19-26. Friedrich Schleiermacher desempenhou um papel exemplar no lado protestante: ele diferenciou o papel do teólogo e o do filósofo apologético da religião (que se baseia no idealismo transcendental de Kant e não na tradição tomista) e uniu ambos em sua própria pessoa. Cf. a introdução à sua dogmática cristã: Schleiermacher, *Der christliche Glaube*, §§1-10.

ções de vida modernas para as quais já não existem alternativas. Se essas atitudes fossem meramente o resultado contingente do condicionamento ou da adaptação forçada, a questão de como essas pré-condições cognitivas para a razoabilidade de um *ethos* cívico liberal são satisfeitas teria de ser respondida no sentido de Foucault – como resultado de um poder discursivo que se impõe na aparente transparência do conhecimento esclarecido. É claro que essa resposta contrariaria a autocompreensão normativa do Estado constitucional.

Nesse contexto, o que nos interessa é a questão em aberto de saber se o conceito revisto de cidadania que propus ainda impõe um *fardo assimétrico* às tradições religiosas e às comunidades religiosas. Historicamente falando, os cidadãos religiosos tiveram de aprender a adotar atitudes epistêmicas em relação ao seu ambiente secular que são *facilmente* encontradas pelos cidadãos seculares esclarecidos, uma vez que estes últimos são poupados desde o início de dissonâncias cognitivas semelhantes. No entanto, estes últimos também não são poupados de um fardo cognitivo, pois a cooperação com os concidadãos religiosos exige algo mais do que uma atitude secularista. Essa adaptação cognitiva deve ser diferenciada da virtude política da mera tolerância. No que se segue, não se trata da sensibilidade respeitosa ao possível significado existencial da religião, algo que também se espera dos cidadãos seculares, mas da superação autorreflexiva de uma autocompreensão secularista rígida e exclusiva da modernidade.

Enquanto os cidadãos seculares estiverem convencidos de que as tradições religiosas e as comunidades religiosas são, por assim dizer, relíquias arcaicas das sociedades pré-modernas que persistem até o presente, poderão compreender a liberdade religiosa apenas como o equivalente cultural da conservação de espécies ameaçadas de extinção. A religião não tem mais nenhuma justificação intrínseca aos seus olhos. Mesmo o princípio da separação entre a Igreja e o Estado só pode ter para eles o significado laicista de indiferença benigna. Na leitura secularista, pode-se prever que as opiniões religiosas acabarão por se dissolver à luz da crítica científica e que as comunidades religiosas não serão capazes de resistir às pressões do avanço da modernização cultural e social. Claramente, não se pode mais esperar que os cidadãos que adotam tal postura epistêmica em relação à religião levem a sério as contribuições religiosas às questões políticas controversas ou participem de uma busca cooperativa pela verdade para determinar se elas podem conter elementos que possam ser expressos em uma linguagem secular e ser justificadas por argumentos racionais.

Sob as premissas normativas do Estado constitucional e de um *ethos* cívico democrático, a admissão de afirmações religiosas na arena política só faz sentido caso se possa razoavelmente esperar que *todos* os cidadãos não excluam a possibilidade de que essas contribuições tenham um possível teor cognitivo – ao mesmo tempo respeitando a prioridade das razões seculares e a condição de tradução institucional. Isso é o que os cidadãos religiosos assumem em qualquer caso; mas isso pressupõe uma mentalidade por parte dos cidadãos seculares que está longe de ser uma coisa natural nas sociedades secularizadas do Ocidente. Pelo contrário, o reconhecimento pelos cidadãos seculares de que vivem numa sociedade pós-secular que também está *epistemicamente vinculada* à existência continuada de comunidades religiosas é consequência de uma mudança de mentalidade que não é menos cognitivamente exigente do que a adaptação da consciência religiosa aos desafios de um ambiente que está se tornando progressivamente mais secular. Em consonância com um Esclarecimento dotado de uma consciência crítica dos seus próprios limites, os cidadãos seculares entendem o seu não acordo com as concepções religiosas como um desacordo que é razoável esperar.

Sem esse pressuposto cognitivo, não se pode razoavelmente esperar que os cidadãos façam uso público da sua razão, pelo menos não no sentido de que os cidadãos seculares estejam dispostos a entrar em uma discussão política sobre o conteúdo das contribuições religiosas com a intenção de traduzir intuições e razões potencialmente convincentes relativas à moral em uma linguagem universalmente acessível. Isso pressupõe uma postura epistêmica que é o resultado de uma avaliação autocrítica dos limites da razão secular.[47] Esse pressuposto implica que o *ethos* da cidadania democrática só pode ser igualmente atribuído a todos os cidadãos se tanto os cidadãos religiosos como os seculares já passaram por processos de aprendizagem *complementares*.

(6) A superação crítica da mentalidade secularista estreita é, em minha opinião, essencialmente controversa – pelo menos tanto quanto as respostas teológicas aos desafios cognitivos da modernidade que se tornaram influentes desde a Reforma (não apenas entre os protestantes). Embora consideremos a "modernização da consciência religiosa" como uma questão

---

47 Em seu estudo magistral da história da noção de tolerância, Rainer Forst caracteriza Pierre Bayle como o "maior pensador da tolerância" porque este leva a cabo uma autolimitação reflexiva exemplar da razão em relação à religião. Sobre Bayle, cf. Forst, *Toleranz im Konflikt*, op. cit., §18, e, para o argumento sistemático, §§29 e 33.

de teologia e já possamos descrevê-la com uma retrospectiva histórica, o pano de fundo da consciência secular é tema de um debate filosófico contínuo e aberto. A consciência secular de que vivemos em uma sociedade pós-secular encontra expressão filosófica no pensamento pós-metafísico. Ele não se esgota na ênfase na finitude da razão ou na combinação do falibilismo com concepções anticéticas da verdade que têm marcado a autocompreensão da ciência empírica moderna desde Kant e Peirce. A contrapartida secular da consciência religiosa reflexiva é um pensamento pós-metafísico que se limita de dois lados. Abstém-se, por um lado, de emitir juízos sobre verdades religiosas, ao mesmo tempo que insiste (de uma forma não polêmica) em fazer uma demarcação estrita entre fé e saber. Por outro lado, rejeita uma concepção cientificamente estreita da razão e a exclusão das doutrinas religiosas da genealogia da razão.

O pensamento pós-metafísico se abstém de fazer afirmações ontológicas sobre a constituição do ser como tal; no entanto, isso não significa uma redução do nosso conhecimento à soma total de enunciados que representam o "estado da ciência" atual. O cientificismo muitas vezes nos induz a confundir a fronteira entre o conhecimento científico natural que é relevante para a compreensão de nós mesmos e do nosso lugar na natureza como um todo, por um lado, e uma visão de mundo naturalista sinteticamente construída nessa base, por outro.[48]

48 Wolterstorff recorda de uma forma geral essa distinção, na prática, muitas vezes confusa, entre enunciados e razões seculares que deveriam contar, e visões de mundo seculares que deveriam contar tão pouco quanto doutrinas religiosas. Cf. Audi; Wolterstorff, *Reli-*

Essa forma de naturalismo radical desvaloriza todos os tipos de enunciados que não podem ser referidos a observações empíricas, leis ou explicações causais – isto é, enunciados morais, jurídicos e avaliativos não menos que religiosos. Como mostra a discussão renovada sobre liberdade e determinismo, os avanços na biogenética, na pesquisa do cérebro e na robótica fornecem estímulos para uma espécie de naturalização da mente humana que coloca nossa autocompreensão prática como pessoas que agem de forma responsável em questão[49] e antecipa uma revisão do direito penal.[50] No entanto, uma auto-objetificação na vida cotidiana naturalista dos sujeitos capazes de falar e agir é incompatível com qualquer concepção de integração política que impute um consenso *normativo* de fundo aos cidadãos.

Uma via pela qual a razão multidimensional que não está exclusivamente fixada na sua referência ao mundo objetivo pode alcançar um esclarecimento crítico dos seus limites é a reconstrução de sua própria gênese. Nesse processo, o pensamento pós-metafísico não se restringe à herança da metafísica ocidental. Ele também reassegura a sua relação interna com aquelas

gion in the Public Square, op. cit., p.105: "Em grande parte, se não na maior parte das vezes, seremos capazes de detectar razões religiosas a quilômetros [...]. Porém, normalmente, perspectivas compreensivas seculares passam despercebidas". [Em inglês, no original: "Much if not most of the time we will be able to spot religious reasons from a mile away [...]. Typically, however, comprehensive secular perspectives will go undetected". (N. T.)]

49 Geyer (org.), *Hirnforschung und Willensfreiheit*; Pauen, *Illusion Freiheit*.

50 Rottleuthner, "Zur Soziologie und Neurobiologie richterlichen Handelns", em Damm et al. (orgs.), *Festschrift für Thomas Raiser*, p.579-98.

religiões mundiais cujas origens, como as da filosofia antiga, remontam a meados do primeiro milênio antes de Cristo, ou seja, ao que Jaspers chamou de "Era Axial".[51] Pois as religiões que têm as suas raízes nesse período deram o salto cognitivo das explicações narrativas do *mythos* para um *logos* que diferencia entre essência e aparência de uma forma muito semelhante à filosofia grega. Desde o Concílio de Niceia, a filosofia também adotou e assimilou muitos motivos e conceitos, especialmente aqueles associados à salvação, das tradições monoteístas no curso de uma helenização do cristianismo.[52]

A complexa teia de relações de herança não pode ser desemaranhada apenas pela via de uma história do ser, como afirmou Heidegger.[53] Conceitos gregos como "autonomia" e "individualidade" ou conceitos romanos como "emancipação" e "solidariedade", há muito foram investidos de significados de origem judaico-cristã.[54] A filosofia aprendeu repetidamente, através de seus encontros com tradições religiosas e também, é claro, com tradições muçulmanas, que ela recebe impulsos inovadores quando consegue libertar conteúdos cognitivos de seu encapsulamento dogmático no cadinho do discurso racional. Kant e Hegel são os exemplos mais influentes disso. Os encontros de muitos filósofos do século XX com um escritor reli-

51 Cf. o programa de pesquisa desenvolvido desde a década de 1970 por Samuel N. Eisenstadt, mais recentemente: Arnason et al. (orgs.), *Axial Civilizations and World History*.

52 Lutz-Bachmann, "Hellenisierung des Christentum?", em Colpe et al. (orgs.), *Spätantike und Christentum*, p.77-98.

53 Cf. os esboços de uma história do ser em: Heidegger, *Beiträge zur Philosophie: Vom Ereignis*.

54 Cf. a discussão interessante em Brunkhorst, *Solidarität*, p.40-78.

gioso como Kierkegaard, que pensa em termos pós-metafísicos, mas não pós-cristãos, também são exemplares a esse respeito.

As tradições religiosas parecem ter permanecido presentes em um sentido ainda mais vital do que a metafísica, mesmo que por vezes se apresentem como o outro opaco da razão. Seria irracional rejeitar de imediato a ideia de que as principais religiões mundiais, como o único elemento sobrevivente das culturas agora estranhas dos impérios antigos, podem reivindicar um lugar dentro da arquitetura diferenciada da modernidade porque a sua substância cognitiva ainda não foi *exaurida*. De qualquer forma, não podemos excluir que envolvam potenciais semânticos capazes de exercer uma força inspiradora na sociedade como um todo, a partir do momento em que liberam os seus conteúdos profanos de verdade.

Em suma, o pensamento pós-metafísico está preparado para aprender com a religião e, ao mesmo tempo, permanece agnóstico. Insiste na diferença entre as certezas da fé e as pretensões de validade criticáveis publicamente, mas evita a presunção racionalista de que pode decidir por si próprio quais aspectos das doutrinas religiosas são racionais e quais são irracionais. Os conteúdos de que a razão se apropria através da tradução não devem ser perdidos pela fé. No entanto, fazer uma apologia da fé empregando meios filosóficos não é uma tarefa da filosofia que permanece agnóstica. Na melhor das hipóteses, a filosofia *circunscreve* o núcleo opaco da experiência religiosa quando reflete sobre o caráter específico da linguagem religiosa e sobre o significado intrínseco da fé. Esse núcleo permanece tão profundamente estranho ao pensamento discursivo quanto o núcleo hermético da experiência estética, que também pode ser, na melhor das hipóteses, circunscrito, mas não penetrado, pela reflexão filosófica.

Discuti essa atitude ambivalente do pensamento pós-metafísico em relação à religião porque ela também expressa o pressuposto cognitivo da disposição de cooperar dos cidadãos seculares. Ela corresponde exatamente à atitude epistêmica que os cidadãos seculares devem adotar se quiserem estar preparados para aprender algo das contribuições dos seus concidadãos religiosos para os debates públicos que sejam potencialmente traduzíveis em uma linguagem acessível universalmente. O exame filosófico da genealogia da razão desempenha claramente um papel semelhante para a autorreflexão do secularismo que o trabalho reconstrutivo da teologia desempenha para a autorreflexão da fé religiosa no mundo moderno. O esforço de autorreflexão filosófica necessário mostra que o papel da cidadania democrática assume uma mentalidade por parte dos cidadãos seculares que não é menos exigente do que a mentalidade das comunidades religiosas esclarecidas. É por isso que os fardos cognitivos impostos a ambos os lados pela aquisição das atitudes epistêmicas apropriadas não são de modo algum divididos de modo assimétrico.

(7) O fato de o "uso público da razão" (na interpretação proposta por mim) depender de pressupostos cognitivos que estão longe de serem evidentes tem implicações interessantes, mas ambivalentes. Isso nos lembra, em primeiro lugar, que a democracia constitucional, que se baseia numa forma deliberativa de política, é uma forma de governo epistemicamente exigente e sensível à verdade.[55] Uma "*post-truth-democracy*" [democracia pós-verdade], que o *New York Times* viu ascender durante as últimas

55 Cf. a aula inaugural em Munique, de J. Nida-Rümelin, "Demokratie und Wahrheit", manusc., 2004.

eleições presidenciais dos Estados Unidos, não seria mais uma democracia. Além disso, a exigência de mentalidades complexas destaca um imperativo funcional improvável cujo cumprimento o Estado liberal dificilmente pode influenciar através dos meios legais e administrativos à sua disposição. A polarização de uma comunidade em campos fundamentalistas e seculares demonstra, por exemplo, que a integração política fica comprometida se demasiados cidadãos não conseguirem viver de acordo com os padrões do uso público da razão. No entanto, as mentalidades são de origem pré-política. Elas mudam de forma imprevisível em resposta às mudanças sociais. Um processo de longo prazo desse tipo pode, na melhor das hipóteses, ser acelerado por meio de discursos públicos conduzidos pelos próprios cidadãos. No entanto, será esse um processo orientado cognitivamente, que pode ser descrito como um processo de aprendizagem?

Uma terceira implicação é a mais inquietante de todas. Assumimos até agora que os cidadãos de um Estado constitucional podem adquirir as mentalidades funcionalmente necessárias através de "processos de aprendizagem complementares". Os exemplos citados mostram que essa suposição não é isenta de problemas. De que perspectiva podemos afirmar que a fragmentação causada por uma colisão de convicções fundamentalistas e secularistas é o resultado de "*déficits* de aprendizagem"? Recordemos a mudança de perspectiva que demos quando passamos de uma explicação normativa de um *ethos* cívico democrático para uma investigação epistemológica dos pressupostos cognitivos sob as quais tal *ethos* pode ser razoavelmente esperado dos cidadãos. Uma mudança nas atitudes epistêmicas deve ocorrer se a consciência religiosa quiser se tornar reflexiva e se a mentalidade secularista quiser superar suas limitações. Mas essas mudanças na mentalidade contam como "processos de aprendizagem" complementares apenas a partir da perspectiva de uma determinada autocompreensão normativa da modernidade.

Essa visão pode certamente ser defendida no âmbito de uma teoria social evolucionista. Mas mesmo deixando de lado o estatuto controverso de tais teorias dentro das suas próprias disciplinas acadêmicas, do ponto de vista da teoria política normativa, os cidadãos não podem de forma alguma ser obrigados a se descrever, por exemplo, em termos de uma teoria da evolução religiosa e, possivelmente, a se avaliar como cognitivamente "atrasados". Apenas os participantes e as suas organizações religiosas podem decidir se uma fé "modernizada" ainda é a "verdadeira" fé. E se, por outro lado, uma forma cientificista de secularismo acabará por vencer o conceito mais abrangente de razão do pensamento pós-metafísico é, por enquanto, uma questão em aberto mesmo entre os próprios filósofos. No entanto, se a teoria política deve deixar em aberto a questão de saber se as mentalidades funcionalmente necessárias podem ser adquiridas através de processos de aprendizagem, ela deve também aceitar que o seu conceito normativamente justificado de uso público da razão permanece "essencialmente contestado" entre os cidadãos. Pois o Estado liberal só pode impor, aos seus cidadãos, deveres que estes possam perceber como expectativas razoáveis – o que pressupõe, por sua vez, que eles possam adquirir as atitudes epistêmicas necessárias através do *discernimento*, isto é, através da "aprendizagem".

Dessa autolimitação da teoria política, não se segue que devemos, como filósofos e como cidadãos, nos convencer de que uma leitura forte dos fundamentos liberais e republicanos do Estado constitucional deve *e pode* ser defendida com sucesso tanto *intra muros* como na arena política. No entanto, esse discurso sobre a compreensão correta e inclusive a correção de uma Constituição liberal e de um *ethos* cívico democrático estende-se a um terreno onde os argumentos normativos não vão suficientemente longe. A controvérsia se estende também à questão epistemológica da relação entre fé e saber, que por sua vez colide com elementos-chave da compreensão de fundo da modernidade. Curiosamente, tanto os esforços filosóficos como os teológicos para definir a relação entre fé e saber de uma forma autorreflexiva levantam questões de longo alcance relativas à genealogia da modernidade.

Recordemos a pergunta de Rawls: "Como é possível [...] que aqueles que têm fé endossem um regime constitucional mesmo quando as suas doutrinas abrangentes podem não prosperar sob ele e, na verdade, podem declinar?".[56] Essa questão não pode, em última análise, ser respondida em termos de explicações normativas da teoria política. Tomemos o exemplo da "ortodoxia radical", que retoma as intenções e ideias básicas da teologia política de um Carl Schmitt e as desenvolve ainda mais com as ferramentas da desconstrução.[57] Teólogos desse tipo disputam a validade da era moderna[58] com o objetivo de reinserir ontologicamente um mundo moderno nominalisticamente desenraizado na "realidade de Deus". As controvérsias com tais oponentes devem ser conduzidas dentro do terreno disciplinar adequado.

---

56 Ver nota 20.

57 Milbank, *Theology and Social Theory: Beyond Secular Reason*; Milbank et al. (orgs.), *Radical Orthodoxy: A New Theology*.

58 Para uma posição contrária, ver a obra inicial de Hans Blumenberg, *Legitimität der Neuzeit*.

Isso significa que os enunciados teológicos só podem ser respondidos com contra-argumentos teológicos, e os enunciados históricos e epistemológicos com contra-argumentos históricos e epistemológicos.[59]

O mesmo vale para o lado oposto. A questão de Rawls se dirige igualmente ao lado religioso e ao lado secular. Um debate sobre questões filosóficas fundamentais se torna necessário quando uma visão de mundo naturalista ultrapassa os limites da sua competência científica. A exigência pública de que as comunidades religiosas renunciem finalmente às afirmações tradicionais relativas à existência de Deus e à vida após a morte não pode ser deduzida dos conhecimentos neurológicos até que tenhamos alcançado clareza filosófica sobre o significado pragmático e o contexto histórico de transmissão de tais enunciados existenciais bíblicos.[60] O problema de como os enunciados científicos baseados na experiência se relacionam com as convicções religiosas remete, por sua vez, à genealogia da autocompreensão da modernidade: a ciência moderna é uma prática totalmente compreensível nos seus próprios termos? Ela fornece o parâmetro performativo de toda verdade e falsidade? Ou deve antes ser entendida como o resultado de uma história da razão que inclui as religiões mundiais?

Rawls desenvolveu a sua *Teoria da justiça* em um *Liberalismo político* devido ao seu crescente reconhecimento da relevância

59 Schmidt, "Postsäkulare Theologie des Rechts: Eine Kritik der radikalen Orthodoxie", em Frühauf; Löser (orgs.), *Biblische Aufklärung: Die Entdeckung einer Tradition*, p.91-108.

60 Cf. a observação final de W. Detel em seu artigo esplendidamente informado: "Forschungen über Hirn und Geist", *Deutsche Zeitschrift für Philosophie*, v.52, p.891-920, 2004.

do "fato do pluralismo". Ele merece o imenso crédito por ter refletido cedo sobre o papel político da religião. Muitos fenômenos podem desencadear uma consciência dos limites dos argumentos normativos em uma teoria política supostamente "autônoma". Se a resposta liberal ao pluralismo religioso pode ser aceita pelos próprios cidadãos como a única resposta correta é algo que depende também de saber se os cidadãos seculares e religiosos, a partir dos seus respectivos pontos de vista, estão preparados para aceitar uma interpretação da relação entre fé e saber, que antes de tudo lhes faculta um comportamento autorreflexivamente esclarecido uns em relação aos outros na arena política.

III
Naturalismo e religião

6
Liberdade e determinismo[1]

Na Alemanha, um debate animado sobre a liberdade de arbítrio tem sido levado a cabo até mesmo na imprensa diária de circulação nacional.[2] Sentimo-nos transportados de volta ao século XIX. Porque, mais uma vez, são os resultados da pesquisa cerebral, agora apoiados pela técnica dos procedimentos de produção de imagem, que emprestam a um venerável debate filosófico uma atualidade renovada. Neurologistas e defensores da pesquisa cognitiva discutem com filósofos e outros estudio-

1 Palestra acadêmica proferida na ocasião da entrega do Prêmio Kyoto, em 12 de novembro de 2004, que pela quarta vez – depois de Karl R. Popper, Willard van Orman Quine e Paul Ricoeur – foi concedido a um filósofo. Reimpr. "Freiheit und Determinismus", *Deutsche Zeitschrift für Philosophie*, v.52, n.6, p.871-90, 2004.

2 Agradeço novamente a Lutz Wingert, que está mais familiarizado com essa discussão do que eu, pelos conselhos detalhados e adicionais, e Tilman Habermas pelas ricas propostas de melhoramento do texto.

sos das ciências do espírito acerca da concepção determinista segundo a qual um mundo causalmente fechado não deixa espaço para a liberdade de escolha entre ações alternativas. Desta vez, o ponto de partida da polêmica são os resultados de uma tradição de pesquisa que remonta aos experimentos realizados por Benjamin Libet na década de 1970.[3]

Os resultados parecem confirmar estratégias de pesquisa reducionistas que objetivam explicar processos mentais *unicamente* a partir de condições psicológicas observáveis.[4] Essas abordagens partem da premissa de que a consciência da liberdade que os atores atribuem a si mesmos repousa em autoengano. A vivência que se tem sobre tomar a própria decisão é, de certo modo, uma roda que anda vazia. A liberdade da vontade concebida como "causação mental" é, portanto, uma aparência atrás da qual se esconde uma ligação plenamente causal de estados neurais constituídos segundo leis naturais.[5]

Contudo, esse determinismo é incompatível com a autocompreensão de sujeitos que agem. No cotidiano, não escapamos de nos atribuir reciprocamente e até nova ordem a *autoria responsável* [*verantwortliche Urheberschaft*] por nossas ações. O esclarecimento científico colocado em perspectiva sobre a determinação de nossa ação segundo leis naturais não pode pôr em questão

3 Geyer (org.), *Hirnforschung und Willensfreiheit: Zur Deutung der neuesten Experimente*.

4 Roth, "Worüber Hirnforscher reden dürfen – und in welcher Weise?", *Deutsche Zeitschrift für Philosophie*, v.52, n.2, p.223-34, 2004, aqui p.231.

5 A tese determinista depende de saber se interpretamos as leis naturais em termos probabilísticos. Pois o arbítrio não pode ser atribuído ao acaso.

seriamente a autocompreensão intuitivamente ancorada e pragmaticamente comprovada de atores imputáveis. A linguagem objetivante da neurobiologia exige que o "cérebro" exerça o papel gramatical que até agora foi desempenhado pelo "Eu", mas sem se apoiar na linguagem da psicologia do cotidiano. A provocação que se encontra aí, segundo a qual não sou "eu" que devo pensar e agir, mas sim "o cérebro", certamente é apenas uma questão gramatical; porém, assim o mundo da vida se protege com êxito contra dissonâncias cognitivas.

Naturalmente, essa não seria a primeira teoria baseada nas ciências naturais a afetar desse modo o senso comum. Ela também deveria atingir no mais tardar a psicologia do cotidiano se as aplicações técnicas do saber teórico interferissem na práxis cotidiana – por exemplo, à medida que certas técnicas terapêuticas se tornassem habituais. Técnicas com as quais os conhecimentos da neurobiologia um dia interviriam no mundo da vida poderiam obter a relevância modificadora da consciência que falta aos conhecimentos. Mas, afinal, a concepção determinista é uma tese fundamentada nas ciências naturais ou apenas componente de uma imagem de mundo naturalista que é tributária de uma interpretação especulativa dos conhecimentos produzidos pelas ciências naturais? Eu gostaria de continuar o debate sobre liberdade e determinismo a título de confrontação sobre o *modo correto* de naturalização do espírito.

Por um lado, gostaríamos de fazer justiça à evidência intuitivamente inquestionável de uma consciência da liberdade que, em termos performativos, é concomitante de todas as nossas ações; de outro lado, também queremos satisfazer a necessidade de uma imagem coerente do universo que engloba o homem como ser natural. Kant só pôde conciliar causalidade pela liberdade com a causalidade natural ao preço de um dualismo entre os mundos do inteligível e dos fenômenos. Hoje, gostaríamos de passar sem tais suposições metafísicas de fundo. Mas então vemo-nos obrigados a pôr em acordo aquilo que aprendemos de Kant acerca das condições transcendentais de nosso conhecimento com o que Darwin nos ensinou sobre a evolução natural.

De início, mostrarei, em uma parte crítica do meu ensaio, que os programas de pesquisa reducionistas só podem evitar a dificuldade de um dualismo entre perspectivas de explicação e jogos de linguagem ao preço do epifenomenalismo. A segunda parte, de teor construtivo, relembra as raízes antropológicas desse dualismo de perspectivas, que não exclui a visão monista da própria evolução. A imagem complexa da interação de um cérebro que determina o espírito é resultado de reflexão filosófica e não propriamente do conhecimento das ciências naturais. Defendo um naturalismo não cientificista ou "brando". De acordo com essa concepção, só é "real" o que pode ser apresentado em enunciados verdadeiros. Mas a realidade não se esgota na totalidade de enunciados regionalmente restritos que, segundo os padrões atuais, valem apenas enquanto enunciados das ciências empíricas.

I. A favor e contra o reducionismo

Partindo da crítica à disposição natural e à força enunciativa dos experimentos de Libet, eu gostaria inicialmente de introduzir um conceito fenomenologicamente adequado de liberdade de ação (1). A teoria analítica da ação aponta o caminho para um conceito não determinista de liberdade condicionada e para uma concepção de autoria responsável. Diferentemente de uma explicação causal, ambos exigem uma explicação racional da ação (2 e 3). O reducionismo tenta contornar a ambiguidade epistêmica entre perspectivas de explicação complementares e formas de saber. As dificuldades com que se depara essa estratégia de investigação motivam um segundo tipo de questionamento: se o dualismo de perspectivas epistêmicas, que estrutura e limita nosso acesso ao mundo, poderia ser gerado a partir do desenvolvimento natural de nossas próprias formas de vida culturais (4).

(1) Benjamin Libet pedia a pessoas testadas que eram submetidas à sua observação neurológica que iniciassem espontaneamente um certo movimento com o braço e reportassem o momento exato de sua decisão. Como esperado, essa decisão precede o próprio movimento do corpo. Mas é crítico o intervalo de tempo entre o decurso de processos inconscientes observados nas áreas primárias e associativas do córtex cerebral, de um lado, e o ato consciente que a pessoa testada experimenta como sua própria decisão, de outro lado.[6] No cérebro, constrói-se claramente um "potencial de disposição" específico da ação antes que a própria pessoa se "decida" pela ação. Esse diagnóstico sobre a consequência temporal do evento neural e da vivência subjetiva parece provar que processos cerebrais determinam ações conscientes sem que o ato da vontade, que o agente atribui a si mesmo, desempenhe um papel causal. Além disso, investigações psicológicas confirmam a experiência de

6 Sobre a condição experimental e os experimentos de controle tardios, cf. Roth, *Fühlen, Denken, Handeln*, p.518-28; e Libet, *Mind Time: Wie das Gehirn Bewusstsein produziert*.

que, sob determinadas circunstâncias, atores realizam ações às quais só mais tarde atribuem intenções próprias.

Contudo, os experimentos de Libet dificilmente deveriam carregar todo o ônus da prova que lhes são atribuídos pela tese determinista. A condição experimental manifestada se baseia em movimentos corporais arbitrários, a qual concede aos atores apenas frações de segundos entre intenção e realização da ação. Por isso, coloca-se a questão de se os resultados do teste deveriam poder ser generalizados para além dessa classe de ações. Mesmo uma interpretação cuidadosa em relação a esse aspecto não escapa a outra objeção segundo a qual o significado das sequências observadas continua pouco claro. O artifício parece permitir a possibilidade de que no processo do experimento as pessoas testadas fossem instruídas e já se concentrassem no plano de ação antes que se decidissem pela realização de sua ação atual. Mas assim a construção neurologicamente observada do potencial de disposição refletiria apenas a fase de planejamento. É ainda mais grave, finalmente, a objeção baseada em considerações de princípio que se volta contra a produção artificial de decisões tomadas em situações abstratas. Como ocorre com qualquer tipo de artifício, coloca-se aqui a questão de saber o que se mede – e a questão filosófica anterior de saber o que, afinal, deveria ser medido.

Normalmente, as ações são resultado de uma cadeia complexa de intenções e reflexões que ponderam objetivos e meios alternativos à luz de oportunidades, recursos e obstáculos. Um artifício que condensa temporalmente planejamento, decisão e realização de um movimento corporal, removendo todo contexto de objetivos mais amplos e alternativas fundamentadas, só pode apreender artefatos nos quais falta exatamente o que nas ações as tornam, antes de tudo, ações livres: a conexão interna com razões. É um equívoco ver a liberdade de poder agir de um ou de outro modo incorporada no "asno de Buridan". Na "pura" decisão de esticar o braço direito ou esquerdo não se manifesta a liberdade de ação, uma vez que falta o contato com razões que, por exemplo, podem motivar um ciclista a desviar à direita ou à esquerda. Apenas com tal reflexão abre-se o espaço de ação da liberdade, "pois pertence somente ao sentido do refletir que possamos agir tanto de um modo quanto de outro".[7]

Tão logo entrem em jogo razões que falam a favor ou contra uma ação, vemo-nos obrigados a supor que a tomada de posição, à qual só queremos chegar mediante uma ponderação de razões, não está fixada de antemão.[8] Se a questão de como decidir não fosse de início uma questão aberta, então não haveria absolutamente nada acerca da qual precisássemos refletir. Uma vontade se forma, por mais imperceptível que seja, *no curso* das reflexões. E porque uma decisão só *amadurece* na sequência de considerações ainda que fugazes e pouco claras, apenas em ações efetuadas de maneira mais ou menos consciente experimentamo-nos como livres. Naturalmente, exis-

7 Tugendhat, "Der Begriff der Willensfreiheit", em *Philosophische Aufsätze*, p.340.

8 O argumento empirista apresentado em resposta, de acordo com o qual as reflexões se esgotam na função de demonstrar a "compatibilidade emocional" das consequências da ação, pressupõe o que deve ser fundamentado. Cf. Roth, *Fühlen, Denken, Handeln*, op. cit., p.526 s.: "Não importa qual seja o resultado da ponderação racional, ele está sujeito à decisão última (!) do sistema límbico, pois tal resultado tem de ser *emocionalmente aceitável*. [...] Diferentemente de como a psicologia do cotidiano vê esse processo, não são os argumentos lógicos *enquanto tais* que nos impelem à ação racional".

tem diferentes tipos de ações, por exemplo ações pulsionais, habituais, casuais, neurótico-compulsivas etc. Mas todas as ações efetuadas de maneira consciente podem ser comprovadas retrospectivamente com base em sua imputabilidade. Outras pessoas sempre podem pedir satisfação a um ator imputável por suas ações intencionais: "O que o agente faz de maneira intencional é precisamente o que é livre para fazer e cuja realização ele tem razões adequadas para efetuar".[9] Apenas a vontade refletida é livre.

Benjamin Libet também refletiu posteriormente sobre o papel de processos conscientes de ponderação. Ele interpretou os resultados de seus experimentos de modo a lançar nova luz sobre as interpretações usuais.[10] Pois agora ele concede à vontade livre na fase entre intenção e realização uma função de controle em relação a ações iniciadas inconscientemente, na medida em que estas previsivelmente entrariam em conflito com outras expectativas, por exemplo expectativas normativas. De acordo com essa interpretação, a vontade livre ainda assim poderia se fazer valer negativamente na forma de um veto contra a atualização consciente de uma disposição inconsciente, mas não justificada, relativa à ação.

(2) Peter Bieri resolveu de modo fenomenologicamente convincente as confusões concernentes ao conceito de uma liberdade da vontade isenta de origem, mas que põe começos.[11] Se o ato da "decisão livre" significa que o ator "liga" sua von-

---

9 Davidson, "Handlungsfreiheit", em *Handlung und Ereignis*, p.114.

10 Libet, "Haben wir einen freien Willen?", em Geyer (org.), *Hirnforschung und Willensfreiheit*, op. cit., p.209-24.

11 Bieri, *Das Handwerk der Freiheit: Über die Entdeckung des eigenen Willens*.

tade "mediante razões", o momento de abertura da decisão não exclui seu condicionamento *racional*. Portanto, o agente é livre se quer o que ele considera correto como resultado de sua reflexão. Experimentamos como ausência de liberdade apenas uma coerção imposta de fora que nos obriga a agir de forma diferente do modo como queremos agir com base em nosso próprio discernimento. Resulta daí um conceito de liberdade condicionada que considera em igual medida ambos os momentos – de uma liberdade sob condições.

De um lado, o ator não chega a um juízo prático decisivo a respeito de como deve agir sem ponderar as alternativas de ação. Certamente, essas alternativas de ação se abrem a ele no interior de um espaço de possibilidades que é delimitado em virtude de capacidades, caráter e circunstâncias. Mas, em consideração às alternativas a serem ainda ponderadas, ele precisa acreditar ser capaz de agir de um modo ou também de outro. Pois capacidade, caráter e circunstâncias se transformam, no ator que age de forma reflexiva, em outras tantas razões para o seu "poder" [*Können*] limitado a situações específicas. Nesse sentido, ele não é incondicionalmente *livre* para agir de um modo ou de outro. No processo de reflexão, o ator não chega por acaso a uma tomada de posição racionalmente motivada, já que não o faz de maneira infundada. Discernimentos não surgem de forma arbitrária, eles se formam de acordo com regras. Se aquele que decidiu agir tivesse julgado de outro modo, ele teria escolhido de outro modo.

De outro lado, o papel motivador da ação desempenhado pelas razões não pode ser concebido segundo o modelo de causação de um evento observável por comparação a uma situação anterior. O processo do juízo *autoriza* o agente a ser autor de uma decisão. O processo natural, que pode ser explicado de maneira causal, desautorizaria o agente, pois este se sentiria privado de sua iniciativa. Por isso, não é apenas gramaticalmente falso dizer: se o ator tivesse julgado de outro modo, ele "teria" desejado outra coisa. A coerção não coercitiva do melhor argumento, que nos motiva a tomar posição com sim e não, é diferente da coerção causal de uma restrição imposta que nos obriga a agir de modo diferente do que queremos: "Caso sintamos falta da autoria, então é natural que isso nos impeça de influir sobre nosso querer e fazer na qualidade de seres que pensam e julgam. Liberdade nesse sentido não é apenas *compatível* com condicionamento; [...] ela *exige* condicionamento e sem este não seria pensável".[12]

Só podemos explicar o que significa motivação racional mediante razões da perspectiva do participante no processo público de "oferecer e receber razões" (Robert Brandom). Por isso, um observador tem de descrever o acontecimento discursivo em uma linguagem mentalista, ou seja, em uma linguagem que contém predicados como "opinar" e "convencer", "consentir" e "negar". Em uma linguagem empirista, ele deveria eliminar, por razões gramaticais, todas as referências a atitudes proposicionais de sujeitos que tomam algo por verdadeiro ou falso. Dessa perspectiva, o acontecimento discursivo se transforma em um acontecimento natural que se passa pelas costas dos sujeitos.

Peter Bieri tenta conciliar exatamente o conceito de liberdade condicionada com o acontecimento natural determinista: "A reflexão sobre as alternativas é, em seu conjunto, um acon-

12 Ibid., p.166.

tecimento que, junto com minha história, é definido ao final por uma vontade totalmente determinada".[13] Mas a proposição adicional "Eu sei disso, e isso não me incomoda" mostra que aqui algo anda errado. Eu só não me incomodo com o caráter condicionado de minha decisão na medida em que posso compreender retrospectivamente esse "acontecimento" como um processo de reflexão, por mais que isso ocorra de forma implícita, em que eu *participo* na qualidade de participante do discurso ou como um sujeito que reflete *in foro interno*. Pois assim é *meu* discernimento que baseia minha decisão. Mas me incomodaria muito se a determinação de minha decisão se desse por um acontecimento neural no qual eu não pudesse mais participar enquanto pessoa que toma posição: *não* seria mais *minha* decisão. Apenas a mudança *despercebida* da perspectiva do participante para a do observador pode causar a impressão de que a motivação da ação baseada em razões constrói uma ponte para a determinação da ação por causas observáveis.

O conceito correto de liberdade condicionada não se apoia naquele monismo ontológico prematuro segundo o qual razões e causas são dois aspectos da mesma coisa. De acordo com essa concepção, as razões expõem o lado subjetivo, a "forma vivencial", por assim dizer, de processos neurologicamente constatáveis. Nas ligações lógico-semânticas entre conteúdos proposicionais e atitudes devem ser refletidos "encadeamentos complexos de eventos neurofisiológicos": "Logo, razões seriam o aspecto 'interno', vivido, e causas o aspecto neurofisiológico 'externo' de um terceiro elemento mais abrangente que procede de maneira abertamente determinista, mas é fundamen-

13 Ibid., p.287 s.

talmente fechado para nós".[14] Essa interpretação naturalista apela injustamente à "teoria causal da ação" defendida por Donald Davidson, segundo a qual desejos e atitudes, intenções, convicções e orientações axiológicas valem então como causas de uma ação caso sejam as razões *com base nas quais* um ator realizou essa ação.

Embora o próprio Davidson rejeite o reducionismo,[15] a conceitualização de razões como causas sugeriu um enfoque de leitura da liberdade de ação que promete preencher o vão entre o aspecto espiritual e o físico. A teoria não pode cumprir essa promessa. Certamente, o conceito idealista excessivamente exigente de uma liberdade isenta de origem e incondicional, que deve ter força para trazer à vida novas séries causais, pode se enfraquecer aos olhos dessa teoria da ação. Mas a inserção

14 Roth, "Worüber Hirnforscher reden dürfen", op. cit., p.232.

15 Cf. a réplica de Davidson a Rorty, em Hahn (org.), *The Philosophy of Donald Davidson*, p.599: "O que eu enfatizei, sobretudo, é a irredutibilidade de nossos conceitos mentais. Eles são irredutíveis em dois sentidos. Primeiro, não podem ser definidos no vocabulário das ciências naturais, nem existem leis empíricas ligando-os a fenômenos físicos de modo a torná-los disponíveis. Segundo, não são uma parte opcional de nossos recursos conceituais. Eles são tão importantes e indispensáveis quanto os meios de nosso senso comum para falar e pensar sobre fenômenos de maneiras não fisiológicas". [Em inglês, no original: "What I have chiefly emphasized is the irreducibility of our mental concepts. They are irreducible in two senses. First, they cannot be defined in the vocabularies of the natural sciences, nor are there empirical laws linking them with physical phenomena in such a way as to make them disposable. Second, they are not an optional part of our conceptual resources. They are just as important and indispensable as our common-sense means of talking and thinking about phenomena in non-psychological ways". (N. T.)]

da liberdade de ação em um contexto motivador de razões não pode se iludir sobre a diferença entre explicações relativas à ação a partir de motivos racionais ou a partir de causas. Muito menos o conceito de liberdade condicionada contribui para a tese de que podemos correlacionar essas explicações relativas à ação uma em relação à outra como dois lados da mesma moeda – que *continua desconhecida*.[16]

(3) Diferentemente de uma explicação causal habitual, a explicação racional de uma ação não fornece condições *suficientes* para a entrada factual do evento da ação. Pois a força que motiva as razões da ação pressupõe que, sob certas circunstâncias, tais razões "são determinantes" para o sujeito que age, ou seja, são suficientes para "vincular" a vontade do ator. Uma motivação mediante razões não se limita a exigir um ator que toma posição racional, para quem as razões *contam*, mas um ator que se deixa *determinar* por seu próprio discernimento. Por causa dessa referência a um sujeito que pode até agir contra um saber melhorado, o enunciado de que "S" realizou a ação "A" com base na razão "R" de modo algum equivale ao enunciado de que "R" causou a ação "A".[17] Ao contrário da explicação causal habitual, a explicação racional relativa à ação não permite concluir

16 Essa variante do monismo ontológico ligado ao dualismo de aspectos foi desenvolvida por Thomas Nagel no programa de verificação empírico-científica de um "terceiro" elemento que, por enquanto, continua apenas postulado. Essa teoria futura deve então oferecer a base na qual seja possível reduzir as descrições tanto do aspecto físico quanto do mental de acordo com modelos conhecidos. Nagel, "The Psychological Nexus", em *Concealment and Exposure: And other Essays*, p.194-235.

17 Sobre esse argumento, cf. Searle, *Freiheit und Neurobiologie*, p.28-36.

que, sob iguais circunstâncias, pessoas quaisquer chegariam à mesma decisão. A indicação dos motivos racionais da ação não basta para transformar a explicação em um prognóstico. Não pertence à autoria responsável somente a motivação mediante razões, mas a apreensão fundamentada de uma iniciativa que se atribui ao próprio agente: só isso faz do ator um "autor".

Que "dependa dele" agir desse modo e não de outro é algo que exige ambas as coisas: ele precisa ser convencido a fazer o que é correto, mas também tem de fazer isso *por si mesmo*. A espontaneidade da ação presente na autoexperiência não remete a uma fonte anônima, mas a um sujeito a quem se atribui um "poder" [*Können*]. Mais precisamente, o ator pode se compreender como autor porque ele se identificou com o próprio corpo e existe enquanto um ser vivo que tem capacidade e autoridade para agir. O agente pode se deixar "determinar" por um substrato orgânico experimentado como corpo vivo sem prejuízo de sua liberdade porque ele experimenta sua natureza subjetiva como fonte de poder [*Können*]. Da perspectiva dessa experiência corporal, o processo vegetativo controlado pelo sistema límbico – assim como todos os outros processos cerebrais que decorrem "inconscientemente" da perspectiva neurológica do observador – transforma-se para o agente de determinantes causais em condições *autorizadoras*. Nessa medida, a liberdade da ação não é apenas liberdade "determinada" por razões, mas também liberdade "naturalmente determinada". Porque o corpo enquanto ser vivo "é" a cada vez o próprio corpo, ele determina o que nós podemos: "Ser determinado é um apoio constitutivo da autodeterminação".[18]

---

18 Seel, *Sich bestimmen lassen: Studien zur theoretischen praktischen Philosophie*, p.288.

Isso vale igualmente para o caráter que formamos no decorrer de uma história de vida individuada. É autor a respectiva pessoa determinada que nós nos tornamos, ou o indivíduo insubstituível que é como nós nos compreendemos. Por isso, nossos desejos e preferências também contam como boas razões. Contudo, essas razões de primeira ordem podem ser superadas por razões éticas que se relacionam com nossa vida pessoal como um todo, e ainda mais por razões morais. Estas resultam, por sua vez, de obrigações que devemos observar reciprocamente enquanto pessoas.[19] Kant fala primeiramente de autonomia ou de vontade livre quando a vontade se deixa vincular a razões desse tipo – ou seja, a discernimentos cuja fundamentação não se limita à pessoa ou ao interesse bem compreendido de um indivíduo, mas considera em igual medida o interesse comum de todas as pessoas. A descrição da ação moral e do dever categórico favoreceu um conceito inflacionado de liberdade inteligível e isenta de origem que foi separada de todos os contextos empíricos e é, nesse sentido, "absoluta".

Em contraposição a isso, a fenomenologia da autoria responsável nos conduziu a um conceito de liberdade determinada, enraizada no organismo e na história de vida, o qual não é compatível nem com a doutrina das duas substâncias de Descartes nem com a doutrina dos dois mundos de Kant. O dualismo metodológico de explicação baseado nas perspectivas do participante e do observador não permite ser ontologizado em um dualismo entre espírito e natureza.[20] Mesmo

19 Scanlon, *What We Owe to Each Other*.

20 Essa é a alternativa contra a qual W. Singer perfila sua concepção determinista: "É possível que de fato existam mundos ontologica-

explicações racionais da ação partem de que, em suas decisões, atores estão inseridos em contextos e implicados em circunstâncias de vida. Eles não se encontram fora do mundo quando deixam determinar sua vontade pelo que está a seu alcance e consideram correto. Dependem do substrato orgânico do seu poder [*Können*], da história de vida, caráter e capacidades, do entorno social e cultural, não por último dos dados atuais da situação da ação. Mas o agente se apropria, por assim dizer, de todos esses fatores de tal modo a não poderem mais atuar como causas externas sobre a formação da vontade, incomodando sua consciência da liberdade. O autor se identifica com o próprio organismo, com a própria história de vida e cultura que marcam seu comportamento, com os próprios motivos e capacidades. E o sujeito que julga abrange todas as circunstâncias externas na medida em que estas são relevantes enquanto restrições e ocasiões a serem levadas em sua consideração.

A discussão feita até aqui desenvolveu um conceito forte, mas não idealista, de liberdade de ação que pela primeira vez lança uma luz correta sobre os fenômenos carentes de explicação. A esse conceito se vincula um conceito de explicação racional da ação que chama a atenção para um dualismo difícil de superar entre perspectivas explicativas e jogos de linguagem. Esse dualismo epistêmico tem certamente um sentido metódico, não ontológico. Porém, até agora ainda não é claro como é

mente diferentes, um material e um imaterial, que o homem tome parte nos dois e que apenas não sejamos capazes de imaginar como um se relaciona com o outro". Singer, "Selbsterfahrung und neurobiologische Fremdbeschreibung", *Deutsche Zeitschrift für Philosophie*, v.52, n.8, p.239, 2004.

possível compatibilizá-lo com uma concepção monista de universo, que vem ao encontro de nossa carência por uma imagem coerente de mundo. Não é sem razão que os defensores de uma estratégia reducionista de pesquisa põem em dúvida a igualdade de direitos das duas perspectivas. Pois essa estratégia sempre se impôs com conhecimentos contraintuitivos ante o senso comum. Um fenômeno sentido subjetivamente como o calor é atribuído ao movimento de moléculas, e ninguém se opõe a conceitos fisicalistas com os quais analisamos diferenças de cores e alturas de sons. Mesmo considerando as supostas interações entre espírito e cérebro, abordagens de pesquisa que só confiam em explicações causais rígidas e remetem as explicações racionais flexíveis a uma psicologia ilusória do cotidiano poderiam chegar a uma resposta correta.

(4) Para tanto, a perspectiva biológica também oferece um bom argumento. Pela via do realismo das ciências empíricas já foi possível superar a seletividade do domínio de percepção em que somos restringidos por um aparato orgânico contingente. A teoria evolucionária do conhecimento reforça a relevância funcional do pensamento por inferência e a elaboração construtiva de percepções – que é responsável por formar teorias – para a sobrevivência das espécies:

> Nossos sistemas sensoriais certamente se adaptam de forma excepcional para apreender de uma quantidade muito pequena de dados as condições relevantes para o comportamento, mas não valorizam, com isso, a completude e a objetividade. Eles não copiam de maneira fiel, mas reconstroem e se servem aí do pré-saber armazenado no cérebro [...] Cérebros nutrem

> esse pré-saber com a finalidade de interpretar sinais sensoriais e ordená-los em conexões mais amplas [...] Essas reconstruções baseadas no saber podem contribuir para compensar em parte as incompletudes dos sistemas sensoriais. O pré-saber pode ser utilizado para preencher lacunas, e a conclusão lógica pode ajudar a expor disparates [...] Além disso, mediante sensores técnicos é possível chegar a fontes de informação que não são acessíveis a nossos sentidos naturais.[21]

Trata-se aqui do valor de adaptação biológica da aprendizagem coletiva da pesquisa organizada.

Mas como compatibilizar essa descrição do sistema científico, cujos membros são treinados de modo particular na busca cooperativa da verdade e no sopesamento de razões, com o caráter ilusório de razões e justificações? Se colocamos em jogo premissas da teoria da evolução para explicar o valor reprodutivo da pesquisa das ciências naturais, atribuímos a tal teoria um papel causal significativo para a sobrevivência da espécie. Isso entra em conflito com uma perspectiva neurobiológica a partir da qual essa práxis, como toda outra práxis de justificação, é classificada como epifenômeno. Essa concepção epifenomenalista resulta obrigatoriamente de uma abordagem de pesquisa reducionista. Razões não são estados físicos observáveis que variam segundo leis naturais; por isso, elas não podem ser identificadas com causas habituais. Porque se subtraem a explicações estritamente causais, razões devem se limitar ao papel de comentários posteriormente racionalizadores,

21 Ibid., p.236.

meramente concomitantes ao comportamento inconsciente, passível de ser neurologicamente explicado. Agimos como que "a partir de" causas, embora diante de outros justifiquemos nossa ação "com a ajuda de" razões.

Com isso, o reducionismo paga um preço alto. Se razões e a elaboração lógica de razões não desempenham um papel causal na perspectiva neurobiológica, da perspectiva da teoria da evolução continua sendo enigmático entender por que, afinal, a natureza se dá ao luxo de ser um "espaço de razões" (Wilfried Sellars). Razões não nadam como gotas de gordura na sopa da vida consciente. Pelo contrário, para os próprios sujeitos participantes, os processos do julgar e do agir sempre estão ligados a razões. Se o "oferecer e receber razões" fosse considerado epifenômeno, nada mais restaria das funções biológicas de autocompreensão de sujeitos capazes de fala e ação. Por que nos colocamos exigências mútuas de legitimação? Quais funções são satisfeitas por toda superestrutura de agências de socialização que endereçam às crianças esse tipo de necessitação, a qual, em termos causais, discorre de forma vazia?[22]

John Searle ergueu a evidente objeção contra o epifenomenalismo da vida consciente:

> Os processos de racionalidade consciente são uma parte tão importante da nossa vida, e sobretudo uma parte biologicamente tão dispendiosa de nossa vida, que se procederia de um modo to-

22 As explicações que Roth oferece em *Fühlen, Denken, Handeln*, op. cit., p.528 ss., são notadamente tautológicas: a questão é antes por que surge a ilusão da liberdade da vontade se esta não desempenha papel causal algum.

talmente diferente do que conhecemos a partir da evolução caso um fenótipo dessa magnitude em geral não desempenhasse um papel funcional na vida e para a sobrevivência do organismo.[23]

Gerhard Roth tinha supostamente em vista essa objeção ao considerar ilusória a autocompreensão de atores, principalmente a liberdade de ação que o "Eu virtual" atribui a si mesmo, embora simultaneamente alerte para que não se conceba a consciência do Eu[24] e a liberdade da vontade[25] como meros epifenômenos.

Esse alerta dificilmente combina com as premissas do próprio Roth. Um papel causal autônomo de vida consciente só se adapta ao quadro de uma abordagem de pesquisa reducionista sob a pressuposição de que "espírito e consciência [...] são concebidos como estados físicos" que "se encontram em interdependência" com outros estados físicos.[26] Porém, grandezas semânticas como razões ou conteúdos proposicionais geralmente não são instanciadas enquanto estados observáveis.

---

23 Searle, *Freiheit und Neurobiologie*, op. cit., p.50. As razões biológicas que Singer apresenta ("Selbsterfahrung und neurobiologische Fremdbeschreibung", op. cit., p.253 s.) para diferenciar um âmbito de decisão consciente só seriam conclusivas sob a pressuposição de que a consciência da liberdade não é ilusória a título de expressão da ação racional.

24 Roth, *Fühlen, Denken, Handeln*, op. cit., p.397: "O decisivo é não nos permitirmos ver esse ator virtual como epifenômeno. Sem a possibilidade de uma percepção virtual e de uma ação virtual, o cérebro não poderia efetuar aquelas operações complexas que efetua".

25 Ibid., p.512-3: "Podemos partir de que a vontade não é um mero epifenômeno, ou seja, um estado subjetivo sem o qual tudo no cérebro e nas relações procederia exatamente como ele faz com ela".

26 Ibid., p.253.

Por isso, o próprio Roth classifica razões e a elaboração lógica de razões como epifenômenos. Logo, não é possível ir muito longe com o papel causal da consciência do Eu e da liberdade da vontade.

O reducionismo, que de maneira determinista atribui todos os processos mentais às influências causais recíprocas entre cérebro e mundo circundante e contesta a força de intervenção do "espaço de razões" ou, como também podemos dizer, do âmbito da cultura e da sociedade, não parece proceder menos dogmaticamente do que o idealismo que também vê em andamento em todos os processos naturais a força fundante do espírito. O monismo que começa de baixo é mais científico no procedimento, mas não em sua conclusão, do que o monismo vindo de cima.

Em vista dessa alternativa, ganha atratividade um dualismo de perspectivas que não retira da evolução natural nossa consciência da liberdade, mas sim das perspectivas de explicação das hoje conhecidas ciências da natureza. Nesse sentido, Richard Rorty explica a repartição gramatical de nosso vocabulário explicativo (aquela explicação que dirige o olhar para causas observáveis e aquela que o dirige para razões inteligíveis) como resultado de uma adaptação funcional de nossa espécie a diferentes ambientes a cada vez – o entorno natural e o social. A irredutibilidade de um jogo de linguagem a um outro não precisa nos inquietar mais profundamente do que a insubstituibilidade de uma ferramenta por outra.[27] Essa comparação certamente só saciaria nosso anseio por uma imagem coerente

27 Rorty, "The Brain as Hardware, Culture as Software", *Inquiry*, v.47, p.219-35, 2004.

do universo se, junto com Rorty, estivéssemos dispostos a retrair a pretensão de verdade de teorias do ponto de vista funcionalista de seu êxito de adaptação.[28] Todavia, a verdade de teorias não se esgota no êxito de instrumentos que podemos construir com sua ajuda; e assim continua existindo a carência por uma interpretação monista de mundo. Se quisermos encontrar um lugar no próprio mundo para um dualismo epistêmico, a teoria pragmatista do conhecimento ainda aponta na direção correta com a proposta de uma destranscendentalização das pressuposições kantianas do conhecimento.

Da perspectiva antropocêntrica de uma forma de vida constituída por comunidades de indivíduos socializados, que utilizam a linguagem e cooperam com o intuito de solucionar problemas, os vocabulários e as perspectivas de explicação que "nós" *impomos* ao mundo são, para nós, "incontornáveis". Isso explica a estabilidade de nossa consciência da liberdade em relação ao determinismo das ciências naturais. Por outro lado, só podemos continuar compreendendo o espírito organicamente enraizado como uma entidade no mundo na medida em que não atribuímos às duas formas complementares de saber uma validade *a priori*. O dualismo epistêmico não pode ter caído do céu transcendental. Ele precisou *proceder* de um processo de aprendizagem evolucionário e já ter-se confirmado na confrontação cognitiva do *homo sapiens* com os desafios de um ambiente perigoso.[29] A continuidade de uma história natural, acerca da

28 Engels, *Erkenntnis als Anpassung? Eine Studie zur Evolutionären Erkenntnistheorie.*

29 Sobre esse "pragmatismo kantiano", cf. também minha "Introdução", em Habermas, *Wahrheit und Rechtfertigung*, p.7-64.

qual, ao menos *em analogia* com a evolução natural de Darwin, podemos ter uma ideia, ainda que não um conceito satisfatório do ponto de vista teórico, assegura então – apesar do vão epistêmico entre a natureza objetivada pelas ciências da natureza e uma cultura compreendida sempre de maneira intuitiva, porque intersubjetivamente compartilhada – a unidade de um universo ao qual os homens pertencem como seres naturais.

II. Sobre a interação entre natureza e espírito

De início, eu gostaria de retornar ao caráter "incontornável" dos jogos de linguagem especializados nas explicações causais ou racionais, porque, da perspectiva da teoria do conhecimento, não está absolutamente claro se podemos, afinal, afastar para o lado uma dessas duas perspectivas (5). Para amortecer o dualismo metodologicamente defendido em um naturalismo "brando", recordo em seguida conhecidos achados antropológicos. Eles devem tornar plausível como um dualismo epistêmico desse tipo poderia surgir da socialização da cognição de congêneres que são dependentes uns em relação aos outros (6). No entanto, da perspectiva neurobiológica, também um dualismo metodológico se depara com o problema – decisivo para a questão do determinismo – de como a "interdependência" entre cérebros individuais e programas culturais deve ser concebida (7).

(5) Que "não possamos recuar" para trás desse dualismo epistêmico das perspectivas de saber significa inicialmente que os correspondentes jogos de linguagem e os padrões de explicação não podem ser reduzidos uns em relação aos outros. Pensamentos que conseguimos expressar em vocabulário mental

não se deixam traduzir sem resto semântico em um vocabulário empírico, talhado para coisas e eventos. Aí reside a dificuldade daquelas tradições de pesquisa que se veem obrigadas a fazer precisamente isso caso devam poder alcançar seu objetivo de uma naturalização do espírito que procede segundo o padrão científico habitual.[30] Não importa se se trata de um materialismo que pretende reduzir estados intencionais ou conteúdos proposicionais e atitudes a estados físicos e eventos, ou de um funcionalismo de acordo com o qual circuitos eletrônicos no computador ou estados fisiológicos naturais no córtex cerebral devem "realizar" os papéis causais, os processos mentais ou os conteúdos semânticos são correlatos – no plano dos conceitos fundamentais, essas tentativas de uma naturalização do espírito falham diante das exigências de tradução. As traduções efetuadas por essas teorias ou vivem elas mesmas, ainda que tacitamente, do sentido de expressões mentalistas que elas deveriam substituir, ou lhes faltam aspectos essenciais do fenômeno de partida, fazendo-as chegar a redefinições inúteis.

Não há nada de surpreendente nisso, pois na gramática dos dois jogos de linguagem se inserem ontologias incompatíveis. Desde Frege e Husserl sabemos que conteúdos proposicionais ou objetos intencionais não se deixam individuar no quadro de referência de eventos e estados operantes em termos causais e passíveis de ser determinados no espaço e no tempo. Isso também pode ser explicado pelo entrelaçamento do conceito de

---

30 Cf. Decombes, *The Mind's Provisions: A Critique of Cognitivism*; e Cramm, *Repräsentation oder Verständigung? Eine Kritik naturalistischer Philosophien der Bedeutung un des Geistes*. Frankfurt, 2003. Dissertação (Filosofia) – Departamento de Filosofia e História, Universität Frankfurt am Main.

causa com o círculo funcional da ação instrumental. Na medida em que interpretamos a sucessão de dois estados observáveis no mundo A e B como uma relação causal (no sentido estrito de que o estado A é uma condição suficiente para a ocorrência de B), deixamo-nos guiar implicitamente pela ideia de que nós mesmos poderíamos provocar o estado B ao intervir instrumentalmente no mundo e suscitar o estado A.[31] Esse pano de fundo intervencionista do conceito de causalidade deixa claro por que estados mentais ou conteúdos semânticos que não podemos manipular pela via instrumental da mesma maneira que coisas e eventos escapam dessa espécie de explicações causais.

Uma vez que não é possível reduzir uns aos outros os jogos de linguagem talhados para dimensões espirituais e físicas, impõe-se a interessante questão de saber se precisamos considerar o mundo simultaneamente a partir de ambas as perspectivas para assim podermos aprender algo delas. É manifesto que a perspectiva do observador à qual o jogo de linguagem empirista nos *restringe* tem de se entrelaçar com a perspectiva de um participante nas práticas comunicativas e sociais para que sujeitos socializados como nós possam acessar o mundo em termos cognitivos. Somos observador e participante da comunicação em uma pessoa.

Com o sistema de pronomes pessoais, aprendemos o papel de observador da "terceira" pessoa apenas em ligação com os papéis de falante e de ouvinte da "primeira" e da "segunda" pessoa. Não é casual que as duas funções básicas da lingua-

31 Von Wright, *Explanation and Understanding*, parte II; cf. sobre isso Wellmer, "Georg Henrik von Wright über 'Erklären' und 'Verstehen'", *Philosophische Rundschau*, v.26, p.4 ss., 1979.

gem – apresentação de fatos e comunicação – estejam entrosadas de maneira cooriginária [*gleichursprünglich*].[32] Esse olhar que a filosofia da linguagem dirige a falante e destinatário, os quais, ao intercambiarem os papéis de primeira e segunda pessoa, entendem-se *sobre algo no mundo objetivo* ante o pano de fundo de um *mundo da vida intersubjetivamente partilhado*, pode ser revertido em termos de teoria do conhecimento: a objetividade do mundo só se constitui para um observador junto com a intersubjetividade do entendimento possível acerca do que ele apreendeu cognitivamente do acontecimento intramundano. Só o exame intersubjetivo de evidências subjetivas autoriza a objetivação progressiva da natureza. É por isso que os próprios processos de entendimento não podem ser objetivados como um todo, ou seja, não podem ser completamente descritos como acontecimentos determinados de forma intramundana e, desse modo, "recolhidos" de maneira objetivante.[33]

No entrelaçamento complementar da perspectiva do participante com a do observador não se enraíza apenas a cognição social e o desenvolvimento da consciência moral,[34] mas também a elaboração cognitiva de experiências com as quais nos deparamos na confrontação com o ambiente natural. As pretensões de verdade precisam resistir ao mesmo tempo tanto ao teste da experiência quanto à oposição que os outros podem

---

32 Dummett, "Language and Communication", em *The Seas of Language*, p.166-87.

33 Cf. o clássico e sempre instrutivo artigo de Sellars, "Philosophy and the Scientific Image of Man" (1960), em *Science, Perception and Reality*, p.1-40.

34 Selman, *Die Entwicklung sozialen Verstehens*; Habermas, *Moralbewußtsein und kommunikatives Handeln*, p.127-206.

fazer contra a autenticidade das experiências de cada um – ou contra sua interpretação. Com isso, no empreendimento científico não se procede diferentemente do que no cotidiano.[35]

Conceito e intuição, construção e descoberta, interpretação e experiência são momentos que mesmo no processo de pesquisa não se deixam isolar entre si. Observações experimentais são pré-construídas pela escolha de um artifício teoricamente determinado. Elas só podem assumir o papel de uma instância de controle se contarem como argumentos e puderem ser defendidas contra oponentes. A perspectiva do observador, o qual conduz experiências ao se relacionar com algo no mundo em uma atitude objetivante, entrelaça-se nesse estágio reflexivo ainda mais com a perspectiva de um participante do discurso, o qual apresenta argumentos a seus críticos ao aceitar uma atitude performativa: "Experiência e argumento formam dois componentes dependentes que se encontram na base ou no fundamento de nossas pretensões de saber algo sobre o mundo".[36]

Da constatação de que mesmo o aumento do saber teórico continua dependendo de um entrelaçamento complementar entre as perspectivas do observador e do participante, Wingert tira a consequência de que as relações de entendimento, que performativamente só são acessíveis da perspectiva de participantes nas práticas de nosso mundo da vida, não podem ser cognitivamente recolhidas com os meios das ciências naturais,

35 Para o que se segue, cf. Wingert, "Die eigenen Sinne und die fremde Stimme", em Vogel; Wingert (orgs.), *Wissen zwischen Entdeckung und Konstruktion*, p.218-49; id., "Epistemisch nützliche Konfrontation mit der Welt", em Wingert; Günther (orgs.), *Die Öffentlichkeit der Vernunft und die Vernunft der Öffentlichkeit*, p.77-105.

36 Wingert, "Die eigenen Sinne und die fremde Stimme", op. cit., p.240.

ou seja, não podem ser objetivamente *esgotadas*. Por essa razão, mesmo uma perspectiva determinista sobre o mundo só pode pretender uma validade restrita em termos regionais. Todavia, esse argumento não tem necessariamente como consequência uma autonomização transcendental do "para nós" de algo que, nos termos das ciências naturais, é em si objetivo. Antes, com base nesse acesso bifocal formado por observadores e participantes, do qual ainda depende o conhecimento objetivante da natureza, poder-se-ia expressar o resultado de um processo de aprendizagem evolucionário.[37]

(6) Da perspectiva pragmática que pretende conciliar Kant e Darwin, a tese do caráter incontornável fala em favor de que o entrelaçamento complementar de perspectivas de saber profundamente arraigadas de um ponto de vista antropológico surgiu simultaneamente com as próprias formas de vida culturais. A carência do recém-nascido organicamente "incompleto" e um correspondente longo período de crescimento tornam os seres humanos desde o primeiro instante dependentes de interações sociais que intervêm neles de maneira mais profunda na organização e expressão das capacidades cognitivas do que em qualquer outra espécie. Nos seres humanos, a existência social reflete-se em uma socialização comunicativa que desde cedo tem efeitos sobre a cognição e a aprendizagem. Michael Tomasello descreve a capacidade sociocognitiva destacada por G. H. Mead de compreender um congênere enquanto ser que age intencionalmente[38] como o avanço evolucionário que se-

37 Habermas, *Wahrheit und Rechtfertigung*, op. cit., p.36 ss.

38 Mead, *Geist, Identität und Gesellschaft*. Sobre isso, cf. Habermas, *Theorie des kommunikativen Handelns*, v.II, p.9-68.

para o *homo sapiens* de seus parentes mais próximos e possibilita o desenvolvimento cultural.[39]

Os primatas são capazes de agir de forma intencional e distinguir objetos sociais de objetos inanimados, mas seus congêneres permanecem para eles "objetos sociais" em sentido literal porque não reconhecem no outro o *alter ego*. Não compreendem o outro como ator que age intencionalmente e com quem constroem compartilhamentos "intersubjetivos" em sentido estrito, ao passo que as crianças humanas já aprendem na idade pré-linguística dos nove meses a dirigir sua atenção aos *mesmos* objetos *juntamente* com sua pessoa de referência. Na medida em que elas adotam a perspectiva de um outro, este se transforma em um oponente que assume diante delas o papel comunicativo de uma segunda pessoa. A perspectiva comum, que já nessa idade inicial surge da protorrelação da primeira com uma segunda pessoa, é constitutiva para formar uma visão objetivante que toma distância em relação ao mundo e a si mesma: "As habilidades sociocognitivas recém-adquiridas abrem às crianças a possibilidade de poder aprender algo sobre o mundo do ponto de vista dos outros e a partir deste mesmo ponto de vista também poder aprender algo sobre si mesmas".[40] Com base na compreensão social, a confrontação cognitiva com o ambiente físico independe da interação cognitiva uns com os outros. O entrelaçamento da perspectiva do observador de estados intramundanos com a do participante em interações *socializa* a cognição do adolescente com seus congêneres. Esse

39 Para o que se segue, cf. Tomasello, *Die kulturelle Entwickling des menschlichen Denkens*.

40 Ibid., p.110.

entrelaçamento de perspectivas é fixado na troca gramaticalmente regulada de papéis comunicativos desempenhados por falante, destinatário e observador se, no processo de aquisição da linguagem, a criança aprender a dominar o sistema de pronomes pessoais.

Enquanto chimpanzés não sinalizam nem indicam objetos a seus congêneres, os seres humanos aprendem tanto por cooperação quanto por instrução. Ao interagir com artefatos culturais preexistentes, eles também descobrem por conta própria as funções neles objetivadas. O tipo de formação de tradições, de ritualização e de utilização de ferramentas que também se observa entre chimpanzés não revela um saber de fundo cultural partilhado intersubjetivamente. Sem a intersubjetividade da compreensão não há a objetividade do saber. Sem a "conexão" reorganizada do espírito subjetivo e de seu substrato natural, do cérebro, com um espírito objetivo, isto é, com um saber coletivo simbolicamente acumulado, faltam atitudes proposicionais que permitissem tomar distância em relação ao mundo. Faltam inclusive os êxitos técnicos de uma interação inteligente com uma natureza objetivada. Somente os *cérebros socializados* que se conectam por meios culturais tornam-se portadores daqueles processos de aprendizagem cumulativos, eminentemente acelerados, os quais se desacoplaram do mecanismo genético da evolução natural.

Naturalmente, a neurobiologia também leva em consideração o papel da cultura e da socialização da cognição. É por isso que Wolf Singer diferencia o saber inato, armazenado nos genes e incorporado nos circuitos geneticamente determinados do cérebro humano, do saber adquirido de maneira individual e acumulado culturalmente. Sociedade e cultura exercem influência estruturante sobre o cérebro até a adolescência, continuando a exercê-la de forma cada vez mais eficiente ao longo da vida:

> Até a puberdade, processos de educação e de experiência cunham a formação estrutural de redes neurais no interior do espaço de configuração geneticamente previsto. Mais tarde, quando o cérebro já está maduro, tais alterações fundamentais na arquitetura não são mais possíveis. Toda aprendizagem se restringe então a transformações de eficiência das ligações existentes. O saber adquirido desde o começo da evolução cultural acerca das condições do mundo, o saber a respeito das realidades sociais, encontra lugar nas expressões culturais dos cérebros individuais. Nesse caso, as cunhagens iniciais programam os processos no cérebro de maneira tão tenaz quanto fatores genéticos, uma vez que ambos os processos se manifestam em igual medida na especificação de padrões de circuitos.[41]

Esses enunciados parecem algo como a "programação" do cérebro pelas tradições culturais e práticas sociais, sugerindo, com isso, uma interação entre espírito e natureza. Mas o fato incontestável de que todas as vivências conscientes e inconscientes são "realizadas" indistintamente no cérebro mediante processos descentralizados parece suficiente a Wolf Singer para excluir uma influência de processos gramaticalmente regulados e culturalmente acumulados do juízo consciente e da ação sobre os processos neurais: "Caso se admita que a troca

41 Singer, "Selbsterfahrung und neurobiologische Fremdbeschreibung", op. cit., p.249.

consciente de argumentos se apoia sobre processos neurais, então é preciso submetê-la a um determinismo neural tanto quanto à decisão inconsciente".[42] Mas a *realização neural* de pensamentos não precisa excluir uma *programação* intelectual do cérebro.[43]

(7) O espírito objetivo é a dimensão da liberdade de ação. Na consciência performativamente concomitante da liberdade reflete-se a participação consciente no "espaço de razões" estruturado de maneira simbólica em que espíritos linguisticamente socializados se movem em comum. Nessa dimensão, efetua-se a motivação racional de convicções e ações de acordo com regras linguísticas e pragmáticas que não se deixam reduzir a leis naturais. Por que não poderia, inversamente à determinação do espírito subjetivo pelo cérebro, haver também uma "causação mental" no sentido de uma programação do cérebro pelo espírito objetivo? Singer confronta isso essencialmente com três argumentos: (a) não sabemos como devemos nos representar a influência causal de um espírito que não pode ser apreendido por observação sobre processos observáveis no cérebro; (b) os processos neurais que se tornam conscientes mediante atenção são variáveis dependentes da corrente ampla de processos que permanecem inconscientes; (c) a neurobiologia não pode encontrar no cérebro que opera de maneira descentralizada correlato algum para o *self* de um ator que se atribuiu decisões conscientes.

---

42 Ibid., p.251.

43 Sobre isso, ver também Krüger, "Das Hirn im Kontext exzentrischer Positionierungen", *Deutsche Zeitschrift für Philosophie*, v.52, p.257-93, 2004.

(a) Do caráter incontornável das perspectivas de saber que se entrelaçam de forma complementar resulta, de fato, o "problema da causação": parece que nosso aparato cognitivo não é dirigido para conceber de que maneira os contextos de efeitos deterministas provocados pelos estados de excitação neurais podem interagir com uma programação cultural (que é vivida como uma motivação mediante razões). Para exprimir isso em terminologia kantiana: é inconcebível saber como a causalidade da natureza e a causalidade pela liberdade podem ser interdependentes. Todavia, esse enigma causa embaraços em igual medida por ambos os lados. De um lado, continua sendo enigmática a "causação mental" de movimentos corporais passíveis de ser explicados neurologicamente com base em intenções compreensíveis. Se assimilarmos essa espécie de programação à causalidade natural perdemos algo essencial, a saber, a referência às condições de validade sem as quais conteúdos e atitudes proposicionais permanecem incompreensíveis.[44] Mas o preço a ser pago não é menor na perspectiva contrária. O determinismo vê-se obrigado a declarar a autocompreensão de sujeitos que tomam posição de maneira racional como sendo autoilusão.

Os custos do epifenomenalismo também não são atenuados por uma caricatura da posição oposta: "Se existisse essa entidade espiritual imaterial que toma posse de nós e nos proporciona liberdade e dignidade, como então ela seria interdependente em relação aos processos materiais em nosso cérebro?".[45] Contudo,

---

44 Wingert, "Die Schere im Kopf. Grenzen der Naturalisierung", em Geyer (org.), *Hirnforschung und Willensfreiheit*, op. cit., p.115-58.

45 Singer, "Selbsterfahrung und neurobiologische Fremdbeschreibung", op. cit., p.239 s.

de fato, o espírito só "existe" em virtude de sua incorporação em substratos materiais do signo que são perceptíveis de forma acústica ou óptica, portanto em ações observáveis e manifestações comunicativas, em objetos simbólicos ou artefatos. Ao lado da linguagem diferenciada em termos proposicionais, da parte essencial das formas de vida culturais, existem muitas outras formas simbólicas, meios e sistemas de regras cujos conteúdos semânticos são partilhados e reproduzidos intersubjetivamente. Podemos compreender esses sistemas simbólicos como propriedades emergentes que se formaram com aquela onda evolucionária em direção à "socialização da cognição".

Para não deixarmos passar o *status* de um espírito "objetivo", um espírito incorporado simbolicamente em signos, práticas e objetos, dois aspectos são importantes. De um lado, o espírito objetivo procedeu da interação de cérebros de animais inteligentes que haviam desenvolvido a capacidade para a assunção recíproca de perspectivas; e, por sua vez, ele só se reproduz mediante práticas comunicativas e sociais de "cérebros" e organismos que interagem de modo novo. De outro lado, o "espírito objetivo" afirma diante desses indivíduos uma relativa autonomia porque a economia doméstica organizada segundo algumas regras e constituída por significados partilhados intersubjetivamente acabou assumindo forma simbólica. Através da regulação gramaticalmente fixada do uso de símbolos, esses sistemas de significado podem, por seu turno, exercer influência sobre os cérebros dos participantes. Somente no curso da socialização de sua cognição se forma o "espírito subjetivo" de participantes que exercitam práticas comuns e, ao mesmo tempo, se individuam. É assim que denominamos a autocompreensão de sujeitos que emergem no espaço público de uma cultura comum. Na qualidade de atores, eles desenvolvem a consciência de poder agir de um modo ou de outro porque, no espaço público de razões, são confrontados com pretensões de validade que os desafiam a tomar posição.

O discurso acerca da "programação" do cérebro pelo espírito suscita imagens próprias da linguagem da computação. Mas a analogia com o computador nos coloca em uma pista errada na medida em que sugere a imagem cartesiana de mônadas de consciência isoladas que desenvolvem cada uma por si "uma imagem interna do mundo exterior". Com isso, falta-lhes aquela socialização da cognição que caracteriza o espírito humano. Mas não é a "programação" que retém uma imagem falsa. É manifesto que, em um estágio de desenvolvimento antropológico, surge da interação intensificada dos congêneres uma camada, materializada nos signos, de contextos de sentido intersubjetivamente compartilhados e gramaticalmente regulados. Embora a fisiologia do cérebro não permita uma distinção entre *software* e *hardware*, esse espírito objetivo ainda pode obter diante do espírito subjetivo de cérebros individuais uma força estruturante. O próprio Singer fala das primeiras "cunhagens" do cérebro que se vinculam com a aquisição da linguagem. No caminho ontogenético, o cérebro individual adquire aparentemente as disposições necessárias para se "conectar" aos programas da sociedade e da cultura.

O ceticismo de Wolf Singer se funda, entre outras coisas, no fato de que o observador neurológico não pode constatar diferenças de reação no cérebro ativado por estímulos sensoriais de sinais emitidos a partir do entorno natural e cultural. Não é possível constatar se estados de excitação cerebrais foram gerados diretamente pela percepção direta de um "prado florido" ou pela percepção correspondente, mas simbolicamente codificada – por exemplo, pela intuição de uma pintura impressionista desse prado florido ou pela lembrança desse prado florido suscitada na leitura de um romance. Caso existam diferenças sistemáticas, não seria lícito explicá-las a partir da codificação simbólica de estímulos sensoriais, a saber, como consequência da interpretação do prado florido obtida pelo estilo de um Renoir ou pela complementação de significado no contexto do enredo de um romance: "Por conseguinte, acordos culturais e interações sociais influenciam funções cerebrais na mesma proporção que todos os outros fatores que atuam sobre ligações neurais e os padrões de excitação apoiados nelas. Para os processos funcionais nas redes neurais, não importa se [...] a atividade dos neurônios decorreu de estímulos sensoriais habituais ou de sinais sociais".[46]

Ninguém duvida da ligação causal pervasiva de estados neurologicamente observados; mas o fato de que programas culturais precisam ser realizados pelas operações do cérebro não torna já necessário o nivelamento da diferença entre a compreensão do significado de signos simbólicos percebidos e a elaboração de "estímulos sensoriais habituais" não codificados. Só que o modelo causal *pressuposto tacitamente* exclui a influência de um "espírito" programador sobre os processos cerebrais. Evidentemente, o cérebro não se encontra imediatamente imerso no conteúdo proposicional dos signos de seu ambiente físico, mas apenas de maneira mediada por um saber coletivo acumulado simbolicamente, o qual foi construído a partir das

46 Ibid., p.249.

operações cognitivas comuns de gerações passadas. Através de propriedades físicas de sinais recebidos, os contextos de sentido gramaticalmente regulados se abrem ao cérebro que foi transformado em espírito subjetivo, delimitando o espaço público do mundo da vida intersubjetivamente partilhado diante de um ambiente agora objetivado. E nesse "espaço de razões" se estrutura o juízo e a ação conscientes que são constitutivos para a consciência da liberdade realizada performativamente.

(b) O fenômeno da liberdade da vontade entra em cena somente na dimensão das decisões *conscientes*. Uma outra objeção se refere assim à irrelevância neurológica da diferença entre processos conscientes e inconscientes: "É acertado que as variáveis, sobre as quais se apoia o processo de ponderação, são de natureza abstrata no caso de deliberação consciente e supostamente podem ser ligadas umas às outras segundo regras complexas tanto quanto decisões que derivam, no mais das vezes, de motivos inconscientes".[47] Porém, geralmente apenas chegam à consciência aquelas vivências que atraem para si atenção, podem ser fixadas na memória de curto prazo, ser linguisticamente articuladas e requisitadas pela memória declarativa. Contudo, essas vivências formam ilhas efêmeras no mar de processos ainda inconscientes, que se efetuam segundo padrões antigos e profundamente arraigados em termos de história de desenvolvimento.

O primado genético de processos inconscientes sobre processos conscientes sugere que tanto estes quanto aqueles estão submetidos às leis deterministas da natureza. As propriedades diferenciais mencionadas não são capazes de explicar por que

47 Ibid., p.248.

processos de consciência seriam subtraídos de uma espécie de relação causal que é admitida para processos de outra espécie:

> No caso de variáveis de decisões conscientes, trata-se, principalmente, de algo aprendido posteriormente: do saber cultural formulado, de posicionamentos éticos, leis, regras de discurso e normas consensuadas de comportamento. Estratégias de ponderação, avaliação e conteúdos de saber implícitos, que chegam ao cérebro mediante diretrizes genéticas, cunhagem na primeira infância ou processos de aprendizagem inconscientes e, por essa razão, são subtraídas da conscientização, não se encontram meramente à disposição como variáveis para decisões conscientes.[48]

Todavia, a estratificação genética só seria um argumento em prol da primazia de um modo de consideração ubiquamente determinista se pudéssemos *de antemão* excluir o fato de o cérebro também realizar *diretrizes* culturais que ele vai ajustando por meio de processos conscientes. Certamente, mesmo os programas culturais não produzem efeitos sobre o comportamento sem a infraestrutura de processos realizados pelo cérebro. A dependência que a vida consciente tem em relação ao substrato orgânico reflete-se neste mesmo como consciência do corpo vivo [*Leib*]. Ao agirmos, nós nos sabemos de maneira bastante trivial dependentes de um corpo [*Körper*] com o qual nos identificamos na qualidade de ser vivo [*Leib*]. Mas, porque nós mesmos *somos* esse corpo, experimentamos o organismo autorregulador como um conjunto de condições possibilitadoras. A capacidade de ação vem junto com a consciência do

48 Ibid., p.252.

corpo. Corpo, caráter, história de vida não podem mais ser percebidos como determinantes causais, como se a título de corpo próprio, caráter próprio e história de vida própria eles definissem o *self*, que faz que as ações sejam nossas ações.

(c) A terceira objeção se refere a esse *self* socialmente construído da autocompreensão dos atores que partem do fato de poderem agir de um modo ou de outro. No entanto, a neurobiologia procura em vão por uma instância no cérebro capaz de coordenar tudo, a qual nós correlacionamos ao "Eu" subjetivamente experimentado. Singer conclui dessa observação neurológica o caráter ilusório da consciência do Eu e o valor posicional epifenomenal da consciência da liberdade. Singer ressalta

> que nossa intuição se engana de modo dramático. Aos diagramas sinápticos da rede do córtex cerebral falta a referência à existência de um centro singular de convergência. Não há um comando central [...] em que o "Eu" pudesse se constituir. Cérebros altamente desenvolvidos de animais vertebrados se apresentam antes como sistemas superconectados e distributivamente organizados, em que um número enorme de operações acontece de forma simultânea. Esses processos paralelos se organizam sem necessitar de um centro singular de convergência, conduzindo em sua totalidade a percepções coerentes e a comportamentos coordenados.

Resulta disso o chamado problema de vinculação, a saber, a questão de "como os muitos processos de elaboração que ocorrem simultaneamente no córtex cerebral são coordenados de modo que interpretações coerentes dos múltiplos sinais sensoriais venham a ser possíveis, que possam ser dadas definições claras para determinadas opções de ação e provoquem reações motoras coordenadas".[49]

No entanto, essa observação serve para apoiar um argumento contra a liberdade da vontade somente na medida em que a autorreferência da ação responsável pressupõe uma central de comando para a qual existe um correlato neural. Essa representação pertence à herança de uma filosofia da consciência que centra o sujeito vivente na autoconsciência e confronta o mundo como uma totalidade de objetos. Que a crítica neurológica acredite estar obrigada a se apegar à imagem de uma instância hierárquica do Eu explica-se pela afinidade espiritual oculta das ciências da cognição e da neurologia com essa filosofia da consciência. Partindo da relação de dois termos entre "Eu" e "mundo", ou "cérebro" e "entorno", as duas partes chegam ao paradigma do espírito como consciência subjetiva que se abre da perspectiva da Primeira Pessoa de um sujeito vivente. O conceito de "mental", comum a esses dois lados, é tributário do desvanecimento da perspectiva da segunda pessoa com a qual uma primeira pessoa se relaciona enquanto participante de uma práxis comum.

Como Wittgenstein e outros mostram no emprego do pronome pessoal da primeira pessoa do singular, por trás do dizer-eu reificante não se esconde instância alguma à qual poderíamos nos referir como se fosse uma entidade no mundo.[50] Ao lado da função de índice, a expressão "eu" assume muitos outros pa-

---

49 Ibid., p.243.

50 Seguindo o argumento da linguagem privada de Wittgenstein, cf. a excelente análise de Tugendhat, *Selbstbewußtsein und Selbstbestimmung*, p.4, Preleção 6.

péis gramaticais. No uso expressivo da linguagem, proposições de vivências, que são formadas com a ajuda do "eu" e de uma expressão mentalista, satisfazem a função de manifestação de vivências que o público imputa ao falante. A efetuação de atos ilocucionários, que são verbalizados com a ajuda do "eu" e de uma expressão performativa, satisfaz a função concomitante de reclamar para o falante na rede de relações sociais um lugar como iniciador de ações imputáveis.[51] Pois bem, em nosso contexto, importa apenas que o "eu" satisfaz todas essas funções apenas como componente de um sistema de pronomes pessoais sem que nisso ocupe qualquer posição privilegiada.

O sistema de pronomes pessoais institui uma rede descentrada de relações simetricamente irreversíveis entre primeira, segunda e terceira pessoas. Mas se as relações sociais que o *alter ego* acolhe com o falante possibilitam pela primeira vez as relações autorreferenciais de *ego*, as instâncias de referência de saída relacionadas formam variáveis dependentes em um sistema de comunicação abrangente. Decerto, o "eu" pode ser compreendido como uma construção social,[52] mas, por essa razão, ainda não é ilusão. Na consciência do Eu reflete-se, por assim dizer, a conexão do cérebro individual com programas

51 Habermas, "Individuierung durch Vergesellschaftung", em *Nachmetaphysisches Denken*, p.187-241. Para a respectiva discussão entre Tugendhat, Dieter Heinrich e eu, cf. Mauersberg, *Der lange Abschied von Bewußtseinsphilosophie: Theorie der Subjektivität bei Habermas und Tugendhat nach dem Paradigmenwechsel zur Sprache*. Frankfurt, 1999. Tese (Doutorado) – Johann-Wolfgang-Goethe-Universität zu Frankfurt am Main.

52 Sobre isso, cf. introdução, em Döbert; Habermas; Nunner-Winkler (orgs.), *Entwicklung des Ichs*, p.9-31.

culturais que se reproduzem apenas mediante comunicação social, ou seja, de maneira distribuída entre os papéis comunicativos de falantes, destinatários e observadores. Os papéis reciprocamente intercambiáveis de primeira, segunda e terceira pessoas também servem à inserção individuadora do organismo individual no "espaço de razões" público, onde indivíduos socializados tomam posição diante de pretensões de validade e, na qualidade de autores responsáveis, podem agir de maneira reflexiva, isto é, livre.

7
"Eu mesmo sou evidentemente um fragmento de natureza" Sobre o entrelaçamento de razão e natureza em Adorno Considerações sobre a relação entre liberdade e indisponibilidade[1]

O jubileu de Adorno está ricamente guarnecido: com livros, biografias, ilustrações, conferências – e com incontáveis eventos organizados pela mídia, entusiastas e *voyeurs*. Não que isso tivesse desagradado Adorno. Mas esse interesse vital de uma esfera pública mais ampla e barulhenta contrasta com a hesitação estilizada de colegas de disciplina que pelo mesmo motivo voltam a se dedicar à obra do grande filósofo e sociólogo – e quanto a isso encontram dificuldades. A obra filosófica e sociológica de Adorno está ainda mais deslocada em nossa discussão atual do que durante a *Adorno-Konferenz* que há vinte anos foi realizada neste lugar.[2] O evento de hoje é a tentativa

1 Publicado sob o título "'Ich selber bin ja ein Stück Natur'. Adorno über die Naturverflochtenheit der Vernunft: Überlegungen zum Verhältnis von Freiheit und Unverfügbarkeit", em Honneth (org.), *Dialektik der Freiheit: Frankfurter Adorno-Konferenz 2003*, p.13-40.

2 Friedeburg; Habermas (orgs.), *Adorno-Konferenz*.

de submeter a capacidade atual de conexão da teoria a um exame: o que o filósofo e sociólogo Adorno tem para contar no contexto das discussões do presente? Para tanto, eu escolhi o tema da liberdade que Adorno em suas preleções de filosofia moral[3] e na *Dialética negativa*[4] tratou sobretudo em diálogo com a filosofia moral de Kant.

Nesse ínterim, os progressos acelerados nas ciências biológicas e nas pesquisas sobre inteligência artificial trouxeram nova relevância para as abordagens naturalistas na filosofia do espírito. Como consequência, até nas disciplinas das ciências naturais o venerável conflito entre determinismo e liberdade encontrou eco. Em todo caso, aqui entre nós, onde – diferentemente dos Estados Unidos – a mentalidade secular certamente fez amplos progressos na sociedade, na tradição filosófica as suposições fundamentais de um naturalismo científico de modo algum se enraizaram profundamente. Aqui continuamos trabalhando para conciliar Kant com Darwin e apreender o estado de coisas aparentemente paradoxal que Adorno exprimiu da seguinte maneira: "Que a razão seja algo diferente da natureza e, no entanto, um momento desta, constitui sua pré-história que se tornou sua determinação imanente" (ND, p.285).

Essa formulação leva em conta que mesmo os sujeitos que agem guiados pela razão e, nessa medida, são livres, de modo algum estão desonerados dos acontecimentos naturais. Eles não podem se desacoplar de sua origem natural ao se transferir

3 Adorno, *Probleme der Moralphilosophie* (1963), citado de agora em diante como "PM" e indicação de página.

4 Adorno, "Negative Dialektik", em *Gesammelte Schriften*, v.6, citado de agora em diante como "ND" e indicação de página.

para um lugar de origem inteligível. No entanto, essa recusa do dualismo kantiano entre o reino da liberdade transcendental e o reino dos fenômenos racionais regulado por leis encontra o velho problema em uma nova forma – como uma liberdade da vontade presa à natureza pode de maneira inteligível encontrar lugar em um mundo causalmente fechado:

> Os sujeitos empíricos podem realmente agir por liberdade, portanto, visto que eles mesmos pertencem à natureza, a unidade kantiana da natureza – fundada mediante categorias – é destruída. De certa maneira, a natureza possui então uma lacuna, e essa incompletude contradiria a unidade do conhecimento da natureza que, como se sabe, as ciências naturais têm em mira. (PM, p.150 s.)

Nessa passagem, Adorno corrobora explicitamente a caracterização kantiana das ciências naturais e repete a aporia existente de acordo com a qual o conceito de uma vontade livre é incompatível com o conceito de causalidade segundo a natureza enquanto "ligação, regulada por leis, de um estado com um outro anterior".[5] Sua argumentação visa resolver a antinomia entre liberdade e determinismo por meio de um deslocamento semântico no conceito de natureza pleno de consequências. Ele subordina o conceito científico de natureza, ou seja, o domínio de objetos das ciências naturais que oferecem explicações causais, ao conceito romântico de uma *natura naturans* schellingniana, não objetificada – de uma história natural que da "nossa" retrospectiva deixa-se decifrar como pré-história do espírito.

5 Kant, *Kritik der reinen Vernunft*, B 560.

Contudo, pelo caminho de uma assimilação da natureza objetivada que se tornou disponível surgiu no interior da própria esfera do espírito uma segunda *natureza*, como que *invertida*, na forma de relações sociais naturalizadas. O estigma dessa natureza invertida é a força causal de motivos inconscientes, em que ambas as coisas parecem se fundir: a causalidade segundo leis da natureza funde-se com aquela espécie de causação mediante razões que não contradizem a autocompreensão do autor de uma ação responsável. Explicações psicanalíticas do desenvolvimento moral formam assim uma ponte entre liberdade e determinismo.

Essa concepção de uma história natural certamente não é de fato capaz de resolver a antinomia, mas, no fim, ela pode nos oferecer uma indicação interessante. No que se segue, darei atenção à fenomenologia desenvolvida incidentalmente por Adorno da consciência da liberdade cotidiana que se realiza de maneira intuitiva. Aí já se encontra um conceito destranscendentalizado de *liberdade determinada pela natureza*, o qual, porém, ainda não atinge a antinomia entre liberdade e determinismo (I). A intuição de Adorno da rememoração da natureza no sujeito visa à liberdade no sentido pretensioso de uma emancipação da naturalização [*Naturwüchsigkeit*]. Mesmo essa crítica de uma razão que *sucumbe* à natureza não pode solucionar o enigma desenvolvido na terceira antinomia de Kant de uma razão *entrelaçada* com a natureza (II). Ao mesmo tempo, os dois momentos da liberdade *determinada* pela natureza que foram desenvolvidos de forma especulativa – a indisponibilidade da tomada de posição do outro não idêntico e a indisponibilidade da natureza subjetiva – conduzem ao centro dos confrontos atuais com abordagens naturalistas (III).

I. Sobre a fenomenologia da consciência da liberdade

Para uma fenomenologia não distorcida da consciência da liberdade de sujeitos agentes, o primeiro movimento é decisivo: não é lícito que a visão se prenda no sujeito da auto-observação e na subjetividade da vivência. A consciência da liberdade é consciência implícita da ação. A visão fenomenológica tem de se orientar pela *efetuação* da ação e nesta descobrir o saber de fundo que a acompanha de modo intuitivo. Tem caráter performativo tomar consciência de algo que se realiza de maneira não tematizada enquanto se faz outra coisa que é tematicamente pretendida. Isso é o que Adorno acentua quando, opondo-se ao caráter supostamente inteligível da liberdade, coloca em jogo a "atualização temporal" da autoexperiência do agente: "É inconcebível como a liberdade, em princípio atributo da ação temporal [...], deve poder ser predicada de algo radicalmente atemporal" (ND, p.251).

Desse modo, o sentido ilocucionário de atos de fala torna-se presente para nós quando "emitimos" enunciados sem tematizá-los explicitamente como afirmações, objeções, questões ou conselhos. Contudo, esse modo de saber se encontra como que na superfície. É preciso apenas trocar a perspectiva do participante pela da terceira pessoa para tornar o sentido ilocucionário de um ato de fala o conteúdo de uma outra descrição anafórica. Desse modo, o "saber como se faz algo" se deixa transformar em um "saber acerca de algo". Contudo, a exemplo dos jogos de linguagem de Wittgenstein, não é possível analisar todo tipo de práxis como observância de regras implícitas. A consciência da liberdade que acompanha implicitamente todas as nossas ações encontra-se de maneira tão profunda no subsolo ou permanece de forma tão vasta no pano de fundo que não é fácil trazê-la à luz. O importante é que o caráter performativo nos chama atenção para a perspectiva dos participantes, a qual só pode ser acessada pela autoexperiência do sujeito que age livremente.

Isso está em contradição com a clássica condição experimental que faz de nós asnos de Buridan com o intuito de isolar o momento da liberdade de arbítrio dessa ou mesmo de outras capacidades de ação. Ela nos convida a adotar a perspectiva de uma pessoa que *observa* a si mesma, embora a consciência da liberdade que se torna presente de maneira performativa escape à perspectiva de um observador. Por isso, Adorno é contra esse tipo de experimento. Ao erguer e deixar cair o livro que se encontra diante dele, Adorno se limita a demonstrar a "liberdade de arbítrio" para que seus estudantes notem o espaço público de razões abstraído pelo conceito solipsista de liberdade de arbítrio. Pois somente no horizonte de expectativas de um evento acadêmico uma tal demonstração perde seus traços absurdos:

> Portanto, seu eu, para usar mais uma vez esse exemplo idiota, deixo cair o livro, então isso me parece de início determinado pela minha decisão livre, mas há aí toda uma série de outras condições que ainda podem ser consideradas. Por exemplo, eu me vejo obrigado a, de certa forma, demonstrar a vocês esse fenômeno de uma chamada ação por liberdade e não tenho nada à mão que não seja esse maldito livro, e isso pode ser atribuído, por sua vez, a todas as outras coisas possíveis [...]. (PM, p.80)

A pessoa que age por liberdade move-se desde sempre em um espaço intersubjetivo onde outras pessoas podem pedir-lhe explicações: "Por que o senhor ergue o livro e então o deixa cair de novo?". Com isto, um *primeiro aspecto substantivo* toca no que se torna intuitivamente presente para nós quando agimos. Um ator não se sentiria livre se, caso necessário, não pudesse *prestar contas* acerca dos motivos de sua ação. Reações ou moções involuntárias, por exemplo, enrubescer ou empalidecer, ou mesmo a expressão cega de desejos, não se encontram entre essas categorias de ação. Para que possam ser imputadas a um sujeito, ações precisam revelar uma intenção. Portanto, na ação cotidiana, só nos sentimos intuitivamente "livres" se nossas ações puderem ser interpretadas como a efetivação de um propósito, ou seja, expressão da vontade. Caso contrário, não agimos de maneira imputável.[6] A vontade se diferencia do impulso indistinto em virtude das razões. Dentre elas contam todas as razões, contanto que conduzam a uma decisão refletida. Visto que uma vontade sempre se forma no médium de razões, o sujeito agente pode ser questionado acerca de "suas razões". E porque a vontade é a faculdade das razões, compreende-se o enunciado de Adorno de que "a razão monopoliza o impulso na forma da vontade" (PM, p.190). A razão raciocinante forma, a partir de estímulos e moções difusas, seu "material", a vontade (ND, p.327).

Contudo, essa formulação algo brusca, que já move Kant para a perspectiva de Freud, revela que esse primeiro aspecto da consciência da liberdade – a saber, a racionalidade da vontade como fundamento da responsabilidade diante de outra pessoa – não esgota o sentido de liberdade. Na qualidade de

6 Tugendhat, "Der Begriff der Willensfreiheit", em *Philosophische Aufsätze*, p.334-52.

faculdade impessoal, a razão poderia penetrar de forma anônima a vontade de quaisquer sujeitos sem deixar a cada pessoa espaço para ação *própria*. Mas quem age com consciência da liberdade compreende-se como autor de suas ações. Se olharmos mais de perto, nessa consciência da *autoria* ligam-se dois momentos: que eu tomo uma *iniciativa* e que *sou eu* unicamente quem toma a iniciativa.

Sentir-se livre significa primeiramente poder começar algo novo. No que diz respeito a esse iniciar, Adorno permanece convencionalmente próximo à terceira antinomia de Kant: sujeitos que agem livremente intervêm nos cursos regulados por leis naturais e "fundam", para usar uma expressão sua, séries causais. O agente que toma uma iniciativa supõe que, com isso, ele coloca em curso o que não aconteceria sem sua intervenção. Na atitude performativa, a questão de saber como nossas ações "se conectam objetivamente com a causalidade natural" (PM, p.63) de modo algum se coloca.

Ora, para que a iniciativa possa ser experimentada como uma iniciativa *própria* é preciso acrescentar o outro momento da autoatribuição. Tenho de poder me relacionar reflexivamente "comigo" como o autor em última instância decisivo para estabelecer ou iniciar uma nova série de determinações. "Depende de mim" se tomo a iniciativa de algo ou se ajo de uma forma ou de outra. Dentre os aspectos tratados até aqui – da vontade formada com base em razões ou do novo começo –, a fenomenologia da consciência da liberdade apreende as suposições performativamente efetuadas de uma *autoria responsável*. Mas quem é o *self* da autodescrição de ações que experimento em mim como seu autor? Adorno responde a essa questão na confrontação com o conceito de liberdade inteligível de Kant ao dizer que meu corpo e minha história de vida constituem juntos o ponto de referência das ações que me são imputadas.

A espontaneidade de minha ação, que se presentifica na autoexperiência do agente, não provém de fontes anônimas, mas de um centro que *sou* eu e com o qual, portanto, eu me sei idêntico. Kant localiza a fonte da autorreferência na subjetividade transcendental da vontade livre, no Eu noumenal. Mas o Eu *individual* dificilmente pode se fundar na vontade livre caso a vontade livre seja idêntica à vontade racional. Visto que sua estrutura é tributária de uma razão impessoal, falta à vontade livre a força de individuação. A reação destranscendentalizadora de Adorno começa com uma diferenciação que introduz uma cunha entre juízo e ação. Para que das boas razões não se siga apenas uma "boa" vontade, a saber, uma vontade impotente, mas uma ação correta, é preciso que "algo suplemente" [*hinzutreten*] a mera consciência: "A práxis também carece de algo diferente, que não se esgote na consciência, mais precisamente algo corpóreo, mediado pela razão, mas qualitativamente dela" (ND, p.228). Adorno descreve o elemento prático que na execução da ação, na implementação objetiva do propósito, supera o elemento teórico das boas razões, como "impulso", como "aquilo que eclode repentinamente", como "a espontaneidade que Kant igualmente transplantara para a consciência pura" (ND, p.229).

Nesse "suplementar" [*Hinzutretenden*], que é ao mesmo tempo mental e somático, ou seja, que também impele para além a esfera da consciência ao qual pertence, ressalta-se o substrato orgânico de um corpo [*Körper*] que só considero meu corpo porque sou esse corpo na qualidade de ser vivo [*Leib*].[7] Eu experiencio a natureza "interna" ou subjetiva no modo da existência corporal, tal como a vivo:

> Kant coloca de ponta-cabeça o estado de coisas. Por mais que o suplementar sempre possa ser mais sublimado, por mais que, com isso, o conceito de vontade se configure como algo substancial e unânime – se a forma de reação motora fosse completamente liquidada, a mão não mexeria mais, então não haveria vontade alguma. (ND, p.229)

Não é a vontade como tal, mas a natureza subjetiva onde aquela finca suas raízes, seu enraizamento orgânico na natureza vivenciada de minha vida somaticamente vivida, que constitui a base de referência do ser-si-mesmo e da autoatribuição de ações que são "sempre minhas".

Para a referência reflexiva em relação a mim como autor de minhas ações, a centralização de minha existência na experiência de ser um corpo vivo é condição necessária, mas ainda não suficiente. O corpo vivo é o substrato orgânico da vida de uma pessoa fisicamente *insubstituível*, que apenas no curso de sua *história* de vida adota os traços de um indivíduo *inconfundível*. Não somente o impulso corporal – a "mão que se mexe" – é suplementado pela transformação do juízo em ação, mas a história de vida enquanto quadro de referência para o cuidado

7 Plessner escolhe o dualismo de ser um corpo vivo [*Leibsein*] e ter um corpo [*Körperhaben*] como chave para a análise da "posição excêntrica" dos seres humanos, cf. "Die Stufen des Organischen und der Mensch", em *Gessammelte Schriften*, v.IV. Weingarten assume esse motivo nos contextos da discussão bioética, em *Leben (bio-ethisch)*.

existencial com o próprio bem-estar. A reflexão racional entra em cena inicialmente quando passamos a perseguir de modo prudente nossos próprios objetivos. Essa primeira e imediata sublimação de "moções", sentimentos e impulsos não provém de uma exigência por felicidade já refratada de maneira reflexiva e amplamente irradiada. Religada à existência corporal, uma vontade ética antecipadora projeta a autocompreensão individual em cujo horizonte a consideração moral deve ser integrada aos interesses simétricos dos outros.

A vontade ética aberta a considerações morais, mas que inicialmente refere-se a si mesma, é a força que forma o caráter e, junto à autocompreensão pessoal, constitui um *self* que pode falar "eu" para si. Adorno reconhece no "caráter", que pela primeira vez torna a pessoa um indivíduo, "aquele meio entre natureza e *mundus intelligibilis*, o qual [o caráter] Benjamin contrasta com o destino" (ND, p.237). Razão prática e liberdade moral, com os quais Kant lidou, desdobram-se apenas no contexto das histórias de vida de pessoas que se preocupam com seu próprio bem-estar. Mesmo esclarecendo aqueles aspectos da autoria responsável que estão presentes na efetuação ingênua de ações, a fenomenologia da consciência da liberdade ainda não se referiu, como veremos agora, à "vontade livre" em sentido estritamente kantiano. O sentido intuitivo da autoria responsável se vincula a todas as ações, não só às ações morais.

Adorno descreve essa consciência da ação – ainda não especificada segundo razões pragmáticas, éticas ou morais – sem projetar essa experiência da liberdade em um Eu inteligível que está além da natureza e da história. Sua descrição remete à origem histórico-natural de um sujeito sustentado por estados de ânimo e levado por impulsos, o qual somente com base em seu modo de existência corporal e mediante a força de individuação do cuidado ético com a própria história de vida é capaz de se constituir como um *self* que age de maneira responsável. Do ponto de vista genético, a relação entre razão e natureza é assimétrica; de modo bem darwinista, uma só pode proceder da outra: "Emergindo da natureza de modo efêmero, a razão é idêntica e não idêntica à natureza" (ND, p.285). Em suma, depois da destranscendentalização da vontade livre, a fronteira entre razão e natureza não se deixa mais determinar como aquela entre inteligível e empírica. Pelo contrário, essa fronteira segue "em meio à empiria" (ND, p.213). Mas em que sentido fala-se aqui de "natureza" e causalidade natural?

Ao resgatar a vontade guiada pela razão da esfera do inteligível e encaminhá-la ao âmbito da experiência corporal e da história de vida individual de pessoas que agem, Adorno substitui o conceito aporético de liberdade *indeterminada* pelo de liberdade que provém da natureza. Da perspectiva do agente que se compreende como autor de ações das quais se vê obrigado a prestar contas, esse conceito de uma *liberdade condicionada pela natureza* e inserida no contexto da história de vida deixa de ser enigmático. Pois, no processo de ação, encontramo-nos frontalmente com a natureza apenas a título de entorno, uma esfera de condições restritivas determinada por leis naturais, por ocasiões convidativas e meios disponíveis. A causalidade natural que intervém *a tergo* é ofuscada na execução da ação – ela não entra no campo de visão da perspectiva do participante.

A estabilidade da consciência da liberdade só pode ser ameaçada por um saber que deriva da atitude objetivante de um observador da natureza objetiva – ou de uma natureza constituída segundo as ciências empíricas. Só depois de efetuarmos uma tal mudança de perspectiva do participante para o observador os motivos da própria ação podem se embrenhar na rede de acontecimentos racionais conforme a leis de um mundo fechado em termos causais. Para a consciência que o ator possui acerca da própria ação, o problema da compatibilidade entre liberdade e causalidade da natureza não se coloca. O agente não se sente submetido à natureza, à qual ele se contrapõe e na qual intervém, *enquanto* agente. Muito menos pode se sentir dependente da própria natureza subjetiva, pois, na espontaneidade de sua ação, ele se sabe idêntico a si mesmo – enquanto ser vivo que é. Dada a premissa da unidade com seu corpo, as estruturas condicionantes da natureza interna lhe parecem um conjunto de condições possibilitadoras da própria liberdade. E, na medida em que o substrato orgânico adentra em sua história de vida como natureza pulsional, o agente se sabe enquanto o autor que toma posição em relação a seus próprios impulsos e os elabora na qualidade de razões motivadoras.

Isso também vale para as razões éticas implicadas na ação, nas quais o caráter e a história de vida produzem uma força capaz de formar a vontade. Da mesma maneira, no caso da identificação com o próprio corpo e com estados de ânimo e esforços corporais, trata-se de um ato de apropriação, um ato de identificação mais ou menos consciente que explica por que as influências da socialização e da origem que marcam a identidade não são sentidas como destino que restringe a liberdade. Em princípio, o adolescente pode tomar posição retrospectivamente diante de seus próprios processos de formação e decidir de quais formas de vida, tradições e modelos culturalmente "determinantes" ele quer se apropriar e quais não. Deixar-se determinar por eles não é restrição, mas sim parte da liberdade.

O agente só pode experienciar as razões que provêm de seu "caráter" e de sua história de surgimento como coerção se ele "se colocar ao lado de si mesmo" e considerar sua própria história de vida como um acontecimento natural que escapa a toda avaliação.[8]

Razões e troca de razões formam o espaço lógico para a constituição da vontade livre. Razões certamente podem, por exemplo, obrigar-nos a mudar uma opinião. Mas boas razões nos obrigam a discernir melhor. Com efeito, a liberdade de uma vontade, que somente como vontade refletida se torna uma vontade livre, não pode restringi-las.[9] Razões "coagem" não no sentido de uma restrição da liberdade. Pelo contrário, elas são constitutivas daquela consciência da liberdade que é a base de comparação para experiências de não liberdade. Peter Bieri afirma com razão: "Não poder decidir por algo diferente do que se considera correto, nisso consiste a liberdade fidedigna da decisão".[10] Razões podem motivar ou causar ações, mas apenas se o próprio sujeito da reflexão estiver convencido de sua própria contundência. Razões só obtêm força motivadora da ação caso sejam determinantes nos processos práticos de ponderação entre alternativas de ação que levem a decisões maduras. Enquanto assumem o papel de motivos, elas adqui-

---

8 Deixar-se determinar não implica restrição da liberdade, mas antes a possibilita. Cf., sobre isso, Seel, *Sich bestimmen lassen*, p.288: "Quem não fosse determinado em muitos aspectos não poderia determinar a si mesmo [...]. Ser determinado é a reserva constitutiva da autodeterminação".

9 Schnädelbach, "Vermutungen über Willensfreiheit", em *Vernunft und Geschichte*, p.96-125.

10 Bieri, *Das Hanwerk der Freiheit: Über die Entdeckung des eigenen Willens*, p.83.

rem eficácia causal não segundo leis da natureza, mas segundo regras gramaticais. A ligação lógico-semântica de um enunciado com um enunciado precedente não é do mesmo tipo que a ligação nomológica de um estado com um estado precedente.

II. Liberdade como emancipação da naturalização – rememoração da natureza no sujeito

A fenomenologia da consciência da liberdade segue então em direção a um conceito consistente de liberdade condicionada pela natureza. Contrariamente à construção kantiana da liberdade como uma faculdade inteligível, podemos reter que liberdade e não liberdade não se reduzem a um contraste entre incondicionado e condicionado.[11] Contudo, essa desoneração da liberdade inteligível em relação ao mundo também não pode ser negada de um modo errado. Adorno pensa na imagem de uma razão que provém da natureza e nela permanece entrelaçada. A natureza interna, experimentada como conjunto das condições possibilitadoras da liberdade, abrange tanto os impulsos corporais de uma existência sempre ligada a um corpo vivo quanto estados de ânimo e esforços, ou seja, o "material" acessível à autoexperiência a partir do qual, no calor das reflexões discursivas, uma vontade determinada é forjada pela primeira vez. A vontade livre é condicionada pela força de motivação das reflexões que revelam tanto os próprios desejos e representações quanto condições, ocasiões, meios e consequências possíveis. Esses pensamentos formadores da vontade

11 Ibid., p.243.

também provêm, para o próprio agente, de sua natureza subjetiva; todavia, *da sua perspectiva*, não podem ser projetados ao mesmo tempo na natureza objetivada de maneira científica.

O conjunto de condições em que um sujeito se sabe inserido *in actu* na qualidade de autor responsável de suas ações não se espelha ao mesmo tempo nessa consciência como o conjunto de determinações no sentido da causalidade natural (compreendida por Kant). Enquanto os fenômenos da consciência da liberdade, acompanhados de modo latente, são acessíveis à atitude performativa de um agente, somente a partir da atitude objetiva de um observador nós podemos atribuir à natureza causalidade no sentido de uma ligação conforme a leis de estados que se seguem uns aos outros. Para solucionar a antinomia entre liberdade e determinismo, deveria ser produzida uma *relação compreensível* entre a autoexperiência intimamente efetuada do ato da decisão refletida e o acontecimento que procede objetivamente ao mesmo tempo no substrato do corpo. A análise fenomenológica da liberdade condicionada pela natureza não dispõe *por si mesma* dos meios para a construção de uma ponte entre a linguagem da filosofia, que está ligada à perspectiva da ação, e a linguagem da neurologia, que está ligada à perspectiva do observador.[12] *De que maneira a assunção responsável pela autoria da*

12 Bieri (*Das Hanwerk der Freiheit*, op. cit., p.287 s.) comete o erro de nivelar a diferença de linguagem entre a análise condicional no conceito de razões e uma análise condicional nos conceitos de causas quando descreve o processo de ponderação de alternativas de ação a partir da perspectiva do observador como um "acontecimento", mas esse saber de uma terceira pessoa intervém na própria consciência da ação: "O pensar acerca de alternativas é, no conjunto, um acontecimento que, junto com minha história, no fim me compromete com

própria ação pode ser traduzida em um acontecimento observável e passível de ser explicado em termos causais de modo que, tanto agora quanto antes, possamos saber quando falar sobre os mesmos fenômenos?

Essa questão deveria se colocar a todos aqueles que gostariam de solucionar a antinomia entre liberdade e determinismo. Mas ela não emerge em Adorno. Em vez disso, ele desloca a causalidade segundo a primeira natureza, que é constituída nos termos das ciências empíricas, para a esfera de uma segunda *natureza constituída socialmente* pela via da repressão da liberdade. Esse conceito peculiar de sociedade naturalizada possibilita investigar a relação entre causalidade e liberdade *dentro* do horizonte de experiência de sujeitos que agem livremente. Apenas dentro desse horizonte da liberdade cotidiana da consciência a causalidade pode em geral ser experimentada como "coerção", a saber, como restrição do espaço de ação para a ponderação racional de possibilidades de ação alternativas.

É somente dessa perspectiva interna que Adorno leva a sério a antinomia entre liberdade e determinismo, procurando resolvê-la em favor de uma preservação da liberdade. "As decisões do sujeito não se afastam da corrente causal, acontece um solavan-

---

uma vontade totalmente determinada. Eu sei disso, e isso não me incomoda, muito pelo contrário: exatamente nisso reside a liberdade da decisão". No entanto, a estabilidade reflexiva da consciência da liberdade é de fato ameaçada pelo saber objetivador – nessa medida, a antinomia de Kant está correta. A virada para uma descrição naturalista das reflexões – e que parece nos tornar propriamente seres pensantes – a título de processos neurais no córtex cerebral suscita uma dissonância cognitiva, porque a consciência da liberdade, juntamente com todas as suas suposições, prende-se de tal modo à atitude performativa da execução atual da ação a ponto de se dissolver em um instante no modo de consideração objetivador.

co" (ND, p.226). A fenomenologia da liberdade condicionada pela natureza, contudo, proíbe a saída para o reino do inteligível: "Esse elemento suplementar [*Hinzutretende*], factual, alheia-se na consciência, a tradição filosófica o interpreta mais uma vez apenas como consciência, como se a intervenção do espírito puro fosse de algum modo imaginável" (ibid.). Adorno certamente se atém à intuição à qual Kant quis fazer jus com a sua proposta de solução dualista: "Apenas a reflexão do sujeito seria capaz de, se não romper a causalidade natural, ao menos mudar a sua direção, acrescentando outras séries de motivações" (ibid.). Mas, visto que a solução idealista é inconsistente e o naturalismo não aspira mais à demonstração de uma explicação *que faça jus aos fenômenos*, ele precisa procurar por uma solução materialista – "materialista" no sentido de uma investigação causal das patologias sociais em que se expressa uma repressão estrutural da liberdade. No quadro de uma concepção da história da humanidade, ele interpreta essa teoria materialista da sociedade como história da natureza *descarrilhada*.

Para as delicadas operações conceituais que são exigidas no desenvolvimento dessa concepção, o conceito de natureza interna ou subjetiva, que conhecemos a partir da fenomenologia da liberdade condicionada pela natureza, desempenha um papel decisivo. Pois é decisivo o contraste entre a indisponibilidade da própria natureza experimentada em nossa existência corporal na condução espontânea da vida, de um lado, e a submissão à natureza externa objetivada, de outro lado. No jogo de oposição entre essas duas modalidades de natureza subjetiva (indisponível) e objetiva (tornada disponível), oculta-se o resquício, superado na filosofia da vida, de uma normatividade jusnaturalista, à qual ainda retornarei.

De início, Adorno introduz com o conceito de naturalização a causalidade social de uma liberdade sonegada, que foi reprimida na consciência (1). Em seguida, ele radicaliza a liberdade cotidiana em prol de uma emancipação extraordinária das relações naturalizadas (2). Finalmente, restringe a causalidade natural de estados que se seguem uns aos outros em conformidade a certas leis a uma natureza constituída para fins de disponibilização, ou seja, ao domínio de objetos de uma ciência natural que se limita a oferecer explicações causais. Aí reside a razão instrumental que escapa à dimensão abrangente do destino natural da humanidade. A causalidade de relações sociais naturalizadas vive parasitariamente da liberdade reprimida e, por isso, pode ser superada pela reflexão. Desse modo, a liberdade pode ficar com a última palavra (3).

(1) O ponto de partida para o conceito de naturalização é o destino do qual a natureza interna do sujeito agente padece como consequência da submissão socialmente organizada e sempre mais intensificada da natureza externa. De início, a razão se distancia de carências primárias – sem negar sua origem na natureza – apenas para satisfazer as funções de uma autoconservação insuspeita. Graças a reflexões racionais, os sentimentos e as carências são sublimados no primeiro estágio tendo em vista as preferências da ação racional com respeito a fins e, no estágio seguinte, à ideia de felicidade ou aos ideais de uma vida não fracassada. E, na medida em que a razão trabalha em consonância com a natureza subjetiva na formação de uma vontade prudente e ética, ela se constitui como uma "força física separada dos fins da autoconservação; uma vez separada da natureza e em contraste com ela, a razão também se transforma em seu outro" (ND, p.284 s.). Mas a razão

surgida da natureza se *separa da* natureza – em virtude da autoconservação elevada a fim em si mesmo – logo que se entrega à fúria socialmente acelerada da submissão da natureza externa, negando em si mesma a própria natureza. "Quanto mais descontroladamente a razão, naquela dialética, faz de si mesma o oposto absoluto da natureza, esquecendo-se dela em si mesma, *desto* mais ela regride, na qualidade de autoafirmação selvagem, à natureza" (ND, p.285).

Com isso, um conceito totalmente diferente, mais precisamente pejorativo de natureza entra em jogo – a naturalização involuntariamente produzida de relações sociais coaguladas de forma sistêmica. Diferentemente da natureza interna, que inscreve na razão surgida dela uma orientação para a felicidade, a razão instrumental, que se esgota em uma autoconservação tacanha, tornou-se agente de uma sociedade naturalizada. "Naturalizada" significa aqui uma sociedade assimilada às legalidades [*Gesetzmäßigkeiten*] da natureza objetiva, visto que ela restringe as interações sociais ao reduzir a liberdade abaixo do nível da ação livre. Na concorrência desenfreada e na socialização funcional intransparente de atores que se afirmam reciprocamente, aqueles imperativos de autoconservação, que não são irracionais de saída, voltam-se contra seu próprio objetivo, tanto contra a felicidade do indivíduo quanto da sociedade. Pois a concorrência egocêntrica entre indivíduos atados uns aos outros de maneira sistêmica sufoca precisamente a amabilidade entre estranhos que inspirou o sonho socialista de uma sociedade emancipada, que garantiria em igual medida a liberdade de todos.[13]

13 Brunkhorst, *Solidarität unter Fremden*.

A crítica à naturalização da sociedade mostra aonde Adorno pretendia chegar exclusivamente com sua fenomenologia da consciência da liberdade: ela tinha a tarefa propedêutica de esclarecer o pano de fundo intuitivo para experiências de não liberdade. A não liberdade só pode aparecer no horizonte da liberdade. Sentimo-nos não livres quando percebemos a restrição de nosso espaço de ação como coerção interna ou externa. Agimos de maneira forçada ao fazermos algo contra nossa vontade – como se nos sentíssemos submissos e obrigados ou internamente dependentes e impulsionados.[14] Somos não livres em um sentido mais acentuado, até mesmo temível, sobretudo se nem percebemos mais as coerções internalizadas enquanto tais. O interesse de Adorno se volta aos mecanismos sociais de coerção que se estabelecem com aparência de liberdade na medida em que, pela internalização de princípios normativos, transformam-se em coerções neuróticas, ou seja, inconscientes. Sociedades naturalizadas funcionam *como* se estivessem sob leis da natureza. O controle sistêmico efetua-se sobre a cabeça dos sujeitos agentes, rebaixando à mera ilusão a consciência subjetiva da vontade.

(2) Podemos deixar de lado a suposição totalizante de que os mecanismos de mercado e a normalização burocrática levam a uma expansão *irrestrita* do princípio de troca e a um funcionalismo *hermético*.[15] Foucault continuou trabalhando nessa linha. Em consideração à confrontação de Adorno com Kant, interessa-me a questão de saber se na visão de Adorno a filosofia moral de

14 Bieri, *Das Hanwerk der Freiheit*, op. cit., cap.4, p.84 ss.

15 Habermas, *Theorie des kommunikativen Handelns*, v.1, p.489-534; e *Der philosophische Diskurs der Moderne*, cap.V.

Kant expressa uma oposição contra a naturalização da sociedade, ou se ela mesma seria antes o seu reflexo, ou seja, apenas o reflexo de uma autoafirmação selvagem. Soa assim quando Adorno vê no imperativo categórico somente "o próprio princípio de dominação da natureza, convertido em algo normativo e elevado ao absoluto" (PM, p.155). O mandamento abstrato da consideração igual dos interesses de todos parece centrar as energias pulsionais em um Eu que, sob o jugo rigoroso de um Super-Eu estranho ao Eu, impõe as normas da sociedade contra as exigências individuais de felicidade das moções libidinais.

Por outro lado, Adorno de modo algum esconde de seus estudantes o crítico da sociedade que também se revela na filosofia moral de Kant. Precisamente no formalismo e no *pathos* incondicional da lei moral Adorno descobre o corretivo de uma "imagem sem imagens do possível", que Kant opôs à tendência de fungibilidade niveladora (PM, p.224 s.). O mandamento de tratar cada pessoa todas as vezes ao mesmo tempo como fim e nunca meramente como meio confronta a tendência geral de dissolver o sentido intrínseco da ação na satisfação de funções do mercado e da burocracia. Adorno frustra reiteradamente sua própria crítica à força cruelmente niveladora de leis abstratamente universais – à "identidade que aniquila todo não idêntico" – como se ele pressentisse que a liberdade intersubjetivamente implementada do universalismo igualitário não tivesse mais que se fechar diante de uma fundamentação sensível ao contexto e nem de uma aplicação de normas adequada à situação. A oposição entre dever e inclinação não significa em cada caso a repressão da simpatia ou mesmo "a repressão daquele impulso natural". Como se sabe, Adorno reduz a diferença entre desejo e vontade à intervenção de razões que levam em conta o bem-estar próprio no quadro da consideração igual de interesses dos outros. Apenas a vontade refletida é livre.

A pedra de escândalo é propriamente a desobrigação do inteligível em relação à natureza, à qual Adorno opõe o entrelaçamento entre natureza e razão prática. Ele não se interessa tanto pela liberdade na forma trivial da consciência da autoria responsável que acompanha todas as nossas ações, mas enquanto emancipação do encanto da sociedade naturalizada: "A liberdade se torna concreta nas formas cambiantes da repressão: na oposição contra esta. Havia tanta liberdade da vontade quanto homens que queriam se libertar" (ND, p.262). Adorno atribui a libertação a uma vontade de segunda ordem, uma vontade que se torna consciente de sua não liberdade. Para tanto, é necessário um esforço autorreflexivo da razão que subtrai a base dessa constelação equivocada de razão e natureza.

De acordo com o modelo da análise freudiana dos motivos segregados e fechados à consciência, os quais determinam o comportamento ao evitar uma vontade refletida e se fazem notar nos sintomas da doença, a "rememoração da natureza no sujeito" também deve preparar a libertação da coerção social da natureza.[16] Por sua vez, são as necessidades e interesses fechados ao discurso público que precisam ser elevados à consciência caso devam perder sua força cegamente determinante. Não é a disponibilização técnico-científica da natureza externa enquanto tal que corta a comunicação da natureza interna com a formação racional da vontade. Só a autoafirmação selvagem de uma socie-

16 Horkheimer; Adorno, *Dialektik der Aufklärung*, p.55; citado de agora em diante como "DA" e indicação de página. Cf. sobre isso Noerr, *Das Eingedenken der Natur im Subjekt*.

dade naturalizada, que se organiza de acordo com o princípio "da persecução cega dos fins da natureza", permite uma causalidade que restringe a liberdade. Ela desencadeia o círculo vicioso do domínio que se expande de maneira terrível sobre a natureza externa e a repressão correspondente da natureza interna.

(3) Sob tais premissas, Adorno julga ter encontrado uma solução para a antinomia entre liberdade e determinismo. Pois, por um lado, isso significa um aumento de liberdade caso a restrição neurótica do espaço de ação for superada pela reflexão e a comunicação interrompida da razão for reestabelecida com elementos segregados da natureza interna. Por outro lado, esse ato libertador de rememoração não cai do céu. Motivada pelo sofrimento diante das consequências de uma liberdade estrangulada, essa autorreflexão se apoia no discernimento acerca da conexão *conforme a leis* de trauma, defesa e formação de sintoma. Nesse ponto, contudo, fica claro que o deslocamento semântico da causalidade da "primeira" para a "segunda" natureza acaba deslocando também o próprio problema da liberdade. A emancipação das coerções de uma sociedade naturalizada não toca na antinomia *originária* entre a consciência da liberdade do agente e o saber posteriormente desestabilizador acerca do fechamento causal do mundo.

Adorno poderia confrontar essa objeção com sua versão de uma "história natural" que marcou a história humana com uma dupla assinatura. Influenciado pela filosofia da vida de Simmel, embora instruído por Benjamin, o jovem Adorno se apropriou da ideia de "segunda natureza" em uma versão que o jovem Lukács já havia exprimido do seguinte modo: "Essa natureza não é muda, insensível e avessa aos sentidos como a primeira natureza: ela é um complexo de sentidos petrificado, que se tornou alheio, que não desperta mais a interioridade; ela é um cemitério da interioridade assassinada e por isso só seria [reconquistada] – se fosse possível – pelo ato metafísico de uma ressurreição da alma".[17] Adorno lê esse diagnóstico como se o destino de uma cisão com a natureza causada pela cultura se voltasse contra a própria sociedade moderna. Por essa razão, na efetuação da reflexão sobre essa cisão está contida "a verdade ignorada de toda cultura" (DA, p.57).

A *Dialética do esclarecimento* complementa esse pensamento. Aqui, a "rememoração da natureza no sujeito" permite olhar para os começos arcaicos – reconstruídos como pré-história de nossa natureza subjetiva – da natureza ainda não cindida, que continua legível nas cifras de sua mutilação. O descarrilhamento da história natural é atribuído a uma razão instrumental que torna "selvagem" a disponibilização para si insuspeita de uma natureza objetiva, na medida em que entrega uma natureza explorada sem piedade ao imperativo social de um desdobramento sistemicamente autônomo de forças produtivas. Ora, para nosso tema, a suposição pragmático-transcendental é decisiva, segundo a qual *a própria razão instrumental também se incorpora nas ciências que pela primeira vez subsumem a natureza circundante para fins de disponibilização aos conceitos de causalidade e conformidade a leis*. Com esse movimento, a imagem naturalista de um mundo determinado plenamente em conformidade a leis perde seu poder sobre a autocompreensão dos sujeitos. Pois tão logo a

17 Adorno, "Die Idee der Naturgeschichte", em *Gesammelte Schriften*, v.I, p.356 s.; citado aí a partir de Lukács, *Die Theorie des Romans*, p.52 s. Cf. Honneth, "Eine Welt der Zerrissenheit. Die untergründige Aktualität von Lukács' Frühwerk", em *Die zerrissene Welt des Sozialen*, p.9-24.

rememoração da natureza no sujeito expõe "para nós" uma natureza constituída e que é em si mesma, os enunciados das ciências biológicas sobre a natureza objetivada não podem mais oferecer o critério indubitável para a estabilidade reflexiva da consciência da liberdade de sujeitos agentes.

III. A ingerência naturalista na natureza subjetiva

Um pensamento que pretendia se manter solidário com a metafísica no momento de sua queda não precisava ter receio da suposição metafísica do primado da natureza não objetivada sobre a natureza constituída pelas ciências empíricas. Mas, para aqueles de nós que nascemos postumamente, esse conceito normativamente carregado de uma história natural em descarrilhamento – de um direito natural posto em movimento pela filosofia da história – pode já não ser inteiramente confortável. Tão logo renunciamos a essa narrativa especulativa, não é mais possível relativizar o que já sabemos acerca da natureza constituída com base no destino de uma suposta "outra" natureza. Contudo, se reconhecermos a natureza das ciências naturais que operam no quadro de uma teoria realista do conhecimento como a instância última na qual nosso saber pode ser medido, perdemos de vista com essa visão sóbria o ganho prometido pela ideia de história natural para a solução da antinomia da liberdade. Pois assim o saber acerca do fechamento causal do mundo, ao qual o ser humano pertence na qualidade de produto da evolução natural, continua entrando em contradição com a consciência da liberdade, por mais performativamente erradicável que seja.

Eu gostaria, por fim, de investigar se ainda é possível, sob essas premissas sóbrias, aprender algo do diagnóstico de Adorno para a solução da antinomia kantiana. Parece natural considerar o debate bioético sobre as consequências possíveis da intervenção técnica no genoma humano à luz da dialética do esclarecimento; pois também nesse caso se trata dos limites de uma disponibilização *prática* da natureza subjetiva (1). Contudo, a problemática de liberdade e determinismo toca antes nos limites da disponibilização *epistêmica* da subjetividade vivenciadora e operante de uma razão entrelaçada à natureza. Ora, o conteúdo normativo da ideia de história natural de Adorno não se esgota na indisponibilidade da natureza subjetiva, mas se estende ao não idêntico, que no encontro com o outro escapa a uma apreensão objetivante. Essa reflexão lança luz sobre o debate atual acerca da tentativa de naturalização do espírito.

(1) A indisponibilidade dos começos orgânicos da vida vivida desempenha um papel já na fenomenologia da liberdade condicionada pela natureza. A intuição de que a orientação racional voltada a objetivos de longa duração deve estar em consonância com as sensações espontâneas e impulsos de uma natureza interna, a qual não poderia estar à disposição de ninguém, é metafisicamente insuspeita. A intuição para os limites morais da disponibilidade da natureza subjetiva deixa-se justificar de maneira totalmente independente daquele sentido normativo de uma ortogênese que Adorno inscreve *como um todo* na história natural descarrilhada. Não nos sentiríamos cerceados em nossa liberdade de configuração ética se um dia a manipulação bem-sucedida de fatores hereditários do organismo humano se tornasse um hábito socialmente aceito?[18]

18 Habermas, *Die Zukunft der menschlischen Natur.*

Não sabemos se algum dia chegaremos a dispor de tecnologias que nos permitam manipular geneticamente as propriedades, disposições e capacidades desejadas de nossos descendentes. Mas os progressos na pesquisa biogenética e na tecnologia genética abriram nesse meio-tempo novas perspectivas para as práticas de eugenia e, ao mesmo tempo, evocaram fantasias de um *shopping in the genetic supermarkt* [shopping no supermercado genético] (Peter Singer), emprestando às ideias fundamentais desenvolvidas na *Dialética do esclarecimento* uma atualidade surpreendente. De acordo com esse diagnóstico, um sujeito que empodera a si mesmo ao tornar objeto tudo o que está à sua volta só poderia ampliar a disposição sobre a natureza externa ao preço da repressão da própria natureza interna. A objetivação do entorno natural leva a uma auto-objetivação na interioridade do sujeito: "A dominação do homem sobre si mesmo [...] virtualmente é com certeza a aniquilação do sujeito, pois a substância dominada, oprimida e dissolvida pela autoconservação não é outra coisa senão o ser vivo [...] precisamente aquilo que deveria ser conservado" (DA, p.71).

Certamente, essa conexão dialética entre dominação da natureza e a decomposição do sujeito seria gerada pela segunda natureza mediante a *organização social* de um crescimento infinito das forças produtivas. Mas hoje também vemos essa dialética em funcionamento quando removemos do contexto social amplo a relação de uma pessoa geneticamente modificada com seus pais, a quem supomos uma preocupação bem-intencionada. A natureza externa tornada disponível é, nesse caso, o corpo embrionário de uma futura pessoa; e a natureza subjetiva decomposta é o organismo desenvolvido a partir de um embrião que experiencia a pessoa em crescimento como seu corpo vivo manipulado de forma pré-natal.

Ora, uma pessoa pode se responsabilizar por suas ações apenas se ela se identifica com o corpo enquanto o seu próprio corpo vivo. Caso contrário, faltaria a base de referência para a confiança originária em si mesma como autora responsável de suas próprias ações. Também a pré-história pré-natal da natureza subjetiva tem de permanecer subtraída da apreensão alheia. Pois mesmo pais tão prudentes, liberais e compreensivos não podem evitar que um dia seu filho não venha a se identificar com o dote genético que lhe foi destinado. Em caso de rejeição, a pessoa programada indagaria os pais para saber por que eles não escolheram outras características que teriam lhe garantido as melhores condições de partida para levar a cabo seu próprio projeto de vida. Da perspectiva dos concernidos, os pais aparecem como coautores indesejados de uma história de vida da qual cada um tem de reivindicar autoria única para assim se sentir livre em suas ações. Os pais precisam ter decidido *de acordo com as próprias preferências* a distribuição de recursos naturais para um espaço de configuração no interior do qual uma outra pessoa depois desenvolverá sua própria concepção de vida e buscará persegui-la. Essa escolha é potencialmente restritiva à liberdade porque ninguém pode prever de que maneira determinadas características genéticas serão assumidas pela própria pessoa programada – sob condições imprevisíveis de uma futura história de vida.

Segundo a compreensão normativa de uma sociedade pluralista com respeito a visões de mundo, em que cada cidadão tem o direito de conduzir a sua vida de acordo com suas próprias orientações axiológicas, é uma arrogância inadmissível interferir na definição dos espaços de ação – que de outra forma seria deixada à loteria natural – dentro dos quais *uma outra* pessoa faria uso da liberdade para configurar a sua vida. Na medida em que a diferença entre "o que se tornou" e "o que foi feito" penetra no organismo daquele que ainda está por nascer, constata-se na esfera do corpo vivo, que é desde sempre próprio, uma vontade alheia que abala a base de referência para a autoatribuição de iniciativas e para a própria conduta de vida. Na esteira de práticas que se tornam habituais, seria cada vez mais normal que pais interferissem desse modo instrumental enquanto coautores na história de vida de seus filhos. Assim, um fio intergeracional de ação cada vez mais denso penetraria de maneira irreversível pelas redes de interação contemporâneas e danificaria a consciência da liberdade performativamente concomitante, a qual está ligada à indisponibilidade prática da natureza subjetiva.

O experimento mental mostra como a autocompreensão não naturalista de sujeitos agentes poderia se impor pela via da introdução de novas tecnologias e práticas modificadas. Mas esse solapamento *mudo* da consciência da liberdade não atinge propriamente nossa questão sobre a estabilidade reflexiva dessa consciência. Não a objetificação prática, mas antes a objetificação *epistêmica* da subjetividade vivenciadora e operante dos seres humanos poderia produzir um saber desestabilizador da determinação natural de nossa vontade supostamente livre. Em um sentido vinculado às ciências empíricas, fenômenos espirituais como pensamentos, atitudes proposicionais, intenções e vivências tornam-se "epistemicamente disponíveis" tão logo possam ser traduzidas na linguagem da observação e descritas de modo *exaustivo* como processos mentais. Uma tal linguagem é talhada para a ontologia nominalista de coisas e eventos observáveis, ou seja, identificáveis no espaço e no tempo, e autorizam a interpretação conceitual de estados intramundanos como acontecimentos explicáveis em termos causais e ligado a determinadas leis. Se programas naturalistas desse tipo tiverem sucesso, aqueles fenômenos acessíveis à perspectiva do participante poderiam ser substituídos por autodescrições objetivantes. Com isso, para a consciência intuitiva da liberdade também seriam encontrados equivalentes que permitiriam uma solução naturalista da terceira antinomia kantiana.

(2) Adorno não se ocupou dessas tentativas reducionistas. Mas ele poderia interpretar como vestígios do não idêntico as "brechas" semânticas que surgem regularmente das tentativas feitas até agora de reconceituar razões como causas. O poder de objetificação de uma razão que submete tudo a si mesma parece se deparar, na dimensão da autorrelação, com o sentido intrínseco de uma natureza interna espontânea e, no horizonte das relações sociais, com a peculiaridade e a obstinação de duas pessoas – de pessoas que são diferentes e podem se contradizer. A tentativa de uma disponibilização objetivante de *alter ego* infringe a outra pessoa em dois aspectos, permitindo assim destacar ainda dois outros aspectos da indisponibilidade.

O sentido intrínseco do outro reforça, por um lado, a individualidade de uma *pessoa inconfundível*, que escapa à apreensão de determinações universais. O Adorno da *Dialética negativa* elabora esse momento do não idêntico com grande firmeza.[19] A singu-

19 Judith Butler, em suas "Adorno-Vorlesungen", em *Kritik der ethischen Gewalt*, ocupa-se das implicações éticas do "não idêntico". Em sua abordagem intersubjetivista, abrem-se aspectos da obra que per-

laridade [*Einzigartigkeit*] de indivíduos individuados de acordo com sua história de vida só se revela performativamente, ou seja, pelo reconhecimento operante na interação da alteridade [*Andersheit*] do outro.[20] Apenas uma intersubjetividade incólume pode salvaguardar o desigual diante da assimilação ao igual. Ela protegeria um contra a anexação pelo outro, assegurando a ambos a possibilidade de "o distante e o distinto permanecerem em proximidade concedida, para além do heterogêneo e do próprio" (ND, p.192). Por outro lado, o sentido intrínseco do outro se manifesta também na tomada de posição não manipulável do defrontante. Toda tentativa de instrumentalização nega ao outro a posição de uma *pessoa insubstituível* que por juízo próprio toma posição criticamente com "sim" ou "não" e, de maneira correspondente, age por vontade própria.[21] As tomadas de posição autônomas do outro não se deixam controlar.

Essas resistências peculiares nos fazem lembrar de problemas conceituais com os quais se deparam as tentativas de reduzir razões a causas.[22] Esse é o primeiro movimento no jogo

---

maneceram mal iluminadas para o próprio Adorno, uma vez que este era cético em relação à comunicação. Contudo, ela dramatiza a responsabilidade em face da segunda pessoa a partir da perspectiva criptoteológica de Emmanuel Levinas, que – diferentemente de Adorno, que nesse aspecto pensa de maneira kantiana – concebe a relação interpessoal não de forma igualitária, mas como uma relação triádica assimétrica. Cf. Levinas, *Die Spur des Anderen*.

20 Habermas, "Individuierung durch Vergesellschaftung", em *Nachmetaphysisches Denken*, p.187-241.

21 Günther, "Grund, der sich selbst begründet. Oder: Was es heißt eine Person zu sein", *Neue Rundschau*, v.114, p.66-81, 2003.

22 Cf. Cramm, *Repräsentation oder Verständigung: Eine Kritik naturalistischer Philosophien der Bedeutung und des Geistes*.

epistêmico da naturalização da consciência da liberdade. Visto que a vontade livre é vontade determinada por boas razões, a motivação racional mediante razões precisa ser reduzida a uma causação segundo o modelo monológico. Porém, razões não valem de forma absoluta, são de saída razões comunicáveis sempre *para alguém*. A comunicação de razões se efetua pelo *medium* de uma linguagem comum, de modo que o "sim" ou o "não" dos participantes se oriente por regras "gramaticais". Que uma parte não possa dispor das tomadas de posição da outra em atitude objetivante de uma terceira pessoa explica-se pelo primado da linguagem comum sobre as intenções do falante individual. *Meanings ain't something in the head* [Os significados não são algo que está na cabeça] (Putnam). O primado de uma estrutura que entrelaça perspectivas obriga os participantes a se comportar uns em relação aos outros na qualidade de segunda pessoa. Desse modo, cada um se torna dependente de tomadas de posição não passíveis de cálculo efetuadas pelo outro. Com a socialização em uma língua natural e com o aprimoramento performativo no *status* de membro de uma comunidade linguística, as pessoas entram no espaço público de razões. Somente com a capacidade de participar na práxis de troca de razões elas adquirem a propriedade, essencial para pessoas em geral, de ser um autor *responsável* pelas ações: a capacidade de prestar contas umas às outras.

A esse primado socio-ontológico da linguagem corresponde o primado metodológico que, na sequência serial da explicação, os significados intersubjetivamente compartilhados e incorporados nas práticas comuns desfrutam sobre os estados internos dos indivíduos participantes. Até aqui, todas as tentativas de substituir a imagem pragmático-social da incorporação do espírito nas práticas intersubjetivamente partilhadas pela imagem naturalista de processos neurais no cérebro humano ou por operações de uma calculadora malograram diante do caráter incontornável de um dualismo de jogos de linguagem.[23] Esse abismo semântico intransponível entre o vocabulário normativamente carregado da linguagem cotidiana, com o qual primeira e segunda pessoas se comunicam sobre algo umas com as outras, e o talhe nominalista das linguagens científicas especializadas em enunciados descritivos se funda na diferença profundamente arraigada entre as perspectivas do observador e do participante. Ambas são complementares no sentido de que nem tudo o que é acessível a uma das perspectivas deixa-se retomar da outra perspectiva. Por sua vez, essa complementaridade pode ser alicerçada com um argumento epistemológico que abala a convicção fundamental do naturalismo científico sobre o primado da perspectiva do observador.[24]

Em um aspecto o saber factual das ciências naturais "duras" distingue-se da compreensão "branda" de nexos de sentido e práticas simbolicamente constituídos. Uma das formas de saber pode se referir à "experiência" no sentido de uma confrontação controlada com o "mundo" apoiada em observações; supomos, nesse caso, que esse mundo é "objetivo", ou seja, trata-se de um mundo de objetos (isto é, de referenciais possíveis) que é idêntico para todos os observadores e que existe independentemente de suas descrições. A outra forma

---

23 Keil; Schnädelbach (orgs.), *Naturalismus*, introdução.

24 Para o que se segue, cf. Wingert, "Die eigenen Sinne und die fremde Stimme", em Vogel; Wingert (orgs.), *Wissen zwischen Entdeckung und Konstruktion*, p.219-48.

de saber refere-se à interpretação ou à explicação de significados e circunstâncias práticas que podem ser controladas com perguntas e respostas hipotéticas. O sentido de proferimentos simbólicos abre-se aos intérpretes somente graças a suas próprias competências para falar e para agir adquiridas de maneira performativa, ou seja, a partir de uma pré-compreensão que eles adquiriram enquanto participantes em práticas comuns. Os conhecimentos produzidos pelas ciências naturais se distinguem do saber hermenêutico pela força explicativa e pela contribuição prognóstica. O selo estampado sobre o conteúdo empírico desse saber mundano é o da aplicabilidade técnica. Assim surge a impressão de que em última instância só por esse caminho podemos nos certificar da realidade. O progressivo "desencantamento do mundo" (M. Weber) parece dar razão à sugestão de um primado do saber apoiado na observação perante a compreensão dependente da comunicação.

Essa convicção se encontra por trás da suposição naturalista segundo a qual o saber hermenêutico brando, ligado à perspectiva de um participante, pode ser *substituído* em seu todo pelo saber factual das ciências "duras". Esse programa já malogra uma vez que a própria pesquisa do mundo objetivo se apoia sobre um conflito levado a cabo de maneira argumentativa, o qual certamente se refere a acontecimentos acessíveis à perspectiva do observador, mas se nutre de recursos hermenêuticos. Pois experiências são de saída estruturadas conceitualmente e só podem assumir na aquisição de saber o papel de uma instância de controle na medida em que contam como argumentos e são defendidas diante de segundas pessoas. Conceito e intuição, construção e descoberta, interpretação e experiência são dois momentos que não podem ser isolados um do outro no processo do conhecimento. A perspectiva do observador que ao configurar experiências se refere, em atitude objetivante, a algo no mundo não se deixa separar da perspectiva do participante em um conflito teórico que ao defender argumentos se refere a seus críticos em atitude performativa: "Experiência e argumento formam dois componentes inseparáveis da base ou do fundamento de nossas pretensões de saber algo acerca do mundo".[25]

Porém, programas reducionistas perdem sua plausibilidade se a complementaridade das perspectivas de saber entrelaçadas na própria atividade de pesquisa não for resolvida em favor da subordinação da intersubjetividade do entendimento em face da objetividade da observação. A instância empírica da oposição do mundo objetivo e a representação de algo no mundo permanecem internamente relacionadas à instância de justificação da contradição por parte de outros participantes da argumentação e ao entendimento com estes sobre algo no mundo. Só podemos aprender algo com o mundo na medida em que, ao mesmo tempo, somos capazes de aprender com a crítica do outro. A ontologização do conhecimento científico que leva a uma imagem de mundo naturalista, condensada em fatos "duros", não é ciência, mas má metafísica.

O caráter incontornável do dualismo linguístico nos compele a supor que o entrelaçamento complementar de perspectivas de saber profundamente arraigadas em termos antropológicos surge simultaneamente com a própria forma de vida cultural. Uma emergência cooriginária das perspectivas de observador e participante explicaria, de uma perspectiva evolucionária, por

---

25 Ibid., p.218.

que aqueles nexos de sentido acessíveis da visão da segunda pessoa não podem ser objetivamente *esgotados* com os meios empregados pelas ciências naturais. Isso pode obrigar a uma revisão de determinadas concepções epistemológicas,[26] mas a "indisponibilidade epistêmica" da subjetividade vivenciadora e operante dos homens não significa a imunização de um inteligível desvinculado do mundo. O dualismo linguístico que depende de perspectivas é compatível com um naturalismo "brando" caso seja considerado propriedade emergente de formas de vida culturais.

Essa concepção de uma razão entrelaçada com a natureza, que respeita conhecimentos neodarwinistas, significa menos ainda uma ameaça à estabilidade reflexiva de nossa consciência da liberdade. Se discernirmos que a consciência da liberdade performativamente presente é cooriginária com a forma de vida linguisticamente estruturada, não precisamos nos preocupar com ideias sobre uma evolução natural dessa própria forma de vida.

26 Habermas, *Wahrheit und Rechtfertigung*, introdução.

8
O limite entre fé e saber
Sobre a história da recepção e o significado atual da filosofia da religião de Kant[1]

A helenização do cristianismo não foi um processo unilateral. Ela também foi efetuada pelo caminho de uma apropriação e admissão teológicas da filosofia grega. Durante a Idade Média europeia, a teologia foi a guardiã da filosofia. A razão natural era justificada como contraposição à revelação. O discurso sobre fé e saber só deixou o recinto espiritual com aquela virada antropocêntrica que levou ao humanismo no início da Idade Moderna. O ônus da prova se inverteu depois que o saber mun-

1 Agradeço a Rudolf Langthaler pelas profícuas referências textuais e comentários. Suas objeções e resultados críticos de uma aula sobre Kant no decorrer de um seminário sobre filosofia da religião realizado na Universidade de Northwestern me obrigaram a efetuar correções na versão originalmente apresentada em Viena e que nesse meio-tempo foi publicada. Versão ampliada e corrigida: "Die Grenze zwischen Glauben und Wissen: Zur Wirkungsgeschichte und aktuellen Bedeutung von Kants Religionsphilosophie", em Nagl-Dockekal; Langthaler (orgs.), *Recht, Geschichte, Religion: die Bedeutung Kants für die Gegenwart*, p.141-60.

dano se tornou autônomo e não precisou mais se justificar na forma de saber secular; pelo contrário: a religião foi intimada perante as barreiras da razão. Essa foi a hora do nascimento da filosofia da religião.[2] A autocrítica da razão de Kant se dirige para ambos os lados: para a posição da razão teórica em relação à tradição metafísica e, de outro lado, para a posição da razão prática em relação à doutrina cristã. O pensamento filosófico procede da autorreflexão transcendental tanto na qualidade de pensamento pós-metafísico quanto pós-cristão – o que não significa que deixe de ser cristão.

Com a delimitação entre o uso especulativo e o transcendental da razão, Kant estabeleceu as bases do pensamento pós-metafísico, ainda que ele não prescinda do nome de uma "metafísica" da natureza e dos costumes e, com a própria separação entre inteligível e mundo sensível, ainda precise de uma suposição metafísica de fundo para a "arquitetônica" de seu edifício conceitual. É a própria razão transcendental que, por virtude de suas ideias de fundar unidade, projeta o todo do mundo; por isso, ela é obrigada a renunciar fazer enunciados hipostasiantes sobre a constituição ontológica ou teleológica da natureza e da história. O ente em seu todo ou o mundo ético enquanto tal não formam objetos possíveis de nosso conhecimento. Essa restrição epistemológica da razão teórica ao uso dependente da experiência de nosso entendimento encontra seu equivalente filosófico-religioso na "restrição da razão às

2 Lutz-Bachmann, "Religion, Philosophie, Religionsphilosophie", em Jung; Moxter; Schmidt (orgs.), *Religionsphilosophie*, p.19-26; id., "Religion nach der Religionskritik", *Theologie und Philosophie*, v.77, n.2, p.374-88, 2002.

condições de seu uso prático, tendo em consideração todas as nossas ideias do suprassensível".[3] Nos dois casos, Kant confronta as "presunções da razão".

Contudo, para a autocompreensão da filosofia, a crítica da metafísica tem primado sobre a crítica da religião. Com aquela, Kant não combate apenas o delírio especulativo de uma razão que comete *erros*, ou seja, profere enunciados falsos, mas *a ilusão* profundamente arraigada da razão acerca da operação e do alcance da própria faculdade do conhecimento. Com a restrição do uso teórico da razão, Kant quer abrir o "acesso seguro da ciência" a uma filosofia que até agora somente tateou sobre o campo de batalha da metafísica. A destruição da metafísica também deve servir à libertação de uma moral autônoma fundada na razão prática pura; mas ela imediatamente se relaciona com os próprios negócios teóricos da filosofia. A delimitação entre uso prático da razão e fé positiva possui uma outra direção de ataque. A domesticação da religião pela razão não é assunto de uma autoterapia filosófica; ela não serve à própria higiene mental, mas à proteção do público universal diante das duas formas de dogmatismo. De um lado, o esclarecido Kant quer fazer valer a autoridade da razão e da consciência individual contra uma ortodoxia religiosamente enrijecida, que "torna os princípios naturais da eticidade algo secundário". De outro lado, Kant, o moralista, também se volta contra o derrotismo esclarecido da falta de fé. Contra o ceticismo, ele gostaria de resgatar conteúdos da crença e obrigatoriedades da

3 Kant, *Kritik der Urteilskraft* [*Crítica da faculdade de julgar*], A 435/B 440. (Todas as citações de Kant são da edição organizada por W. Weischedel, *Werkausgabe*.)

religião que possam ser justificados no interior das fronteiras da mera razão.[4] A *crítica* da religião se vincula ao motivo de uma apropriação *redentora*.

Hoje, o fundamentalismo religioso que observamos não apenas fora do cristianismo confere ao propósito de uma crítica da religião uma triste atualidade. Todavia, nesse meio-tempo, os acentos se deslocaram entre nós. Aqui, no Ocidente europeu, a autoafirmação ofensiva de uma compreensão de si e do mundo que opõe visões antropocêntricas e teológicas é coisa do passado. Logo, a tentativa de *recuperar* conteúdos centrais da Bíblia em uma fé racional se tornou mais interessante do que a luta contra o fanatismo sacerdotal e o obscurantismo. A razão prática pura não pode mais estar tão segura a ponto de conseguir reagir a uma modernização descarrilhada lançando mão unicamente dos discernimentos de uma teoria da justiça. Falta-lhe a criatividade da abertura linguística do mundo para regenerar a partir de si mesma uma consciência normativa que se atrofia por todos os lados.

Por essa razão, a filosofia da religião de Kant me interessa tendo em vista saber como é possível se apropriar da herança semântica das tradições religiosas sem misturar as fronteiras entre os universos da fé e do saber. O próprio Kant relembra no prefácio do *Conflito das faculdades* – e isso não apenas por motivos de autoproteção – a "deficiência teórica da fé racional pura, que esta não nega". Ele concebe a compensação dessa deficiência como "satisfação de um interesse da razão", afirmando que, para tal propósito, estímulos oferecidos pelas

4 Id., "Vorrede zur Zweiten Auflage" [Prefácio à segunda edição], em *Kritik der reinen Vernunft* [*Crítica da razão pura*], B VII-XLIV.

doutrinas de fé historicamente transmitidas podem ser "mais ou menos" úteis. Assim, mesmo do ângulo de visão da própria fé racional, "a revelação, na qualidade de doutrina de fé em si contingente, é considerada inessencial, ainda que não desnecessária e supérflua".[5] Por qual razão e em que aspecto tradições religiosas podem pretender não ser "supérfluas" mesmo para uma filosofia da religião agnóstica, não exercida, portanto, com intenção apologética? A resposta que eu gostaria de obter a partir de uma leitura crítica pode ser apoiada menos nos enunciados sistemáticos de Kant do que nos motivos e declarações de intenção.

De início, relembrarei o traçado de limites feito por Kant (1-5) para assim dirigir o olhar à história da recepção e à atualidade dessa tentativa de uma apropriação racional de conteúdos religiosos (6-12).

(1) Nascida do espírito da crítica da religião elaborada pelo Esclarecimento, a filosofia da religião de Kant pode ser lida inicialmente como a orgulhosa declaração de independência da moral racional profana em relação ao cabresto da teologia: "A moral, na medida em que está fundada no conceito de homem como um ser livre que, justamente por isso, liga a si mesmo a leis incondicionais por intermédio da razão, não carece nem de outro ser que se encontre sobre ele [...] nem de uma outra força propulsora além da própria lei".[6] Nem a fé em Deus como criador do mundo nem a fé em Deus enquanto o redentor com a promessa de uma vida eterna são necessárias

5 Id., *Streit der Fakultäten* [Conflito das faculdades], A XVII.

6 Id., *Die Religion innerhalb der Grenzen bloßer Vernunft* [*A religião nos limites da simples razão*], BA III. No que se segue, citado como *Religion*.

para conhecer a lei moral [*Sittengesetz*] e reconhecê-la como vinculante por excelência.

A moral do igual respeito por todos vale independentemente de qualquer contexto de inserção religioso. É verdade que, em outra passagem, Kant afirma que "não podemos muito bem tornar intuitivo" o sentido categórico da validade, isto é, "a coação moral, sem nela pensar um outro e sua vontade (da qual a razão universalmente legisladora é apenas a porta-voz), a saber, Deus". Porém, esse "tornar intuitivo" serve apenas "ao fortalecimento do móbil moral em nossa própria razão legisladora".[7] Nada se altera no conteúdo das leis morais se consideramos Deus ou a razão como o legislador moral – "em aspecto algum a religião se distingue da moral segundo a matéria, isto é, segundo o objeto, pois ela lida com deveres em geral".[8] Uma doutrina da religião como disciplina filosófica só é possível no sentido da *aplicação crítica* da teoria moral sobre tradições históricas. Nessa medida, a filosofia da religião também não é parte de uma moral desenvolvida unicamente com base na razão prática.[9]

A partir da abordagem da crítica da religião, Kant descreve a religião positiva como mera "fé eclesial" externa e particular.

---

7 Id., *Metaphysik der Sitten* [*A metafísica dos costumes*], Tugendlehre [Doutrina da virtude], A 181.

8 Id., *Streit der Fakultäten*, op. cit., A 45.

9 Dessa perspectiva, uma frase da "Conclusão" da Tugendlehre, que dá ocasião para interpretações equivocadas, conserva um sentido menos arriscado: "Pode-se falar, certamente, de uma 'religião nos limites da mera razão', mas que não deriva da mera razão, porém está fundada, ao mesmo tempo, na doutrina da história e na doutrina da revelação". Id., *Metaphysik der Sitten*, Tugendlehre, op. cit., A 182.

As grandes religiões mundiais, instituídas por profetas, transmitidas de maneira doutrinária e praticadas em forma cultural, fundamentam uma fé que se liga a cada vez a determinados testemunhos históricos e fatos e sua eficácia só pode ser desdobrada nos limites de uma comunidade religiosa sempre particular. A fé eclesial que se apoia em verdades reveladas surge sempre no plural, ao passo que a moralidade pura da religião natural "comunica-se com todas as pessoas": "Existe apenas uma (verdadeira) religião; mas pode haver múltiplas espécies de fé".[10] A religião baseada na razão prática pura não necessita de formas de organização e estatutos; ela se ancora na interioridade "da disposição do coração em observar todos os deveres humanos", "não em positivações e observâncias".[11] As doutrinas bíblicas formam o invólucro que não pode ser confundido com o conteúdo racional da religião.[12]

Dessas premissas se segue a pretensão das "doutrinas racionais" filosóficas de debater com o "erudito escriturista" teológico a interpretação da Bíblia considerando o que é essencial na religião ("que consiste no aspecto prático-moral, no que nós devemos fazer"). Kant eleva a razão a critério para a hermenêutica da fé eclesial, tornando "a melhora moral do homem, enquanto verdadeiro fim de toda a religião racional", o "princípio supremo de toda intepretação das Escrituras".[13] No *Conflito das faculdades*, ele sobe o tom. Aqui, trata-se explicitamente da pretensão da filosofia de decidir por direito próprio

10 Id., *Religion*, op. cit., A 146/B 154.

11 Ibid., A 107/B 116.

12 Id., *Streit der Fakultäten*, op. cit., A 65.

13 Id., *Religion*, op. cit., A 152/B 161.

sobre o teor de verdade da Bíblia e separar o que não "pode ser conhecido pelos conceitos de *nossa* razão, na medida em que eles são puramente morais e, portanto, infalíveis". A referência recorrentemente empregada à "nossa" razão é explicada de maneira irônica com a referência ao princípio protestante da exegese leiga individual. O intérprete autêntico é somente "o Deus em nós mesmos", que é atestado mediante um Fato da Razão, precisamente a lei moral.[14]

A partir dessa base antropocêntrica, a hermenêutica racional se vê obrigada a deixar de lado muitas proposições de crença, como a ressureição corporal enquanto acessório histórico. Ela também precisa despojar proposições de crença centrais como a encarnação de Deus em Jesus Cristo de seu significado essencial e, por exemplo, reinterpretar a graça divina em um imperativo de autoatividade: "Portanto, as passagens da Escritura que parecem conter a submissão meramente passiva a um poder externo que faz atuar sobre nós a santidade precisam ser interpretadas de modo a concluir que *nós* temos de trabalhar no desenvolvimento daquelas disposições morais em nós mesmos".[15] O contexto da história da salvação formado por pecado, penitência e reconciliação e, com isso, também a confiança escatológica no poder retroativo de um Deus redentor, retrocedem perante o dever do esforço moral intramundano. A remissão subjetiva de todas as referências transcendentes da fé à razão prática pura do homem cobra o seu preço. Diante da questão de saber, então, de onde devemos partir ao agir moralmente, "se da fé no que Deus fez por nós ou do que nós

---

14 Id., *Streit der Fakultäten*, op. cit., A 70 e A 108.

15 Ibid., A 60.

devemos fazer para sermos dignos (consista isso no que se queira)",[16] Kant decide-se pelo valor intrínseco do modo de vida moral: "O que homem em sentido moral é ou deve ser, bom ou mal, é algo que *ele próprio* se vê obrigado a fazer ou ter feito".[17] Contudo, ele não obtém pretensão alguma à felicidade pelo comportamento moral, pois, no melhor dos casos, ele se mostra digno de experimentar a felicidade. A moralidade faz dos íntegros dignos de felicidade, não os torna felizes.

(2) À medida que as tradições religiosas deixam-se reduzir desse modo a seu conteúdo moral, tem-se cada vez mais a impressão de que a filosofia da religião, não muito diferente do que a crítica da metafísica, limita-se à destruição de uma ilusão transcendental. Mas Kant não deixa que a filosofia da religião se dissolva na crítica da religião. Precisamente na passagem em que Kant relembra à teologia que "a lei moral não [permite] por si mesma felicidade alguma",[18] torna-se claro que a filosofia da religião também possui o sentido construtivo de indicar à razão fontes religiosas a partir das quais a própria filosofia pode, uma vez mais, retirar seus estímulos e, nessa medida, aprender algo. Embora não seja possível descobrir nas próprias leis morais "a mínima razão para uma conexão necessária" entre a *dignidade* que uma pessoa moralmente meritória tem de ser feliz e a felicidade que de fato lhe corresponde proporcionalmente, o fenômeno do sofrimento injusto ofende um sentimento profundo. Nossa indignação em relação ao curso injusto do mundo nos diz de maneira inequívoca "que, no fim, não poderia

16 Id., *Religion*, op. cit., A 163/B 172.

17 Ibid., A 45/B 48.

18 Id., *Kritik der praktischen Vernunft* [*Crítica da razão prática*], A 231.

ser a mesma coisa um homem ter-se comportado honesta ou falsamente, de maneira justa ou violenta, ainda que ao fim de sua vida ele não tenha recebido, ao menos de maneira visível, qualquer felicidade por suas virtudes ou punição por seus crimes. *É como se eles percebessem em si mesmos uma voz lhes dizendo que as coisas deveriam ser diferentes*".[19] Certamente, a respectiva felicidade própria que gostaríamos de compartilhar proporcionalmente de acordo com nosso comportamento virtuoso é apenas o fim último [*Endzweck*] subjetivo ao qual aspiram, segundo sua natureza, os seres mundanos racionais. Porém, para a razão prática que almeja o universal, quase mais ofensiva do que a ausente garantia individual de felicidade para os indivíduos que agem de maneira justa é a seguinte ideia: que todas as ações morais no mundo, *tomadas em conjunto*, de nada seriam capazes para melhorar o estado desastroso da convivência da humanidade em seu todo. É esse protesto contra a contingência de um destino natural da sociedade, o qual "lança de volta no abismo do caos sem finalidade da matéria aqueles que puderam acreditar ser o fim último da criação",[20] que foi manifestamente atendido pela "doutrina do cristianismo".

Mais precisamente, a mensagem religiosa ampara a insensibilidade peculiar de mandamentos morais válidos incondicionalmente em relação às consequências da ação moral na história e na sociedade com uma promessa: "Mas a lei moral não *promete*, por ela mesma, felicidade alguma [...] A doutrina moral cristã preenche agora essa falta [...] mediante a apresentação do mundo, em que os seres racionais se dedicam de toda sua alma

19 Id., *Kritik der Urteilskraft*, op. cit., A 434/B 439. Os itálicos são meus.
20 Ibid., A 423/B 428.

à lei moral como um *Reino de Deus*, no qual natureza e moral chegam a uma harmonia [...] mediante um autor santo que torna possível o sumo bem derivado".[21] Kant traduz a representação bíblica do "Reino de Deus" com o conceito metafísico de "sumo bem", mas não, como poderíamos esperar, com a intenção de criticar a metafísica e chamar à ordem uma razão especulativa desvairada. À filosofia da religião não cabe *restringir* a razão teórica que se sobrecarrega com questões irrespondíveis, mas *ampliar* o uso da razão prática para além da legislação moral de uma rigorosa ética do dever em direção aos postulados presumivelmente racionais de Deus e da imortalidade.

Já no prefácio de seu escrito sobre a religião, Kant chama atenção para o momento excedente que distingue a fé religiosa pura da mera consciência dos deveres morais: na qualidade de seres racionais, temos um interesse na promoção de um fim último, embora só possamos pensar sua realização como o resultado, suscitado por um poder superior, de uma feliz acumulação de efeitos colaterais totalmente imprevisíveis da ação moral incondicional. Certamente, a ação justa não carece de um fim. Toda representação de um fim desviaria os que agem moralmente da incondicionalidade dos respectivos mandamentos categóricos. Todavia, "é impossível que à razão possa ser indiferente de que maneira se responderia à questão: o que resulta dessa nossa ação correta, e para que, supondo também que isso não estivesse plenamente em nosso poder, poderíamos dirigir, como para um fim, nosso fazer e não fazer".[22] O que a pura fé religiosa converte em *fé* é a *necessidade* racional, que vai

21 Id., *Kritik der praktischen Vernunft*, op. cit., A 231 s.

22 Id., *Religion*, op. cit., BA VII.

além da consciência moral, de "supor um poder que pode obter [para as leis morais e as ações fiéis] todo o efeito possível em um mundo, o qual seja compatível com o fim último moral".[23]

Saber por que exatamente essa necessidade é racional, por que esse interesse deve ser um interesse da razão, é algo que só diz respeito à própria razão prática. Para uma comprovação não podemos esperar o encontro da filosofia com a doutrina histórica da religião, ela tem de ser fornecida na teoria moral (e flanqueada pela crítica da faculdade de julgar teleológica, ou seja, apoiada por reflexões heurísticas da filosofia da natureza).[24] Serve a título de ponte o antigo conceito de "sumo bem", que somente pela equiparação com o conceito bíblico de "Reino de Deus" deixa-se carregar com conteúdos escatológicos. De fato, é apenas graças à discreta antecipação quanto à força da semântica religiosa para descerrar o mundo que Kant pode sondar uma doutrina dos postulados que empresta à razão prática, mesmo que de maneira paradoxal, a força para infundir confiança sobre uma "promessa da lei moral".[25]

(3) A rigor, a competência da razão prática abrange apenas as exigências morais que cada pessoa individual converte em dever de acordo com critérios da lei moral. Mesmo o "Reino dos Fins", em que todas as pessoas são pensadas *unidas* enquanto cidadãos agentes, ao mesmo tempo legisladores e fiéis, de uma coletividade moral, é uma ideia que nada acrescenta ao conteúdo da lei moral destinada a cada indivíduo. Certamente,

---

23 Ibid., A 139/B 147.

24 Não posso discutir essas reflexões dos §§82-91 da *Kritik der Urteilskraft*, com exceção de algumas passagens consultadas esporadicamente.

25 Kant, *Kritik der Urteilskraft*, op. cit., B 463, nota de rodapé.

Kant ilustra com essa ideia transcendental a forma de uma convivência (em certa medida ordenada de maneira republicana) que se produz sob a condição de uma observância universal da lei moral (se "cada um fizer o que deve fazer"). Mas somente se essa ideia não se limitasse mais apenas a guiar moralmente a ação individual, traduzindo-se também no ideal de um estado político-social a ser realizado cooperativamente no mundo dos fenômenos, o reino inteligível dos fins se transformaria em um reino deste mundo. Sob o nome de uma "comunidade ética", Kant de fato efetua na filosofia da religião uma tal transposição. Porém, no quadro de sua teoria moral, ele introduz, a título de passo intermediário, a concepção do "sumo bem", que em todo caso projeta a "consonância entre moral e felicidade" como um estado no mundo. No entanto, esse ideal não é representado como um objetivo a ser cooperativamente perseguido, mas como o efeito coletivo esperado de todo fim individual, perseguido sempre individualmente sob leis morais.

Um tal estado ideal de felicidade universal, que só pode ser gerado de maneira indireta com base na soma de todas as ações morais, na verdade não pode ser convertido em dever sob premissas da teoria moral kantiana. Quando Kant afirma "Nós *devemos* procurar promover o sumo bem", esse dever fraco, ao que parece, esbarra nos limites da prudência humana, a qual, na persecução comunitária de objetivos nobres, logo se enreda inevitavelmente na confusão de efeitos colaterais não intencionados.[26] Por si mesma, não é permitido à razão prática avançar

26 Sobre a realização do sumo bem, ver a excelente análise de Wimmer, *Kants kritische Religionsphilosophie*, p.57-76 e p.186-206. Contudo, não vejo como entender (p.75 s.) a "promoção" do sumo bem como

demais além da cópia fenomenal da realidade numenal do reino dos fins no *ideal* aparentemente sem efeito do sumo bem, o qual, em todo caso, não é vinculativo em termos morais. Kant também chama "ideal" de "platônico" em sentido pejorativo. Visto que é vedado ao entendimento humano antever a complexidade das consequências da cooperação ética em um mundo guiado pelas leis da natureza, só age por dever aquele que se orienta por *ideias* e restringe a escolha de seus fins segundo leis morais; ele não pode ser moralmente obrigado com base em um objetivo exaltado, isto é, que suplanta as leis morais, a suscitar um estado ideal no mundo.

No entanto, é interessante como Kant utiliza todos os registros conceituais para alçar a *produção* do sumo bem no mundo à posição de um dever moral. Embora o mandamento, segundo o qual cada um devia fazer do sumo bem possível no mundo – uma consonância geral entre moralidade e felicidade – o fim último de sua ação, não esteja contido nas próprias leis morais, portanto não possa ser justificado *a partir* da lei moral como ocorre com todos os deveres concretos ("na questão do princípio da moral, portanto, a doutrina do sumo bem [...] pode ser totalmente superada e posta de lado"),[27] Kant gostaria de nos convencer que no "respeito pela lei moral" já está implícita a "intenção em prol do sumo bem".[28] Devemos nos representar o sumo bem como "o objeto integral da razão prática pura", "porque ele mesmo é um mandamento para que façamos todo

---

ideia moralmente obrigatória, já que a "realização" desse fim último vale somente como ideal.

27 Kant, *Über den Gemeinspruch*, A 213.

28 Id., *Kritik der praktischen Vernunft*, op. cit., A 239.

o possível para sua produção".[29] Esse mandamento supramoral deixa-se compreender apenas quando tomamos conhecimento da questão para a qual ele é uma resposta: por que, afinal, ser moral?[30]

Mas essa questão não devia ser posta para Kant, tendo em vista a obrigatoriedade incondicional de uma lei moral fundada unicamente no fato do sentimento de dever. Podemos nos convencer da obrigatoriedade da lei moral mesmo sem a expectativa de promover efetivamente um sumo bem e sem a suposição do postulado correspondente. Referindo-se ao exemplo de Espinosa, lê-se: "Suponhamos, portanto: um homem se convença [...] [que] Deus não existe: ele seria ainda um ser indigno, aos seus próprios olhos, se tomasse as leis do dever por meramente imaginárias, inválidas e sem obrigatoriedade".[31] Logo, também as tentativas de fundamentação que Kant empreende em diferentes contextos não convencem direito. Uma ética fundamentada de maneira deontológica, que concebe toda ação moral como uma ação sob normas moralmente justificadas, nunca pode imputar a um fim a autovinculação da vontade autônoma por discernimentos morais.

29 Ibid., A 214.

30 A propósito, com sua "Parte B" da ética, Karl-Otto Apel parece seguir exatamente esse passo, que sob suposições de uma abordagem deontológica conduz a uma falácia teleológica: Apel, *Diskurs und Verantwortung*, p.103-53; contra isso, cf. Habermas, "Zur Architektonik der Diskursdifferenzierung", em Böhler; Kettner; Skirbekk (orgs.), *Reflexion und Verantwortung*, p.44-64. Segundo ensaio desse volume.

31 Kant, *Kritik der Urteilskraft*, op. cit., A 421/B 426.

A isso Kant objeta: "Pois, sem algum fim, não pode haver vontade; embora, quando se trata meramente da coação legal das ações, seja preciso abstrair dele".[32] Deveríamos, então, correlacionar a um fim a decisão de em geral seguir as leis morais, em vez de escolher ser mau? Mas, se todos os fins se subordinam a uma avaliação moral, como é possível então da totalidade de todos os fins legítimos ainda "gerar" um fim último que justifique o próprio ser moral? Kant se contenta com a referência ao altruísmo [*Uneigennützigkeit*] decorrente da necessidade de cooperar com a realização do reino dos fins, a qual só pode ser pensada sob a condição da ação moral sem exceção:

> No que concerne ao ser humano, esse é o móbil que reside na ideia do sumo bem possível pela sua colaboração no mundo, mas mesmo nela não se almeja a felicidade própria, mas apenas a ideia como fim em si mesmo, portanto [?] sua persecução como dever. Pois ela não contém a perspectiva da felicidade por excelência, mas apenas uma proporção entre ela e a dignidade do sujeito, não importa quem seja. Porém, uma determinação da vontade, que restringe a essa condição tanto a si mesma quanto sua expectativa de pertencer a esse todo, *não é egoísta* [*eigennützig*].[33]

O altruísmo, contudo, não constitui o sentido de um dever, mas em tal circunstância é o pressuposto para a persecução de um dever *determinado* que entra em conflito com os próprios desejos. Kant tem de admitir finalmente que se trata aqui de

---

32 Id., *Über den Gemeinspruch*, op. cit., A 211 s., nota de rodapé.

33 Ibid., A 213, nota de rodapé.

uma "determinação da vontade de tipo particular"[34] que não pode ser colocada no mesmo nível dos "deveres", tal como ele habitualmente os compreende.

(4) Mas por que Kant persiste em um dever para promover o sumo bem? Uma resposta sugere o postulado da existência de Deus. Se aceitarmos uma primeira vez um dever exaltado daquele tipo, impõe-se a pergunta de como, então, em um mundo governado pela causalidade natural, a persecução ainda que pervasiva de leis morais poderia realizar o sumo bem. A razão prática pode tornar uma cooperação na produção desse objetivo uma tarefa moralmente obrigatória apenas se a realização do ideal não for, de saída, impossível. Ela tem de poder ser possível ao menos em pensamento. Portanto, a razão prática nos dispõe ao mesmo tempo com a tarefa de transpor abertamente as forças humanas, de contar com a possibilidade de uma inteligência superior que harmoniza os efeitos obscuros da moralidade com o curso do mundo controlado por leis da natureza:

> Nós *devemos* procurar promover o sumo bem (que tem de ser, por certo, possível). Portanto, também é *postulada* a existência de uma causa da natureza como um todo, a qual é diferente da natureza, e que contém o fundamento dessa conexão, a saber, o fundamento da concordância exata da felicidade com a moralidade.[35]

Temos de supor então, considerando uma concepção de sumo bem que condiz necessariamente com os fundamentos

---

34 Ibid., A 212, nota de rodapé.

35 Id., *Kritik der praktischen Vernunft*, op. cit., A 225.

da teoria moral, que Kant aceita uma argumentação sinuosa a fim de poder ao menos postular a existência de Deus? Se considerarmos o espírito incorruptível que essa filosofia expressa em cada uma de suas sentenças, a atribuição desse motivo seria não apenas injusta, mas inverossímil. Não, Kant adicionou à maneira moral de pensar a dimensão da expectativa por um mundo melhor em virtude da própria moral, ou seja, para reforçar a convicção moral em confiar em si mesma e de se resguardar contra o derrotismo. Não compreendo o dito de Adorno, segundo o qual o segredo da filosofia kantiana seria a "impossibilidade de pensar [*Unausdenkbarkeit*] o desespero", no sentido de uma crítica aos olhos azuis do Aufklärer, mas como o assentimento ao Kant dialético, que olha para os abismos de um esclarecimento que se mantém subjetivamente intransigente. Kant quer imunizar o Espinosa secular, "que continua convencido de que não existe Deus [...] e nem vida futura", contra o desespero das consequências lastimáveis de uma ação moral que tem o seu fim apenas em si mesma.

Certamente, Kant quis superar a metafísica para dar lugar à fé. Mas, para ele, "fé" diz respeito mais ao modo que ao conteúdo. Ele procura por um equivalente racional para a atitude de fé, o ato cognitivo do crente: "A fé (simplesmente assim chamada, *portanto, não somente a fé religiosa, mas também a fé racional*) é a confiança na obtenção de um propósito cuja promoção é um dever, mas a possibilidade de sua implementação não é discernível para nós".[36] Como esclarecimento, lê-se na nota de rodapé: "Ela é uma confiança na promessa da lei moral; porém, não

36 Id., *Kritik der Urteilskraft*, op. cit., A 456/B 462 (o acréscimo em itálico é meu).

como algo que nesta estivesse contido, mas sim como algo que *eu acrescento* [itálicos são meus], mais precisamente com base em razões suficientes em termos morais". Kant gostaria de reter um momento de promessa, descontando seu caráter sacro. Para que a convicção moral se proteja contra a aparência desencorajadora, ela deve ser ampliada para a dimensão de uma confiança em um êxito finito ao qual todas as ações morais no mundo certamente poderiam se somar. Com isso, Kant não quer em primeira linha recuperar conceitualmente conceitos religiosos, mas integrar à razão o sentido pragmático do *modo* de crença religioso enquanto tal. Ele mesmo comenta nessa passagem a sua tentativa tratando-a como "imitação lisonjeira" do conceito cristão de *fides*. Pois a fé racional conserva o caráter especial de um "tomar-por-verdadeiro", que preserva do saber moral a referência a razões convincentes e, da fé religiosa, o interesse na satisfação de esperanças existenciais.[37]

De acordo com as pressuposições do próprio Kant, se a complementação problemática da lei moral pelo dever de colaborar na realização do fim último se explica com o motivo da "impossibilidade de pensar o desespero", fica claro o que mais acaba interessando a Kant na tradição judaico-cristã. Não se trata da promessa de um outro mundo a partir da existência de Deus (ou mesmo da imortalidade da alma humana), mas sim da perspectiva do reino prometido de Deus *na Terra*: "A doutrina do cristianismo, mesmo que não seja considerada ainda doutrina da religião, fornece [...] um conceito de sumo bem

37 Esse conceito não se adéqua ao esquema dos três modos de tomar-por-verdadeiro que Kant havia introduzido na *Kritik der praktischen Vernunft*, op. cit. (A 828/B 856).

(do reino de Deus), que unicamente satisfaz a exigência rigorosa da razão prática".[38] O pensamento escatológico, que vai além de todo ideal platônico, acerca de um Deus que atua na história permite transpor a ideia de "reino dos fins" de uma palidez transcendental do inteligível para uma utopia intramundana. Com isto, os seres humanos adquirem a confiança de que, mediante sua ação moral, podem promover a realização daquela "comunidade ética" que Kant interpreta filosoficamente a partir da metáfora da dominação de Deus na Terra.

Sem a antecipação histórica que a religião positiva oferece com sua riqueza de imagens, e que é capaz de estimular nossa imaginação, falta à razão prática o estímulo epistêmico dos postulados com os quais ela tenta resgatar no horizonte de reflexões racionais uma *necessidade* já religiosamente articulada. A razão prática encontra nas tradições religiosas algo que promete compensar aquela falta formulada como "necessidade da razão" – quando consegue então se apropriar do que é historicamente dado segundo seus próprios critérios racionais.

Kant não confessa essa dependência epistêmica na medida em que concede à religião positiva e à fé eclesial uma função instrumental. Ele pensa que os seres humanos carecem de modelos intuitivos, de histórias de vida exemplares de profetas e santos, de promessas e milagres, de imagens sugestivas e narrativas edificantes somente como "ocasiões" para superar suas "descrenças morais" e explicar essa circunstância com as fraquezas da natureza humana. A revelação apenas encurta o caminho para a difusão de verdades racionais. Ela dá acesso em forma doutrinária a verdades às quais também os seres

38 Kant, *Kritik der praktischen Vernunft*, op. cit., A 230 s.

humanos "pelo mero uso de sua razão [...] poderiam ter chegado por si mesmos"[39] sem a condução autoritária. Assim, ao final, "a fé puramente moral" surge do invólucro da fé eclesial: "Os invólucros [...] precisam ser despidos [...]. O laço da tradição sagrada, com seus acessórios, com os estatutos e observâncias, que em seu tempo prestou um bom serviço, torna-se cada vez mais desnecessário, convertendo-se, de certo, em uma cadeia".[40]

(5) Contudo, essa compreensão crítica da religião a respeito da fé eclesial como mero "veículo" da propagação da fé racional não combina direito quando Kant descreve a "passagem da fé eclesial para o domínio único da fé religiosa pura" sob o aspecto de uma "aproximação do reino de Deus"[41] (o que, por seu turno, é um símbolo para o estado do "melhor do mundo" realizado), de modo que as formas eclesiais de organização já antecipam traços essenciais dessa constituição futura. A formulação da "aproximação" pode ser entendida, no sentido de um *genitivus subiectivus*, como o aproximar do reino de Deus ou, no sentido de um *genitivus obiectivus*, como aproximação ao reino de Deus. Justamente se compreendemos a produção de

39 Id., *Religion*, op. cit., A 219/B 233. Cf. também *Streit der Fakultäten*, op. cit., A 46: "O teólogo liberal diz: buscai na Escritura, onde pensais encontrar a vida eterna. Mas esta, visto que a condição não é senão o aperfeiçoamento moral dos seres humanos, nenhum homem pode encontrar em um escrito qualquer, a não ser que nele seja inserido, porque os conceitos e princípios exigidos para tanto na verdade não devem ser aprendidos de qualquer um, mas desenvolvidos apenas por ocasião de uma apresentação baseada na própria razão do doutrinador".

40 Id., *Religion*, op. cit., A 170/B 179.

41 Assim é o título do capítulo em ibid., A 157/B 167.

um "reino de Deus na Terra" – em vez de pensar ser "absurdo que os seres humanos devam *instituir* um reino de Deus"[42] – enquanto resultado do esforço cooperativo da própria espécie humana, as instituições sagradas surgidas inicialmente no plural desempenham um papel organizador importante no árduo caminho que conduz à "verdadeira Igreja". A aproximação ao reino de Deus é "representada na forma sensível de uma Igreja [...] cujo ordenamento obriga os homens a instituir como obra o que lhes é incumbido e que deles pode ser exigido".[43]

A instituição de uma comunidade eclesial que se compreende como "povo de Deus sob leis morais" estimula Kant, na filosofia da religião, a formular um conceito que fornece à pálida herança metafísica do "sumo bem" a encarnação prática na configuração concreta de uma forma de vida. Kant desenvolve o conceito de "comunidade ética" não no contexto da filosofia prática, mas no curso de sua aplicação "a uma história existente".[44] Evidentemente, a "religião nos limites da mera razão" não se limita a extrair das tradições religiosas tudo o que tem existência perante a razão;[45] antes, ela parece também receber impulsos, por sua vez, para a ampliação de um conteúdo racional bem circunscrito em termos deontológicos. Ao reconstruir o conteúdo racional da "doutrina da história e da revelação", Kant se interessa particularmente pelo modo

42 Ibid., A 213/B 227.

43 Ibid., A 212/B 226.

44 Id., *Metaphysik der Sitten*, op. cit., A 182 s.

45 O objetivo declarado da filosofia da religião consiste em "tornar inteligível [...] apenas o que no texto da religião que se crê revelada, a Bíblia, também pode ser conhecido pela mera razão". Prefácio de *Streit der Fakultäten*, op. cit., A XI, nota de rodapé.

como comunidades de fé organizadas operam "a instituição de um reino de Deus na Terra". A "doutrina da religião aplicada" para o símbolo do reino de Deus na Terra desenvolve o conceito racional de "comunidade ética", obrigando a razão prática a ir além de uma autolegislação moral pura no "reino dos fins" inteligível.

A teoria moral atribui ao "reino dos fins", como se sabe, um *status* inteligível que não necessita de complementação terrena alguma. Essa ideia se orienta todas as vezes aos destinatários da lei moral. Ela não precisa se realizar na forma de uma comunidade moral, pois esse modelo de uma "vinculação de seres racionais mediante leis objetivas comuns" não tem o sentido de exigir algum tipo de cooperação, ou seja, a participação em uma práxis *comum*. Apenas de maneira abstrata o "reino dos fins" traz à vista o estado de uma dominação de leis morais válidas categoricamente – sem considerar as consequências factuais da ação no complexo mundo dos fenômenos. O caráter *público* desse *mundus intelligibilis* permanece, de certa forma, virtual. O equivalente real no mundo quanto a esse aspecto é a comunidade de cidadãos republicanos organizada de acordo com leis jurídicas. A moralidade pensada internamente só pode se exteriorizar pelo *medium* do direito coercitivo e deixar suas marcas visíveis no comportamento legal.

Kant abandona esse rígido dualismo entre interno e externo, moralidade e legalidade, ao transpor a ideia de uma Igreja universal e invisível, que é intrínseca a todas as comunidades religiosas, para o conceito de "comunidade ética". Com isso, o "reino dos fins" é retirado da esfera da interioridade e assume forma institucional – em analogia com uma comunidade eclesial universalmente inclusiva: "Pode-se chamar uma vinculação entre seres humanos sob meras leis de virtude [...] de ética, e se essas leis são públicas, de ética-civil (em oposição à legal-civil)".[46] Nesta passagem, fica patente a *dependência epistêmica* da formação de conceitos e teorias filosóficas em relação *à fonte de inspiração da tradição religiosa*.

Com o "estado ético-civil" de uma comunidade organizada unicamente por leis da virtude e que se estabelece junto ao "estado jurídico-civil" de uma comunidade política, Kant concede ao "fim último de seres mundanos racionais" um novo enfoque de leitura, intersubjetivista. Ao fazer isso, também o dever de colaborar com a realização do reino dos fins adquire um novo sentido. Até aqui, a "produção" do sumo bem deveria ser pensada antes como algo que, independentemente da intenção dos seres humanos, "procede" da soma das consequências e efeitos colaterais imprevisivelmente complexos de todas as ações morais. Por isso, o curioso "dever" de colaborar na realização do fim último também não podia exercer influência direta sobre a orientação da ação, mas, quando muito, somente sobre a motivação *para* agir. Apenas as leis morais possuem força orientadora, mediante as quais cada pessoa decide por si mesma o que o dever obriga fazer em cada situação. Embora o estado ideal de convergência de virtude e felicidade não se relacione apenas à salvação pessoal, mas ao "melhor do mundo" para todos, nada ainda é dito sobre o superdever de promover esse estado; pois tal dever só pode ser cumprido indiretamente pela observância de deveres simples.

Cada indivíduo relaciona-se "imediatamente" com a lei moral. Isso se altera com a substituição do sumo bem que toda

46 Id., *Religion*, op. cit., A 122/ B 129 s.

pessoa íntegra espera promover por intermédio da ação sempre moral pela visão de uma forma de vida que Kant traz ao conceito de comunidade ética. Já que as práticas locais de uma vida comunitária, que tanto distorcem quanto antecipam uma tal forma de vida e a incorporam de maneira mais ou menos aproximativa, formam "pontos de unificação" para a tentativa cooperativa de uma aproximação mais ampla. "Pois só assim é possível esperar uma vitória do princípio bom sobre o mau. Da razão moralmente legisladora, além das leis que ela prescreve a cada indivíduo, alçou-se ainda uma bandeira da virtude como ponto de união para todos os que amam o bem, com o intuito de, sob ela, reunirem-se."[47] Dessa perspectiva, o dever individual de promover o sumo bem se transforma no dever de membros de diferentes comunidades já existentes unirem-se em torno de um "Estado ético", isto é, de um "reino da virtude" cada vez mais abrangente e sempre mais inclusivo.[48]

(6) Os postulados de Deus e de imortalidade não permitem à razão recuperar a ideia que excede a lei moral de uma aproximação do reino de Deus na Terra. Pelo contrário, a intuição vinculada a essa projeção lembra o respaldo que o correto tem de buscar no bem concreto de formas de vida melhores e melhoradas. Mesmo sem a certeza da assistência divina, as imagens orientadoras de formas de vida não fracassadas, que são, até certo ponto, conformes à moral, guiam-nos como um horizonte que permite tanto descerrar quanto limitar a ação – mas não no singular como a comunidade ética de Kant nem na forma rígida do que é moralmente devido [*Gesollten*]. Elas

47 Ibid., A 121/B 129.
48 Ibid., A 122/B 130.

nos inspiram e nos encorajam a procurar – de maneira obstinada – formas cautelosas de cooperação que frequentemente acabam não dando resultado, visto que só podem prosperar sob circunstâncias *afortunadas*.

A doutrina dos postulados é tributária da introdução de um dever problemático que excede em muito a capacidade humana, já que essa assimetria precisa ser remediada com a ampliação do saber pela fé. Reflete-se aí também o dilema em que se enreda Kant ao colocar em conflito suas intenções de encarar a religião simultaneamente como herdeira e oponente. De um lado, ele considera a religião fonte de uma moral que satisfaz os critérios da razão; de outro lado, refúgio obscuro que tem de ser filosoficamente purificado do obscurantismo e da exaltação. A tentativa de uma apropriação reflexiva dos conteúdos religiosos entra em conflito com o objetivo da crítica da religião de *orientá-la filosoficamente* acerca de sua verdade e falsidade. A razão não pode querer ao mesmo tempo consumir e preservar o bolo da religião. Todavia, o propósito construtivo da filosofia da religião de Kant continua a merecer nosso interesse caso queiramos saber o que podemos, sob condições do pensamento pós-metafísico, aprender da força de articulação das religiões universais para o uso da razão prática.

A tradução da ideia do domínio de Deus sobre a Terra no conceito de uma república sob leis da virtude mostra de maneira exemplar que Kant vincula a delimitação ao mesmo tempo crítica e autocrítica do saber perante a fé com a atenção voltada para a possível relevância cognitiva dos conteúdos que foram conservados nas tradições religiosas. A filosofia moral de Kant deixa-se entender no conjunto como a tentativa de reconstruir o dever categórico dos mandamentos divinos por uma via discursiva. A filosofia transcendental em seu todo possui o sentido prático de transpor o ponto de vista transcendente para uma perspectiva *intramundana* funcionalmente equivalente, conservando-se como ponto de vista moral.[49] Dessa genealogia também se alimenta a tentativa de deflacionar racionalmente o modo da fé, sem liquidá-lo.

O próprio idealismo sem ilusões de Kant é expressão de uma atitude cognitiva que vincula uma séria abertura diante das objeções da razão teórica com a decisão otimista de uma razão prática que não se deixa intimidar. Essa combinação conserva um "*habitus* da razão", que de saída é favorável ao ceticismo, diante da indiferença derrotista e da autodestruição cínica. Certamente, Kant ainda se encontrava aquém do limiar de uma consciência histórica cuja relevância filosófica só Hegel reconheceu pela primeira vez. Ele compreendeu a apropriação reflexiva de conteúdos religiosos ainda da perspectiva de uma substituição progressiva da religião positiva pela fé racional pura, e não como o deciframento genealógico de um contexto de surgimento histórico ao qual pertence a própria razão. Mas, de certo modo, a doutrina dos postulados já reconcilia a certeza de si da razão que empreende a crítica da religião com o propósito de uma tradução redentora dos conteúdos religiosos.

Nosso olhar hermenêutico sobre a filosofia da religião de Kant está naturalmente marcado por uma história da recepção de duzentos anos. Nesse contexto, eu relembro o caráter apologético do trabalho mais significativo sobre filosofia da religião no interior do neokantismo: Hermann Cohen emprega a

49 Habermas, "Eine genealogische Betrachtung zum kognitiven Gehalt der Moral", em *Die Einbeziehung des Anderen*, p.11-64, aqui p.16 ss.

religião racional de Kant como chave para uma interpretação detalhada das fontes literárias da tradição judaica.[50] Contra o antissemitismo intelectual de seu ambiente, ele quer evidenciar o conteúdo humanista e o sentido universalista do Antigo Testamento e preencher com meios filosóficos a paridade entre judaísmo e cristianismo.[51]

Contudo, as três figuras mais influentes, nas quais quero me concentrar em seguida, não pertencem à linha de sucessão direta de Kant. Hegel, Schleiermacher e Kierkegaard reagiram de um modo bem diferente à delimitação entre saber e fé efetuada por Kant em sua crítica da religião, ainda que em igual medida pleno de consequências. Todos estavam convencidos que, enquanto filho do século XVIII, o crítico da religião Kant permanecera preso a uma forma abstrata do Esclarecimento, privando as tradições religiosas de sua substância verdadeira. Nesse recorte da história da recepção, que não por acaso foi dominado pelo caráter protestante, discutiram-se, sobretudo, uma descrição integral do "fenômeno religioso" e a delimitação correta entre razão e religião. Apenas em traços grosseiros eu poderei esboçar as linhas que partem de Hegel, Schleiermacher e Kirkegaard até chegar à constelação do presente.

---

50 Cohen, *Religion der Vernunft aus der Quellen des Judentums* (reimpressão da segunda edição de 1928), p.4: "Mesmo que eu já tenha me referido ao conceito de religião a partir das fontes literárias dos profetas, por certo essas fontes permanecem mudas e cegas se antes não me aproximo delas – certamente instruindo-me por elas, mas não me guiando simplesmente por sua autoridade – com um conceito que coloquei na base da instrução que elas próprias proporcionaram".

51 Micha Brumlik louva a obra como expressão do "humanismo hebreu" em *Vernunft und Offenbarung: religionphilosophische Versuche*, p.11-28.

(7) Hegel critica Kant como o *Aufklärer* que concebe a religião segundo critérios dos conceitos abstratos do entendimento e rejeita seu conteúdo essencial como algo meramente positivo. Com isto, a razão arrogantemente subjetiva conquista uma vitória de Pirro sobre o pretenso obscurantismo; a falsa autolimitação transcendental da razão produziu antes, como seu oposto, um conceito positivistamente reduzido de religião.[52] Na medida em que essa crítica ainda se deixa compreender como radicalização da abordagem kantiana, seria possível superar a oposição entre fé e saber dentro do horizonte de um saber racionalmente *ampliado*. É certo que Hegel concebe a história das religiões na amplitude de suas práticas rituais e ideários, mas assim o faz na qualidade de genealogia de uma razão abrangente cuja porta-voz é a filosofia. Ele também se atém à pretensão do esclarecimento filosófico de justificar o conteúdo de verdade da religião segundo critérios da razão.[53]

De outro lado, no lugar de uma apropriação seletiva dos conteúdos religiosos individuais por parte de uma razão que é consciente de seus limites, entra então a superação conceituada da religião em seu todo. A filosofia reconhece o que é racional no pensamento representativo da religião. Mas o matrimônio

52 Hegel, "Glauben und Wissen", em *Werke*, v.2: "A vitória gloriosa que a razão esclarecedora conquistou sobre aquilo que, de acordo com a pequena medida de sua compreensão religiosa, considerava de forma oposta como fé, não significa outra coisa, vista à plena luz, senão que nem o positivo que ela havia combatido, a religião, nem a razão, que saiu vitoriosa, permaneceram". A esse respeito, cf. Schmidt, *Anerkennung und absolute Religion*.

53 Hegel, "Vorlesungen über die Philosophie der Religion II", em *Werke*, v.17, p.318: "O conteúdo cristão verdadeiro da crença tem de ser justificado pela filosofia".

desigual que a filosofia que tudo abraça é obrigada a contrair com uma religião subjugada tem para o parceiro aparentemente superior um resultado ambíguo. Com o conceito de espírito absoluto, que se exterioriza na natureza e na história para se recolher nesse outro, a filosofia se apodera das ideias fundamentais do cristianismo, tornando a encarnação de Deus um princípio do próprio pensamento dialético – mas paga por isso um preço duplo. De um lado, a evasão dos limites da razão transcendental que foram estabelecidos de maneira autocrítica recai na metafísica; de outro, o fatalismo de um espírito que gira dentro de si mesmo – o qual, tão logo alcança o cume do saber absoluto, precisa novamente libertar-se na natureza – entrelaça-se exatamente à dimensão escatológica de um novo começo, para o qual se dirige por certo a esperança de salvação dos crentes.[54]

O duplo desapontamento – tanto no que concerne à recaída na metafísica quanto à retirada quietista da teoria em relação à práxis – motivou os discípulos de esquerda de Hegel a radicalizar a crítica kantiana da religião em um outro sentido, materialista. Feuerbach e Marx escovaram a contrapelo a história de desenvolvimento idealista do espírito absoluto da perspectiva de uma razão intersubjetiva, encarnada no corpo e na linguagem e situada na história e na sociedade, reestabelecendo assim o primado kantiano da razão prática diante da razão teórica. Na verdade, eles concebem a religião sobriamente enquanto reflexo de relações sociais dilaceradas e, ao mesmo tempo, mecanismo de ocultamento da vida alienada perante si

54 Löwith, "Hegels Aufhebung der christlichen Religion", em *Zur kritik der christlichen Überlieferung*, p.54-96.

mesma.[55] Essa crítica da religião antecipa o esclarecimento psicológico de Freud, para quem a consciência religiosa satisfaz projetivamente necessidades frustradas. Mas, assim como no caso de Kant, essa destruição da falsa positividade deve liberar um conteúdo de verdade que somente espera ser realizado em termos práticos. Mais uma vez, é a ideia do reino de Deus na Terra como comunidade ética que agora deve encontrar uma incorporação profana na forma revolucionária da sociedade emancipada.[56]

Essa apropriação ateísta de conteúdos religiosos experimentou continuidades vitais no marxismo ocidental. Aqui os motivos religiosos foram facilmente decifrados seja na filosofia da esperança de Bloch, fundada nos termos de uma filosofia da natureza, seja nos desesperados, mas messianicamente inspirados,

---

55 Marx, "Einleitung zur Kritik der Hegelschen Rechtsphilosophie" (1843), em Marx; Engels, *Werke*, v.I, p.378: "O homem é o mundo do homem, do Estado, da sociedade. Esse Estado e essa sociedade produzem a religião, uma consciência invertida do mundo, porque eles são um mundo invertido. A religião é a teoria universal deste mundo [...] seu entusiasmo, sua sanção moral, sua complementação solene, seu fundamento universal de consolo e justificação. Ela é a efetivação fantástica do ser humano, visto que o ser humano não possui efetividade verdadeira alguma. A luta contra a religião, portanto, é indiretamente a luta contra aquele mundo cujo aroma espiritual é a religião".

56 Feuerbach, *Grundsätze der Philosophie der Zukunft*, §59: "O homem individual não tem para si nem a essência do homem em si como ser moral nem em si como ser pensante. A essência do homem está contida apenas na comunidade, na unidade do homem com o homem – uma unidade que se apoia somente na realidade da distinção entre Eu e Você". Feuerbach antecipa motivos essenciais da filosofia dialógica de Martin Buber. Cf. Theunissen, *Der Andere*, p.243-373.

esforços de redenção de Benjamin, ou no negativismo irredutível de Adorno. Muitas das abordagens filosóficas encontraram ressonância no interior da própria teologia, como no caso de Johann Baptist Metz ou de Jürgen Moltmann.

De Hegel a Marx e no marxismo hegeliano, a filosofia tentou se apropriar do conteúdo liberado *coletivamente* da mensagem de salvação judaico-cristã que Kant retomou a partir do vestígio semântico do "povo de Deus". Em contrapartida, para Schleiermacher e Kierkegaard, a salvação *individual*, que causa as maiores dificuldades à filosofia dirigida ao universal, forma o cerne da fé. Embora cristãos, ambos são pensadores pós-metafísicos. Um deles assume alternadamente o papel que Kant havia distinguido de filósofo da religião e de teólogo; o outro, assumindo o papel de escritor religioso, aceita o desafio de um Sócrates que filosofa de maneira kantiana.

(8) Diferentemente de Hegel, Schleiermacher respeita as divisas que Kant demarcou com sua crítica da metafísica. Ele certamente partilha da reserva hegeliana ante uma crítica que reencontra na religião tão somente a moral. Porém, de uma perspectiva epistemológica, Schleiermacher se atém à autorreferência da razão subjetiva. Ele desloca os limites entre fé e razão em favor de uma fé autêntica para além da mera razão ao elaborar o sentido intrínseco e o direito próprio do aspecto religioso dentro do horizonte da filosofia da consciência. Na qualidade de filósofo, Schleiermacher não se interessa pelo conteúdo da fé religiosa – *fides quae creditur*, mas sim pela questão do que significa em termos performativos ser crente – *fides qua creditur*.[57]

57 Isso explica o fato de Bultmann poder encontrar um caminho que levasse de Schleiermacher a Kierkegaard. Ver a contribuição de F. Nüssel

Ele distingue entre uma teologia científica que emprega dogmaticamente os conteúdos da crença e a devoção que inspira e suporta a conduta de vida pessoal do crente.

Schleiermacher amplia a arquitetônica kantiana das faculdades da razão, mas sem forçá-la demais ao conceder à fé religiosa um lugar transcendental próprio junto ao saber, ao discernimento moral e à experiência estética. Ao lado das conhecidas faculdades da razão entra agora a religiosidade da pessoa crente que no sentimento de devoção é simultaneamente consciente de sua própria espontaneidade e de sua dependência em relação a um outro. Schleiermacher mostra de que modo se entrelaçam autocertificação e consciência de Deus. O conhecido argumento parte da posição intramundana de um sujeito que se caracteriza tanto pelas faculdades da sensibilidade e da autonomia quanto pela interdependência da referência passiva e ativa em relação ao mundo.[58] Para um sujeito finito que se dirige ao mundo, nem a liberdade absoluta nem a dependência absoluta são *pensáveis*. Assim como a liberdade absoluta é incompatível com as restrições que o mundo impõe ao agir situado, inversamente também uma dependência absoluta não combina com o distanciamento intencional em relação ao mundo, sem o qual estados de coisas não podem ser apreendidos nem tratados. Mas, ao afastar-se do mundo, esse sujeito é apreendido por um sentimento de mera dependência ao se inteirar da espontaneidade da própria vida consciente: na efetuação da autocertificação intuitiva, ele toma consciência da

sobre Bultmann em Neuner; Wenz (orgs.), *Theologen des 20: Jahrhunderts*, p.70-89.

58 Schleiermacher, *Der christliche Glaube* (1830-1831), §§3-5.

dependência de um outro que torna possível pela primeira vez nossa vida consciente – aquém da diferença do que recebemos do mundo e de como atuamos sobre o mundo.

Essa análise transcendental do sentimento de devoção proporciona à experiência religiosa uma base universal que é independente tanto da razão teórica quanto da razão prática, sobre a qual Schleiermacher desenvolve uma alternativa rica em consequências para um conceito esclarecido de religião racional. A experiência religiosa que está enraizada na "autoconsciência imediata" pode reclamar cooriginaridade [*Gleichursprünglichkeit*] com uma razão que surge dessa mesma raiz. Em comparação com o conceito de religião racional, a introdução da religiosidade, que Schleiermacher formulou nos termos de uma filosofia transcendental, tem a vantagem de levar em consideração o pluralismo religioso na sociedade e no Estado sem ter de restringir ou mesmo privar de seus direitos a positividade de tradições intrinsecamente religiosas. A descrição pietista da interioridade religiosa leva ao outro argumento segundo o qual o sentimento antropologicamente universal de dependência *se ramifica* em *diferentes* tradições tão logo o sentimento de devoção é articulado de um determinado modo, ou seja, ultrapassa o limiar da expressão simbólica e assume na socialização comunicativa dos crentes a forma prática de uma fé *praticada de maneira eclesial.*

O discernimento filosófico acerca da origem racional comum de todas as religiões permite atribuir às igrejas – e às interpretações dogmáticas da respectiva fé eclesial – um lugar legítimo em diferentes edifícios das sociedades modernas. Sob essa premissa, e sem prejuízo para sua respectiva pretensão de verdade diante de crentes de outros credos e de não crentes, é possível exercer tolerância, reconhecer a ordem secular do Estado liberal e respeitar a autoridade das ciências especializadas no saber mundano. Pois a justificação filosófica da experiência religiosa em geral liberta a teologia de fardos desnecessários. A demonstração metafísica da existência de Deus e outras especulações semelhantes são supérfluas. Ao reivindicar os melhores métodos científicos para a elaboração de seu núcleo dogmático, a teologia pode modestamente se estabelecer no interior das universidades como uma disciplina prática ao lado de outras. Contudo, o protestantismo cultural do final do século XIX e início do século XX mostra claramente o preço que Schleiermacher paga por essa elegante conciliação entre religião e modernidade, fé e saber. A integração social de Igreja e privatização da fé despoja a referência religiosa de sua força explosiva intramundana voltada ao transcendente.

A obra e o comportamento de Adolf von Harnack levantaram a suspeita de embotar a seriedade religiosa. A adaptação modernizadora da religião ao espírito da modernidade tira do agir solidário da comunidade religiosa a força de uma práxis reformadora, ainda mais a energia de uma práxis transformadora *no mundo*. Sob tais premissas, a presença de Deus se retira para a profundeza da alma individual: "O Reino de Deus, ao chegar aos indivíduos, entra em sua alma".[59] Do mesmo modo que Schleiermacher, Max Weber e Ernst Troeltsch concebem a religião como uma formação de consciência que mesmo em sociedades modernas mantém sua autonomia e força estruturante. Para eles, no entanto, o sentido da tradição religiosa só

59 Harnack, *Das Wesen des Christentums*; cf. também Wenz, "A. v. Harnack: Herzensfrömmigkeit und Wissenschaftsmanagement", em Neuner; Wenz (orgs.), *Theologen des 20*, op. cit., p.33-52.

se torna acessível com base em evidências empiricamente tangíveis. Na esteira do historicismo, eles podem obter o conteúdo normativo vinculante da religião apenas pela reflexão sobre a raiz cristã daquela cultura liberal esclarecida e individualista do presente, em que reencontram sua própria compreensão.[60]

(9) A obra de Kierkegaard estabelece um contraponto em relação à análise que Schleiermacher faz da existência devota conciliada com a modernidade. Ele partilha com Marx, seu companheiro de geração, a consciência da crise de uma modernidade *incansável*. Porém, diferentemente de Marx, procura romper com o pensamento especulativo e com a sociedade burguesa corrompida não pela via da reversão da relação entre teoria e práxis, mas da efetuação de uma resposta existencial à pergunta luterana pelo Deus misericordioso, que tanto o atormentava. Com a consciência do pecado radicalizada, a autonomia da razão cai sob as sombras do poder, heterogêneo por excelência, de um Deus irreconhecível, que apenas historicamente pode ser testemunhado e que comunica a si mesmo. Essa reação neo-ortodoxa à autocompreensão antropocêntrica da modernidade forma um estágio importante na história da recepção da filosofia da religião kantiana. Pois ela confirma o traçado de limites entre razão e religião, mas dessa vez pelo lado da fé na revelação. Nesse caso, Kierkegaard volta a autorrestrição transcendental kantiana da razão contra seu próprio antropocentrismo. Ele precisa convencer "Sócrates", a figura

---

60 Graf; Troeltsch, "Theologie als Kulturwissenschaft des Historismus", em Neuner; Wenz (orgs.), *Theologen des 20*, op. cit., p.53-69; sobre Max Weber, cf. Schluchter, "Die Zukunft der Religion", em *Religion und Lebensführung*, v.2, p.506-34.

do adversário de seu próprio oponente kantiano, de que a consciência moral pós-convencional só pode se tornar o núcleo de cristalização de uma conduta de vida consciente se ela estiver inserida em uma autocompreensão religiosa.[61]

É assim que, lançando mão de formas de vida patológicas, Kierkegaard descreve os estágios sintomáticos de uma salutar "doença para a morte" – as formas de um *desespero* primeiramente recalcado, que em seguida adentra o limiar da consciência e, finalmente, obriga a uma reversão da consciência centrada no Eu. Essas diferentes formas de desespero são outras tantas manifestações de *fracasso* daquela relação existencial fundamental que tornaria possível um ser-si-mesmo [*Selbstsein*] autêntico. Kierkegaard narra os estados inquietantes de uma pessoa, os quais a tornam consciente do seu destino de ter de ser um si-mesmo [*Selbst*], mas, por conseguinte, deixando-a diante das alternativas de "desesperadamente não querer ser si mesmo [*selbst sein*], ou de forma mais baixa: desesperadamente não querer ser um si-mesmo [*Selbst*], ou ainda mais rebaixadamente: querer mais ser um outro do que ser si mesmo".[62] Quem finalmente reconhece que a fonte do desespero não reside nas circunstâncias, mas nos próprios movimentos de fuga, empreende a tentativa desafiadora, ainda que frustrada, de "querer ser si mesmo".

O fracasso desesperado desse último ato de força – o ato de querer ser si-mesmo [*Selbst*] mantendo-se absolutamente em si

61 Habermas, "Begründete Enthaltsamkeit. Gibt es postmetaphysische Antworten auf die Frage nach dem 'richtigen Leben'?", em *Die Zukunft der menschlischen Natur* [*O futuro da natureza humana*], p.11-33.

62 Kierkegaard, *Die Krankheit zum Tode*, p.51.

mesmo [*auf sich selbst*] – deve mover o espírito finito em direção à transcendência de seu próprio si e, com isso, ao reconhecimento da dependência em relação a um outro absoluto, em que se funda a própria liberdade: "Ao relacionar-se consigo mesmo e ao querer ser si mesmo [*selbst sein*], o si-mesmo [*Selbst*] se funda de forma transparente no poder que ele põe".[63] Somente essa consciência torna possível o ser-si-mesmo autêntico.[64] A razão que reflete sobre o fundamento mais profundo descobre sua origem em um outro; e ela precisa reconhecer esse poder fatídico caso não deva perder sua orientação nos impasses de um autoempoderamento híbrido.

Em Schleiermacher, essa conversão da razão pela razão se apoia na autoconsciência do sujeito que conhece e age; em Kierkegaard, na historicidade da autocertificação existencial. Nos dois casos, a razão se apropria de seus limites ao cruzá-los em direção a um outro: seja no sentimento de dependência segura em relação a algo estranhamente abrangente ou na esperança desesperada pelo evento histórico da redenção. A diferença mais significativa consiste em que Kierkegaard concebe a conversão da razão como abdicação da razão perante a autoridade do Deus cristão que comunica a si mesmo, ao passo que Schleiermacher se atém à visão antropocêntrica e funda filosoficamente a experiência religiosa fundamental de onde se originam as tradições positivas da fé.

Para Karl Barth, uma tal concepção filosófica da religiosidade e da religião é simplesmente "falta de fé" – e a revelação

---

63 Ibid., p.14.

64 Theunissen, *Das Selbst auf dem Grund der Verzweiflung*.

cristã se torna "superação da religião".[65] Barth e Bultmann se apoiam em Kierkegaard com o intuito de fazer valer o sentido normativo intrínseco da fé na revelação e a existência da fé cristã diante da esteira do pensamento histórico, diante da pressão da secularização da sociedade e da privatização da fé. Eles elaboram na mensagem da fé cristã aquilo que não é passível de integração, a oposição irreconciliável de fé e saber. Mas essa confrontação encontra lugar na base de um pensamento pós-metafísico que protege a crítica da modernidade diante de um antimodernismo reacionário (como também mostra a atitude política de Barth e Baumann em relação ao regime nazista).

De outro lado, a filosofia da existência também assume a herança de Kierkegaard. Ela segue este pelo caminho que leva a uma ética que descreve de maneira apenas *formal* o modo histórico de uma condução de vida consciente e autocrítica.[66] Karl Jaspers tenta, além disso, reconstruir racionalmente a tensão radical entre o transcendente e o intramundano com base na visão secular da "iluminação existencial". Contudo, ele só consegue isso pelo preço da assimilação da pretensão de validade de enunciados filosóficos ao *status* de verdades de fé. Ele generaliza o conceito de fé racional elaborado por Kant, o qual foi talhado para os postulados de Deus e da imortalidade, sobre a filosofia em seu todo, delimitando "fé filosófica" e conhecimento científico. Surge daí uma semelhança de família entre doutrinas filosóficas e tradições religiosas. Ambos os

65 Pfleiderer, "Karl Barth: Theologie des Wortes Gottes als Kritik der Religion", em Neuner; Wenz (orgs.), *Theologen des 20*, op. cit., p.124-44, aqui p.135.

66 Habermas, "Begründete Enthaltsamkeit", op. cit., p.11-33.

lados entram em concorrência a título de poderes de crença. A filosofia deve, no melhor dos casos, esclarecer o caráter desse conflito, mas o próprio conflito não pode ser resolvido com argumentos.[67]

(10) O que se pode apreender dessa história da recepção rudimentarmente esboçada sobre a atualidade da filosofia da religião kantiana? Essa questão se coloca hoje da perspectiva de uma ameaça ao conteúdo normativo da modernidade surgida no Ocidente. Hegel caracterizou as conquistas da modernidade com os conceitos de "autoconsciência", "autodeterminação" e "autorrealização". A autoconsciência é tributária do aumento de reflexividade em relação a uma revisão duradoura de tradições fluidificadas; a autodeterminação é tributária da introdução do universalismo individualista igualitário no direito e na moral; e a autorrealização se deve à constrição à individuação e ao autocontrole sob condições de uma identidade do Eu altamente abstrata.[68] Essa autocompreensão da modernidade também é resultado da secularização, ou seja, da substituição das coerções das religiões politicamente dotadas de poder. Hoje, porém, essa consciência normativa não está sendo ameaçada apenas a partir de fora pela nostalgia reacionária da contramodernidade fundamentalista, mas também a partir de dentro da própria modernização em descarrilhamento. A divisão de trabalho entre mecanismos integradores do mercado, da burocracia e da solidariedade social entrou em desequilíbrio e se deslocou em favor de imperativos econômicos que premiam uma interação orientada sempre para o êxito próprio de sujeitos que

67 Jaspers, *Der philosophische Glaube angesichts der Offenbarung*.

68 Habermas, *Der philosophische Diskurs der Moderne*, p.390-425.

agem uns com os outros. A habituação de novas tecnologias, que intervém profundamente nos substratos até aqui considerados "naturais" da pessoa humana, exige ademais uma autocompreensão naturalista dos sujeitos viventes em interação consigo mesmos.[69]

O abalo da consciência normativa se manifesta também nas sensibilidades que se retraem em prol de patologias sociais – em prol da vida falsa em geral. Uma filosofia desiludida em termos pós-metafísicos não é capaz de compensar essa falta – aquela falta que Kant já havia notado. Ela não dispõe mais da espécie de razões que poderiam assinalar *uma única* imagem de mundo motivadora diante de todas as outras, mais precisamente uma imagem de mundo que satisfizesse expectativas existenciais de orientar de maneira vinculante uma vida em seu todo ou mesmo servir de consolo. Vimos que, com sua doutrina dos postulados, Kant pretendeu retirar da religião mais em substância do que a razão prática seriamente é capaz de suportar.

O que ele tinha em mente com o modo da fé racional diz respeito antes à autocompreensão refletida dos membros da comunidade religiosa, em geral dos grupos culturais que são definidos por tradições que marcam fortemente a identidade. Esse tipo de crença se parece com as atitudes proposicionais que adotamos diante de modos de vida próprios, isto é, que mantemos de forma autêntica. Vivemos baseados na certeza de um modo de vida quando estamos convencidos de seu valor. Mas existem diferentes modos de vida igualmente autênticos, de modo que, dessa perspectiva, certeza e validade veritativa se

69 Id., "Auf dem Weg zu einer liberalen Eugenik?", em *Die Zukunft der menschlischen Natur*, op. cit., p.34-126.

separam de maneira interessante. Quanto mais temos ciência de tal autocompreensão existencial, menos nos é permitido confundir os juízos de valor subjacentes com convicções morais universalizáveis (ou mesmo com enunciados teóricos). Contudo, não vinculamos as orientações axiológicas, que para nós – e para membros como nós – possuem significado existencial, à pretensão de serem dignas de reconhecimento universal.

Contra Kant, precisamos inicialmente reter que as representações do Reino de Deus ou de uma "comunidade ética" de saída aparecem no plural. Porém, não foi Hegel, mas o Kant da filosofia da religião o primeiro a ver que tanto a moral racional, que entra em cena no singular, quanto a institucionalização constitucional dos direitos humanos e da democracia necessitam de inserção no contexto denso de uma forma de vida. Contudo, elas ganham impulso ao se inserirem *nos* contextos *múltiplos* de imagens de mundo e modos de vida cujos fins últimos se encontram em concorrência. Entre eles espera-se haver um dissenso racional que, se não conduzir a um antagonismo mudo e descambar em violência, tem de alcançar uma manifestação linguística em discursos públicos. E aqui a filosofia, no papel de tradutora, só pode promover a concórdia moral, jurídica e política se procurar esclarecer a multiplicidade legítima dos projetos de vida substanciais dos crentes, dos crentes de outros credos e dos não crentes, mas não se entrar em cena na qualidade de concorrente que sabe melhor que os outros. Nesse papel de intérprete ela pode até contribuir para renovar sensibilidades, pensamentos e motivos que certamente provêm de outras fontes, mas permaneceriam encapsulados caso não fossem trazidas à luz da razão pública pelo trabalho de conceitos filosóficos.

Nos dois casos, tanto para a retenção autocrítica de uma razão que *constrói limites* quanto para o papel maiêutico de uma *apropriação* público-discursiva daqueles potenciais semânticos particulares, que se fecham em linguagens especiais, a filosofia da religião de Kant estabelece critérios. Mas só em conexão com sua história da recepção ela lança luz sobre a constelação de fé e saber em nossa sociedade pós-secular do presente. Nas três linhas mencionadas da história da recepção – a do marxismo hegeliano, do protestantismo cultural e da dialética existencialista – ressalta-se em cada uma delas um outro aspecto dessa constelação modificada. Para concluir, um breve comentário acerca disso.

(11) A visão genealógica de Hegel decifra a imagem sugestiva e a narrativa densa das grandes religiões universais como história de um espírito que espera por uma apropriação reflexiva mediante o trabalho do conceito. Desse ângulo de visão, a filosofia encontra ainda hoje nas tradições religiosas incompreendidas e em práticas não conceitualizadas da vida comum discernimentos, intuições, possibilidades expressivas, sensibilidades e formas de interação que certamente não são estranhas de saída à razão pública, mas que são bastante enigmáticas para ser admitidas sem mais no círculo comunicativo da sociedade como um todo. Esses conteúdos podem ganhar força regenerativa para uma consciência normativa atrofiada se conseguir a partir desse fundo desenvolver novos conceitos formadores de perspectivas. Desse modo, por sua vez, conceitos fundamentais como "positividade", "alienação" ou "reificação" – conceitos que não negam sua origem na proibição de imagens e no pecado original – alteram universalmente a percepção. Eles colocaram a marcha triunfante da modernização capitalista sob outra luz,

sensibilizando sentidos que se tornaram imunes diante de patologias sociais. O uso crítico de tais conceitos retirou o véu de normalidade das relações tornadas habituais.

Depois do choque civilizacional, por exemplo, o conceito de Benjamin de "solidariedade anamnética" com a injustiça do passado – um conceito que intervém de maneira inequívoca nas lacunas da esperança perdida no Juízo Final – recorda uma responsabilidade coletiva que vai além da obrigação moral.[70] A ideia de aproximação do Reino de Deus, que foi apropriada dentro dos limites da mera razão, não dirige o olhar apenas para o futuro. Essa ideia desperta universalmente em nós a consciência da responsabilização coletiva pelas assistências omitidas, pelos esforços cooperativos omitidos, para enfrentar desgraças iminentes ou nem que seja só melhorar uma situação chocante. Certamente, apenas *em momentos afortunados* uma cooperação bem-sucedida pode estar à altura dessa expectativa. Mas não é por isso que a fraca responsabilização pelo destino coletivo dos mais próximos e dos mais distantes a nós é tirada de nossos ombros, visto que ela transborda nossas forças falíveis e, às vezes, leva a erro espíritos obstinados ou fanáticos que desconhecem sua própria falibilidade.

Kant, Hegel e Marx deixaram que a consciência secular sentisse o aguilhão da herança religiosa. Mas Schleiermacher e Kierkegaard foram os primeiros a exigir que a filosofia aceitasse a religião como um oponente de igual estatura. Eles dissociam o cristianismo do vínculo com a metafísica grega,

---

70 Peukert, *Wissenschaftstheorie, Handlungstheorie, fundamentale Theologie*, p.278 ss. Cf. Habermas, *Vorstudien und Ergänzungen zur Theorie des kommunikativen Handelns*, p.514 ss.

defendendo-o ou criticando-o a partir do pensamento kantiano pós-metafísico perante os que o desprezam, sejam estes cultos ou simplesmente os que se dizem indiferentes.

Schleiermacher esclarece por que a religião não é mera coisa do passado nem precisa se bloquear contra a complexidade da modernidade. Ele mostra como a Igreja, a consciência religiosa e a teologia podem se afirmar dentro do quadro da diferenciação cultural e social como formas contemporâneas do espírito, até mesmo como formas funcionalmente especificadas. Schleiermacher é um precursor para a consciência de uma sociedade pós-secular que se ajusta à persistência da religião em um ambiente cada vez mais secularizante. Ao mesmo tempo, ele efetua a partir de dentro, por assim dizer, uma modernização da consciência religiosa que então lida com as condições normativamente indispensáveis do direito pós-convencional, do pluralismo de visões de mundo e do saber mundano cientificamente institucionalizado. Contudo, Schleiermacher favorece uma filosofia que pretende seguir o rastro da fé nos elementos do saber na medida em que leva a cabo ainda com meios filosóficos a conciliação de religião e a própria modernidade.

Somente Kierkegaard confronta o pensamento pós-metafísico com a heterogeneidade intransponível de uma fé que nega de forma descompromissada a visão antropocêntrica do pensamento filosófico que se fundamentava de maneira intramundana. Por meio desse desafio, a filosofia alcança pela primeira vez uma relação dialética com o domínio da experiência religiosa. O cerne dessa experiência escapa ao acesso secularizante da análise filosófica do mesmo modo que a experiência estética em relação ao acesso racionalizador. Evidentemente, com os conceitos do belo, do feio e do sublime a filosofia se limita a circunscrever cautelosamente aquela excitação sensível a-linguística que põe em marcha o jogo da faculdade de julgar reflexionante. A fonte da sensibilidade escapa ao entendimento. Algo semelhante acontece com uma "transcendência" que irrompe no mundo a partir de fora. Pois, com esse conceito, a filosofia circunda o que há de abissal e originário naquela energia utópica para a "promoção do sumo bem", sobre cujas fontes uma razão destranscendentalizada não exerce mais poder algum. Ela só pode reconstituir discursivamente uma transcendência a partir de dentro.[71]

A filosofia se nutre *de modo racional* da herança religiosa apenas enquanto sua fonte ortodoxamente objetada da revelação permanecer para ela uma exigência cognitivamente inaceitável. As perspectivas centradas *ou* em Deus *ou* nos homens não se deixam transpor *uma na outra*. Tão logo esse limite entre fé e saber se torna poroso e motivos religiosos penetram na filosofia *com nomes falsos*, a razão perde o equilíbrio e cai em exaltação [*Schwärmen*]. A autocrítica da razão de Kant não devia esclarecer apenas a relação entre razão teórica e prática, mas delimitar a própria razão em seu justificado uso teórico e prático tanto em relação à extravagância das pretensões metafísicas do conhecimento, de um lado, quanto em relação ao aspecto suprassensível da consciência religiosa da fé, de outro lado. Essas determinações dos limites do pensamento pós-metafísico (e pós-cristão) só podem nos servir ainda como critério se ainda quisermos nos orientar na paisagem filosófica do presente sobre a relação de fé e saber.

71 Habermas, *Texte und Kontexte*, p.127-56.

(12) Como indicador para uma localização aproximada, eu gostaria de distinguir correntes de pensamento que retornam à tradição da metafísica e recuam aquém das delimitações feitas por Kant (a) de abordagens que se atêm aos limites do pensamento pós-metafísico (b) ou que dissipam essas marcas ao "ultrapassar" um pensamento que traça limites (c).

(a) Naturalmente, a necessidade especulativa, que Platão colocou no berço da filosofia com a ascensão às ideias e à libertação do espírito dos grilhões da matéria, não mitigou. Assim, a reanimação ou – na base pós-kantiana da autoconsciência – a apropriação dialética dos padrões de argumentação da tradição clássica serve ao menos implicitamente ao resgate de pensamentos relevantes para a salvação. Esses motivos se ligam frequentemente (como em Leo Strauss) a estímulos de crítica da modernidade e a propósitos políticos correspondentes. Porém, a recuperação da tradição da metafísica ocidental não mira sempre as origens gregas, em geral também mira (como em Carl Schmitt) a ontoteologia da Idade Média. Assim, as feridas infligidas pela modernidade não devem ser curadas pela via da certificação contemplativa de uma ordem cósmica (do ente em seu todo), ou seja, no "caminho da salvação" que estabelece uma afinidade entre o *bios theoretikos* e as práticas de meditação do Extremo Oriente. Portanto, trata-se antes, como outrora no neotomismo e hoje na filosofia islâmica, da justificação metafísica de enunciados fundamentais de doutrinas monoteístas. Em certos enfoques de leitura também é possível compreender o hegelianismo teológico ou a ontologia analítica como a continuação da apologética clássica por outros meios.

(b) Ao diferenciar fé e saber, Kant pressupõe o rompimento com a pretensão totalizadora do conhecimento que é própria da metafísica. Essa virada em direção a um pensamento pós-

-metafísico desvalorizou um determinado quadro categorial ontológico e uma determinada estrutura de explicação; ela deveria trazer a filosofia para o mesmo nível da ciência moderna.[72] Depois dessa virada, a filosofia assumiu uma posição diferente em relação à religião.

A apologética moderna, que hoje como ontem encontra seu ponto de gravidade na filosofia da religião católica, distingue-se da apologética clássica não apenas no que concerne a seus meios intelectuais, mas também ao objetivo da argumentação. Certamente, nenhuma delas fala, como na teologia, "em nome" da, mas "em referência" a uma tradição de fé *supostamente verdadeira*, e ambas usam as respectivas abordagens filosóficas contemporâneas (que hoje vão da Teoria Crítica até Wittgenstein) tendo em vista a justificação racional dos componentes cognitivos das doutrinas religiosas a cada vez preferidas.[73] Mas a apologética moderna não partilha mais com a apologética clássica o abandono dos alicerces espirituais da sociedade e da cultura seculares. Com propósito tanto crítico quanto apologético, ela pratica a racionalização interna de uma tradição de fé (lado a lado com a teologia moderna) com o objetivo de encontrar uma resposta dogmaticamente satisfatória para os desafios modernos do pluralismo religioso, do monopólio do saber pelas ciências e do Estado democrático de direito.

O polo oposto a essa reconstrução racional dos conteúdos da crença forma um cientificismo para quem convicções reli-

---

72 Id., "Motive nachmetaphysischen Denkens", em *Nachmethaphysiches Denken*, p.35-60.

73 Por exemplo, Peukert, *Wissenschaftstheorie, Handlungstheorie, fundamentale Theologie*, op. cit.; Lutz-Bachmann, "Materialismus und Materialismuskritik bei Max Horkheimer und Theodor W. Adorno", em *Festschrift Alfred Schmidt*, p.143-59; Ricken, *Religionsphilosophie*.

giosas são *per se* inverídicas, ilusórias e sem sentido. Segundo essa concepção, o saber legítimo tem de poder se apoiar no "nível" aceito a cada vez das ciências empíricas socialmente institucionalizadas. A validade das convicções religiosas também se mede por esse, e só por esse, critério; por isso, já por razões gramaticais, o jogo de linguagem religioso precisa ser rejeitado em seu todo como cognitivamente irrelevante. A avaliação prática da religião – se deve ser considerada perigosa e, se for o caso, tratada de maneira terapêutica ou combatida – depende então unicamente da investigação empírica de suas causas, funções e consequências. Todavia, o cientificismo estabelece uma autêntica relação de concorrência com as doutrinas religiosas ao projetar uma imagem de mundo baseada nas ciências naturais e ampliar a visão cientificamente objetivante no mundo da vida sobre a pessoa agente e vivente, exigindo dela uma auto-objetivação da consciência cotidiana.

Finalmente, chamo de "pós-metafísicas" – não apenas em um sentido metódico, que atinge procedimentos e meios intelectuais, mas em um sentido substancial – posições agnósticas que fazem uma distinção estrita entre fé e saber (como a apologética moderna), sem pressupor a validade de uma religião determinada ou (como o cientificismo) privar essas tradições em seu todo de um conteúdo cognitivo possível. Quanto a isso, eu gostaria de diferenciar abordagens *racionalistas*, que (na sucessão de Hegel) *superam* a substância da fé no conceito filosófico, de abordagens *dialógicas*, que (como Karl Jaspers) se comportam diante das tradições religiosas ao mesmo tempo de forma crítica *e dispostas a aprender*.[74]

74 Jaspers, *Der philosophische Glaube angesichts der Offenbarung*, op. cit.

Essa divisão se mede pelo fato de a filosofia ousar ou presumir decidir por si mesma o que é verdadeiro ou falso na religião, ou deixar as questões de validade internas da religião para os debates de uma apologética racional, interessando-se apenas em salvar das tradições religiosas os conteúdos cognitivos. Contam como "cognitivos" nesse sentido todos os conteúdos semânticos que se deixam traduzir em um discurso desembaraçado do efeito catraca de todas as verdades reveladas. Nesse discurso, contam apenas razões "públicas", ou seja, razões que também podem convencer para além de uma comunidade de fé particular. A separação metódica dos dois universos discursivos é compatível com a abertura da filosofia diante de possíveis conteúdos cognitivos da religião. A "apropriação" acontece sem intenção de interferência ou "assunção hostil". Nessa delimitação tanto tolerante quanto esclarecida da dogmática religiosa reflete-se, aliás, o nível de consciência de cidadãos seculares que têm clareza de que vivem em uma sociedade pós-secular. Nessa postura, a autocompreensão pós-metafísica de origem kantiana se distingue daquele neopaganismo, que – com ou sem razão – apela a Nietzsche.

(c) A posição da filosofia em relação à religião não exprime apenas a autocompreensão controversa da filosofia – o que ela acredita ainda poder realizar ou não mais. A interpretação da relação entre filosofia e religião também revela uma atitude bastante negativa ou criticamente afirmativa perante a modernidade. Assim, com efeito, a força regeneradora da herança metafísica deve compensar uma *deficiência* sentida na modernidade. Em contrapartida, o pensamento pós-metafísico sobre os conteúdos de uma visão de mundo totalizante pode se retirar da natureza e da história porque *aceita* as diferenciações modernas, inclusive com propósito crítico; como mostram as três "Críticas" de Kant, ele se *vincula* às esferas de validade já diferenciadas de ciência e técnica, direito e moral, arte e crítica. A conexão, que na maioria das vezes permanece implícita, entre a tomada de posição em relação à religião, de um lado, e à modernidade, de outro, destaca-se finalmente de maneira explícita no quadro dos herdeiros pós-modernos de Nietzsche.

Tematicamente, encontra-se aqui em primeiro plano a intenção de superar, em um gesto revolucionário voltado ao futuro, a modernidade desastrosa e *condenada*. Dessa vez, porém, o retorno a um "outro começo" remete aquém da "era axial" (Jaspers). A modernidade que aprisiona a si mesma e esquece da tradição deve culminar em uma história da decadência que se inicia já com os primórdios da metafísica *e* da religião, com Sócrates e Moisés. Desse diagnóstico de época resulta a classificação niveladora da religião – ela deve, não diferentemente da própria metafísica, ser expressão do esquecimento do ser. Unicamente os poderes originários de um *Mythos* que ainda está por vir podem causar a desejável reversão das dissimulações do *Logos*. Falando de um lugar além do *Logos*, contudo, essa especulação neopagã sobre "a fuga ou chegada de deuses" deve se basear em uma retórica que deixou atrás de si a força do argumento convincente e foi substituída pela autoencenação evocadora do "grande e oculto indivíduo".

É irônico só dispormos para isso do conhecido vocabulário escatológico. O Heidegger tardio fala assim de horror, risco, salto, decisão e serenidade, rememoração e arrebatamento, privação e chegada, devoção e oferenda, acontecimento e virada. Simultaneamente, ele tem de apagar os vestígios da origem desse jogo de linguagem. Pois há muito tempo ele depreciou a mensagem cristã da salvação, de cuja semântica não pode abdicar, a título de entreato ontoteológico insignificante de uma "longínqua dominação de igrejas".[75] A restrição da razão a seu uso prático, a qual foi pensada por Kant no quadro da filosofia da religião, concerne hoje menos à exaltação religiosa que a uma filosofia visionária que se limita a *tomar emprestado* e usar em benefício próprio as conotações promissoras do vocabulário das religiões da salvação para se dispensar dos rigores do pensamento discursivo. Também isso podemos aprender com Kant: sua filosofia da religião deixa-se compreender em seu todo como advertência em face da "filosofia religiosa".

---

75 Heidegger, *Beiträge zur Philosophie: Vom Ereignis*, v.65.

IV
Tolerância

9
Tolerância religiosa como precursora dos direitos culturais[1]

(1) A palavra "tolerância" [*Toleranz*] foi tomada emprestada do latim e do francês apenas no século XVI, ou seja, no contexto da separação confessional. Nesse contexto de surgimento, ela assumiu inicialmente o significado estrito de aceitação [*Duldsamkeit*] de outras confissões religiosas.[2] No curso dos séculos XVI e XVII, a tolerância religiosa se tornou um conceito jurídico. Governos promulgam atos de tolerância, impondo aos funcionários e a uma população ortodoxa comportamento tolerante na relação com minorias religiosas –

---

1 Publicado sob o mesmo título, "Religiöse Toleranz als Schrittmacher kultureller Rechte", *Archiv für Rechts- und Sozialphilosophie*, Franz Steiner Verlag: Stuttgart, 2004, supl.93, p.23-36.

2 Cf. Krug (org.), *Allgemeines Handwörterbuch der philosophischen Wissenschaften nebst ihrer Literatur und Geschichte*: "Tolerância (de *tolerare*, aceitar, suportar) é aceitação [...] Portanto, aquela palavra foi usada mais no sentido rigoroso de aceitação religiosa, como a intolerância contraposta em relação à desaceitação [*Unduldsamkeit*] religiosa".

luteranos, huguenotes e papistas.[3] Do ato jurídico da tolerância [*Tolerierung*] oficial das pessoas que professam outra religião e de suas práticas resulta a exigência de comportamento tolerante diante de membros de uma comunidade religiosa que até então havia sido reprimida ou perseguida.

Na língua inglesa, o termo *tolerance* (enquanto disposição de comportamento ou virtude) distinguiu-se mais claramente de *toleration* (enquanto ato jurídico) do que na língua alemã. Nós relacionamos a expressão "tolerância" a ambas as coisas: tanto a uma ordem jurídica que garante tolerância quanto à virtude política da convivência tolerante. Montesquieu sublinha a conexão consecutiva entre as duas acepções alemãs de tolerância [*Tolerierung*, *Toleranz*]: "Tão logo as leis de um país permitam a existência de diferentes religiões, elas têm de obrigá-las à tolerância mútua [...]. Portanto, é conveniente que as leis dessas diferentes religiões não apenas exijam que elas não perturbem o Estado, mas também que mantenham a calma entre si".[4]

O conceito não apenas manteve a referência a destinatários religiosos inclusive em tempos revolucionários, mas também a conotação oficial de uma mera aceitação. Contudo, desde Espinosa e Locke, as fundamentações filosóficas para a tolerância religiosa apontaram o caminho que levava do ato jurídico oficial

3 Em 1598, Henrique IV promulga o *Edikt von Nantes* [Decreto de Nantes]. Cf. também o *Act Concerning Religion* [Lei Concernente à Religião] do governo de Maryland do ano de 1649, o *Toleration Act* [Lei da Religião] do rei inglês de 1689 ou – como um dos últimos nessa série de "autorizações" oficiais – o Certificado de Tolerância de Joseph II, em 1781.

4 Citado a partir de Herdtle; Leeb (orgs.), *Toleranz, Texte zur Theorie und politischen Praxis*, p.49.

de aceitação religiosa declarada *unilateralmente* para um direito ao livre exercício religioso, que se baseia no reconhecimento *recíproco* da liberdade religiosa dos outros e implica um direito negativo a ser poupado de práticas religiosas alheias. A isso corresponde nossa compreensão da liberdade religiosa como um direito fundamental que cabe a cada pessoa na qualidade de ser humano, independentemente de saber a qual religião ela adere a cada vez.[5]

Pierre Bayle inventa sempre novos exemplos para instar seus oponentes intolerantes a adotar a perspectiva do outro e aplicar seus próprios critérios também aos adversários:

> Se, portanto, o *mufti* tiver o desejo de enviar alguns missionários aos cristãos, como o papa os envia para a Índia, e então esses missionários turcos se surpreenderem com a maneira que eles invadem nossas casas para cumprir sua tarefa de proselitistas, então eu não acho que se teria autoridade para puni-los. Porque se eles deram as mesmas respostas que os missionários cristãos no Japão, ou seja, que eles vieram com entusiasmo para tornar a verdadeira religião conhecida para aqueles que não a conheciam e para cuidar da salvação de seus vizinhos – se você então enforcasse esses turcos, não seria ridículo achar ruim se os japoneses fizessem o mesmo?[6]

Bayle, precursor de Kant nesse aspecto, pratica a assunção *recíproca* de perspectivas e exige a *universalização* das "ideias" sob cuja luz avaliamos "a natureza da ação humana".[7]

---

5 Cf. nota de rodapé 11.

6 Bayle apud Herdtle; Leeb (orgs.), *Toleranz, Texte zur Theorie und politischen Praxis*, op. cit., p.42.

7 Ibid., p.38.

Com base no reconhecimento *recíproco* de regras de convivência tolerante é possível também resolver aquele suposto paradoxo que, como é sabido, Goethe havia apontado ao rejeitar a tolerância como uma benevolência ofensiva, porque condescendente. O paradoxo consiste em que todo ato de tolerância precisa circunscrever um domínio característico do que deve ser aceito e, assim, traçar um limite para a própria tolerância. Não existe inclusão sem exclusão. Enquanto essa fronteira for traçada de maneira autoritária, ou seja, unilateral, a tolerância permanecerá inscrita com a mácula da exclusão arbitrária. Somente a concepção de liberdades iguais para todos e uma definição do domínio da tolerância capaz de convencer simetricamente a todos pode tirar da tolerância o aguilhão da intolerância. Os potencialmente concernidos precisam levar em conta as perspectivas dos respectivos outros se quiserem chegar a um acordo sobre as condições em que querem exercitar a tolerância mútua, porque todos merecem o mesmo respeito.

Para esse teste de reciprocidade bastam as conhecidas condições de convivência liberal das diversas comunidades religiosas – sobretudo a renúncia aos meios políticos de coerção para impor verdades de fé, bem como a liberdade de associação, que exclui também a coerção da consciência contra os próprios membros. Caso encontrem reconhecimento intersubjetivo para além dos limites confessionais, normas desse tipo podem oferecer razões que *superam* as razões subjetivamente racionais para rejeitar convicções e práticas religiosas alheias. Mesmo se não for possível manter em termos históricos a tese de Jellinek do surgimento dos direitos humanos a partir da liberdade de religião, existe por certo uma *conexão conceitual* entre uma tal fundamentação universalista do direito fundamental de liberdade religiosa, de um lado, e o fundamento normativo de um Estado constitucional, ou seja, democracia e direitos humanos, de outro lado.

Pois os cidadãos podem especificar de maneira consensual os limites de uma tolerância reciprocamente exigida apenas se suas decisões se tornarem dependentes de um modo de deliberação que encoraja as partes ao mesmo tempo concernidas e participantes a uma assunção recíproca de perspectivas e à consideração simétrica de interesses. É justamente a essa formação deliberativa da vontade que servem os procedimentos democráticos do Estado constitucional. A tolerância religiosa pode ser garantida de maneira tolerante precisamente sob as condições em que os cidadãos de uma coletividade democrática concedem reciprocamente a liberdade de religião uns aos outros. Desse modo, com o direito de exercer livremente a própria religião e a correspondente liberdade negativa de não ser importunado pela religião alheia, resolve-se o paradoxo mencionado. Da perspectiva de um legislador democrático, que alça os destinatários do direito ao papel de seus autores, também o ato jurídico de oferecer tolerância recíproca se mistura com a auto-obrigação virtuosa de se comportar de maneira tolerante.

Contudo, o paradoxo de uma intolerância que habita toda tolerância que traça fronteiras não parece se resolver com a universalização recíproca da liberdade religiosa, pois parece antes retornar ao coração do próprio Estado democrático de direito. Uma ordem constitucional que garante tolerância tem de se proteger preventivamente contra os inimigos da Constituição. Posteriormente, com a passagem "legal" da República de Weimar para o regime nazista, veio à consciência a dialética peculiar da autoafirmação de uma democracia "disposta ao conflito" ou "preparada para se defender".[8] Tribunais podem responder à questão acerca dos limites da liberdade religiosa no caso particular ao apelar para a lei e para a Constituição. Mas, se a própria Constituição que garante a liberdade se deparar com a oposição de inimigos da liberdade, a questão dos limites da liberdade política se coloca de forma autorreferencial. O quão tolerante a democracia pode ser com os inimigos da democracia?

Para que não dissolva a si mesmo, o Estado democrático precisa se comportar de forma intolerante para com o inimigo da Constituição com meios do direito penal político ou com disposições sobre a proibição de partidos políticos (art.21,2 GG) e a implementação dos direitos fundamentais (art. 18 GG, art. 9,2 GG). No inimigo da Constituição retorna o inimigo do Estado, que originalmente tinha conotações religiosas – seja na forma secularizada do ideólogo político (o do Estado liberal) ou na forma do fundamentalista (o que combate as formas de vida modernas). Mas quem define o inimigo da Constituição senão os órgãos do Estado constitucional? O Estado deve se defender simultaneamente contra a hostilidade dos oponentes existenciais e contra a traição de seus próprios princípios – o perigo que está sempre à espreita nessa situação de recaída autoinfligida na práxis oficial de estabelecer os limites da tolerância. Enquanto a tolerância religiosa pode passar a tarefa de autolimitação paradoxal para a democracia,

8 Loewenstein, "Militant Democracy and Fundamental Rights", *American Political Science Review*, v.31, n.3, p.417-32, 1937; e id., *Verfassungslehre*, p.348 ss.

esta tem de dar conta do paradoxo da tolerância constitucional com seus próprios meios jurídicos.

A proteção da Constituição exercida de maneira paternalista agrava o paradoxo. Pois um direito que se materializa em uma "ordem objetiva de valores", como Konrad Hesse já notara, "tende a procurar em si mesma o asseguramento da Constituição e do Estado constituído por ela em um sistema de vigilância e de defesa que funciona de forma eficaz". Não devemos esquecer que "a substância da democracia livre não pode ser assegurada pela redução da liberdade".[9] A democracia disposta ao conflito pode evitar o perigo do paternalismo ao permitir que o caráter autorreferencial do procedimento democrático que instaura a si mesmo ainda possa entrar em ação no conflito democrático acerca da interpretação a cada vez correta de uma determinação constitucional.

Para tanto, a relação com a desobediência civil é uma espécie de teste de tornassol. Naturalmente, a própria Constituição define como proceder em conflitos de interpretação da Constituição. Mas, com a justificação da *desobediência civil* (estabelecida não sem penalidade) por parte de tribunais superiores, o espírito tolerante de uma Constituição liberal ultrapassa a totalidade das instituições e práticas em que seu conteúdo normativo se cristaliza em uma forma positiva. Uma Constituição democrática, que se concebe enquanto projeto de efetivação de direitos civis iguais, tolera a resistência de dissidentes que depois de esgotar todos os caminhos jurídicos combatem as decisões legitimamente obtidas, com a reserva, porém, de

9 Hesse, *Grundzüge des Verfassungsrechts der Bundesrepublik Deutschland*, nota marginal 694; cf. Frankenberg, *Die Verfassung der Republik*, p.107 ss.

que cidadãos "desobedientes" justificam sua resistência de maneira plausível a partir de princípios constitucionais e a exercem sem violência, isto é, com meios simbólicos.[10] Essas duas condições especificam os limites – que também devem ser aceitáveis para opositores com intenções democráticas – da tolerância política de uma democracia constituída nos termos do Estado de direito, a qual se defende de maneira não paternalista contra seus inimigos.

O Estado democrático elabora o paradoxo da tolerância, que ressurge na dimensão do direito constitucional, com o reconhecimento da desobediência civil. Ele traça a fronteira entre convívio tolerante e autodestrutivo com dissidentes ambíguos de tal modo que aqueles que ainda puderem no fim se revelar como inimigos da Constituição tenham a oportunidade de comprovar contra as aparências serem verdadeiros patriotas constitucionais – a saber, como os amigos de um *projeto* constitucional dinamicamente compreendido. Essa delimitação autorreflexiva dos limites da tolerância previstos na Constituição deixa-se compreender ainda como expressão do princípio de inclusão simétrica de todos os cidadãos, a qual tem de pressupor reconhecimento universal caso a tolerância em relação às pessoas que professam outra religião e que pensam de forma diferente deva ser institucionalizada de modo correto.

O pluralismo de visões de mundo e a luta pela tolerância religiosa não foram apenas força propulsora para o surgimento do Estado democrático de direito, pois ainda hoje dão impulso para sua configuração consequente. Antes de discutir a tolerân-

10 Sobre a problemática da desobediência civil, cf. minhas contribuições em Habermas, *Die Neue Unübersichtlichkeit*, p.79-117.

cia religiosa como precursora para um multiculturalismo corretamente compreendido e para a coexistência em pé de igualdade de diferentes formas de vida cultural no interior de uma coletividade democraticamente constituída (3), eu gostaria de apreender de forma mais apurada o conceito de tolerância, em que há o fardo das exigências recíprocas de tolerância (2).

(2) Já mencionamos *en passant* os três componentes que Rainer Forst diferencia no conceito moderno de tolerância a partir dos três pontos de vista da *rejeição*, da *aceitação* e da *repulsão*.[11] As regulações da tolerância surgiram dos conflitos religiosos. O desafio consiste em que a *rejeição* recíproca de convicções e práticas é passível de ser reconstituída com base em boas razões subjetivas, embora não exista alguma perspectiva racional para a dissolução cognitiva do dissenso (a). Por isso, o dissenso continuado entre crentes, pessoas de outra religião e ateus tem de ser desacoplado do âmbito social para que as interações entre eles, enquanto cidadãos de uma mesma coletividade, possam continuar sem perturbações. No entanto, para isso é preciso uma base *aceita* em comum de razões imparciais, que certamente não neutralizam boas razões para a rejeição, mas as superam (b). As regulações juridicamente vinculantes exigem finalmente um traçado de limites entre o que deve ser tolerado e o que não pode mais ser tolerado. A imparcialidade de razões espelhadas para *aceitação e repulsão*, como mostrado, é

11 Forst, "Toleranz, Gerechtigkeit und Vernunft", em id. (org.), *Toleranz*, p.144-61; id., "Grenzen der Toleranz", em Brugger; Haverkate (orgs.), "Grenzen als Thema der Rechts- und Sozialphilosophie", *Archiv für Rechts- und Sozialphilosophie*, Stuttgart: Franz Steiner Verlag, supl. 84, 2002; agora também id., *Toleranz im Konflit: Geschichte, Gehalt und Gegenwart eines umstrittenen Begriffs*.

assegurada por um procedimento inclusivo de formação deliberativa da vontade que exige dos participantes respeito recíproco e assunção mútua de perspectivas. A isso corresponde um imperativo de neutralidade dirigido ao Estado, o qual então oferece a base normativa para a generalização de direitos religiosos em direção aos culturais (c).

Ad a) A especificação de componentes da rejeição responde à pergunta sobre quando em geral há uma situação que torna necessário ou possível um comportamento tolerante. O conceito seria usado de maneira excessivamente permissiva se a "tolerância" se estendesse no geral à disposição à convivência resignada ou meramente transigente com outros ou com estrangeiros. Refere-se antes à virtude *política* não juridicamente obrigatória de cidadãos no convívio com outros cidadãos que professam uma convicção rejeitada. Devemos também respeitar os concidadãos nos outros mesmo se considerarmos *errados* suas crenças ou seus pensamentos e *ruim* uma correspondente mudança de vida. A tolerância protege uma sociedade pluralista de ser dilacerada como coletividade política por conflitos ideológicos.

Assim, só quem tem razões para rejeitar pessoas que professam outras religiões pode exercitar a tolerância. Tolerância não é indiferença, pois indiferença diante de convicções e práticas alheias ou mesmo a estima do outro e de sua alteridade tornam desnecessária a tolerância. Contudo, as razões da rejeição que exigem tolerância não permitem que elas sejam consideradas boas apenas em termos subjetivos. Elas devem poder ser publicamente consideradas legítimas. Preconceitos não contam. Só é lícito falar de tolerância se os participantes puderem sustentar sua rejeição com base em uma não concordância que perdura *de modo racional*. Nesse sentido, nem toda rejeição é racional. Não nos opomos ao racista ou ao chauvinista com um apelo por mais tolerância, mas com a exigência de que superem seus preconceitos. Quando se trata de *ser* diferente, a primeira coisa a se fazer é evitar a discriminação, ou seja, promover o respeito igual para todos, e não a tolerância, como é o caso de *pensar* diferente.

Isso leva à interessante conclusão de que a tolerância só pode começar depois da discriminação. Como no caso da liberdade religiosa, somente depois de eliminados os preconceitos que antes oprimiam uma minoria é que podemos exigir tolerância. Certamente, como mostra o exemplo do antissemitismo, a rejeição aos que professam outras religiões está factualmente ligada a preconceitos arraigados que vão além da emancipação jurídica dos cidadãos judeus. Mas, como no *Nathan* de Lessing, somente depois que todos os preconceitos foram superados é que os cristãos, muçulmanos e judeus esclarecidos reconhecem as diferenças de crença e fornecem "boas" razões para rejeitar convicções e práticas alheias. Depois da superação dos preconceitos correspondentes contra pessoas não brancas, homossexuais ou mulheres, por outro lado, não haveria mais nenhum componente de estranho ou "diferente" a que uma rejeição *fundamentada* e geralmente reconhecida como legítima pudesse se referir.

Ao lado dessa qualificação das razões da rejeição, que se esclarecem a partir de um dissenso que perdura *de modo racional*, as próprias concepções rejeitadas, mas toleradas, precisam tornar visível uma referência interna à práxis. Assim, as religiões da salvação obtêm uma força imediatamente orientadora da ação por causa de sua importância para a graça pessoal do crente. Mas também visões de mundo de origem metafísica ou ideologias políticas explicam o mundo, a história ou a sociedade em uma linguagem normativamente substantiva com consequências práticas para uma vida que pode malograr. Apenas concepções com tal conteúdo ético têm efeitos sobre o comportamento e se qualificam para exigir uma tolerância capaz de refrear comportamentos. Diante de teorias científicas concorrentes podemos nos comportar de maneira crítica e examinadora, mas não tolerante.[12]

No conflito de teorias, a especificação funcional do domínio científico já garante uma neutralização dos conflitos de ação do mundo da vida que surgem no conflito das religiões – pela relevância imediata das verdades de fé para a conduta pessoal de vida. Os cientistas só se envolvem em conflitos desse tipo quando a prática da pesquisa (como no caso da pesquisa embrionária) deixa prever consequências que afetam a autocompreensão ética das pessoas fora da pesquisa. Nesse caso, aliás, mostra-se que o naturalismo, que é tributário de uma elaboração sintetizadora de informações científicas, é natureza tornada visão de mundo e está no mesmo nível das interpretações religiosas no que diz respeito à relevância do saber para as orientações da ação ética.

Por outro lado, a tolerância é encorajada apenas por aquelas concepções que estão em conflito umas com as outras por razões subjetivamente reconstituíveis, porém sem perspectiva

12 Habermas, "Wann müssen wir tolerant sein? Über Konkurrenz von Weltbildern, Werten und Theorien", em Berlin-Brandenburgischen Akademie der Wissenschaften, Festvortrag zum Leibniztag, 29 jun. 2002. *Jahrbuch*..., p.167-78.

razoável de um acordo racionalmente motivado. Os cientistas partem do fato de estarem trabalhando em problemas que, em regra, têm uma solução convincente, embora em princípio criticável. Estão em busca de descobrir verdades que para nós ainda estão no futuro. Os crentes, por sua vez, compreendem-se como intérpretes de uma verdade revelada no passado que não é passível de revisão, que pode ser defendida com boas razões contra verdades de fé concorrentes. Nesse aspecto, o conflito em torno das concepções políticas dos partidos, que disputam influência uns com os outros de acordo com procedimentos democráticos, assemelha-se mais ao conflito teórico dos cientistas do que ao conflito dogmático dos teólogos. *Mutatis mutandis*, o conflito político de opinião é regulado metodicamente de tal modo por procedimentos democráticos que os participantes o resolvem com o objetivo de chegar a soluções racionalmente aceitáveis. Nos confrontos políticos, o horizonte da não concordância racionalmente esperada é mais tenso do que nas disputas científicas. Mas a expectativa de um dissenso contínuo relaciona-se apenas com a inserção mais forte de convicções políticas no contexto de convicções ideológicas de fundo.

Por essa razão, só é possível falar de "tolerância política" em um sentido estrito – não nos assuntos políticos diários de uma democracia, mas apenas em conexão com conflitos entre ideologias políticas abrangentes. Enquanto os cidadãos estiverem discutindo sobre problemas políticos que consideram solucionáveis, o comportamento civil é suficiente: a tolerância não é o mesmo que a virtude política da interação civil. A definição que John Rawls propõe para um tal "dever de civilidade" (*civility*) certamente se aproxima da tolerância: "A esse dever pertence a disposição de ouvir os outros e uma convicção equitativa quando se trata de decidir quando é razoável fazer concessões às concepções dos outros".[13] Mas a tolerância em relação àquele que pensa diferente não deve ser confundida com a disposição à cooperação e ao compromisso. Para além da procura paciente da verdade, da abertura, da confiança mútua e do senso de justiça, a tolerância só se torna necessária quando as partes não procuram razoavelmente, nem consideram possível, a obtenção de um acordo na dimensão das convicções em conflito.

Ad b) Se quisermos saber no que consiste exatamente o ônus exigido pela tolerância, temos de explicar a aceitação de razões que superam moralmente as razões da rejeição. Trata-se de um ônus duplo: de um lado, quem é tolerante só pode realizar seu próprio *ethos* nos limites do que cabe simetricamente a todos; de outro lado, ele também precisa respeitar o *ethos* dos outros dentro desses limites. As concepções rejeitadas e as pretensões de validade concorrentes não devem ser aceitas. Com efeito, as próprias pretensões de verdade e as consciências de cada um permanecem indiferentes. O ônus não é obtido de uma relativização das próprias convicções, mas da restrição de sua eficácia prática. A exigência consiste na consequência de que o modo de vida prescrito pela própria religião ou o *ethos* inscrito na própria imagem de mundo só podem ser praticados sob a condição de igualdade de direitos para todos. Esse ônus é de tipo cognitivo na medida em que a moral e o direito de uma sociedade constituída em termos liberais precisam estar em acordo com aquelas convicções religiosas nas quais o próprio *ethos* se enraíza. O que isso significa deixa-se mostrar naquelas

13 Rawls, *Politischer Liberalismus*, p.317 s.

operações cognitivas de ajustamento que foram exigidas da consciência religiosa na Europa desde a Reforma.

Toda religião é originalmente "imagem de *mundo*" ou, como disse Rawls, *comprehensive doctrine* [doutrina abrangente], também no sentido de que ela pretende ter autoridade para estruturar uma forma de vida *como um todo*. Em sociedades pluralistas, a religião tem de abdicar dessa pretensão à configuração abrangente da vida, que engloba inclusive a comunidade, tão logo a vida da comunidade religiosa em sociedades pluralistas passa a se diferenciar da vida da coletividade política. A maioria das religiões precisam se apropriar dos fundamentos normativos do próprio Estado liberal de acordo com *suas próprias premissas* caso exista entre eles uma conexão genealógica – como no caso europeu da tradição judaico-cristã. Para a "inserção" da moral dos direitos humanos em diferentes imagens de mundo religiosas, Rawls escolheu a imagem de um módulo que encaixa nos respectivos contextos de fundamentação ortodoxos, mesmo que tenha sido construído usando apenas razões neutras quanto a visões de mundo.[14] Considerada em termos funcionais, a tolerância religiosa deve compensar a destrutividade social de um dissenso que continua inconciliável. Mas a diferenciação de papéis necessária entre membro da comunidade [*Gemeindemitglied*] e cidadão da sociedade [*Gesellschaftsbürger*] tem de ser fundamentada de maneira convincente da perspectiva da *própria* religião se não se quiser recrudescer os conflitos de lealdade.

A comunitarização religiosa só corresponderá então à comunitarização secular se também da perspectiva interna as normas e valores correspondentes não apenas se diferenciarem *uns*

14 Ibid., p.76 ss.

dos outros, mas se resultarem *um do outro* de forma consistente. Se a diferenciação entre as duas filiações vai além de um mero *modus vivendi*, a mudança não deve se limitar a uma adaptação cognitivamente pouco exigente do *ethos* religioso às leis *impostas* pela sociedade secular. Ela exige que a moral da sociedade estabelecida na Constituição democrática seja cognitivamente diferenciada do *ethos* comunitário. Em muitos casos, isso torna necessária a revisão de representações e prescrições que se apoiam em uma longa tradição interpretativa das Escrituras Sagradas – por exemplo, no caso da condenação dogmática da homossexualidade. Em casos mais difíceis, mesmo a codificação de uma tipicidade carente de regulação como questões "morais" ou "éticas" ainda é controversa. Assim, por exemplo, nas questões do aborto, os tribunais públicos tiveram de atribuir aos católicos como parte de seu *ethos* religioso especial uma concepção que, da sua perspectiva, se apoia em juízos morais que pretendem ser universalmente válidos.

Desse ponto de vista complementar do respeito pelo *ethos* do outro, torna-se mais claro que os fardos da tolerância são repartidos de maneira desigual entre crentes e não crentes. Para a consciência do cidadão secular, que com pouca bagagem metafísica pode embarcar em uma fundamentação moralmente "livre" ou autônoma da democracia e dos direitos humanos, o justo – ou o ponto de vista moral – tem primado sobre o substantivamente bom. Sob essa premissa do pluralismo dos *modos de vida*, em que se refletem a cada vez diferentes imagens de mundo, não resulta uma dissonância cognitiva em relação às próprias convicções éticas. Pois assim são incorporadas em diferentes modos de vida apenas diferentes *orientações axiológicas*.

E valores diferentes são para cada um deles valores distintos, que não precisam ser excluídos como *verdades* diferentes.

A referência a uma primeira pessoa continua inscrita em juízos éticos – na história de vida de um indivíduo ou na forma de vida de uma coletividade. Por isso, o que pode ser bom para uma pessoa em seu contexto pode ser ruim para uma outra pessoa em outro contexto. Se a avaliação de formas de vida alheias e de outros projetos de vida não exigem a mesma anuência *universal* como juízos de justiça ou enunciados sobre fatos, podemos respeitar cada um deles em igual medida sem precisar nutrir a mesma estima para todos os modos de vida. Logo, não é difícil para a consciência secular reconhecer que um *ethos* alheio tem a mesma autenticidade para um outro e goza da mesma prioridade que o *ethos* próprio para a própria pessoa. Quem, ao contrário, obtém sua autocompreensão ética das verdades de crença, mas pretende validade universal, não pode tirar essa consequência.

Para o crente ou o viajante com uma grande bagagem metafísica, há um primado epistêmico do bem sobre o justo. Sob essa premissa, a validez do *ethos* depende da verdade da imagem de mundo que forma seu contexto. De acordo com isso, as pretensões de validade exclusivas das visões de mundo subjacentes são combinadas com diferentes orientações éticas de vida e formas de vida concorrentes. Tão logo a representação da vida correta se orienta a caminhos de salvação religiosos ou a conceitos metafísicos do bem, surge uma perspectiva divina (ou uma *view from nowhere* [visão de lugar algum]) em relação à qual outros modos de vida aparecem não apenas como diferentes, mas como *malsucedidos*. Quando o *ethos* alheio não se limita a uma questão de avaliação passível de relativização, mas de verdade ou não verdade, a exigência de que cada cidadão merece o mesmo respeito, independentemente de sua autocompreensão ética e conduta de vida, significa uma sobrecarga grande. Ao contrário da concorrência entre valores, portanto, a contradição entre verdades éticas obriga à tolerância.

Essa assimetria na sobrecarga entre crentes e não crentes, em todo caso, é balanceada quando o cidadão sem vocação religiosa se vê confrontado com uma exigência de tolerância de tipo diferente. Pois a compreensão da tolerância de sociedades pluralistas liberais não requer apenas que, na relação com pessoas que professam outras religiões, os crentes percebam que podem contar *de maneira racional* com a continuidade do dissenso. Esse mesmo discernimento também é exigido de não crentes na relação com crentes. Porém, para a consciência secular, isso significa a exigência de definir de forma *autocrítica* a relação entre fé e saber. Pois a expectativa de um desacordo permanente entre saber mundano racional e tradição religiosa recebe o predicado "racional" quando da perspectiva do saber secular é possível imputar às tradições religiosas um *status* epistêmico que não é meramente irracional.

Mas, afinal, de que maneira a naturalização progressiva do espírito humano seria colocada em consonância com esse enunciado da teoria política? Hoje, o tema sobre a relação entre "fé e saber", com o qual a filosofia lidou desde o século XVII, torna-se polêmico em virtude do progresso da biogenética e da pesquisa cerebral. O Estado secular só pode assegurar tolerância de modo imparcial se garantir que a esfera pública política constituída pelo pluralismo de visões de mundo pode se desenvolver com base no respeito mútuo, sem regulações que a prejudiquem substancialmente. Isso tem sua razão de ser. Pois concepções políticas, que são apresentadas em linguagem religiosa e sob perspectivas ideológicas acerca de um assunto controverso, também podem abrir os olhos de outros cidadãos para um aspecto até agora negligenciado, de modo que influenciem na formação de uma maioria – mesmo que o próprio assunto leve a uma decisão que foi tomada sob uma descrição não impregnada de termos ideológicos.

Ad c) Depois de se considerar as razões para a recusa ou para a aceitação, chegamos ao terceiro componente conceitual: nas *razões de exclusão para o comportamento intolerante* mostra-se se o Estado observa o mandamento de neutralidade e se institucionaliza a legislação e a jurisdição da tolerância de modo correto. Assim, os sikhs na Grã-Bretanha e nos Estados Unidos obtiveram exceções às regras de segurança geralmente aplicáveis para o uso de turbantes e punhais (*kirpans*). Também nas disputas jurídicas relevantes na Alemanha, trata-se de traçar a linha entre as práticas e os limites da cultura cristã majoritária, por um lado, e as reivindicações das minorias religiosas, por outro. Isso exige tratamento igual em nome da liberdade de religião (como os testemunhas de Jeová, que lutaram judicialmente para serem reconhecidos enquanto entidade de direito público) ou regras de exceção (por exemplo, para turbantes ou comida *kosher*) ou benefícios estatais (no caso de aulas em língua materna nas escolas públicas). Nesses casos, os tribunais têm de decidir quem deve aceitar o *ethos* de quem e quando: Os aldeões cristãos devem aceitar o chamado do muezim? Protetores locais dos animais devem aceitar o sacrifício de bezerros? Os alunos não religiosos ou que professam outra crença devem aceitar o véu da professora islâmica? O pai turco deve aceitar a coeducação das aulas de educação física da filha?[15]

(3) A liberdade de religião coloca à prova a neutralidade do Estado. Frequentemente, tal neutralidade se vê ameaçada pelo predomínio de uma cultura majoritária que abusou historicamente do seu poder de definição para determinar unicamente de acordo com seus próprios padrões o que deve ser considerado a cultura política universalmente vinculante em uma sociedade pluralista.[16] Essa fusão indissoluta pode levar a uma substancialização gradual da compreensão de uma Constitui-

15 Cf. a enumeração feita por D. Grimm no *FAZ* de 21 de junho de 2002, p.49: "Um motoqueiro sikh, apelando ao seu dever religioso, pode usar turbante e se livrar da obrigação geral do uso de capacete? Um preso judeu tem de ser obrigado a comer comida *kosher*? Um trabalhador muçulmano tem direito a interromper repentinamente seu horário de trabalho para suas orações? Um trabalhador pode ser dispensado do trabalho nos principais feriados de sua comunidade religiosa? O trabalhador despedido por esses motivos perde o direito ao auxílio-desemprego? Os comerciantes judeus deveriam ser autorizados a abrir suas lojas aos domingos porque não podem fazer negócios aos sábados por motivos religiosos? Uma aluna islâmica tem o direito de ser dispensada da educação física porque não lhe é permitido se mostrar com roupas esportivas para as outras alunas? As alunas islâmicas podem usar o véu na escola? E quando se trata de professoras de escola pública? Algo diferente se aplica às freiras e às professoras islâmicas? [...] O chamado do muezim transmitido por alto-falantes deve ser permitido nas cidades alemãs, assim como o toque dos sinos das igrejas? Os estrangeiros devem ser autorizados a sacrificar animais, mesmo contrariando as regras de proteção locais? [...] Os mórmons devem ter permissão aqui para a poligamia, já que isso lhes é permitido em seu país de origem?".

16 Sobre a unidade da cultura política na multiplicidade de subculturas, cf. Habermas, *Die Einbeziehung des Anderen*, p.142 ss.

ção essencialmente procedimental. Pois a substância moral dos princípios constitucionais é assegurada por procedimentos que são tributários da força legitimadora da imparcialidade e da consideração simétrica de interesses, os quais se perdem quando representações de uma eticidade substancial se infiltram na interpretação e na prática de prescrições formais. O mandamento de neutralidade pode ser violado tanto pelo lado laico quanto pelo lado religioso.

Para uns, o exemplo é o caso Foulard, para outros, a reação do governo da Baviera acerca do julgamento sobre os crucifixos de Karlsruhe. No primeiro caso, a direção de uma escola francesa proíbe as alunas muçulmanas de usarem o tradicional véu; no outro caso, um governo estadual se defende do veredito do Tribunal Constitucional Federal que permite a denúncia de pais antroposóficos contra o crucifixo na sala de aula da filha. Lá se discutiu a liberdade negativa de religião, aqui a positiva. Os adversários católicos do julgamento do crucifixo defendem o símbolo religioso do crucifixo como uma expressão de "valores ocidentais" e, com isso, como parte de uma cultura que todos os cidadãos podem reivindicar ser compartilhada. Esse é o caso clássico de supergeneralização de uma práxis religiosa regionalmente dominante que encontrou sua expressão nas ordenações do ensino fundamental da Baviera de 1983. Em contrapartida, na França, as alunas muçulmanas são proibidas de usar o véu sob o argumento laico de que a religião deve ser considerada um assunto privado a ser mantido fora da esfera pública. Esse é o caso de uma compreensão secularista da Constituição, que precisa pôr a questão de se a tradição de interpretação republicana dominante na França não é muito "rigorosa" a fim de não violar a necessária neutralidade do Estado em relação à pretensão legítima de uma minoria religiosa de autoexposição e de reconhecimento público.

Nesses casos conflituosos mostra-se por que a propagação da tolerância religiosa, em que já reconhecemos um precursor para o surgimento das democracias, também se tornou estímulo e modelo para a introdução de outros direitos culturais no interior de Estados constitucionais democráticos. A inclusão de minorias religiosas na coletividade política desperta e promove a sensibilidade para as pretensões de outros grupos discriminados. O reconhecimento do pluralismo religioso pode assumir essa função de modelo porque traz à consciência de maneira exemplar *a pretensão de minorias à inclusão*. Certamente, o debate sobre multiculturalismo gira menos em torno da preterição de minorias religiosas do que de certos pontos de conflito, tais como a definição de feriados nacionais, a regulação de linguagens oficiais, a promoção do ensino em língua materna para minorias étnicas e nacionais, cotas para mulheres, negros e indígenas na política, nos postos de trabalho ou na universidade. Contudo, do ponto de vista da inclusão simétrica de todos os cidadãos, a discriminação religiosa se insere na sequência da discriminação cultural ou linguística, étnica ou racial, sexual ou física.

A inclusão concerne a um dos dois aspectos da igualdade política. Embora a discriminação de minorias esteja vinculada a condições sociais desprivilegiadas, recomenda-se separar essas duas categorias de tratamento desigual. Uma se mede pela justiça distributiva, a outra pela filiação irrestrita.[17] A partir de

17 Sobre essa distinção, cf. Fraser, "From Redistribution to Recognition?", em Willett (org.), *Theorizing Multiculturalism*, p.19-49.

pontos de vista da justiça distributiva, o princípio de tratamento igual exige que todos os cidadãos tenham a mesma oportunidade de fazer uso factual de direitos e liberdades igualmente distribuídos, para assim poder sempre poder realizar seus próprios planos de vida. As lutas políticas e os movimentos sociais, que se voltam contra uma desigualdade de *status* ancorada nas estruturas de classe e visam a uma redistribuição de oportunidades sociais de vida, alimentam-se das experiências de injustiça na dimensão da justiça distributiva. Por sua vez, uma outra espécie de experiência de injustiça subjaz às lutas em que se trata do *reconhecimento da integridade de uma determinada identidade coletiva*: a experiência de desrespeito, marginalização ou exclusão devido à pertença a um grupo que, de acordo com critérios da cultura de uma maioria dominante, é considerada "de menor valor".[18] É nesse aspecto que a superação da discriminação religiosa se torna hoje a precursora de um novo tipo de direitos culturais.

A proibição da discriminação, seja por razões de religião, de gênero, de orientação sexual ou de raça, não se dirigem em primeira linha contra uma distribuição desigual de oportunidades sociais de vida. Em muitos casos, ela não mira nem mesmo uma compensação das consequências da desigualdade de *status*; homossexuais e mulheres se distribuem de maneira aproximadamente simétrica em todas as camadas sociais. A exclusão de determinados domínios da vida social mostra o que se rejeitou àqueles discriminados – a pertença social irrestrita. Mecanismos de exclusão enrijecidos estruturalmente são difí-

18 Sobre as patologias do reconhecimento denegado, cf. Honneth, *Das Andere der Gerechtigkeit*.

ceis de apreender. Na verdade, a discriminação no registro do igual tratamento formal se retirou para zonas mais discretas de convívio informal, até à linguagem corporal, mas mesmo essas formas mais sutis de discriminação ainda são bastante dolorosas.[19]

Direitos culturais como o do livre exercício religioso servem para garantir a todos os cidadãos um acesso simétrico às comunicações, tradições e práticas de uma comunidade, as quais eles consideram necessárias para a constituição e conservação de sua respectiva identidade política. Isso não precisa assinalar grupos de origem, mas também pode se referir a ambientes *escolhidos*. Porém, muitas vezes acontece que, para membros de minorias nacionais, linguísticas ou étnicas, os meios e possibilidades para a desejada reprodução de sua própria língua e forma de vida são tão importantes quanto para minorias religiosas a liberdade de associação, a transmissão da doutrina religiosa e a prática de seu culto religioso. Por isso, a luta por tratamento igual das comunidades religiosas oferece, tanto na teoria política quanto na jurisprudência, argumentos e impulsos para o conceito de uma "cidadania multicultural" ampliada.[20]

Em todas as culturas, convicções e práticas religiosas exercem uma influência marcante sobre a autocompreensão ética dos crentes. Também tradições linguísticas e culturais possuem uma relevância semelhante para a constituição e a conservação da identidade pessoal dos falantes ou membros – mesmo que entrelaçada com identidades coletivas. Esse conhecimento

---

19 Cf. a fenomenologia da discriminação racial em Mills, *The Racial Contract*, cap.2, p.41-89.

20 Kymlicka, *Multicultural Citizenship*.

sugere uma revisão dogmática do conceito de "pessoa de direito". A individuação de pessoas naturais efetua-se pelo caminho da socialização. Indivíduos socializados podem constituir e estabilizar sua identidade apenas no interior de uma rede de relações de reconhecimento recíproco. Isso tem consequências para a proteção da integridade da pessoa de direito – e para uma ampliação intersubjetivista desse próprio conceito, que até agora foi constituído de maneira muito abstrata (e talhado para um individualismo possessivo).

Os direitos que são constitutivos para a proteção da integridade do indivíduo determinam o seu *status* como pessoa de direito. Esses direitos também precisam se estender até as garantias de acesso aos contextos de experiência, de comunicação e de reconhecimento nos quais uma pessoa pode tanto desenvolver quanto conservar sua própria identidade. Assim, os direitos culturais que são exigidos e introduzidos em nome de uma "política de reconhecimento" não devem ser entendidos de saída como direitos coletivos. De acordo com o modelo da liberdade de religião, trata-se antes de direitos subjetivos que garantem uma inclusão completa.[21] Eles garantem a todos os cidadãos acesso simétrico aos ambientes culturais, às relações interpessoais e às tradições na medida em que tais direitos são essenciais para a constituição e segurança de sua identidade pessoal.

Contudo, direitos culturais não significam apenas "mais diferença" e autonomia. Não é "sem custo" que grupos discriminados chegam a desfrutar de igual tratamento cultural. Eles não

---

21 Taylor, *Multikulturalismus und die Politik der Anerkennung*. Cf. também minha crítica à concepção comunitarista de direitos coletivos, p.117-46.

podem ser os beneficiários de uma moral da inclusão em pé de igualdade sem, por sua vez, apropriar-se dela. Isso não será difícil para os idosos, homossexuais ou deficientes discriminados, porque a característica de formação grupal decisiva para a discriminação nesses casos não está ligada a pesadas tradições constitutivas. Ao contrário, comunidades "fortes" (como minorias nacionais ou étnicas, subculturas de imigrantes ou indígenas, descendentes de culturas escravagistas etc.) são moldadas por tradições compartilhadas e constituíram suas próprias identidades coletivas.[22] Mesmo essas tradições abrem "perspectivas de mundo" que podem entrar em concorrência entre si *como* imagens de mundo religiosas.[23] Por isso, a tolerância recíproca também exige das "comunidades fortes" seculares o vínculo cognitivo de seu *ethos* intrínseco com a moral dos direitos humanos que formam o ambiente social e político. Em casos de "não simultaneidade histórica", isso pode ser ainda mais difícil para eles do que para as comunidades religiosas que podem re-

22 Sobre o conceito de *encompassing groups* [grupos abrangentes], cf. Margalit; Raz, "National Self-Deermination", em Kymlicka (org.), *The Rights of Minority Cultures*, p.79-92, aqui p.81 ss.

23 Quanto mais abrangentes são as formas culturais de vida, mais fortes são seus conteúdos cognitivos e mais se assemelham a modos de vida estruturados por visões de mundo religiosas: "O problema inevitável é que as culturas têm conteúdo proposicional. É um aspecto inevitável de qualquer cultura incluir ideias no sentido de que algumas crenças são verdadeiras e outras falsas, e que algumas coisas são certas e outras erradas". [Em inglês, no original: "The inescapable problem is that cultures have propositional content. It is an inevitable aspect of any culture that it will include ideas to the effect that some beliefs are true and some are false, and that some things are right and others wrong". (N. T.)] Barry, *Culture and Equality*, p.270.

correr aos recursos conceituais altamente desenvolvidos de uma das religiões universais.

O impulso de reflexão que se exige da consciência religiosa em sociedades ideologicamente pluralistas é, por sua vez, um modelo para a constituição mental de sociedades multiculturais. Pois um multiculturalismo bem compreendido não é uma via de mão única para a autoafirmação cultural de grupos, cada um com sua própria identidade. A coexistência em pé de igualdade de diferentes formas de vida não deve levar à segmentação. Ela requer a integração dos cidadãos – e o reconhecimento recíproco de suas pertenças subculturais – dentro de uma cultura política compartilhada. Os cidadãos da sociedade [*Gesellschaftsbürger*] só estão autorizados a desenvolver sua particularidade cultural sob a pressuposição – que vai além das fronteiras subculturais – de que todos possam se compreender como cidadãos do Estado [*Staatsbürger*] de uma mesma comunidade política. As autorizações culturais encontram seu limite nos fundamentos normativos da Constituição, a partir da qual elas se justificam.

10
Tratamento cultural igual e os limites do liberalismo pós-moderno[1]

I

O liberalismo clássico, que, em primeira linha, remete a Locke, usa o *medium* e o quadro categorial do direito moderno para domesticar o poder político e aproveitá-lo para um objetivo prioritário: o pensamento liberal gira em torno do *telos* voltado a proteger a liberdade do cidadão individual da sociedade, a qual precede toda a política. O cerne de uma Constituição liberal é a garantia de liberdades subjetivas iguais para todos. A isso corresponde o "princípio universal do direito" de Kant, segundo o qual "a liberdade de arbítrio de cada um pode coexistir com a liberdade de todos os outros de acordo com leis universais". O "governo do povo" permanece um instrumento

1 Publicado sob o mesmo título, "Kulturelle Gleichbehandlung und die Grezen des Postmodernen Liberalismus", *Deutsche Zeitschrift für Philosophie*, v.51, n.3, p.367-94, 2003.

do "governo das leis". A autonomia política dos cidadãos do Estado [*Staatsbürger*] não é um fim em si, mas mede-se pela tarefa de assegurar a autonomia privada simétrica dos cidadãos da sociedade [*Gesellschaftsbürger*].

O liberalismo é recomendável pelo entrosamento elegante de duas fortes intuições normativas. A ideia de liberdades subjetivas iguais para todos cumpre, de um lado, o critério *moral* de um universalismo igualitário; de outro lado, satisfaz o critério *ético* de um individualismo no qual toda pessoa tem o direito de moldar (ou poder conduzir) a sua vida segundo suas próprias preferências e convicções. Na universalidade das leis, expressa-se a igualdade de todos os cidadãos, ao passo que os direitos reclamáveis, que são derivados de leis no caso particular, concedem a cada cidadão espaço de ação bem circunscrito para seu próprio modo de vida. Portanto, o individualismo ético é o sentido verdadeiro do universalismo igualitário que o direito moderno toma emprestado da moral.

A distinção entre projetos de vida éticos e questões de justiça se ajusta às necessidades de um pensamento pós-metafísico. Depois de abrir mão de sua ambição de concorrer com imagens de mundo religiosas, a filosofia não se apropriou mais das fundamentações ontoteológicas ou cosmológicas para modelos universalmente vinculantes de vida exitosa ou não falsa. Ela só pretende ainda validade universal para enunciados morais sobre o que é do "interesse simétrico de todos", ou seja, simetricamente bom ou razoável para cada um. Uma tal teoria moral renuncia a definir a representação substancial de uma conduta de vida exemplar, isto é, que fosse determinante *para todos*. A moral tornada "formal" nesse aspecto liga-se unicamente à ideia do respeito igual e à igual consideração por todas as pessoas.

Mesmo no direito moderno positivo, coercitivo e estruturado individualisticamente, essa ideia de igualdade retorna: no direito a igual tratamento e no conceito de "dignidade humana" (purificada de todas as marcas estamentais).

Essa ideia de igualdade liberal foi reiteradamente submetida à crítica. De início, o republicanismo contestado pelo liberalismo objetou de volta que não seria lícito sacrificar a "liberdade dos antigos" no altar da "liberdade dos modernos". De fato, o liberalismo clássico ameaçou reduzir o sentido das liberdades éticas iguais a um enfoque de leitura possessivo-individualista dos direitos subjetivos mal compreendidos em termos instrumentais. Com isso, faltou-lhe uma intuição normativa importante que merece ser resgatada mesmo sob condições de sociedades modernas – aquela solidariedade que vincula uns com os outros não apenas integrantes de um grupo, amigos e vizinhos nas esferas privadas de vida, mas também cidadãos na qualidade de membros de uma coletividade política estabelecida sob relações meramente jurídicas. O núcleo da ordem jurídica reside nos direitos de liberdade que são talhados tanto para relações comerciais de proprietários privados quanto para consciência e confissão religiosas de pessoas privadas. Nisso deixa-se ler aquela concepção "egoisticamente" restrita da liberdade ética que ainda encontra eco na polêmica do jovem Marx contra as declarações americana e francesa dos direitos humanos. A objeção diz que a liberdade do indivíduo não se dissolve na justificação da *pursuit of happines* [busca da felicidade] entendida de maneira utilitarista, não se esgota, portanto, na autorização à persecução privada de interesses nos bens da terra e do céu.

Para compensar esse déficit, o recurso moderno ao republicanismo põe em jogo uma outra compreensão da liberdade, intersubjetivamente ampliada, que está vinculada ao papel do cidadão democrático. Nessa tradição que remonta a Rousseau, direitos de comunicação e participação não servem somente à configuração dos direitos subjetivos privados, possibilitando antes uma práxis exercida em comum pelos cidadãos e que é valorizada como um fim em si mesma. Da perspectiva republicana, a autolegislação democrática funda uma solidariedade juridicamente mediada, ainda que abstrata, a qual permite que um cidadão se responsabilize pelo outro (mesmo que seja com arma na mão). Na formação democrática da vontade do povo soberano se reproduz e se renova o *ethos* político da coletividade. Por seu turno, direitos iguais garantem a liberdade ética, mas desta vez não em primeira linha a liberdade subjetiva do cidadão da sociedade, mas a liberdade, concebida como soberania, de uma nação solidária de cidadãos do Estado. Essa soberania se bifurca internamente na liberdade comunitariamente concebida dos membros de uma comunidade nacional e externamente na liberdade coletivamente concebida de uma nação que afirma sua existência perante outras nações.

Esse republicanismo ético, contudo, aceita pagar o preço de uma restrição do universalismo igualitário em prol do elemento da solidariedade cidadã. Cada cidadão goza dos mesmos direitos apenas nos limites de um *ethos* particular pretensamente partilhado pelos membros de uma comunidade política. A fusão de cidadania e cultura nacional tem por consequência uma interpretação "monocromática" dos direitos civis que é insensível às diferenças culturais. No interior de sociedades pluralistas, o primado político de um bem comum impregnado eticamente diante de garantias efetivas de liberdades éticas iguais tem de levar à discriminação de modos de vida divergentes e, no âmbito internacional, à falta de amparo diante de uma "guerra de culturas".

Em princípio, esses problemas só podem ser resolvidos no quadro de uma concepção que amplia a mobilização da solidariedade cidadã a partir de pontos de vista do universalismo igualitário e a radicaliza em termos de uma solidariedade entre "outros". Na medida em que a formação soberana da vontade de cidadãos democráticos se vincula a princípios universalistas da Constituição e aos direitos "humanos", ela limita-se a tirar as consequências das pressuposições necessárias de uma institucionalização juridicamente legítima da própria práxis.[2] O entrelaçamento entre a ideia republicana de soberania popular e a ideia de império da lei expressa nos direitos fundamentais transforma, sem destruir, as formas historicamente crescentes de solidariedade. Nesse terceiro enfoque de leitura mediador de liberalismo e republicanismo os cidadãos compreendem o *ethos* político, que eles mantêm coeso a título de nação, como o resultado voluntário da formação democrática da vontade de uma população *acostumada* com a liberdade política. No orgulho nacional de uma consciência de liberdade adquirida, e que continua sendo intersubjetivamente compartilhada, a experiência histórica terá um dia sedimentado que a conexão interna entre a autonomia privada do cidadão da sociedade individual e a

2 Habermas, *Faktizität und Geltung*, cap.III; "Über den internen Zusammenhang von Rechsstaat und Demokratie", em *Die Einbeziehung des Anderen*, p.293-305; e "Der demokratische Rechtsstaat: eine paradoxe Verbindung widersprüchlicher Prinzipien?", em *Zeit der Übergänge*, p.133-54. Sou grato aos participantes de um seminário realizado na Northwestern University, no outono de 2002, pelas considerações seguintes.

autonomia política exercida conjuntamente pelos cidadãos do Estado foi cumulativamente *apreendida*.

Os cidadãos do Estado só podem fazer um uso adequado de seus direitos políticos se tiverem condição de julgar e agir de forma independente com base em uma configuração de vida simetricamente assegurada de sua autonomia privada. De outro lado, os cidadãos da sociedade só podem então desfrutar simetricamente de sua autonomia privada ampliada se, na qualidade de cidadãos do Estado, fizerem um uso adequado, ou seja, não exclusivamente autointeressado, mas também orientado ao bem comum, de seus direitos políticos. A ideia introduzida por Rousseau e empregada por Kant de maneira universalista, segundo a qual os destinatários do direito têm de poder se entender ao mesmo tempo como seus autores, não dá aos cidadãos unidos de uma coletividade democrática carta branca para decisões arbitrárias. Eles se decidem apenas por aquelas leis que tiram sua legitimidade do fato de poderem ser escolhidas por todos. A liberdade subjetiva de poder fazer o que se quiser dentro do domínio das leis forma o cerne da autonomia privada, não o da autonomia política. Pelo contrário, com base em uma liberdade de arbítrio juridicamente garantida, imputa-se autonomia ao cidadão democrático no sentido pretensioso de uma formação solidária e racional da vontade – mesmo que isso não seja legalmente exigido, mas apenas *sugerido*. Uma obrigação jurídica à solidariedade seria um ferro de madeira.

A configuração democrática de um sistema de direitos, que precisa pressupor a própria democracia para poder operar nas formas juridicamente institucionalizadas, resgata o liberalismo clássico da obstinada abstração das leis universais fundamentadas nos termos do direito natural, as quais "dominariam" em virtude das liberdades subjetivas distribuídas igualmente. Por outro lado, permanece intacta a lógica de acordo com a qual o universalismo igualitário do Estado de direito possibilita o individualismo ético dos cidadãos. Contudo, essa lógica – conforme a interpretação democrático-radical do liberalismo político – não se impõe mais objetivamente no império anônimo das leis como que sobre a cabeça dos cidadãos; como uma lógica internalizada pelos próprios cidadãos, ela se incorpora nos procedimentos democráticos de sua formação política da vontade. A ideia de liberdades iguais para todos, que surgiu de sua fossilização jusnaturalista, assume no processo de autolegislação uma forma reflexiva. Ela encoraja os participantes de um processo democrático a, pela via de uma assunção mútua de perspectivas e da universalização de interesses comuns, conceder uns aos outros aqueles direitos que o projeto de uma associação de parceiros de direito livres e iguais exige a cada vez à luz de circunstâncias históricas – associação que se forma de maneira voluntária e é capaz de determinar a si mesma.

Com uma solidariedade cidadã, que se produz, se atualiza e se aprofunda mediante um processo democrático, a autorização igualitária de liberdades éticas iguais assume uma forma processual. Essa dinâmica pode pôr em movimento no melhor dos casos um processo de aprendizagem cumulativo e instaurar reformas de maneira duradoura. Uma democracia enraizada na sociedade civil proporciona então na esfera pública política uma caixa de ressonância para o protesto múltiplo daqueles tratados desigualmente, dos subprivilegiados e desrespeitados. Esse protesto contra o sofrimento causado pela injustiça e pela discriminação pode se tornar aguilhão de autocorreções que esgotam um pouco mais o conteúdo universalista do princípio da igualdade política na moeda das liberdades éticas iguais.

Contudo, também a crítica contra esse enfoque de leitura democrático do liberalismo político não fica em silêncio. Quanto a isso, eu gostaria de distinguir objeções das ciências sociais, da teoria social e da crítica da razão. As sóbrias reservas sociológicas contra o declarado normativismo – e o idealismo oculto – de uma teoria política que procede de maneira analítico-conceitual oferecem correções salutares. Todavia, em geral elas não se condensam na objeção principal segundo a qual teorias normativas também fracassam diante da complexidade social, mesmo que compreendida em sentido meliorista. Apenas com a rejeição da premissa de que sociedades complexas também podem influir sobre si mesmas pelo *medium* do direito e da política é possível deitar por terra considerações puramente normativas.

De Hegel a Foucault, passando por Marx, a crítica desferida pela teoria social contra a "impotência do dever" se intensificou. Desse ponto de vista, os projetos normativos fracassam porque são flagrantemente desmentidos por uma realidade oposta, uma vez que eles próprios também fazem parte do todo imponente de uma forma de vida denunciada como "alienada" ou "submetida ao poder". Contudo, esses diagnósticos profundamente críticos remetem a força do "universal abstrato", a qual é acusada de ser ao mesmo tempo niveladora e excludente, à facticidade das *estruturas* sociais, não ao poder de *conceitos* de uma normatividade que reverte sobre si mesma. Dessa forma, a uniformidade e o isolamento são supostamente provenientes dos mecanismos penetrantes do mercado e do poder administrativo, ou seja, dos mecanismos de integração social que se tornam violência reificante quando penetram no coração do mundo da vida comunicativamente constituído, mas passível de ser violado. Tão logo o ressecamento dos recursos da solidariedade social se manifesta como consequência da invasão de relações de troca e de controles burocráticos nos domínios nucleares comunicativamente constituídos, mas patologicamente deturpados, das esferas privada e pública do mundo da vida, a crítica deixa de se dirigir às contradições inscritas conceitualmente nas próprias normas.[3]

A obra de Adorno marca a passagem para a terceira fase de uma crítica ainda mais aprofundada na medida em que compreende a troca de equivalentes e o poder organizacional, os dois mecanismos sistêmicos de integração social, em termos de crítica da razão. Ele os vê como expressão de uma racionalidade instrumental que contradiz a forma das relações solidárias responsável pela individuação isenta de coerção. Derrida dissolve a vinculação ainda existente na tradição weberiana das teorias da racionalização que remonta a G. Lukács entre crítica da razão e teoria social,[4] restringindo-se a uma desconstrução dos conceitos fundamentais da teoria política. Para ele, trata-se sobretudo de uma heterogeneidade interna do conceito de direito indissoluvelmente irmanado ao poder soberano.[5] No

3 Id., "Konzeptionen der Moderne", em *Die Postnationale Konstellation*, p.195-231.

4 Uma tal vinculação também foi mantida na "teoria da ação comunicativa"; sobre o correspondente procedimento "reconstrutivo", cf. Peters, *Die Integration moderner Gesellschaften*, p.371 ss.

5 Derrida, *Gesetzkraft*; e id., *Politik der Freundschaft*. Para a conexão constitutiva de direito e política, cf. também Habermas, *Faktizität und Geltung*, op. cit., p.167-86.

entanto, como Adorno, Derrida ainda persegue a desconstrução da justiça na perspectiva de uma esperança messiânica indeterminada. Todavia, o discurso insistente sobre o "evento"[6] aguardado com hesitação sugere a interpretação de que Derrida "critica uma compreensão existente, excludente e opressiva da igualdade liberal a partir da perspectiva de uma compreensão excepcional, ampliada e livre de dominação da igualdade liberal".[7]

A recordação das promessas da tradição da democracia radical parece continuar inspirando Derrida; para ele, elas ainda são fonte da esperança contida em uma solidariedade *universal* que atravessa todas as relações. Em contraposição a isso, Christoph Menke efetua uma virada antiutópica na questão da desconstrução da justiça. Nesse caso, ele desenvolve um enfoque de leitura interessante, autonomamente pós-moderno, do liberalismo. Esse enfoque de leitura compartilha com a versão clássica a concepção de que o procedimento democrático e a participação política dos cidadãos não desempenham papel essencial na definição da ideia liberal fundamental das liberdades éticas iguais. Logo, a tentativa de demonstrar a autocontradição inerente à concepção de liberdades iguais é uma forma de crítica da razão. O tratamento igual, por mais ponderado que seja, não faz justiça às preocupações individuais da pessoa individual, "porque a realização da igualdade pode (sempre) entrar em conflito com as obrigações decorrentes da atitude individual do tornar-se justo".[8] Revolução, piedade e ironia

6 Por exemplo, Derrida, *Die unbedingte Universität*.

7 Menke, *Spiegelungen der Gleichheit*, p.IX.

8 Ibid., p.41.

são "três formas de interação soberana" com a indissolúvel "relação paradoxal" entre tratamento igual e tornar-se individualmente justo.

O traço antiutópico dessa concepção revela-se no quietismo de uma insistência na reflexão sobre os limites da liberdade. Certamente os atos de tratamento igual não podem atingir seu objetivo, mas esse discernimento desconstrutivo deve nos permitir, mesmo conscientes do fracasso, continuar nossas tentativas de nos tornar individualmente justos de maneira ainda mais persistente.[9] Na concepção de Menke, a desconstrução é um exercício na consciência da finitude, na medida em que põe à vista da filosofia a natureza paradoxal de seu próprio fazer.[10] A análise conceitual desse aspecto inconsciente deve elaborar a "contradição performativa [...] entre fazer e dizer".[11] Quanto a isso, naturalmente é preciso saber como "a" filosofia compreende o seu próprio fazer.

Segundo Menke, a filosofia pode ser reconhecida desde o início por aquilo "em que consiste o sucesso de nossa práxis", e ela compreende esse conhecimento transcendental, por sua vez, como um "discernimento sobre o bem". Com isso, ela também oferece uma contribuição prática na promoção do bem.[12] Se a

9 Ibid., p.33.

10 Sou cético e deixo inteiramente aberta a questão de saber se a interpretação que Menke oferece do procedimento da chamada "desconstrução" se aplica à prática de Jacques Derrida ou mesmo à sua autocompreensão.

11 Cf. a introdução de Kern e Menke ao volume organizado por eles: *Philosophie der Dekonstruktion*, p.7-16, aqui p.9.

12 Menke, "Können und Glauben", em Kern; Menke (orgs.), *Philosophie der Dekonstruktion*, op. cit., p.243 ss.

filosofia não tivesse tal autocompreensão metafísica, faltaria a altura da queda que, de acordo com esse enfoque de leitura, dá significado à desconstrução. Sua demonstração de que as "condições de possibilidade" de uma práxis bem-sucedida são ao mesmo tempo "as condições de impossibilidade de seu sucesso" move-se no universo conceitual de um pensamento metafísico que almeja o todo. O verdadeiro adversário da crítica da metafísica é então a autocompreensão pós-metafísica da modernidade que parte do pressuposto da autonomia de sujeitos que agem de maneira autoconsciente e responsável: "A desconstrução aplica-se ao pressuposto filosófico de que é o nosso poder [*Können*] que torna possível o sucesso da práxis".[13] De acordo com esse enfoque de leitura, a desconstrução se põe como objetivo afugentar uma modernidade desencantada em relação ao caráter inquestionável de seus pressupostos de pensamento.

Para esse propósito, as teorias da moral e da justiça, que remontam ao universalismo igualitário de Kant e à sua concepção de autonomia, devem representar um desafio especial. Esse é o pano de fundo para o confronto com John Rawls[14] que Christoph Menke retomou no *Deutschen Zeitschrift für Philosophie*.[15] A análise excelente é recomendável não apenas por sua argumentação clara, mas por seu objeto. Menke efetua sua crítica

13 Ibid., p.247.

14 Id., "Liberalismus im Konflikt", em *Spiegelungen der Gleichheit*, op. cit., p.109-31.

15 Id., "Grenzen und Gleichheit: Neutralität und Politik im Politischen Liberalismus", *Deutsche Zeitschrift für Philosophie*, v.50, n.2, p.897-906, 2002. As indicações das páginas no texto se referem a esse artigo.

à ideia de igualdade tomando como exemplo o liberalismo político, ou seja, com base em uma interpretação da igualdade juridicamente institucionalizada dos cidadãos e uma coletividade política. Ele quer fazer valer, na dimensão das relações entre pessoas de direito, o sofrimento que a abstração violenta das leis universais inflige às pretensões individuais das pessoas afetadas. Essa concentração no direito e na política é importante na medida em que os argumentos em prol de uma justiça "outra" ou "cuidadosa" remetem a uma dimensão *para além* do direito. Um recurso moralmente obrigatório, que é derivado de encontros pessoais e contextos comunicativos de histórias de vida individuais entrelaçadas de maneira solidária entre si, acaba se tornando um critério exigente, mas inadequado, de crítica do direito.

Naturalmente, a legitimidade do direito é tributária essencialmente de conteúdos morais. Porém, as ordens jurídicas construídas também complementam as orientações de ação morais adquiridas pela socialização com o objetivo de, em relações incontrolavelmente complexas, aliviar os cidadãos das injunções cognitivas e motivacionais de uma moral pretensiosa. Daí se explicam as diferenças de forma entre moral e direito, as quais precisam ser respeitadas quando se fala de "justiça" em um aspecto moral ou jurídico. Que não seja permitido ao direito contradizer a moral, não significa que ele esteja em pé de igualdade com a moral. As diferenças se mostram de maneira particularmente clara nas pretensões que erguemos diante do "próximo" a partir de obrigações positivas. E justo éticas pós-modernas "giram, não diferentemente da teoria moral não escrita de Adorno, em torno da ideia de que a pretensão da justiça humana só pode ser satisfeita na interação adequada com o não idêntico".[16]

Ao comparar essas abordagens, Axel Honneth já havia chamado a atenção para o risco de supergeneralização. O "cuidado ilimitado de um indivíduo único e insubstituível", circunscrito fenomenologicamente por Levinas, é apreendido nas relações *face to face* em situações existencialmente intensas que iluminam o impulso moral básico e muitas vezes fundamentam obrigações positivas de virtude, mas são atípicas para obrigações jurídicas. Certamente, a função da jurisdição também consiste em aplicar leis de modo que sejam justas ao caso individual considerando "circunstâncias particulares". Devemos até mesmo esperar de uma jurisdição equitativa que tenha um senso hermenêutico extraordinário para circunstâncias que também são relevantes quando se consideram as perspectivas das outras histórias de vida individuais daqueles envolvidos nos atos.[17] Não obstante, as pretensões individuais das pessoas *de direito* são, em certa medida, predeterminadas pelos predicados da norma jurídica; elas são, em princípio, limitadas ao que as pessoas de direito podem esperar umas das outras, a saber, o comportamento em última análise passível de ser exigido e que se enquadra nas determinações formais do direito. As normas jurídicas regulam as relações interpessoais entre os atores que se reconhecem mutuamente como membros de uma comunidade abstrata porque foi criada pelas próprias normas jurídicas.[18]

16 Honneth, *Das Andere der Gerechtigkeit*, p.133-70, aqui p.134.

17 Günther, *Der Sinn für Angemessenheit*, p.261 ss. e p.335 ss.; sobre isso, cf. Habermas, *Faktizität und Geltung*, op. cit., p.272 ss.

18 Sobre as determinações formais do direito, cf. Habermas, *Faktizität und Geltung*, op. cit., p.143 ss.

Eu me interesso pela tentativa perspicaz de Menke de desconstruir o princípio da igualdade política que garante a liberdade dos cidadãos com base no exemplo do liberalismo político de Rawls, sobretudo porque ele se restringe à ideia liberal de igualdade em sua forma clássica. Ele negligencia a universalização prévia de interesses que deve ser realizada com a legislação democrática, ou seja, com uma justificação deliberada e aceita das disposições legais de iguais liberdades subjetivas (II). Mesmo sob premissas de um enfoque de leitura que considera esse aspecto, certamente a crítica ainda não foi afastada quando se pensa nos efeitos ambivalentes dos direitos de grupo fundamentados em termos multiculturalistas. Tais direitos, que devem reforçar as capacidades de autoafirmação de grupos discriminados, parecem falar em prol de uma inversão da igualdade em repressão, apesar de sua gênese exemplarmente democrática (III). Finalmente, eu gostaria de testar a consistência conceitual do entrelaçamento entre liberdade e igualdade nos casos do tratamento cultural igual novamente de uma perspectiva histórica, mais precisamente em consideração à presunção de razoabilidade dos custos que as comunidades religiosas tiveram de pagar pela adaptação cognitiva às exigências da modernização cultural e social (IV).

II

Menke gostaria de mostrar que a ideia de iguais liberdades éticas para todas as pessoas cai em contradição consigo mesma no curso de efetivação do programa liberal. Embora ele não se interesse pela sugestão específica de solução do Rawls tardio, a saber, a concepção modular de um consenso sobreposto,[19] a teoria rawlsiana se oferece como finalidade de uma tal desconstrução porque, diante do fato do pluralismo de visões de mundo, representa expressamente uma concepção de justiça "política", isto é, neutra quanto às visões de mundo e em igual medida aceitável para todos os cidadãos. Se pudesse ser demonstrado que a garantia simétrica das próprias liberdades éticas era apenas expressão de uma concepção determinada e substancial da vida "correta", os cidadãos que não compartilhassem de uma visão de mundo liberal tornada dominante se sentiriam restringidos na configuração espontânea de sua vida. Suponhamos que o princípio de iguais liberdades éticas só pudesse ser discernido no quadro de uma autocompreensão antropocêntrica, digamos, no contexto da crença no ideal do Iluminismo francês do século XVIII. Assim, no longo prazo, o pluralismo de visões de mundo institucionalizado no Estado liberal empurraria todas as doutrinas religiosas para escanteio.

Rawls precisa evitar um tal liberalismo *ético* que em nome do tratamento igual restringiria *eo ipso* o direito igual dos adeptos de doutrinas concorrentes. Menke concorda com ele na formulação, mas não na solução do problema. Em sua concepção, mesmo a tentativa mais ponderada de garantir a todos os cidadãos as mesmas liberdades éticas com base em um conceito de justiça neutro em termos de visão de mundo deve malograr por razões conceituais. Com isso, Menke não quer nos dissuadir

19 Forst, *Kontexte der Gerechtigkeit: Politische Philosophie jenseits von Liberalismus und Kommunitarismus*, p.152-60; Habermas, "'Vernünftig' versus 'wahr' oder die Moral der Weltbilder", em *Die Einbeziehung des Anderen*, op. cit., p.95-127.

da tentativa incessante de *buscar* justiça com base no tratamento igual para todos. Mas não devemos mais fingir que somos capazes de *criar* justiça *nós mesmos*.

Na trágica consciência de um conflito supostamente insolúvel entre o que é justo para todos e o que é bom para o indivíduo, a realização da igualdade política deve permanecer "objeto de esperança e esforço" – mas, obviamente, não no sentido trivial de uma eterna lacuna existente entre norma e realidade, mas no sentido metafísico mais profundo do reconhecimento de uma "impossibilidade de efetuações que garantam êxito". Mesmo na teoria de Rawls é possível demonstrar o "vir-a-ser da justiça", ou seja, o discernimento de que "*o reino* da justiça se autonomiza diante da *efetuação* subjetiva da justiça".[20] Hegelianamente falando: a causalidade do destino predomina sobre a justiça abstrata – ainda que, naturalmente, não mais em nome de uma *razão* objetiva suplantadora ou mesmo abstrata.

Se os princípios constitucionais correspondentes assumem a forma de procedimentos de positivação e de aplicação do direito, uma concepção de justiça política também não pode ser neutra no sentido de que lhe falta todo teor normativo.[21] Rawls reclama para a ordem política justa a *neutralidade dos objetivos* diante das formas de vida e visões de mundo éticas difundidas na sociedade civil (1), porém não a *neutralidade dos efeitos* que normas e medidas individuais têm sobre diferentes

20 Menke, "Können und Glauben", op, cit., p.250.

21 Cf. a crítica de Rawls à minha concepção de procedimento, em "Reply to Habermas", *Journal of Philosophy*, v.92, n.3, p.170 ss., 1995; bem como minha réplica em Habermas, *Die Einbeziehung des Anderen*, op. cit., p.124 ss.

grupos culturais (2).[22] Sob esses dois aspectos Menke pensa poder mostrar que as condições de possibilitação de uma ordem constitucional universalista igualitária revela-se de forma aporética enquanto condições de impossibilidade de sua realização.

(1) A neutralidade dos objetivos de uma concepção de igualdade política mede-se pela inclusão completa e simétrica dos cidadãos. Todos os cidadãos têm de poder ser simetricamente incluídos na comunidade política, isto é, sem discriminação de seu modo de vida ou da compreensão que têm de si mesmos e de seu mundo. No entanto, esse objetivo exige tanto *a delimitação* de doutrinas que (por exemplo, doutrinas sexistas, racistas ou fundamentalistas) são incompatíveis com o princípio da igualdade política quanto *uma limitação* de direitos e obrigações em consideração a pessoas que (por exemplo, crianças menores de idade ou pacientes inimputáveis em sentido jurídico) ainda – ou por curto espaço de tempo, se for o caso – não estão em condições de preencher os papéis de cidadãos ou de pessoas privadas capacitadas. Podemos deixar de lado o problema específico da delimitação que se põe em consideração a visões de mundo fundamentalistas ou membros dos chamados grupos "iliberais".[23]

Menke fundamenta a tese de que a neutralidade com respeito a objetivos também é inalcançável em relação a grupos e doutrinas que aceitam premissas igualitárias com o seguinte argumento. Retrospectivamente, conhecemos na histórica constitucional europeia e norte-americana exemplos drásticos

22 Forst, *Kontexte der Gerechtigkeit*, op. cit., p.82 s.

23 Ver adiante seção III.

para a exclusão de mulheres, marginalizados, pessoas não brancas etc., que violam abertamente o princípio de tratamento igual: "Qualquer concepção liberal de igualdade está, portanto, não apenas em oposição a representações não igualitárias de justiça e de ordem, mas também apresenta uma tentativa de ir além das definições pregressas da ideia de igualdade liberal e de superar a opressão ainda associada a elas" (p.901). Com base no discernimento retrospectivo das *inconsequências* de uma imposição custosamente seletiva de direitos fundamentais, Menke certamente não conclui que há progresso em um processo de aprendizagem autocorretivo. Que as tentativas de realizar a ideia da inclusão simétrica de todos os cidadãos tenham sido apenas parcialmente bem-sucedidas e, nessa medida, tenham desmentido a ideia de igualdade, explica-se antes como consequência de uma *inconsistência* da ideia subjacente da própria igualdade política: a ideia liberal de liberdades iguais no geral não deve ser "determinada" de modo neutro, porque também os membros de uma geração posterior não podem saber se estão errados novamente em suas próprias tentativas de corrigir os erros do passado.

Certamente, gerações posteriores podem apenas "aspirar" e não "assegurar" a neutralidade com respeito a objetivos. A razão prática é, em grande medida, tão falível quanto a razão teórica.[24] Não nos é permitido excluir que, em uma retrospec-

24 Menke rejeita uma compreensão falibilista de sua tese. Porém, não dá nenhuma explicação plausível para isso. O fato de que as consequências de juízos práticos falhos são geralmente mais graves do que as consequências de juízos teóricos falhos não retira de juízos morais e decisões legais o *status* epistêmico de enunciados que podem ser corretos ou falsos. Cf. Habermas, "Richtigkeit versus Wahrheit:

tiva futura, nossas reformas *possam* de novo revelar-se incompletas e carentes de correção. Mas elas se revelarão ou precisam se revelar como erradas? A consciência falibilista com a qual apresentamos uma afirmação evidentemente não significa que, de alguma forma, relativizamos ou deixamos em aberto a pretensão de verdade que erguemos para o enunciado afirmado. O discernimento obtido pelo olhar retrospectivo de uma terceira pessoa segundo o qual *alguns* de nossos esforços cognitivos malograram reiteradamente não nos obriga a que, da perspectiva do participante, passemos a não confiar mais em *absolutamente nenhum* conhecimento.

Mas é nisso que se apoia a objeção. Uma vez que não estamos aqui e agora em uma condição epistêmica fundamentalmente diferente das gerações anteriores, cujos esforços para encontrar definições neutras da ideia de igualdade malograram repetidamente, não se pode negar "que, em consideração retrospectiva, nossas próprias propostas e definições, por sua vez, não apareçam como não neutras e sejam criticadas" (p.902). Menke não diz neste ponto: "*poderiam* ser criticadas". Mas as gerações passadas não erraram em todos os aspectos. Como mostra o exemplo norte-americano de mais de duzentos anos de contínua tradição constitucional, os descendentes corrigiram erros cometidos pelos Pais Fundadores e antecessores – por exemplo, no período da Reconstrução ou na época do *New Deal* ou do movimento pelos direitos civis do século passado. Dado que a ideia de igualdade política também vai além

Zum Sinn der Sollgeltung moralischer Urteile und Normen", em *Wahrheit und Rechtfertigung*, p.271-318.

de sua respectiva institucionalização, é possível superar exclusões que são reconhecidas como injustificadas à luz de outras circunstâncias históricas. Do mesmo modo que em domínios teóricos, também aqui a relativização de antigos discernimentos conduz à ampliação, não à liquidação, de avanços passados.

Não vejo como se pode explicar a notória cegueira que hoje nos atinge nas interpretações passadas de igualdade política, bem como as práticas de exclusão e discriminação daí decorrentes, com base em "condições de impossibilidade" *conceituais* supostamente inscritas na própria ideia. Os enfoques de leitura seletivos de normas que segundo sua forma gramatical são proposições universais, mas no plano semântico não são imunes à interpretação particularista de conceitos fundamentais aí empregados – como "pessoa" ou "humanidade" –, exigem uma explicação *empírica*. Contudo, essa explicação se espalha pela semântica do pano de fundo ideológico, prejudicando a interpretação de normas de igualdade em benefício de representações axiológicas dominantes.

Thomas A. McCarthy segue esse método em sua análise dos preconceitos raciais na antropologia de Kant: "Visões de mundo substantivas – religiões, cosmologias, metafísica, história natural etc. – exercem sobre normas gramaticalmente universais o efeito de um *medium* de refração [...]. O sentido de conceitos-chave que são usados para a formulação de normas universais se transformaram significativamente para que diferenças de gênero, de raça, de etnicidade, de classe, de *status* ou outras formas de pertencimento de grupos e identidades atribuídas fossem conhecidas, de modo que aqueles que compreendiam a linguagem em questão podiam apreender as diferenças do âmbito pretendido de validade das normas".[25] Enfoques de leitura seletivos dos princípios universalistas são sintomáticos para a diferenciação incompleta entre o "justo" e o "bem". Mas a experiência histórica, que felizmente *também* podemos aprender nesse aspecto, não cobre a natureza do *projeto* de garantir em geral liberdades éticas iguais para todos.

(2) Rawls reclama neutralidade para sua concepção de justiça como um todo, não para os efeitos de normas individuais que garantem igualdade. De forma alguma essas normas afetam da mesma maneira a autocompreensão ética e o modo de vida de cada um de seus destinatários. Menke parece considerar essa tese como uma concessão que já se encontra a meio caminho da desconstrução. No entanto, tomemos de início os fenômenos aos quais essa reserva se aplica. O primado conceitual do justo sobre o bem significa que uma norma, que é do interesse simétrico de todos, em certos casos impõe aos concernidos não apenas restrições em geral, mas também sobrecargas assimétricas a cada círculo de destinatários, as quais incapacitam um grupo mais do que outros na configuração de sua forma de vida e algumas pessoas mais do que outras na persecução de seus objetivos de vida individuais. Uma regulação liberal do aborto impõe um grande fardo aos católicos, em geral adeptos de uma posição *Pró-Life* fundamentada de maneira religiosa ou em consonância com sua visão de mundo, um fardo maior do que seria imposto a cidadãos seculares que, mesmo sem partilhar da posição *Pró-Choice*, podem viver sem dor com a ideia de que, sob

---

25 McCarthy, "Die politische Philosophie und das Problem der Rasse", em Wingert; Günther (orgs.), *Die Öffentlichkeit der Vernunft und die Vernunft der Öffentlichkeit*, p.627-54, aqui p.633.

determinadas circunstâncias, é lícito que o direito à vida do embrião triunfe sobre o direito que a mãe tem à autodeterminação.

Mais uma vez, Menke quer restringir sua análise ao dano sobre modos de vida e visões de mundo que não são anti-*igualitários* de saída. Por essa razão, ele não poderia remeter a não neutralidade dos efeitos à identidade de grupos "que não existem mais em uma sociedade bem ordenada do liberalismo político". Pois, quanto a isso, Rawls tem em vista grupos "iliberais" cuja sobrevivência, por exemplo, está condicionada a que seus membros "controlem o aparato do Estado e sejam capazes de exercer uma intolerância efetivamente".[26] Um exemplo disso seria a interpretação xiita do Alcorão pelos mulás que dominam o Irã hoje; no entanto, ela não deve se qualificar como uma "concepção por princípio não anti-igualitária do bem". Em vez disso, a questão gira em torno de se as sobrecargas diferenciais que as normas às vezes esperam de seus destinatários, mesmo que sejam justificadas do ponto de vista da consideração simétrica dos interesses correspondentes de todos, permitem desenvolver uma aporia imanente à própria ideia de igualdade.

Menke deixa-se guiar pela intuição de que toda definição aproximada da ideia de tratamento igual é um universal abstrato que tem de exercer violência sobre a vida individual de pessoas individuais. Nesse ponto é importante evitar um encaminhamento equivocado. Em termos cognitivos, sempre temos a alternativa de avaliar estados de coisas seja pela perspectiva participante de cidadãos que colaboram na formação política da opinião e da vontade sobre objetivos coletivos e normas

26 Rawls, *Politischer Liberalismus*, p.294.

vinculantes, seja pela perspectiva de uma primeira pessoa que, como indivíduo inconfundível, consulta a si mesma acerca de seu próprio modo de vida. Mas essa possibilidade existente de mudança de perspectiva no aspecto cognitivo não significa uma correspondência *simétrica* no aspecto normativo. A perspectiva da justiça e a perspectiva da valoração da própria vida não são equivalentes no sentido de que seria lícito nivelar e reverter o primado moralmente exigido da imparcialidade em favor do primado ético dos objetivos de vida próprios.

Os concernidos certamente podem submeter os efeitos que as normas justificadas intersubjetivamente têm em suas vidas a uma avaliação pessoal de sua perspectiva subjetiva. Mas essa opção, a que os envolvidos têm de recorrer *ex ante* – durante o processo de justificação –, não resulta, por exemplo, na série de etapas de reflexão e na aceitação das perspectivas correspondentes, uma ponderação que normativamente deixa a última palavra à autocompreensão ética.

Ao final, a fusão simbiótica de ambas as perspectivas deve abrir o caminho para o conceito de uma justiça supostamente "superior", que garante uma feliz coincidência do justo com o bem individual:[27] "Assim, o primado da justiça liberal seria válido não apenas para instituições – e para nós como participantes de instituições – mas também para nós como indivíduos: não apenas politicamente, mas também eticamente".[28] A natureza paradoxal desse padrão introduzido sub-repticiamente tam-

27 Menke quer (cf. *Spiegelungen der Gleichheit*, op. cit., p.7) colocar a ideia de igualdade "em relação às obrigações decorrentes da individualidade" numa relação "que não é decidida de antemão a favor do primado da igualdade".

28 Ibid., p.122.

bém explica por que toda "justiça política" que é distribuída na moeda de liberdades éticas iguais parece impraticável à luz desse padrão. Pois, por boas razões, no contexto da maioria das histórias de vida, a justiça política não tem primado algum sobre outras orientações axiológicas individuais mais importantes.

O erro dessa reflexão é fácil de descobrir: as duas perspectivas opostas da justiça e da "vida boa" não operam uma simbiose, mas, por boas razões normativas, permanecem entrelaçadas entre si de modo assimétrico. A autocompreensão ética empreendida do ponto de vista da primeira pessoa só pode ter sucesso a longo prazo se a persecução de objetivos de vida individuais não ultrapassar os limites da consideração moral pelos outros.[29] Por outro lado, os cidadãos – em seu papel de colegisladores democráticos – estão ligados a procedimentos de assunção *mútua* de perspectivas, e assim as perspectivas dos concernidos, que querem poder restringir seus objetivos de vida individuais não de modo existencialmente inaceitável, também têm acesso à perspectiva da justiça.

Uma norma também pode ser adequadamente aplicada com base em uma justificação democrática. Uma norma é "adequada" a cada vez a um caso individual quando à sua luz podem ser considerados de maneira "exaustiva" todos os traços relevantes do conflito e das pessoas implicadas no conflito.[30] Aquele que apenas atenta para as propriedades *semânticas* de uma norma universal e depois afirma que esta não *pode* fazer justiça à espe-

---

29 Seel, *Versuch über die Form des Glücks*, p.191 ss.

30 Günther, "Ein normativer Begriff der Kohärenz für eine Theorie der juristischen Argumentation", *Rechtstheorie*, v.20, p.163-90, 1989; e "Warum es Anwendungsdiskurse gibt", *Jahrbuch für Recht und Ethik*, v.1, p.379-89, 1993.

cificidade do caso e ao contexto biográfico individual, não vê o sentido pragmático da "universalidade" de normas democraticamente justificadas. Esses tipos de normas foram encontrados e aprovados por um procedimento de deliberação e de decisão, fundamentando a suposição de aceitabilidade racional e, nesse sentido, universal. Não se pode dizer que o Estado democrático de direito ignora "o problema da limitação possível do bem individual pela igualdade política" (p.905). No cenário hipotético de uma esfera pública disposta ao conflito e na discussão política do legislador democrático, os efeitos não neutros são *ex ante* o verdadeiro tema, ou seja, não apenas nos discursos de aplicação da jurisdição.

Dado que o procedimento democrático torna a legitimidade das decisões dependente das formas discursivas de uma formação inclusiva da opinião e da vontade, as normas que devem garantir direitos iguais só podem ser geradas quando se conhecem e se ponderam suas sobrecargas diferenciais. Menke explica os efeitos não neutros das normas de igualdade como "consequências não intencionadas" da "causa da igualdade" (p.903). Isso revela uma fixação na posição de observador do teórico; ele se recusa a assumir a perspectiva participante de cidadãos que também se veem como autores do direito e da lei. Da mesma maneira que o liberalismo clássico, o liberalismo pós-moderno ofusca, juntamente com a legislação, o componente democrático da ideia orientadora de liberdades iguais e negligencia a conexão dialética entre autonomia privada e autonomia política.

Desse modo, o processo de "determinação" da igualdade pode ser efetuado unicamente na cabeça do filósofo observador. Falta o lugar da práxis comunicativa de cidadãos participantes. Mas somente nesse lugar é possível efetuar, na forma da "autodeterminação", o processo de determinação daquilo que deve vir a ser uma norma universal voltada a uma aplicação simétrica, isto é, segundo um processo de formação democrática da opinião e da vontade. Depois que os concernidos com a diferença entre justo e bom participaram ao mesmo tempo tanto da perspectiva da compreensão que têm do mundo e de si mesmos quanto da condição da assunção mútua de perspectivas, as normas universais, que encontraram aprovação geral após consideração discursiva das exclusões e restrições antecipadas, não mais os confrontam como uma violência alheia que mutila suas vidas individuais – sobretudo, não por sua universalidade que garante a igualdade.

Não há necessidade de desconstruir a ideia de igualdade para chegar àquilo para o qual o procedimento democrático foi talhado desde o início. Na medida em que dirige o seu olhar para o que é igualmente bom para todos, o discurso político evidentemente continua *relacionado* aos juízos éticos "que os indivíduos fazem em relação ao que é importante e bom nas suas vidas" (p.898). No entanto, os participantes podem aceitar uma norma como justa, por exemplo uma regulamentação liberal do aborto, cujos efeitos eles pessoalmente acham mais difícil de suportar do que outros cidadãos, se essa sobrecarga parecer razoável em relação ao ônus daquela discriminação que com isso é afastada. Dado que a norma, uma vez conhecendo-se e ponderando-se os seus efeitos não neutros, deve ser legitimada democraticamente por todos aqueles que devem arcar com as consequências, as restrições assimétricas admitidas por razões normativas são, não menos do que a própria norma, uma expressão do princípio da igualdade política – e não um sinal de sua "heterogeneidade interna".

Nem as delimitações que devem ser feitas em relação à "neutralidade do objetivo" (1) nem os "efeitos não neutros" de direitos distribuídos de maneira efetivamente igual (2) fornecem razões para um "limite da igualdade" que seria inerente à própria ideia de igualdade política. O inevitável "sofrimento do indivíduo, que toda ordem de igualdade produz por meio de suas operações de exclusão e seus efeitos de limitação", não se deixa comprovar com os meios da análise conceitual. Somente o universalismo igualitário e sensível à diferença dos direitos iguais pode satisfazer a exigência individualista de garantir simetricamente a integridade vulnerável do indivíduo ao mesmo tempo insubstituível e inconfundível no que concerne à sua história de vida.

III

No entanto, esse enunciado atinge apenas as relações conceituais almejadas pela desconstrução, não as relações efetivamente deformadas pela violência. É claro que até agora as "ordens de igualdade" liberais encobriram a flagrante injustiça da desigualdade social. Os deportados e "supérfluos" vivem nos bairros pobres de nossas cidades e nas regiões desoladas, para quem os direitos iguais não têm "igual valor". Na aparência de igualdade, eles suportam a miséria da insegurança e do desemprego, o isolamento de uma vida à margem da sociedade, a sensação incômoda de não serem necessários, o desespero pela perda – e o acesso negado ao lucro – de todos os meios que seriam necessários para, por força própria, consumar uma mudança dessa situação opressiva. Mas, nesses fatos, não se manifesta paradoxo algum encubado na normatividade da ideia de igualdade. Antes, a percepção da contradição entre a pretensão normativa erguida nas relações e a vista moralmente obscena que elas oferecem de fato produz dissonâncias cognitivas.

Dos primeiros socialistas até os atuais opositores da globalização, o protesto político se inflama com base em fatos que contradizem a pretensão normativa de uma igualdade jurídica compreendida em termos substantivos. Disso nasceu a promessa do Estado social, já que a garantia de liberdades éticas iguais precisa incorporar também a oportunidade de se poder fazer uso factualmente de direitos igualmente partilhados. Cidadãos em relações precárias de vida têm o direito a benefícios compensatórios quando lhes faltam oportunidades e recursos para gozar de direitos segundo suas próprias preferências e orientações axiológicas.

É claro que olhar para as contradições entre facticidade e validade só pode continuar a ser uma motivação política para uma autotransformação da sociedade enquanto as dissonâncias cognitivas não perderem seu aguilhão em virtude de uma ontologização desarmante – por uma desconstrução que projeta a contradição na própria normatividade. Contudo, temos de examinar se a imposição de direitos culturais para os membros de grupos discriminados e a introdução de direitos sociais se segue de um desenvolvimento jurídico governado pelo princípio da igualdade política (1). Da justificação dos direitos culturais explica-se uma concorrência entre direitos de grupo e direitos individuais (2), que suscita a aparência paradoxal de uma inversão dialética da igualdade de direitos em repressão (3).[31]

31 Sou grato aos participantes de um seminário realizado no outono de 2002 na Northwestern University pelas reflexões que se seguem.

(1) Na jurisprudência recente das nações ocidentais, encontramos numerosos exemplos de correções aos efeitos irracionalmente assimétricos das leis universais: aos sikhs permitiu-se usarem seus turbantes em motocicletas ou suas adagas rituais em público; mulheres muçulmanas e crianças em idade escolar podem manter seus "véus" no trabalho ou na escola; açougueiros judeus estão autorizados a abater gado e aves de acordo com métodos *kosher* etc. Nesses casos, parece se tratar de exceções às leis universais (segurança no trânsito, bem-estar animal etc). Mas a interpretação dessas decisões como regras de exceção sugere uma imagem equivocada de uma dialética da ideia de igualdade. De fato, nesses casos, a jurisprudência apenas tira conclusões do fato de que sikhs, muçulmanos e judeus desfrutam da mesma liberdade religiosa que a maioria cristã da população. Não se trata de uma misteriosa "inversão do universal no particular", mas do caso trivial do primado de um direito fundamental perante leis simples ou de preceitos de segurança. Como no caso da decisão de Karlsruhe sobre políticas de equiparação para a comunidade de testemunhas de Jeová (que, tendo sido reconhecida como instituto de direito público, desfrutou dos mesmos privilégios que as igrejas), trata-se também aqui de impor um tratamento cultural igual no caminho usual de uma materialização do direito.

Regulações na parte organizacional da Constituição (como a transferência de poderes de autogestão para as corporações locais ou concessão de direitos especiais de representação a minorias culturais) e políticas multiculturais para proteger e promover grupos discriminados (como regulamentos de cotas no sistema educacional, no mercado de trabalho e na política; subsídios para programas de idiomas e currículos escolares;

regulamentação de línguas oficiais, feriados oficiais, símbolos nacionais) são precauções contra a exclusão de grupos com fortes identidades próprias. Tais tendências são estabelecidas – como demonstra, entre outros exemplos, o impressionante estudo de Charles W. Mills[32] – abaixo do limiar da justificação formal da igualdade. Mesmo na semântica da linguagem corporal, mecanismos de exclusão mais discretos operam nas formas de interação e nos padrões comunicativos do intercâmbio cotidiano. Certamente, uma "política de reconhecimento" esbarra nos limites estruturais do *medium* jurídico, que na melhor das hipóteses pode provocar um comportamento complacente, mas dificilmente pode mudar uma mentalidade. No entanto, os limites factuais de atuação de um *medium* de controle como o do direito não devem ser confundidos com os limites conceituais da ideia supostamente contraditória de igualdade jurídica substantiva.

Denominamos liberal uma cultura política que pode ser descrita por relações simétricas de reconhecimento recíproco – mesmo entre os membros de grupos com identidades diferentes. Essas relações de reconhecimento que vão além das fronteiras subculturais podem ser promovidas com os meios da política e do direito apenas de maneira indireta, mas não produzidas diretamente. Direitos culturais e políticas de reconhecimento podem reforçar a capacidade de autoafirmação de minorias discriminadas, inclusive sua visibilidade na esfera pública, mas o registro dos valores sociais não se deixa transformar com a ameaça de sanções. O objetivo do multiculturalismo – o reconhecimento recíproco de membros em pé de

32 Mills, *The Racial Contract*.

igualdade – exige relações interpessoais modificadas que se produzem pela ação comunicativa e pelo discurso e, em última instância, só são instauradas mediante confrontações político-identitárias na esfera pública democrática.[33] Entretanto, também esse processo se efetua em um espaço constituído pelos direitos de participação política e de comunicação dos cidadãos. Portanto, a "autorreflexão" dirigida ao "reconhecimento da diferença", que Menke evoca com razão, não remete a uma política *completamente diferente*, que – sobre as ruínas da igualdade desconstruída – se libertaria dos grilhões do direito e passaria para a esfera da virtude.[34]

A discussão sobre "multiculturalismo" precisa fazer uma diferenciação cuidadosa no conceito de igualdade política. Discriminação ou desrespeito, parca presença nas arenas públicas da sociedade ou autorrespeito coletivamente deficiente são indicadores de uma inclusão incompleta e assimétrica de cidadãos, a quem foi vedado o pleno *status* de membros da comunidade política. O princípio de igualdade política é violado na dimensão da pertença, não da justiça política. O grau de inclusão concerne às relações horizontais entre membros da comunidade política, ao passo que a diferenciação da ordem de *status* concerne às relações verticais entre cidadãos de uma sociedade estratificada.

---

33 Fraser, "Struggle over Needs", em *Unruly Practices*, p.161-90; Benhabib, *The Claims of Culture*, p.114-22.

34 Não está claro para mim o que significa a tese "de que uma política de igualdade deve desenvolver a atitude ou a virtude de fazer justiça ao sofrimento e às queixas do indivíduo" (p.905), se a essa política for permitido "(ir) até o extremo, de modo que a igualdade se limite em vista dessas próprias limitações".

Camadas sociais se formam na dependência de padrões de distribuição de riqueza social. Dependendo do *status*, os cidadãos dispõem de mais ou menos recursos e mais ou menos oportunidades variadas para uma vida formada segundo suas próprias preferências e orientações axiológicas. Entre cidadãos em pé de igualdade, qualquer ordem de *status* levanta a questão da legitimidade do grau permitido de desigualdade social. O que quer que conte como exploração econômica e precarização social (de acordo com os princípios socialmente aceitos de justiça distributiva),[35] o que quer que conte como privação (dos meios que são necessários para a vida autodeterminada), viola o princípio da igualdade política de maneira diferente daquela de uma inclusão incompleta. A desigualdade reside na dimensão da justiça distributiva, não na inclusão dos membros.

Nancy Fraser reconheceu o significado de uma separação analítica de ambas as dimensões (empiricamente quase sempre ligadas uma à outra) da desigualdade política e propôs uma distinção entre políticas de redistribuição e de reconhecimento.[36] À luz dessa diferenciação fica claro por que o sentido dos direitos culturais não é apreendido quando é integrado a um modelo ampliado de Estado social.[37] Ao contrário dos direitos

35 Pauer-Studer, *Autonom leben*.

36 Fraser, "From Redistribuiton to Recognition?", em Willett (org.), *Theorizing Multiculturalism*, p.19-49; nas revisões propostas nesse meio-tempo (Fraser, "Rethinking Recognition", *New Left Review*, n.3, p.107-20, maio-jun. 2000), não vejo melhoras em relação ao artigo original. Cf. agora Fraser; Honneth, *Umverteilung oder Anerkennung?*

37 Segundo Barry, *Culture and Equality*, que atribui a pretensão de reconhecimento dos grupos discriminados à falta de "meios e opções", pois mede a igualdade política em termos de justiça distributiva, ou seja, *opportunities and resources* [oportunidades e recursos] neces-

sociais, os direitos culturais devem ser justificados de forma a possibilitar a inclusão simétrica de todos os cidadãos. É certo que essa consideração torna necessário alargar o conceito clássico de pessoa de direito, talhado ao duplo papel de cidadão da economia e membro da comunidade; ao mesmo tempo, porém, essa revisão parece nos conceder direitos de grupos ambivalentes, que em certas circunstâncias entram em conflito com direitos individuais.

(2) A justificação-padrão para os direitos culturais se baseia na garantia de liberdades iguais para todos.[38] Eles têm a forma de direitos subjetivos que abrem um leque bem definido de opções para decisões guiadas por preferências. O beneficiário só pode usufruir dessa liberdade de escolha para os fins de sua conduta de vida ética se tiver à sua disposição um espectro suficientemente amplo de orientações axiológicas segundo as quais possa selecionar objetivos de ação e estabelecer seus fins. Ele só pode realmente desfrutar das mesmas liberdades éticas se puder confiar na força orientadora dos valores culturais

---

sários para que todos os cidadãos tenham as mesmas chances para realmente fazer uso de direitos igualmente distribuídos. Essa assimilação da falta de reconhecimento à precarização materialmente compensada leva, por exemplo, à assimilação contraintuitiva das convicções de crença às preferências: "A posição em relação a preferências e crenças é similar". [Em inglês, no original: "The position regarding preferences and beliefs is similar". (N. T.)]. De acordo com isso, os sikhs seriam autorizados a andar de motocicleta com turbante porque, caso contrário, sua liberdade de escolha ao decidir por uma ou outra comunidade religiosa permaneceria injustificadamente restrita.

38 Raz, "Multiculturalism: A Liberal Perspective", em *Ethics in the Public Domain: Essays in the Morality of Law and Politics*, p.155-76.

internalizados ao escolher suas preferências. O valor de uso de liberdades éticas iguais depende, portanto, da garantia do acesso aos recursos culturais dos quais os valores exigidos podem ser extraídos, isto é, adquiridos, reproduzidos e renovados.

Essa justificação instrumental não atinge o sentido próprio dos direitos culturais. O conceito de uma pessoa que age segundo a ação racional com respeito a fins, a qual faz uma escolha entre opções dadas de acordo com preferências culturalmente marcadas, falha em iluminar o significado intrínseco da cultura para o modo de vida individual. Os recém-nascidos vêm ao mundo organicamente imaturos e permanecem extremamente dependentes dos cuidados de outras pessoas por muito tempo. Apenas como membros sociais de comunidades culturais eles podem se desenvolver em pessoas. Só no caminho da socialização, do despertar para um universo intersubjetivamente compartilhado de significados e práticas, as pessoas podem se transformar ao mesmo tempo em indivíduos insubstituíveis. Essa constituição cultural do espírito humano funda a dependência contínua do indivíduo das relações e comunicações interpessoais, das redes de reconhecimento recíproco e tradições. Isso explica por que os indivíduos só podem desenvolver, revisar e manter essa forma de autocompreensão, de identidade e de projeto de sua própria vida em contextos densos.

Mas se relacionamos a garantia de liberdades éticas iguais com um tal processo de formação, reprodução e prosseguimento da identidade pessoal – processo sempre compreendido em termos intersubjetivos –, então é preciso, de maneira correspondente, ampliar o conceito de pessoa de direito como portadora de direitos subjetivos.[39] Diante desse pano de fundo, é aconselhável derivar os direitos culturais diretamente do princípio da inviolabilidade da dignidade humana (artigo 1º da Lei Fundamental): A igual proteção da integridade da pessoa a que todos os cidadãos têm direito inclui a garantia de igual acesso àqueles padrões de comunicação, interações sociais, tradições e relações de reconhecimento que são exigidos[40] ou desejados[41] para o desenvolvimento, reprodução e renovação de sua identidade pessoal.

Com base nesse papel dos direitos culturais explica-se por que eles podem reagir contra uma inclusão incompleta dos membros de minorias desrespeitadas, sejam religiosas, linguísticas, étnicas ou marginalizadas (mesmo em relação a mulheres, crianças, idosos etc. que são reprimidos e marginalizados). O

---

39 Uma visão geral acerca da mais nova discussão encontra-se em Kirste, "Dezentrierung, Überforderung und dialektische Konstruktion der Rechtsperson", em Bohnert et al. (orgs.), *Festschrift für Alexander Hollerbach zum 70. Geburtstag*, p.319-62.

40 Margalit; Halbertal, "Liberalism and the Right to Culture", *Social Research*, v.61, n.3, p.491-520, inverno 1994. Gans (*The Limits of Nationalism*, p.43 ss.) fala de "*identity based argument*" [argumento baseado na identidade].

41 Com essa qualificação, gostaria de impedir o estreitamento dos direitos culturais de acesso às culturas de origem. Não devemos amadurecer a herança cultural, que é sempre o resultado híbrido da penetração de diferentes tradições, em conjuntos fechados; nem podemos presumir que a identidade de uma pessoa sempre permanecerá dependente de uma cultura particular ou mesmo do enraizamento na cultura de sua origem ao longo de suas vidas. Cf. Waldron, "Minority Cultures and the Cosmopolitan Alternative", *Journal for Law Reform*, University of Michigan, v.25, n.3-4, p.751-93, 1992.

objetivo da garantia do acesso livre ao pano de fundo cultural, à rede social e ao entrelaçamento comunicativo de grupos identitários também torna compreensível a introdução de direitos coletivos. Tais direitos reforçam as organizações que defendem a autoafirmação de culturas em perigo. Direitos coletivos capacitam grupos culturais a manter e disponibilizar seus recursos a partir dos quais seus membros constituem e estabilizam sua identidade pessoal.

Direitos de autoafirmação concedem a representantes de grupos identitários amplas prerrogativas organizativas e competências de auto-organização. Em nosso contexto, esses direitos têm especial interesse, já que, com isso, surge um tipo de conflito que é um corpo estranho nas ordens de igualdade estruturadas individualisticamente. Conflitos jurídicos formalmente típicos resultam ou entre pessoas de direito individuais (quando um viola o direito do outro) ou entre cidadãos individuais e o poder estatal (quando este ultrapassa os limites de intervenções determinados pelo direito). Com a introdução de direitos coletivos surgem conflitos de outro tipo, mais precisamente quando (a) diferentes grupos identitários contestam os direitos ou privilégios uns dos outros; ou quando, como é normal em reivindicações multiculturais, (b) um grupo exige tratamento igual em relação ao *status* de outros grupos; ou se, como no caso complementar, (c) os não membros se sentirem em desvantagem em relação aos membros de grupos privilegiados (por exemplo, brancos por meio de regulamentos de cotas para negros).

Em nosso contexto, trata-se antes do caso (d) da repressão de interesses interna aos grupos. Nesses casos, as elites usam seus direitos e competências organizacionais expandidos para estabilizar a identidade coletiva do grupo, mesmo violando os direitos individuais dos membros dissidentes do grupo. Onde (por exemplo, em países islâmicos e em Israel) a vida comunitária de grupos religiosos é determinada por uma "lei" protegida pela ortodoxia e interpretada em sentido literal, e onde a lei civil religiosa é complementada ou mesmo substituída pela lei civil estatal, especialmente no âmbito da família, mulheres e crianças em particular são submetidas à repressão por parte de suas próprias autoridades.[42] Mesmo os direitos parentais seculares que existem nos países ocidentais podem levar a conflitos semelhantes para os "relacionamentos violentos específicos" na família (por exemplo, quando os pais turcos impedem que suas filhas tenham aulas de esporte coeducativas em escolas públicas).

Ora, os direitos coletivos não são *per se* suspeitos. Os direitos que uma Constituição democrática confere aos municípios, aos governos estaduais ou às instituições semipúblicas geralmente são imperceptíveis, porque tais transferências de competência se baseiam nos direitos fundamentais dos cidadãos e, portanto, não podem entrar em conflito com eles. Mas nem todos os grupos culturais, cuja posição é fortalecida por direitos coletivos, satisfazem critérios liberais em sua estrutura interna. Eles também não precisam obedecer a tais princípios de organização (como seria o caso dos partidos políticos). Assim, a Igreja católica, por exemplo, desfruta o direito de excluir as mulheres do sacerdócio, embora o tratamento igual entre homens e mulheres tenha uma posição constitucional e

42 Shachar, "On Citizenship and Multicultural Vulnerability", *Political Theory*, v.28, n.1, p.64-89, 2000.

seja imposta em outros setores da sociedade. A Igreja explica essa política de admissão como parte essencial da doutrina em virtude da qual exerce seu magistério.[43] Da perspectiva do Estado liberal, o princípio de igualdade não é violado enquanto nenhum membro for impedido de manifestar seu dissenso seja retirando-se ou fazendo-o valer mediante mobilização de forças contrárias na própria organização. Agora, como tal princípio se comporta, por exemplo, com a discriminação racial de base religiosa da Universidade Bob Jones, instituição americana de cristãos fundamentalistas, que mudou sua prática restritiva de admissão e passou a aceitar estudantes negros quando a autoridade competente ameaçou retirar privilégios fiscais, mas ao mesmo tempo proibiu relações sexuais e casamentos entre negros e alunos brancos?[44] O que distingue os dois casos?

Quando o Estado liberal satisfaz as condições que tornam possível a reprodução de uma minoria cultural cuja existência estaria, caso contrário, ameaçada, e quando, para tanto, aceita que se violem direitos fundamentais de membros individuais, parece entrar em cena precisamente a dialética afirmada por Menke entre tratamento igual e repressão. Em uma decisão infame, a Suprema Corte dos Estados Unidos manteve o processo de uma comunidade amish contra o Conselho Estadual de Educação de Wisconsin, concedendo à acusação uma isenção coletiva da educação compulsória válida por dez anos. Consequentemente, os pais amish podem impedir que seus filhos frequentem a nona e a décima série porque, de outra forma,

43 Cf. a discussão de casos jurídicos relevantes em Barry, *Culture and Equality*, op. cit., p.169 ss.

44 Ibid., p.165 s.

seriam expostos a assuntos que são vistos como incompatíveis com a sobrevivência da visão de mundo e do modo de vida da comunidade religiosa. O direito à proteção da vida e à prática religiosa, que de acordo com o princípio de igualdade deve se aplicar à comunidade amish (de outra forma, cumpridora da lei), bem como a outras comunidades religiosas, parece poder ser resgatado apenas se o Estado aceitar uma violação dos direitos civis dos jovens a uma formação básica que atenda à necessidade de orientação em sociedades complexas.

Seguindo esse padrão clássico, inúmeros casos são discutidos por Brian Barry em seu estudo sobre "igualdade e cultura". Barry usa esses exemplos para conduzir seu debate polêmico com autores como William Galston, Charles Taylor e Iris Young. Se for o caso, o perigo potencial das liberdades individuais básicas por meio de direitos coletivos que garantem o tratamento igual de grupos culturais deve ser capaz de demonstrar essa inversão paradoxal da liberdade em repressão, revelando uma contradição inerente à própria ideia de igualdade política.

(3) Para dispersar essa aparência de paradoxo, Will Kymlicka diferenciou dois tipos de direitos de grupo – entre direitos legítimos, com os quais uma organização se protege a partir de fora contra pressões por parte de seu entorno social, e direitos problemáticos, que podem ser impostos internamente contra uma desestabilização da comunidade habitual por parte de membros dissidentes do grupo.[45] Mas quando, como no caso dos amish, o mesmo direito coletivo serve a ambas as funções simultaneamente, essa diferenciação não é mais útil. É verdade que os direitos coletivos que capacitam as comunidades de

45 Kymlicka, *Multicultural Citizenship*, p.34-48.

alguma forma *têm* de entrar em colisão com os direitos individuais,[46] mas o aparente paradoxo só se dissolve quando pode ser mostrado que, do ponto de vista da igualdade entre os cidadãos, nenhum direito legítimo de grupo *pode* colidir com os direitos básicos dos membros individuais do grupo. Segundo a intuição liberal, os direitos de um grupo só são legítimos quando podem ser compreendidos como direitos derivados – no sentido de uma derivação dos direitos culturais de membros individuais do grupo.

Os defensores de um multiculturalismo "mais forte" ignoram essa condição e prosseguem uma estratégia de fundamentação que não exclui direitos coletivos que potencialmente restringem os direitos fundamentais. Se o mesmo direito à liberdade ética obriga o Estado a garantir a todos os cidadãos a igualdade de acesso aos recursos culturais de que necessitam para desenvolver e manter a sua identidade pessoal, então o Estado deve também cuidar para que tais recursos culturais estejam – e permaneçam – disponíveis. Essa linha de pensamento sinaliza o passo lógico imperceptível, mas crucial, de ter esses recursos disponíveis agora para *mantê-los* disponíveis no futuro. Só com esse passo o multiculturalismo "forte" consegue justificar uma "política de sobrevivência".

Assim Charles Taylor, por exemplo, defende a tese de que, com base no indiscutível direito dos cidadãos francófonos de Quebec a prosseguir suas tradições, segue-se a controversa obrigação do governo da província de adotar todas as medidas exigidas para a garantia da *sobrevivência* da língua francesa:

46 Ibid., p.38.

> Poderíamos considerar a língua francesa como um recurso coletivo que os indivíduos desejam utilizar e, portanto, poderíamos trabalhar para preservá-la, assim como se trabalha para proteger o ar puro ou os espaços verdes. Mas isto não faz justiça ao impulso de uma política que visa à sobrevivência cultural. Não se trata apenas de manter o francês disponível para aqueles que optam por utilizá-lo [...]. Antes, a política da *survivance* [sobrevivência] pretende assegurar que também no futuro exista um grupo de seres humanos que faça efetivamente uso do proveito da língua francesa. Essa política está ativamente empenhada em *criar* os membros desses grupos, procurando fazer que, por exemplo, também as gerações futuras se identifiquem como francófonos.[47]

Com esse argumento, justifica-se, entre outras coisas, a interferência do governo do Quebec nos direitos parentais da sua população francófona. Pois esses cidadãos são obrigados a enviar os seus filhos para escolas francesas, independentemente de quaisquer preferências que possam ter pela educação em instituições de língua inglesa. O argumento assenta implicitamente na premissa de que os recursos culturais têm, de certo modo, precedência sobre os seus beneficiários individuais, ou pelo menos têm um valor intrínseco que justifica uma pretensão independente de proteção. Essa concepção pressupões uma ética dos bens fundamentada de maneira metafísica, a qual não discutirei aqui.[48] Não é trivial que direitos possam remeter *diretamente* a recursos culturais. Pois assim seria possível justi-

47 Taylor, *Multikulturalismus und die Politik der Anerkennung*, p.52.

48 Para a teoria dos hiperbens, cf. Taylor, *Quellen des Selbst*, Parte I; sobre isso, Habermas, *Erläuterungen zur Diskursethik*, p.176 ss.

ficar o que é digno de proteção em relação aos bens coletivos independentemente do interesse dos cidadãos na conservação de suas identidades pessoais.

Os direitos coletivos, que não fortalecem um grupo a serviço dos direitos culturais dos seus membros individuais, mas também servem diretamente para manter sobre suas cabeças o contexto cultural do coletivo, abrigam um potencial para a opressão intragrupo: "As culturas simplesmente não são o tipo de entidade à qual os direitos podem ser atribuídos adequadamente. Comunidades definidas por algumas características culturais partilhadas (por exemplo, uma língua) podem, em algumas circunstâncias, ter reivindicações válidas, mas as reivindicações surgem então do interesse legítimo dos membros do grupo".[49] No entanto, a objeção de Barry alimenta-se da inversão igualmente dogmática da prioridade dogmaticamente afirmada dos recursos culturais sobre os seus beneficiários. Como pode ser fundamentada a afirmação de que os direitos coletivos que garantem o fornecimento de recursos culturais são justificados unicamente pelos direitos culturais dos membros de aceder a esses recursos?

A observação casual de Barry de que as culturas "não são o tipo certo de objetos" para poder servir como portadoras de direitos fornece uma pista. Mesmo que não pressuponhamos o traço individualista das ordens jurídicas modernas apenas por

49 Barry, *Culture and Equality*, op. cit., p.67. [Em inglês, no original: "Cultures are simply not the kind of entity to which rights can be properly ascribed. Communities defined by some shared cultural characteristics (for example, a language) may under some circumstances have valid claims, but the claims then arise from the legitimate interest of the members of the group". (N. T.)]

razões morais,[50] a constituição ontológica de objetos simbólicos fala contra as culturas que se qualificam como portadoras de direitos. Uma cultura não é apropriada enquanto tal como pessoa de direito porque não pode preencher por si só as condições da sua reprodução, mas depende da apropriação construtiva de intérpretes obstinados que dizem "sim" ou "não". Por essa razão, a sobrevivência das identidades de grupo e a continuidade de seu pano de fundo cultural *não pode* absolutamente ser garantida por direitos culturais. Uma tradição tem de poder desdobrar o seu potencial cognitivo de modo que os destinatários possam refletidamente chegar à conclusão de que vale a pena continuar essa tradição. E as condições hermenêuticas para o prosseguimento de tradições só podem ser asseguradas pelos direitos individuais.

É possível conceber uma "cultura" como um conjunto de condições de possibilidade para atividades voltadas à resolução de problemas. Elas dotam os sujeitos que se enraízam nelas não apenas com capacidades de falar, de agir e de conhecer, mas também com imagens de mundo gramaticalmente pré-estruturadas e acervos de saber semanticamente acumulados. Certamente, uma cultura não pode ser mantida viva através de disciplina ou doutrinação palpável, nem simplesmente pela habituação implícita das gerações futuras a jogos de linguagem e práticas correspondentes. Em vez disso, as tradições preservam a sua viabilidade penetrando nos canais disseminados e interligados das histórias de vida individuais, atravessando os limiares críticos do juízo autônomo de cada potencial beneficiário individual. O mais cedo que o valor intrínseco de uma tradição

50 Cf. minha discussão com K.-O. Apel neste volume, seção 2.

pode então ser revelado é na adolescência. Os jovens devem ser convencidos de que podem levar uma vida dotada de sentido, não frustrada nem vazia, no horizonte da tradição que adquiriram. O teste final da viabilidade de uma tradição cultural é saber se, à sua luz, os desafios são transformados em problemas solucionáveis para o adolescente.

Esse teste, embora também funcione em sociedades fechadas, torna-se tanto mais relevante quanto mais alternativas são impostas ao indivíduo. Em sociedades pluralistas, grupos culturais só podem continuar sua herança de uma geração até a próxima através do filtro hermenêutico das tomadas de posição de seus membros com um "sim", os quais, à luz de ofertas alternativas, também estão em condição de dizer "não". Com base nessas razões empíricas, direitos coletivos podem reforçar um grupo em sua autoafirmação cultural apenas se ao mesmo tempo garantem aos membros individuais uma margem de ação que eles utilizam *de modo realista* para se decidirem reflexivamente entre apropriação crítica, revisão ou rejeição.[51]

---

51 Galston conta como condições de saída "realistas" ("Two Concepts of Liberalism", *Ethics*, v.105, n.3, p.516-34, abr. 1995, aqui p.533): "condições de conhecimento – a consciência de alternativas à vida que de fato se vive; condições de capacidade – a capacidade de avaliar essas alternativas se parecer desejável fazê-lo; condições psicológicas – em particular, a liberdade dos tipos de lavagem cerebral que dão origem a dolorosos esforços de desprogramação dos pais em nome dos seus filhos e, mais amplamente, formas de coerção que não sejam puramente físicas, que podem dar origem a uma interferência estatal justificada em nome dos indivíduos afetados; e, finalmente, condições de aptidão – a capacidade dos indivíduos que desejam sair para participar efetivamente em pelo menos alguns modos de vida diferentes daqueles que desejam abandonar". [Em inglês, no

IV

A crítica do multiculturalismo "forte" se resume ao fato de que o princípio da igualdade política confronta todos os grupos culturais com a expectativa normativa universal não apenas de exercitar inconscientemente seus membros em crenças e práticas tradicionais, mas também de guiá-los a uma aquisição da tradição reflexivamente interrompida. Quanto mais exigentes são as condições de saída formuladas, mais alimentam a suspeita de que o "tratamento cultural igual" é, afinal, uma ideia que permanece ligada ao pensamento antropocêntrico e secularista do Esclarecimento e do Humanismo, ou seja, no decurso da sua implementação, a "neutralidade do objetivo" tem de ser desmentida diante de outras formas de vida e visões de mundo. Isso nos leva de volta à questão da equidade das disposições de adaptação que o Estado liberal exige das comunidades e doutrinas tradicionais, que nas suas origens remontam muito além das condições de vida modernas.

---

original: "knowledge conditions – the awareness of alternatives to the life one is in fact living; capacity conditions – the ability to assess these alternatives if it comes to seem desirable to do so; psychological conditions – in particular, freedom from the kinds of brainwashing that give rise to heart-rending deprogramming efforts of parents on behalf of their children, and more broadly, forms of coercion other than the purely physical that may give rise to warranted state interference on behalf of affected individuals; and finally, fitness conditions – the ability of exit-desiring individuals to participate effectively in at least some ways of life other than the ones they wish to leave". (N. T.)] Da perspectiva feminista, cf. Möller Okin, "'Mistress of their own Destiny': Group Rights, Gender, and Realistic Rights to Exit", *Ethics*, v.112, n.2, p.205-30, jan. 2002.

Recomenda-se partir de duas diferenciações. Por um lado, não é lícito confundir as exigências normativas de uma ordem liberal com os imperativos funcionais de uma modernização social, que, entre outras coisas, também impõem a secularização do poder estatal. Por outro lado, a adaptação estrutural das identidades de grupo ou de comunidades religiosas às condições de vida modernas em geral, e particularmente à expectativa de autonomia política e de exigência de tolerância de uma república liberal, não significa submissão a uma pressão de reflexão que teria de dissolver no longo prazo doutrinas e orientações de vida teocêntricas ou cosmocêntricas.

Naturalmente, existem formas tribais de sociedade e formas de vida, e também práticas de culto, que não se encaixam no quadro político das ordens jurídicas igualitárias e individualistas. Isso é evidente nas tentativas exemplares dos Estados Unidos, do Canadá e da Austrália para corrigir injustiças históricas cometidas contra povos indígenas subjugados, integrados de modo violento e discriminados por séculos. Essas tribos utilizam a concessão de ampla autonomia para continuar ou restaurar certas formas tradicionais de dominação e de propriedade coletivista, embora em casos específicos estas colidam com o princípio igualitário e com a referência individualista à *igualdade de direitos para todos*. De acordo com a compreensão moderna do direito, na verdade não é permitido que exista um "Estado dentro do Estado". Contudo, se dentro de um Estado liberal um grupo "iliberal" (segundo essa compreensão) puder determinar sua própria ordem jurídica, isso levaria a contradições insolúveis.

Se, por razões morais, as comunidades tribais forem compensadas pela integração forçada dos seus antepassados na ordem estatal dos conquistadores com amplos direitos de autogestão, as obrigações dos *membros da tribo* podem colidir com os direitos que lhes cabem na qualidade de *cidadãos* da comunidade política mais ampla. Tais consequências decorrem dos direitos de autogestão que territórios indígenas desfrutam nos Estados Unidos e no Canadá, particularmente no que diz respeito a reivindicações de propriedade e direito de família. Isso atinge em primeira linha mais uma vez as mulheres: "Se um membro de uma tribo indígena sentir que os seus direitos foram violados pelo seu conselho tribal, pode procurar reparação num tribunal tribal, mas não pode (exceto em circunstâncias excepcionais) procurar reparação no Supremo Tribunal [...]. Esses limites à aplicação das declarações de direitos constitucionais criam a possibilidade de que indivíduos ou subgrupos dentro das comunidades indígenas possam ser oprimidos em nome da solidariedade de grupo ou da pureza cultural".[52]

No caso especial de reparação de injustiças estatais passadas, moral e direito podem – mesmo que ambos sejam regidos pelo princípio do igual respeito para todos – cair em contradição, uma vez que o direito é um *medium* recursivamente fechado que se limita a se comportar reflexivamente em relação às *próprias* decisões passadas, mas é insensível perante episódios que

52 Kymlicka, *Multicultural Citizenship*, op. cit., p.38 ss. [Em inglês, no original: "If a member of an Indian tribe feels her rights have been violated by her tribal council, she can seek redress in a tribal court, but she cannot (except under exceptional circumstances) seek redress from the Supreme Court [...]. These limits on the application of constitutional bills of rights create the possibility that individuals or subgroups within Indian communities could be oppressed in the name of group solidarity or cultural purity". (N. T.)]

são *anteriores* ao passado do sistema jurídico.[53] Nessa medida, esse conflito certamente reflete-se *no* direito, mas não surge *dele*. O modo de vida de grupos iliberais forma um corpo estranho dentro da ordem jurídica liberal. As consequências contraditórias que surgem de uma conformação jurídica moralmente fundamentada de estruturas alheias permanecem, por isso, externas ao próprio direito igualitário. Algo completamente diferente ocorre com grupos religiosos que adaptam suas doutrinas que remontam a origens pré-modernas à secularização do Estado e da sociedade com a finalidade de poder se afirmar no interior das estruturas diferenciadas da modernidade.

Atualmente, o judaísmo e o cristianismo, que não só moldaram a cultura ocidental, mas também desempenharam um papel importante na genealogia da ideia de igualdade, já não têm quaisquer dificuldades fundamentais com a estrutura igualitária e o recorte individualista das ordens liberais. Todavia, como todas as religiões universais, elas ergueram de início pretensões exclusivas de validade e de configuração, as quais de modo algum eram de saída compatíveis com as pretensões de legitimidade de uma ordem secular do direito e da política. No ambiente de sociedades modernas e poderes de dominação secularizados, a própria consciência religiosa é induzida, por assim dizer, a uma "modernização". Exemplo disso é a adaptação cognitiva dos meios tradicionais às exigências reflexivas e às condições realistas de saída.

53 De outra forma, a lei e a moral interferem nos casos de exigências de reparação para descendentes de coletivos de vítimas de políticas criminosas de governos passados, pelas quais são responsabilizados os seus sucessores legais.

A questão consiste então em saber se em tais processos de adaptação revela-se a submissão do *ethos* religioso às condições de uma neutralidade *hipócrita* por trás da qual se oculta *de facto* a dominação de uma outra concepção do bem, mesmo que seja a de um *ethos* secular da igualdade. Uma comunidade religiosa que dispensa o constrangimento da consciência e permite margem de ação para a aquisição autoconsciente das verdades de fé cumpre as normas impostas pelo Estado, ou segue também os seus próprios motivos? Na Europa, a Igreja há muito tempo, ainda antes do surgimento do Estado neutro quanto a visões de mundo, levantou-se contra o pensamento antropocêntrico do humanismo e o pensamento secular da nova física, também contra a esteira secularizadora da economia capitalista e de uma administração burocrática, tendo de acabar inclusive com a profunda crise de uma divisão interna da fé. A neutralização do poder do Estado em termos de visão de mundo foi primeiramente a resposta política à inconciliabilidade das guerras religiosas. E isso não serviu apenas ao interesse do Estado na conservação do direito e da ordem, mas foi favorável também à necessidade das próprias comunidades religiosas de, em uma situação de consciência crítica, submeterem a uma revisão sua própria autocompreensão tradicional.

A liberdade religiosa do Estado liberal, a qual se universalizou nos direitos civis, não só evitou o risco político de a comunidade pluralista vir a ser dilacerada pelos conflitos entre as diferentes visões de mundo. Ela ofereceu também às comunidades religiosas, que procuravam um lugar na crosta diferenciada da modernidade, um quadro institucional para resolver os seus próprios problemas. A solução política para uma coexistência em pé de igualdade dos poderes beligerantes de crença consistia num conceito de tolerância que levasse em conta o caráter absoluto, ou seja, inegociável, das pretensões de validade das convicções religiosas. Pois tolerância não deve ser confundida com indiferença.

A indiferença em relação a convicções e práticas alheias ou mesmo a valorização do outro em sua alteridade tornaria supérfluo algo como a tolerância. Esperava-se tolerância daqueles que, por boas razões subjetivas, rejeitavam outras crenças e práticas, sabendo que o dissenso era cognitivo, mas insolúvel no longo prazo. Contudo, preconceitos não contam com razões legítimas para rejeição; a tolerância só é exigível e possível quando os participantes apoiam sua rejeição em desacordos que perduram *de modo racional*. Não enfrentamos os racistas ou os chauvinistas com um apelo a mais tolerância, mas com um pedido para superarem os seus preconceitos.[54] Essas condições específicas acomodam obviamente a atitude dogmática das comunidades de fé. Mas qual é o preço que eles têm que pagar por isso? O que se espera daqueles que lucram com a tolerância dos outros?

Com o direito fundamental à liberdade religiosa, o Estado liberal pretende se distanciar o quanto possível de um dissenso que perdura de forma inconciliável no plano cognitivo entre crentes, pessoas que professam outra religião e não crentes, a ponto de as interações entre cidadãos de uma mesma comunidade política não serem afetadas. Para o Estado, a questão consiste em suavizar a destrutividade social de um conflito de visões de mundo, neutralizando em grande medida as consequências das

---

54 Cf. Forst, "Toleranz, Gerechtigkeit und Vernunft", em id. (org.), *Toleranz*, p.119-43.

suas ações. Para as comunidades religiosas, em contrapartida, é importante que o Estado reconheça a legitimidade do dissenso em curso. Isso assegura primeiro a liberdade de movimento para, a partir da perspectiva interna de suas próprias doutrinas intactas em substância, relacionar-se de maneira cognitivamente compreensível tanto com as orientações de fé de outras comunidades religiosas quanto com as formas de pensamento e de intercâmbio de seus ambientes seculares. Desse modo, complementam-se as funções que a tolerância juridicamente garantida desempenha para um ou para o outro lado. Essa tolerância serve à autoafirmação de comunidades religiosas em uma sociedade que se moderniza progressivamente não menos que à existência política do Estado liberal. Porém, uma vez mais: a que preço as comunidades religiosas conquistam esse espaço de ação para sua autotransformação? As condições de possibilidade não são, ao mesmo tempo, restrições injustas?

Em sua origem, toda religião é "visão de *mundo*" ou *comprehensive doctrine* [doutrina abrangente] também no sentido de que ela aspira à autoridade para estruturar uma forma de vida *em seu todo*. A religião precisa desistir dessa pretensão a uma forma de vida abrangente sob condições de secularização da sociedade e do pluralismo de visões de mundo. Com a diferenciação funcional de sistemas sociais parciais, a vida das comunidades religiosas também se separa de seus ambientes sociais. E uma vez que o Estado liberal depende de uma integração política dos cidadãos que vai além de um mero *modus vivendi*, essa diferenciação de pertença não deve ser limitada a uma adaptação cognitivamente despretensiosa do *ethos* religioso às leis *impostas* pela sociedade secular. A comunidade religiosa só é compatível com a sociedade secular quando os princípios correspondentes de normas e valores não apenas se diferenciam *uns dos outros* a partir de uma perspectiva interna, mas quando um princípio emerge consistentemente *do outro*. Para essa "inserção" do universalismo igualitário da ordem jurídica no respectivo *ethos* da imagem de mundo religiosa, John Rawls escolheu a imagem de um módulo: embora tenha sido construído a partir de argumentos neutros quanto a visões de mundo, esse módulo deveria enquadrar-se nos respectivos contextos de fundamentação ortodoxos.[55]

Mas uma tal diferenciação cognitiva da moral igualitária da sociedade *em relação* ao *ethos* comunitário não constitui apenas uma expectativa normativa com a qual o Estado confronta as comunidades religiosas. Antes, ela *vem de acordo* com seus próprios interesses de se afirmar no interior de sociedades modernas e conquistar a possibilidade de exercer influência na sociedade como um todo por meio da esfera pública política. Ao participar do debate nacional sobre questões morais e éticas, as comunidades religiosas podem promover uma autocompreensão pós-secular da sociedade em seu todo, pelo qual se pode contar também com a continuação vital da religião em um ambiente cada vez mais secular.

Todavia, com isso, ainda não respondemos à pergunta se as comunidades religiosas têm, para tanto, de pagar um preço injusto do ponto de vista da igualdade política. A exigência de tolerância tem dois aspectos. A cada um é permitido realizar seu próprio *ethos* apenas nos limites das liberdades éticas iguais para todos. Desse modo, cada um é obrigado também a res-

55 Rawls, *Politischer Liberalismus*, op. cit., p.76 ss.

peitar o *ethos* dos outros dentro desses limites. Ele não precisa aceitar as opiniões rejeitadas dos outros porque as suas próprias pretensões de verdade e certezas permanecem inalteradas. A exigência não resulta de uma relativização das próprias convicções, mas da restrição de suas eficácias práticas, ou seja, da consequência de só poder viver de maneira limitada o seu próprio *ethos* e ter de aceitar as consequências práticas do *ethos* dos outros. Porém, esse fardo da tolerância não é repartido simetricamente entre crentes e não crentes.

Para a consciência de cidadãos secularizados, que podem, com uma pequena bagagem metafísica, aceitar uma fundamentação moralmente "livre" da democracia e dos direitos humanos, o justo pode sem coerção desfrutar de um primado diante do bem substancial. Sob tais premissas, não resulta do pluralismo dos *modos de vida*, em que se refletem a cada vez diferentes imagens de mundo, dissonâncias cognitivas com as próprias convicções éticas. Pois, dessa perspectiva, apenas *orientações axiológicas* diversas são incorporadas nos diferentes modos de vida. E diferentes valores não se excluem mutuamente da mesma maneira que diferentes *verdades*. Assim, para a consciência secular, não é difícil reconhecer que um *ethos* estranho para o outro desfruta da mesma autenticidade e do mesmo primado que o próprio *ethos* para si mesmo.

Algo diferente se passa com o crente, que obtém sua autocompreensão ética das verdades de fé que pretendem ser universalmente válidas. Tão logo a representação da vida correta se orienta a caminhos de salvação religiosos ou a conceitos metafísicos do bem, surge uma perspectiva divina (ou uma *view from nowhere* [visão de lugar algum]) em relação à qual outros modos de vida aparecem não apenas como diferentes, mas como *malsucedidos*. Quando o *ethos* alheio não se limita a uma questão de avaliação passível de relativização, mas de verdade ou não verdade, a exigência de que cada cidadão merece o mesmo respeito, independentemente de sua autocompreensão ética e conduta de vida, significa uma sobrecarga grande.

O fato de a exigência de tolerância não ter um efeito neutro sobre os crentes e os não crentes não é surpreendente, ainda que não seja uma expressão de injustiça *per se*. Não se trata de um fardo unilateral. Um preço também é exigido do cidadão religiosamente surdo [*unmusikalisch*]. A compreensão da tolerância em sociedades pluralistas constituídas em termos liberais não exige apenas que os crentes que lidam com pessoas de outras religiões compreendam que podem *razoavelmente* esperar a continuação da existência de dissenso. A mesma visão também é esperada dos incrédulos quando lidam com os crentes. Para a consciência secular, isto significa uma exigência nada trivial para determinar *de forma autocrítica* a relação entre fé e saber a partir da perspectiva do saber mundano. A expectativa de um desacordo contínuo entre o saber mundano e a tradição religiosa só merece o predicado "razoável" se, da perspectiva do saber secular, for concedido às convicções religiosas um estatuto epistêmico que não seja simplesmente irracional.

A garantia de liberdades éticas iguais exige a secularização do poder do Estado, mas ela proíbe uma sobregeneralização da visão de mundo secularizada. Os cidadãos secularizados, na medida em que entram em cena no seu papel de cidadãos, não podem em princípio negar que as visões de mundo religiosas têm um potencial de verdade, nem negar o direito aos concidadãos crentes de contribuírem para discussões públicas em linguagem religiosa. Uma cultura política liberal pode inclusive esperar de cidadãos secularizados que se esforcem em traduzir contribuições relevantes da linguagem religiosa para uma linguagem publicamente acessível.[56] Mesmo que essas duas expectativas não equilibrassem totalmente a não neutralidade dos efeitos do princípio da tolerância, um desequilíbrio residual não põe em questão a legitimidade do próprio princípio. À luz da flagrante injustiça que será superada pela abolição da discriminação religiosa, seria desproporcional se os próprios crentes rejeitassem a exigência de tolerância devido aos seus fardos distribuídos assimetricamente.

Essa observação abre o caminho para uma compreensão dialética da secularização cultural. Se concebermos a modernização da consciência pública na Europa como um processo de aprendizagem que constitui e transforma ao mesmo tempo as mentalidades religiosas e mundanas, já que obriga a tradição do Esclarecimento tanto quanto as doutrinas religiosas a uma reflexão sobre suas respectivas fronteiras, então uma outra luz recai sobre a tensão internacionalmente distribuída entre as altas culturas e as religiões universais. A globalização de mercados, *media* e outras redes hoje não deixa mais a nação alguma uma opção promissora de se retirar da modernização capitalista. Mesmo as culturas não ocidentais não podem escapar aos desafios da secularização e do pluralismo de visões de mundo como resultado da modernização que, por seu lado, é ativamente prosseguida, mas que é configurada de forma ainda insuficiente. Somente pela via de uma "modernidade alternativa" elas serão capazes de afirmar a sua singularidade cultural contra a cultura mundial capitalista moldada pelo Ocidente. Mas isso

56 Habermas, *Glauben und Wissen*.

significa que só poderão combater a violência niveladora que penetra *de fora*, utilizando os seus próprios recursos culturais, se a consciência religiosa nesses países também se abrir à modernização *a partir de dentro*.[57] Se essas culturas, diante de desafios semelhantes, encontrarem equivalentes para a inovação europeia da separação entre Estado e Igreja, a adaptação construtiva aos imperativos da modernização social será menos uma submissão a normas de uma cultura estrangeira do que uma mudança de mentalidade, e a destradicionalização das comunidades de fé no Ocidente se limitará a uma simples submissão às normas liberais de igualdade.

57 Taylor, "Two Theories of Modernity", *Public Culture*, v.11, n.1, p.153-74, 1999.

11
Uma Constituição política para uma sociedade mundial pluralista?[1]

As possibilidades de sucesso do projeto de promoção de um "Estado cosmopolita" não são piores hoje, depois da invasão do Iraque que violou o direito internacional, do que em 1945, depois da catástrofe da Segunda Guerra Mundial, ou em 1989-1990, depois do fim da constelação bipolar de poder. Isso não significa que as oportunidades sejam boas; mas também não devemos perder de vista as proporções. O projeto kantiano só entrou na agenda política com a Liga das Nações, ou seja, depois de mais de duzentos anos; e a ideia de estabelecer uma ordem cosmopolita só assumiu uma forma institucional duradoura com a fundação das Nações Unidas. Estas ganharam peso político desde o início da década de 1990 e se tornaram um fator de não pouca importância nos confrontos da política mundial.

---

1 Gostaria de agradecer novamente a Armin von Bogdandy pelas sugestões de correção e comentários de um especialista em direito internacional. Texto inédito.

Até a "superpotência" se viu forçada a confrontar a organização mundial quando esta recusou a legitimidade, exigida de maneira ameaçadora, para uma intervenção decidida de forma unilateral. As Nações Unidas sobreviveram tão bem à tentativa subsequente de marginalizá-las que puderam empreender uma reforma há muito esperada de suas lideranças e membros.

Desde dezembro de 2004 estão presentes as propostas de uma Comissão de Reforma demandada pelo secretário-geral. As reformas propostas, como veremos, resultam da análise inteligente de erros cometidos. Esse processo de aprendizagem conduz a vontade política de forma inequívoca na direção de uma continuação do projeto kantiano. Aí não se expressa simplesmente a ideia de um estado de paz garantido de maneira duradoura. Kant já tinha expandido o conceito negativo de ausência de guerra e de potência militar para o conceito de paz como uma implicação da liberdade regulada por leis. Hoje, o conceito abrangente de segurança coletiva estende-se também aos recursos para condições de vida sob as quais os cidadãos de todas as partes do mundo só podem de fato alcançar ao desfrutar de liberdades reguladas por leis. Ainda podemos ser guiados pela ideia de Kant de uma Constituição cosmopolita se a compreendermos de forma suficientemente abstrata. Quero mostrar que a alternativa kantiana de uma república mundial e da Liga das Nações está incompleta (I), e como o projeto kantiano pode ser entendido nas circunstâncias atuais (II). Gostaria então de explicar por que é que nada menos está em jogo no sucesso desse projeto do que a substância democrática das formas ainda hoje possíveis de socialização política (III). Por fim, gostaria de discutir duas tendências históricas que sustentam esse projeto (IV e V).

I

Hobbes interpreta de maneira funcionalista a conexão entre direito e garantia da paz: os cidadãos subordinados ao direito trocam a garantia de proteção do poder do Estado por sua obediência incondicional.[2] Para Kant, ao contrário, a função do direito de assegurar a paz está conceitualmente entrelaçada com a função de um Estado de direito de constituir e garantir a liberdade, fazendo que os cidadãos o reconheçam como legítimo. Pois a validade do direito não se apoia apenas factualmente na ameaça de sanção da violência do Estado, mas também se sustenta intrinsecamente nas razões para a pretensão de receber reconhecimento por parte dos destinatários. Kant não opera mais com um conceito empírico de direito. Mas, ao conceber a passagem de um direito internacional centrado nos Estados para um direito cosmopolita, Kant também se afasta de Rousseau.

Pois ele rompe com a ideia republicana de que a soberania interna do povo se reflete na soberania externa do Estado, ou seja, na autodeterminação democrática dos cidadãos na autoafirmação diplomática, se necessário militar, do seu próprio modo de vida. Para Kant, o enraizamento particularista da força constituinte da vontade democrática no *ethos* de um povo não significa necessariamente a delimitação da força racionalizadora de uma Constituição democrática no Estado nacional. Pois o sentido universalista dos princípios constitucionais de um Estado nacional ultrapassa as fronteiras dos costumes na-

2 No que se segue, apoio-me em meu ensaio "Das Kantische Projekt und der gespaltene Westen", em *Der gespaltene Westen*, p.113-93.

cionais que certamente também se expressam nas instituições constitucionais locais.

Com essas duas operações – o entrelaçamento da ideia de paz com a condição de liberdades legalmente garantidas e a separação entre a autodeterminação democrática no domínio interno e a autoafirmação belicosa no externo –, o caminho está aberto para uma projeção daquela "Constituição burguesa", que na época de Kant emergiu da Revolução Americana e da Revolução Francesa, do âmbito do Estado nacional para o âmbito global. Com isso, nasceu o conceito de uma constitucionalização do direito internacional [*Völkerrecht*]. A grande inovação dessa formação conceitual, que se antecipou muito às relações existentes à época, reside na consequência da transformação do direito internacional de um direito dos Estados para um direito cosmopolita na qualidade de direito dos indivíduos. Estes desfrutam do *status* de sujeitos de direito não mais a título de cidadãos de um Estado nacional, mas antes enquanto membros de uma sociedade mundial politicamente constituída.

Contudo, Kant só pôde conceber a constitucionalização do direito internacional como transferência das relações internacionais em relações intraestatais. Ele se ateve até o fim à ideia de uma república mundial, embora tenha sugerido o "substituto" de uma liga dos povos como o próximo passo no caminho para tal Estado dos povos. Essa fraca concepção de uma associação voluntária de Estados dispostos a fazer a paz, mas permanecendo soberanos, parecia ser recomendada como uma estação intermediária no caminho para uma república mundial. Com o melhor conhecimento imerecido daqueles que nasceram depois, nós, que olhamos para os entrelaçamentos jurídicos e políticos de uma sociedade mundial pluralista, altamente interdependente e ao mesmo tempo funcionalmente diferenciada, podemos facilmente reconhecer as barreiras conceituais que impediram Kant de sair dessa árida alternativa e determinar o objetivo de uma constitucionalização do direito internacional, o "Estado cosmopolita", de modo tão abstrato que este não coincida com a república mundial e não possa ser descartado como utópico.

A República Francesa centralista, que Kant tinha como modelo para um Estado constitucional democrático, sugere a ideia de que a soberania do povo é indivisível.[3] Todavia, em um sistema de vários níveis, constituído de maneira federalista, a vontade democrática do povo, enquanto a totalidade de seus cidadãos, ramifica-se já desde a fonte em diferentes canais de legitimação paralelamente interligados de eleição dos parlamentos municipais, estatais e federais. O modelo dos Estados Unidos (e o debate levado a cabo nos *Federalist Papers*) é testemunha precoce dessa concepção de "soberania dividida".[4] A imagem de uma república mundial constituída de maneira federalista poderia ter eliminado o temor de Kant de que os povos perderiam sua particularidade cultural e sua identidade

3 Kersting, "Globale Rechtsordnung oder weltweite Verteilungsgerechtigkeit?", em *Recht, Gerechtigkeit und demokratische Tugend*, p.243-315, aqui p.269.

4 Para a teoria da soberania no Estado constitucional, cf. Kriele, *Einführung in die Staatslehre*, p.273 ss. No que diz respeito ao atual Estado constitucional europeu, Erhard Denninger também considera o termo "soberania dividida" enganoso: Denninger, "Vom Ende nationalstaatlicher Souveränität in Europa", em *Recht in globaler Unordnung*, p.379-94.

sob a coerção normalizadora e o "despotismo sem alma" de um Estado de povos que se estende ao mundo inteiro. Esse medo pode explicar a procura de um "substituto", mas não a razão de Kant acreditar que tinha de imaginar a condição cosmopolita na forma institucional de um Estado.

Outro gargalo conceitual, que só agora estamos ultrapassando tendo em vista uma rede cada vez mais densa de organizações internacionais, pode ter sido o fator decisivo. O republicanismo, que é dominante na França, explica a força racionalizadora de uma juridificação da violência política com uma vontade popular constituinte que reconstitui o governo político a partir de sua base. O contrato social de Rousseau sugere a unidade entre Estado e Constituição porque ambos são produzidos *uno acto* pela vontade do povo, ou seja, cooriginariamente. Ao se ater a essa tradição, Kant negligencia uma tradição constitucional concorrente que não reconhece tal junção conceitual fundamental entre Estado e Constituição, já que, na concepção liberal, a Constituição não deve ter uma função de *constituição da dominação*, mas apenas uma de *limitação do poder*. A ideia de restrição mútua e equilíbrio dos "poderes dominantes" – a nobreza, o clero e as cidades que se opõem ao rei – já estava incorporada nas Cortes do início da modernidade. O liberalismo desenvolve ainda mais essa ideia no sentido da moderna separação constitucional de poderes.

A Constituição política voltada, em primeira linha, à limitação do poder estabelece um "império das leis" que, mesmo sem origem democrática, pode configurar normativamente relações de poder existentes e conduzir o uso do poder político em direção aos canais juridicamente vinculantes. Uma Constituição desse tipo, na medida em que prescinde da identidade entre dominantes e dominados, permite a separação ideal entre os elementos da Constituição, do poder do Estado e da sociedade civil.[5] Aqui não existem barreiras conceituais fundamentais contra uma dissolução dos elementos encadeados entre si no Estado democrático. Na verdade, nesse ínterim, a juridificação da cooperação entre Estados em redes multilaterais ou em sistemas de negociação transnacionais levou a formas de constituição de organizações internacionais que não adotam propriamente um caráter estatal e carecem da base de legitimação da vontade de uma cidadania organizada em torno do Estado. Tais constituições regulam a atuação funcionalmente especificada dos Estados nacionais; mesmo às redes inclusivas, globalmente espalhadas, falta a metacompetência que caracteriza os Estados: a capacidade de definir e, se for o caso, ampliar suas próprias competências.

Assim, o tipo de Constituição liberal, limitadora do poder estatal, abre a perspectiva conceitual para uma constitucionalização não estatal do direito das gentes na forma de uma sociedade mundial politicamente constituída sem um governo mundial. Com a passagem do direito das gentes centrado no Estado para um direito cosmopolita, os atores estatais são restringidos em seu espaço de ação, sem que em sua propriedade como sujeitos de uma ordem jurídica que se estende ao mundo todo sejam substituídos por sujeitos individuais de direito cosmopolita. Ao lado de cidadãos do mundo, Estados constituídos de forma republicana permanecem antes sujeitos

5 Cf. Frankenberg, "Die Rückkehr des Vertrages: Überlegungen zur Verfassung der Europäischen Union", em Wingert; Günther (orgs.), *Die Öffentlichkeit der Vernunft und die Vernunft der Öffentlichkeit*, p.507-38.

de uma Constituição mundial desprovida, por sua vez, de características estatais. Contudo, a combinação dos tipos constitucionais que até agora foram formados em tradições jurídicas concorrentes levanta o problema de como as decisões políticas em níveis organizacionais supranacionais podem ser ligadas aos canais de legitimação do Estado.[6] Voltarei a isso.

Um motivo adicional poderia ter levado Kant a buscar um substituto para o que há de extravagante na ideia de república mundial. As duas revoluções constitucionais do século XVIII chamaram a atenção tanto de seus contemporâneos quanto das gerações posteriores para o fato de as constituições políticas serem tributárias de um ato repentino da vontade em um momento histórico favorável. A imagem dos acontecimentos em Paris caracterizou-se pela revolta espontânea de massas entusiasmadas aproveitando uma janela de oportunidade. A implantação de uma Constituição republicana pareceu estar ligada a um ato de fundação instruído por mitos e a uma situação de exceção. Se a ocorrência do momento revolucionário em um lugar já era suficientemente improvável, uma coincidência de tais improbabilidades em muitos lugares tinha de ser considerada inimaginável. Suspeito que essa intuição esteja por trás da estranha afirmação de Kant de que nações do mundo "de acordo com a sua ideia de direito das gentes", ou seja, de acordo com a sua ideia de autodeterminação soberana, "definitivamente não querem" juntar-se a um Estado de povos.[7]

---

6 Chr. Möllers analisa esse vínculo com o exemplo da União Europeia no capítulo introdutório sobre Constituição e constitucionalização, em Bogdandy (org.), *Europäisches Verfassungsrecht*, p.1-56.

7 Kant, "Zum Ewigen Frieden", BA 38 (citado a partir da edição organizada por W. Weischedel).

Nesse meio-tempo, nos acostumamos a conceber a institucionalização do direito das gentes como um processo de longo prazo que é conduzido não por massas revolucionárias, mas, em primeira linha, por Estados nacionais e alianças de Estados regionais. Por um lado, esse processo está sendo levado adiante com os clássicos meios dos tratados internacionais e das fundações de organizações internacionais; por outro lado, ele também tem se desenvolvido de maneira incremental em reação a impulsos sistêmicos libertadores e efeitos colaterais indesejados. Essa mistura de ação intencional e espontaneidade naturalizada se mostra, por exemplo, na globalização econômica (do mercado, do investimento e da produção) politicamente desejada e – em reação à carência de coordenação e de regulação daí decorrente – da ampliação e reconstrução dos núcleos institucionais de um regime econômico global.

A forma temporal estendida de um tal processo, em que o controle político se vincula ao crescimento econômico, permite falar de etapas ou graus de constitucionalização.[8] O melhor exemplo disso é a unificação europeia, que tem progredido, embora os requisitos normativos até a data deixem sem resposta a questão da finalidade – portanto, a questão de saber se a União Europeia irá desenvolver-se em um Estado nacional estruturado em nível federal com fortes diferenciações internas ou, sem assumir qualidade estatal, se no plano da integração continuará uma organização supranacional acordada internacionalmente. Um papel importante desempenha a "dependên-

8 Isso é ressaltado por Cottier; Hertig, "The Prospects of 21st Century Constitutionalism", em Bogdandy; Wolfrum (orgs.), *Max Plank Yearbook of United Nations Law*, v.7.

cia do caminho" de um modo de desenvolvimento que, pelas consequências cumulativas de estabelecimentos passados, restringe sempre mais o espaço de ação para alternativas futuras perante a vontade dos participantes.

Discuti até aqui três pontos de vista a partir dos quais a ideia kantiana de transformação do direito das gentes centrado nos Estados em um direito cosmopolita possa se desprender da concretização equivocada na forma de uma república em formato mundial. De início, relembrei a figura federalista da soberania dividida e o conceito geral de um sistema de vários níveis. Em seguida, introduzi a distinção entre dois tipos de Constituição, voltados respectivamente à constituição da dominação e à limitação do poder, que poderiam estabelecer uma nova vinculação à constituição política de uma sociedade mundial sem governo mundial. Finalmente, recorri à representação processual de uma constitucionalização gradativamente progressiva do direito das gentes, a qual é iniciada e conduzida mais pelos governos que pelos cidadãos, antes de chegar a ser amplamente efetiva na gradativa internacionalização de construções jurídicas antecipadoras.

Com base nisso, ao olharmos para as estruturas hoje existentes, é possível projetar uma alternativa conceitual para a república mundial (e suas variantes contemporâneas).[9] Para tanto, precisamos efetuar três deslocamentos no conteúdo conceitual da teoria política, mais precisamente:

9 Sobre a "democracia cosmopolita", cf. Archibugi; Held (orgs.), *Cosmopolitan Democracy*; Held, *Democracy and the Global Order*; sobre a república mundial federativa, Höffe, *Demokratie im Zeitalter der Globalisierung*.

(a) adaptar o conceito de soberania estatal às novas formas de governar para além do Estado nacional,
(b) revisar a relação conceitual entre monopólio estatal da violência e direito coercitivo em favor da ideia de que o direito supraestatal seja respaldado pelo potencial estatal de sanção, e
(c) indicar o mecanismo que explique como nações podem alterar sua autocompreensão.

(a) De acordo com o enfoque de leitura do nacionalismo liberal, a soberania estatal deixa-se compreender junto com a proibição de intervenção respaldada pelo direito internacional como uma consequência do conceito de soberania popular. Na competência de autoafirmação externa se reflete a decisiva autodeterminação democrática interna.[10] O Estado precisa deter o direito e a capacidade de preservar a identidade democraticamente escolhida e a forma de vida da coletividade política e, em caso de necessidade, protegê-la com violência militar diante de outras nações. A autodeterminação interna necessita da proteção contra determinações estrangeiras vindas de fora. No entanto, essa concepção cai em dificuldades sob condições de uma sociedade mundial altamente interdependente. Pois, se uma superpotência não é mais capaz de garantir sozinha proteção e bem-estar para a própria população, mas apenas em cooperação com outros Estados, altera-se o clássico sentido de "soberania".

---

10 Cf. ainda Walzer, *Just and Unjust Wars*; id., *Erklärte Kriege: Kriegserklärungen*; ver também as contribuições para a discussão sobre "Twenty Years of Michael Walzer's *Just and Unjust Wars*", *Ethics & International Affairs*, v.11, p.3-104, 1997.

Enquanto a soberania estatal interna não se esgota mais na mera preservação da paz e da ordem, mas também se estende à garantia efetiva de direitos civis, a soberania externa exige hoje tanto a capacidade de cooperar quanto a capacidade de se defender contra inimigos externos. O cumprimento soberano do mandato constitucional também exige a capacidade e a disposição do Estado para a participação em pé de igualdade nos esforços coletivos para elaborar problemas que surgem tanto no nível global quanto local e que só podem ser solucionados no quadro de organizações internacionais ou supranacionais.[11] Isso exige a renúncia ao *jus belli*, bem como o reconhecimento do dever da comunidade internacional de proteger as populações da violência de Estados criminosos ou decadentes.

(b) De modo interessante, a comunidade internacional pode transferir esse direito de impor sanções a uma organização mundial sem, ao mesmo tempo, conceder-lhe um monopólio global. Contra a ideia convencional da estrutura do direito coercitivo, abre-se uma bifurcação entre as instâncias supraestatais, que dispõem de competências para a positivação do direito, e as instâncias estatais, que mantém na reserva os meios do emprego legítimo da violência em prol da imposição do direito positivado de forma supranacional. O monopólio da violência permanece nas mãos de cada Estado soberano individual, embora este, na qualidade de membro das Nações Unidas, tenha cedido formalmente o direito de decidir a aplicação da violência militar (a não ser no caso de legítima defe-

11 Cf. a definição correspondente de "nova soberania" em Chayes; Chayes, *The New Sovereignty: Compliance with International Regulatory Agreements*.

sa fundamentada) para o Conselho de Segurança. De acordo com o padrão de comportamento que tem sido praticado nos sistemas de segurança coletiva, para que as decisões de intervenção do Conselho de Segurança sejam eficazes, é suficiente que um número suficientemente grande de membros poderosos disponibilize as suas capacidades para a realização de uma missão decidida conjuntamente. A União Europeia oferece um exemplo convincente para o efeito vinculante de normas jurídicas prioritárias que apenas desse modo circular são "respaldadas" pelos Estados-membros subordinados. Os meios de violência para sancionar a lei promulgada em Bruxelas e Estrasburgo ainda estão barrados pelos Estados individuais que "executam" essa lei.

(c) Esse exemplo também é apropriado para ilustrar a "hipótese de eficácia da norma"[12] sem que o projeto kantiano de um Estado cosmopolita tenha de se tornar empiricamente implausível. As construções jurídicas implantadas pelas elites políticas nas arenas supraestatais são positivações que atuam no modo de uma *self-fulfilling prophecy* [profecia que se autorrealiza]. Esse tipo de positivação jurídica antecipa a mudança de consciência que se provoca nos destinatários no decurso de uma implementação que procede por etapas. No meio dos discursos que os acompanham, efetua-se uma internalização gradual do espírito de um vocabulário normativo de prescrições, o qual de início só era reconhecido de forma declamatória. Isso vale em igual medida tanto para os Estados quanto para os ci-

12 Sobre o significado do conceito socioconstrutivista de aprendizagem para a teoria das relações internacionais, cf. Zangl; Zürn, *Frieden und Krieg*, p.118-48.

dadãos. Nesse tipo de processo de aprendizagem construtivamente desencadeado e circularmente autorreferente altera-se a compreensão dos papéis das partes contratantes nacionais. Conforme as cooperações de início soberanamente unificáveis tornam-se habituais, modifica-se a autocompreensão de atores coletivos que decidem de maneira autônoma, conscientes de serem membros da organização que possuem direitos e deveres. Nesse percurso, os Estados soberanos também podem aprender a subordinar interesses nacionais a obrigações que têm de aceitar como membros da comunidade internacional ou parceiros em redes transnacionais.

II

Depois desses esclarecimentos iniciais, é possível interpretar a ideia kantiana do Estado cosmopolita de modo que, embora se antecipando certamente em relação às realidades, ainda assim mantenhamos contato com elas. Pretendo descrever a sociedade mundial constituída politicamente, que cheguei a esboçar em outro lugar,[13] como um sistema de vários níveis que, mesmo na ausência de um governo mundial, pode tornar possível uma política interna mundial até agora inexistente, sobretudo nos campos da política econômica e ambiental globais. Enquanto o sistema do direito internacional centrado nos Estados conhecia apenas um tipo de jogadores, os Estados nacionais, e dois tipos de arena, a política interna e a externa, ou oportunidades internas e relações externas, a nova estrutura de

13 Habermas, "Das Kantische Projekt und der gespaltene Westen", op. cit., p.133 ss. e p.174 ss.

uma sociedade constituída de forma cosmopolita se caracteriza por *três arenas* com *três tipos* de *atores coletivos*.

A *arena supranacional* é tomada por um único ator. A comunidade internacional encontra sua forma institucional em uma *organização mundial* que é capaz de agir em arenas políticas abrangentes sem assumir propriamente um caráter estatal. Falta às Nações Unidas a competência para definir ou ampliar suas atribuições como desejar. Estão autorizadas ao cumprimento eficaz e, sobretudo, não seletivo de duas funções, a saber, a garantia da segurança internacional e a imposição global dos direitos humanos, mantendo-se limitadas a essas duas funções fundamentais, embora determinadas. Por isso, a próxima reforma das Nações Unidas precisa ter por objetivo não somente o reforço das instituições centrais, mas a dissociação do complexo das organizações especiais e complementares altamente ramificadas (e entrelaçadas com outras instituições internacionais) das Nações Unidas.[14]

Certamente, a formação da opinião e da vontade da organização mundial deveria se acoplar a fluxos comunicativos de parlamentos nacionais, abrir-se à participação de organizações não governamentais com direito a serem ouvidas e se expor à observação de uma esfera pública mundialmente mobilizada. Mas mesmo uma organização mundial reformada de modo adequado é constituída diretamente por Estados nacionais, não por cidadãos do mundo [*Weltbürgern*]. Nesse aspecto, ela se assemelha mais a uma Liga das Nações que a um Estado dos povos em termos kantianos. Pois, sem uma república mundial,

14 Uma visão de conjunto sobre a família das Nações Unidas se encontra em Held, *Global Covenant*, p.82 s.

não existe Parlamento mundial, por mais modesto que seja. Os atores coletivos não desaparecem *sem deixar rastro* na ordem que eles próprios têm de concretizar com o instrumento de início unicamente disponível do direito internacional. A organização mundial deve ser permanentemente apoiada por centros de poder organizados pelo Estado se quiser ser o pilar de apoio de um pacifismo legal protegido pelo poder.[15] Ao lado dos indivíduos, os Estados continuam sendo sujeitos de um direito das gentes transmutado em um direito cosmopolita. Com isso, a comunidade internacional também pode, em caso de necessidade, garantir ao cidadão individual proteção dos direitos fundamentais contra o próprio governo.

Enquanto membros da comunidade internacional, os Estados ainda mantêm um lugar privilegiado em relação aos objetivos de longo alcance que as Nações Unidas publicaram recentemente sob o título majestoso *Millennium Development Goals* [Objetivos de Desenvolvimento do Milênio]. A proteção dos cidadãos globais, que foi agora consagrada nos pactos de direitos humanos, já não se limita aos direitos fundamentais liberais e não políticos, mas estende-se às condições materiais "empoderadoras" que colocam pela primeira vez os penalizados e sobrecarregados deste mundo em condições de fazer uso factual de direitos formalmente garantidos.[16] No palco das redes e organizações *transnacionais*, condensam-se e sobrepõem-se

---

15 Sobre o "caráter irrenunciável do Estado nacional", cf. Grande, "Vom Nationalstaat zum transnationalen Politikregime", em Beck; Lau (orgs.), *Entgrenzung und Entscheidung*, p.384-401.

16 Com isso, também no direito internacional se impôs a concepção de "democracia social", o que remonta à tradição da teoria do direito público de Hermann Heller. Cf. Meyer, *Theorie der sozialen Demokratie*.

hoje os dispositivos que satisfazem a necessidade crescente de coordenação de uma sociedade mundial cada vez mais complexa.[17] Mas a *coordenação* de atores estatais e não estatais é uma forma de regulação que só é suficiente para uma categoria determinada de problemas transfronteiriços.

Para questões "técnicas" no sentido mais amplo (como a padronização das massas, a regulamentação das telecomunicações ou a prevenção de catástrofes, a contenção de epidemias ou a luta contra o crime organizado), são suficientes procedimentos de troca de informações, aconselhamento, controle e acordo. Posto que o diabo se esconde nos detalhes, esses problemas também exigem o equilíbrio de interesses conflitantes. Mas diferem em termos de questões de natureza genuinamente "política", que, tais como as questões relevantes para a distribuição da energia global e da política ambiental, financeira e econômica, intervêm nas constelações de interesses profundamente ancorados e difíceis de mover das sociedades nacionais. No que diz respeito a esses problemas da futura política interna global, há uma *necessidade de configuração e de regulamentação* para a qual faltam atualmente tanto o quadro institucional quanto os atores. As redes políticas existentes são funcionalmente especificadas e formam no melhor dos casos organizações inclusivamente compostas e que trabalham de maneira multilateral, nas quais, não importa quem tenha permissão, são sempre os funcionários do governo que estão no comando e dão as ordens. Em todo caso, elas em regra não formam um quadro institucional para competências legislativas e processos correspondentes de for-

17 Cf. uma listagem impressionante das organizações internacionais em Slaughter, *A New World Order*, p.xv-xviii.

mação política da vontade. Mesmo que esse quadro fosse estabelecido, ainda faltam os atores coletivos que poderiam tomar tais decisões. Penso em *regimes regionais* que possuem um mandato de negociação suficientemente representativo para todo o continente e dispõem do poder de implementação necessário.

A política só poderia satisfazer de modo intencional a carência de regulação surgida espontaneamente de uma economia global integrada de maneira naturalizada e de uma sociedade mundial se as arenas intermediárias pudessem ser ocupadas por um número incontável de *global players*. Estes teriam de ser suficientemente fortes para serem capazes de formar coalizões cambiantes, criar um equilíbrio de poder flexível e – especialmente em questões de estruturação e de controle do quadro do sistema funcional ecológico e econômico global – negociar e impor compromissos vinculantes. Desse modo, no palco transnacional continuariam existindo de forma modificada as relações internacionais tais como as conhecemos até agora – modificada porque, sob um regime de segurança eficaz das Nações Unidas, mesmo os *global players* mais poderosos seriam impedidos de recorrer à guerra como meio legítimo de resolução de conflitos. O problema de que, por enquanto, ainda faltam atores capazes de agir em âmbito médio ou transnacional, para além dos Estados Unidos, dirige nossa atenção para o *terceiro âmbito* dos *Estados nacionais*.

Esse âmbito só começou a se desenvolver em extensão global no decorrer da decolonização. Primeiro, durante a segunda metade do século XX, surgiu uma comunidade inclusiva de Estados nacionais; nesse espaço de tempo, o número de membros das Nações Unidas subiu de 51 para 192 estados. Logo, esses Estados nacionais possibilitaram uma formação política comparativamente nova. Embora apareçam na arena internacional como os atores "natos", que continuam possuindo mais iniciativa e poder, os Estados nacionais estão agora sob pressão. As interdependências crescentes da economia global e os riscos da sociedade mundial para além das fronteiras sobrecarregam suas margens de ação e suas correntes de legitimação territorialmente conectadas. Há muito tempo as redes globais conduziram *ad absurdum* a suposição da teoria democrática de uma congruência entre os que participam responsavelmente das decisões políticas e os que são por estas atingidos.[18]

Em todos os continentes, os Estados individuais sentem-se, portanto, obrigados a formar associações regionais, ou pelo menos a formar uma cooperação mais estreita (Apec, Asean, Nafta, AU, Ecowas, OEA etc.). Mas essas alianças regionais são um começo instável. Os Estados nacionais devem crescer juntos para além das formas intergovernamentais de cooperação se quiserem assumir o papel de portadores coletivos de uma política interna mundial em âmbito transnacional, ou seja, se quiserem ganhar a capacidade de atuar como *global players* e fornecer legitimidade democrática para os resultados dos acordos transnacionais. Por enquanto, apenas os Estados nacionais da primeira geração tentaram criar uma estrutura política mais sólida desse tipo. Na Europa, o impulso para a unidade política emergiu dos excessos de um nacionalismo radical autodilacerante.

Hoje, a União Europeia alcançou ao menos o estágio de uma *candidatura* fundamentada para poder agir globalmente. Seu peso político resiste a uma comparação com regimes "nas-

---

18 Held et al., *Global Transformations*.

cidos" continentais, como China ou Rússia. Porém, diferentemente dessas potências, que, passando pela fase transitória do socialismo de Estado, procederam comparativamente tarde da formação de antigos impérios, a União Europeia poderia assumir o papel de modelo para outras regiões, uma vez que, em um plano superior de integração, ela harmoniza os interesses de Estados nacionais outrora independentes e produz por essa via um ator coletivo de nova ordem de grandeza. Todavia, na qualidade de modelo para a construção de capacidades de ação regionais, a unificação europeia só pode servir caso alcance um grau de integração política que permita à União perseguir políticas comuns democraticamente legítimas tanto externa quanto internamente.

O que ainda não mencionei é o pluralismo cultural, que pode criar um efeito de catraca nos três âmbitos de uma sociedade mundial politicamente constituída. A politização das principais religiões universais que pode ser observada hoje em todo o mundo também aumenta as tensões no plano internacional. No contexto de uma sociedade mundial politicamente constituída, esse aparente *clash of civilizations* [choque de civilizações] teria de colocar uma pressão sobre os sistemas de negociação transnacionais em particular. Mas a elaboração desses conflitos seria conseguida no quadro de um sistema de vários níveis estabelecido no sentido descrito antes, porque os Estados nacionais passariam por processos de aprendizagem e mudariam o seu comportamento e a sua autocompreensão.

Um processo de aprendizagem concerne à internalização de normas de organização mundial e à capacidade de perceber os próprios interesses de maneira prudentemente entrelaçada a redes transnacionais. Na sociedade mundial constituída politicamente, os Estados soberanos precisam, sem a renúncia formal de seu monopólio do poder, compreender a si mesmos tanto como atores pacifistas da comunidade internacional quanto atores potentes nas organizações internacionais. O outro processo de aprendizagem concerne à superação de um estado de consciência tenaz, ligado historicamente à formação de Estados nacionais. No curso da fusão regional de Estados nacionais em atores capazes de agir globalmente, a consciência nacional, ou seja, a base existente de uma solidariedade civil já altamente abstrata, tem de ampliar-se mais uma vez. Uma mobilização de massas com base em motivos religiosos, étnicos ou nacionalistas se torna tanto mais improvável quanto mais as exigências de tolerância de um *ethos* de cidadania democrática se impõem no interior das fronteiras nacionais.

É aqui que surge a objeção da "impotência do dever-ser". Não quero aqui discutir a superioridade normativa do projeto kantiano diante de outras visões de uma nova ordem mundial.[19] Os projetos, por mais bem fundamentados que sejam em termos de padrões normativos, não terão consequências se a realidade não os acomodar. Hegel levantou essa objeção contra Kant. Em vez de simplesmente contrapor a ideia racional a uma realidade unilateral, ele queria elevar a realidade da história à realidade da ideia. Mas Hegel e Marx ficaram ainda mais desacreditados com essa retaguarda da ideia nos termos de uma filosofia da história. Antes de abordar duas tendências históricas que favorecem o projeto kantiano revisto, gostaria de lembrar o que está em jogo nesse projeto: trata-se de saber

19 Habermas, "Das Kantische Projekt und der gespaltene Westen", op. cit., p.182-93.

se temos de finalmente dizer adeus a um mundo representado por uma coletividade *democrática* constituída politicamente ou se esse mundo, que está desaparecendo no âmbito dos Estados nacionais, pode ser resgatado na constelação pós-nacional.

III

As concepções constitucionais modernas se referem explicitamente à relação do cidadão com o Estado. Implicitamente, no entanto, elas projetam ainda uma ordem jurídica total que abrange o Estado e a "sociedade civil burguesa" (no sentido de Marx e Hegel),[20] portanto, o todo constituído por Estado administrativo, economia capitalista e sociedade civil. A economia entra em jogo à medida que o Estado moderno, na qualidade de Estado fiscal, torna-se dependente do intercâmbio de mercadorias organizado pelo direito privado. E a sociedade civil é tematizada nas teorias do contrato social como a rede de relações entre cidadãos – mesmo que seja, como no conceito liberal de Constituição, a título de relações entre cidadãos da sociedade que buscam maximizar seus benefícios, ou enquanto relações entre cidadãos solidários, como no modelo republicano.

Certamente, a constituição jurídica de uma coletividade de cidadãos livres e iguais é o verdadeiro tema de uma Constituição. Com "segurança", "direito" e "liberdade" o acento recai, de

20 Pois esses dois elementos foram, de início, unificados indistintamente no conceito clássico de sociedade civil ou de "sociedade burguesa". Cf. prefácio à nova edição de Habermas, *Strukturwandel der Öffentlichkeit*, p.45 ss.

um lado, na autoafirmação externa da coletividade política, de outro lado, na garantia de direitos que pessoas livres e iguais concedem reciprocamente a si mesmas enquanto membros de uma associação que se autoadministra. A Constituição define de que maneira a violência organizada no Estado se transforma em poder legítimo. Contudo, com a solução do problema entre "direito e liberdade" decide-se implicitamente também os papéis que devem ser desempenhados pela economia como o principal sistema funcional e a sociedade civil enquanto fundamento da formação pública da opinião e da vontade em relação com o poder de organização estatal.

Esse caráter abrangente, implicitamente estruturado, da ordem constitucional acabou claramente se sobressaindo com a ampliação do catálogo das tarefas estatais para além da defesa da ordem e da segurança da liberdade. Na sociedade capitalista, as injustiças sociais precisam ser superadas; na sociedade de risco, ameaças precisam ser repelidas; e na sociedade pluralista, o tratamento igual de formas de vida culturais tem de ser estabelecido. Nas diferenças de *status* produzidas pelo capitalismo, nos riscos provocados pela ciência e pela técnica e nas tensões do pluralismo de culturas e visões de mundo, o Estado encontra desafios que não podem mais ser resolvidos sem mais pelos meios da política e do direito. Mas o Estado não pode se livrar da responsabilidade política do conjunto, já que ele mesmo depende tanto das operações de integração sistêmica dos sistemas funcionais privados (em primeira linha, da economia) quanto das operações de integração social da sociedade civil. O Estado que gere cuidados existenciais e prevenções tem de entrar em contato de maneira moderadora com o sentido intrínseco dos sistemas funcionais e com a dinâmica própria da sociedade civil.[21] Expressões desse novo estilo são os sistemas de negociação corporativistas, dentro dos quais, no entanto, o Estado tem de se orientar, hoje como ontem, pela Constituição – ou por uma interpretação da Constituição que seja adequada a certa circunstância temporal.

A referência à Constituição política com base no tripé composto por Estado, economia e sociedade civil pode ser explicada sociologicamente pelo fato de que todas as sociedades modernas são integradas precisamente por três meios, que denominamos "poder", "dinheiro" e "entendimento". Em sociedades funcionalmente diferenciadas, as relações sociais se produzem mediante organização, mercado e formação de consenso (ou seja,

---

21 Cf. o número especial sobre a transformação do Estado publicado por St. Leibfried e M. Zürn, *European Review*, v.13, supl.1, maio 2005; bem como a lista ilustrativa de tarefas do Estado na introdução dos editores em "A New Perspective on the State", p.2: "O Estado regula o mercado de trabalho, guia a economia, combate o crime e providencia alguma forma de educação; ele regula o tráfego, providencia uma estrutura para a democracia, cuida dos negócios, entra em guerra e elabora tratados de paz, cria uma estrutura legal confiável, contribui para o bem-estar social, constrói ruas, provê água, impõe serviço militar, mantém o sistema previdenciário, coleta impostos e utiliza eficazmente algo em torno de 40% de todo o produto nacional, representa interesses nacionais e geralmente regula a vida cotidiana até os mínimos detalhes". [Em inglês, no original: "The state regulates the labour market, steers the economy, fights crime and provides some form of education; it regulates traffic, provides a framework for democracy, owns business, enters wars and makes peace treatises, creates a reliable legal structure, supports social welfare, builds streets, provides water, imposes military service, maintains the pension system, collects taxes and deploys some 40% of the gross national product, represents national interests and generally regulates daily life down to the smallest details". (N. T.)]

comunicação linguística, valores e normas). Os tipos correspondentes de socialização condensam-se no Estado burocrático, na economia capitalista e na sociedade civil. A Constituição política se insere nesse contexto para dar forma a esses sistemas com a ajuda do *medium* direito e ajustá-los uns em relação aos outros de tal modo a satisfazer suas funções segundo critérios de um suposto "bem comum". Tendo em vista poder contribuir com a maximização desse bem comum, a Constituição, graças à operação estruturante de uma ordem jurídica total, previne contra desenvolvimentos anômalos específicos dos sistemas.

Assim, o poder de organização estatal deve garantir direito e liberdade sem descarrilhar em violência repressiva, imposição paternalista ou coerção normalizadora. A economia deve promover produtividade e bem-estar sem infringir padrões de justiça distributiva (deve contribuir para que muitos estejam melhor, mas ninguém se prejudique); e a sociedade civil deve cuidar da solidariedade entre cidadãos independentes sem resvalar em direção a um coletivismo e a uma integração forçada ou suscitar fragmentação e polarização ideológica. O bem comum postulado não somente é ameaçado por "fracassos do Estado" (insegurança jurídica e repressão), mas também por "fracassos do mercado" e dessolidarização. O caráter indeterminado do bem comum essencialmente irrestrito[22] se explica principalmente a partir do equilíbrio que deve ser produzido entre essas grandezas interdependentes.

22 Offe, "Wessen Wohl is das Gemeinwohl?", em Wingert; Günther (orgs.), *Die Öffentlichkeit der Vernunft und die Vernunft der Öffentlichkeit*, op. cit., p.459-88.

Mesmo quando satisfaz suas tarefas genuínas de proteção da ordem e segurança da liberdade, o Estado pode não manter por muito tempo o nível exigido de legitimação caso a economia em funcionamento não tenha êxito em assegurar os pressupostos para uma distribuição aceita das compensações sociais e caso uma sociedade civil ativa não produza os motivos para que uma massa suficientemente grande de pessoas se oriente pelo bem comum.[23] O mesmo vale em sentido inverso. Por isso, a Constituição impõe ao Estado democrático uma responsabilização paradoxal pelos pressupostos econômicos e culturais da coletividade política, os quais ele pode influenciar e promover com os meios disponíveis da pressão política e da coerção jurídica e, desse modo, "tornar controlável" em termos políticos; mas o Estado não pode juridicamente garantir êxito. Nem desemprego e segmentação social nem dessolidarização deixam-se eliminar do mundo mediante decretos ou medidas administrativas.

Existe uma assimetria entre a imagem da sociedade inscrita na Constituição e o alcance limitado dos meios de configuração política de que o Estado dispõe. Essa assimetria seria inofensiva desde que a economia nacional se encaixasse no quadro do Estado nacional e na solidariedade de uma população comparativamente homogênea alimentada pela consciência nacional. Enquanto existiu o sistema de comércio livre no hemisfério ocidental com taxas de câmbio fixas, estabelecido depois de 1945, as fronteiras estiveram abertas ao comércio

23 Hofmann, "Verfassungsrechtilche Annäherung an den Begriff des Gemeinwohls", em Münkler; Fischer (orgs.), *Gemeinwohl und Gemeinsinn im Recht*, p.25-42.

internacional, mas os sistemas econômicos, que, ontem como hoje, estavam inseridos nos contextos sociais nacionais, permaneceram sensíveis às intervenções estatais. Dado que, nessas circunstâncias, os governos nacionais mantiveram uma grande margem de manobra para os seus próprios territórios – também considerados suficientemente grandes –, poder-se-ia continuar a assumir que os processos sociais publicamente relevantes poderiam ser politicamente controlados.

Com essa suposição de "controlabilidade política" [*politische Beherrschbarkeit*] ergue-se e desaba a construção jurídico-constitucional de uma sociedade que, por intermédio de agentes estatais, atua sobre si mesma de acordo com a vontade de seus cidadãos. A substância democrática de uma Constituição depende da possibilidade de tal autoinfluenciação [*Selbsteinwirkung*], convertendo os cidadãos em autores das leis às quais ao mesmo tempo estão submetidos na qualidade de destinatários. A autonomia política dos cidadãos pode ganhar um conteúdo apenas se uma sociedade estiver em condições de atuar sobre si mesma com meios políticos. Em nosso contexto, esse é o estado de coisas mais decisivo. Ora, com a expansão dos domínios de responsabilização política e com a instauração de sistemas corporativistas de negociação, os canais de legitimação já foram sobrecarregados nos limites do normativamente suportável.[24] Mas, com o deslocamento para um regime econômico neoliberal, tais limites foram definitivamente ultrapassados.

24 Grimm, *Die Zukunft der Verfassung*, p.372-96; id., "Bedingungen demokratischer Rechtssetzung", em Wingert; Günther (orgs.), *Die Öffentlichkeit der Vernunft und die Vernunft der Öffentlichkeit*, op. cit., p.489-506, aqui p.500 ss.

Hoje existe uma privatização cada vez maior de serviços estatais que, por boas razões, antes eram prestados pelo Estado nacional. Com a transferência para operadores privados, a vinculação dessas produções e serviços às exigências da Constituição é flexibilizada. Isso torna-se ainda mais arriscado à medida que a privatização penetra em áreas centrais da soberania – como a segurança pública, as forças armadas, o sistema penal ou mesmo o fornecimento de energia. Mas o legislador democrático é desautorizado de um outro modo completamente diferente desde que a globalização politicamente desejada passou a desdobrar uma dinâmica própria. Pois processos sociais, que são relevantes para a garantia da segurança jurídica e da liberdade, da justiça distributiva e da convivência em pé de igualdade, são subtraídos em enorme extensão da dominação política. Em todo caso, intensifica-se a assimetria entre a responsabilização atribuída ao Estado democrático e sua margem efetiva de ação.[25]

Com a desregulamentação dos mercados e a deslimitação das correntes de informação e de intercâmbio internacionais em muitas outras dimensões, surge uma necessidade de regulação que passa a ser acolhida e elaborada por redes transnacionais. As decisões dessas redes políticas, mesmo que funcionários de governos nacionais tenham delas participado, intervêm profundamente na vida pública dos Estados nacionais sem passar pelas correntes de legitimação. Michael Zürn descreve as consequências desse desenvolvimento do seguinte modo:

> Os processos democráticos de tomada de decisão dentro de Estados nacionais estão, assim, perdendo o seu ancoramento.

25 Held; McGrew (orgs.), *The Global Transformation Reader*.

> Eles são suplantados por organizações e atores que na verdade até chegam a prestar contas de uma ou outra forma a seus governos nacionais, mas que são ao mesmo tempo bastante remotos e inacessíveis para os destinatários nacionalmente fechados das regulações em questão. Dada a extensão da intromissão dessas novas instituições internacionais nos assuntos das sociedades nacionais, a noção de autoridade "delegada e, portanto, controlada" no sentido dirigente e representativo não se sustenta mais.[26]

Se essa descrição for correta, a constelação pós-nacional nos coloca diante de uma alternativa desconfortável. Ou temos de abandonar a ideia pretensiosa da Constituição com base em uma associação de cidadãos livres e iguais que administra a si mesma e nos contentarmos com uma interpretação sociologicamente sóbria do Estado de direito e da democracia, dos quais resta apenas a fachada. Ou temos de nos desatar da ideia desvanecente da Constituição a partir do substrato do Estado nacional e nos reanimarmos na forma pós-nacional de uma sociedade mundial politicamente constituída. Naturalmente, não é suficiente demonstrar em experimentos mentais filosóficos

---

26 Zürn, "Global Governance and Legitimacy Problems", *Government and Opposition*, v.39, n.2, p.273 s., 2004. [Em inglês, no original: "The democratic decision-making process within nation states are thus losing their anchorage. They are superseded by organizations and actors who indeed are mostly accountable to their national governments one way or another, but at the same time quite remoter and inaccessible for nationally enclosed addressees of the regulations in question. Given the extent of the intrusion of these new international institutions into the affairs of national societies, the notion of 'delegated and therefore controlled' authority in the principal and agent sense no longer holds". (N. T.)]

de que maneira o conteúdo normativo da ideia pode ser *conceitualmente* superada em uma sociedade cosmopolita sem governo mundial. A ideia precisa poder contar com uma contrapartida *empírica* no próprio mundo.

Há muito tempo os Estados nacionais têm dependido de uma sociedade mundial altamente interdependente. Os seus subsistemas atravessam despreocupadamente as fronteiras nacionais – com fluxos acelerados de informação e comunicação, com movimentos globais de capitais, fluxos comerciais, cadeias de produção e transferências de tecnologia, com turismo de massa, migração laboral, comunicação científica etc. Da mesma maneira que as sociedades nacionais, também essa sociedade global é integrada pelos mesmos meios do poder, do dinheiro e do entendimento. Por que uma Constituição que implementou com sucesso estes mecanismos de integração no âmbito nacional, utilizando os meios da política e do direito, falharia no âmbito supra e transnacional? Não vejo razões sócio-ontológicas pelas quais a solidariedade civil e a capacidade de controlar a Constituição política tenham de parar nas fronteiras nacionais. Mas, como dito, não é suficiente demonstrar em experimentos mentais filosóficos de que maneira o conteúdo normativo da ideia de Constituição pode ser *conceitualmente* superado em uma sociedade cosmopolita sem governo mundial.

Em um sistema global de vários níveis, a função clássica de ordem, ou seja, a garantia de segurança, direito e liberdade, seria transferida para uma organização mundial *supranacional*, que se especializaria nas funções de garantia da paz e de imposição dos direitos humanos. Todavia, ela se desoneraria das imensas tarefas de uma política interna mundial, que consiste em superar o extremo déficit de bem-estar das sociedades estratificadas, alterar o curso do desequilíbrio ecológico e proteger contra ameaças coletivas, de um lado, e conduzir um entendimento intercultural com o objetivo de uma igualação efetiva em diálogo com as civilizações mundiais, de outro lado. Esses problemas exigem um outro modo de elaboração no quadro de sistemas de negociação *transnacionais*. Eles não podem ser diretamente solucionados pelo emprego do poder e do direito contra Estados nacionais contrariados e incapazes. Tais problemas se baseiam na lógica própria de sistemas funcionais que ultrapassam fronteiras nacionais e no sentido imanente de culturas e religiões universais com as quais a política tem de estar em contato no decurso do ajuste prudente de interesses e controle inteligente tanto quanto da receptividade hermenêutica.

Ao procurar tendências na própria sociedade mundial que caminham para a ideia de uma Constituição cosmopolita, a distinção entre os âmbitos supranacional e transnacional dirige a atenção, por um lado, para a próxima reforma das Nações Unidas (IV) e, por outro, às dinâmicas que surgem do déficit de legitimação, sentidos de maneira cada vez mais clara, das formas existentes de *global governance* [governança global] (V).

IV

Ao refletir sobre o vão existente entre ser e dever-ser, John Rawls havia distinguido uma "teoria ideal" de uma "teoria real". Essa distinção metodológica ainda não destranscendentalizou de maneira suficiente a distinção kantiana entre mundo dos *noumena* e mundo dos fenômenos. Ideias encontram acesso na realidade social através das inevitáveis *pressuposições idealizadoras de nossas práticas cotidianas*, adquirindo por essa via discreta a força de resistência dos fatos sociais. Por exemplo, cidadãos participam de eleições porque, de sua perspectiva de participantes, partem de que sua voz conta, e não importa o que cientistas políticos relatam da perspectiva do observador acerca dos desenganos da geografia eleitoral e dos procedimentos eleitorais. E clientes continuam a recorrer aos tribunais na expectativa de que o seu litígio seja julgado imparcialmente e decidido corretamente, independente do que os professores de direito e juízes digam sobre a imprecisão das normas e procedimentos. No entanto, as ideias só desenvolvem a sua eficácia através das condições idealizadoras de práticas estabelecidas ou habituais. Só quando as práticas encontram uma base em instituições juridicamente constituídas, por exemplo, é que as ficções ou suposições com as quais operam têm de ser levadas a sério como fatos.

As Nações Unidas são uma tal instituição. Há décadas tem se formado no quadro dessa instituição do direito internacional práticas e procedimentos normativamente alimentados. Eu gostaria de testar o projeto kantiano com base nos vestígios de uma reforma que vem sendo levada a cabo dessa organização mundial. Com isto, abandonamos o terreno de uma teoria projetada em primeira linha com argumentos normativos em favor de um enfoque de leitura construtivo de um domínio do direito positivo que se encontra em rápido desenvolvimento. Nesse meio-tempo, o direito internacional se ajustou ao modo de validade do direito estatal e, desse modo, modificou seu *status*. No âmbito transnacional, "trata-se de um novo misto de direito estatal e supraestatal, de contratos privados e de direito público"; no âmbito supranacional, "forma-se, além disso, um direito constitucional mundial".[27] Por isso, perderam os seus objetos as controvérsias entre, de um lado, a concepção dualista da relação entre direito estatal e direito internacional e, de outro, a doutrina monista da fundição de direito estatal e direito internacional no sistema jurídico global.[28]

Para muitos especialistas, entretanto, o desenvolvimento acelerado do direito internacional se apresenta como uma "constitucionalização" que é levada adiante pela comunidade internacional dos Estados com o objetivo de reforçar a posição jurídica das pessoas de direito individuais revalorizadas enquanto sujeitos do direito internacional e cidadãos do mundo.[29]

---

27 Peters, "Wie funktioniert das Völkerrecht?", *Basler Juristische Mitteilungen*, n.1, p.24, fev. 2004; Zangl, "Is There an Emerging International Rule of Law?", *European Review*, v.13, supl.1, p.73-91, maio 2005.

28 Kelsen, "Souvereignty", em Paulson; Litschewski-Paulson (orgs.), *Normativity and Norms*, p.525-36.

29 Tomuschat, "International Law: Ensuring the Survival of Mankind on the Eve of a New Century", em Académie de Droit International de la Hague, *General Course on Public International Law*, p.163 s.: "Atualmente, a ordem legal internacional não pode ser mais compreendida como sendo baseada exclusivamente na soberania estatal. [...] A proteção é permitida pela comunidade internacional para certos valores básicos mesmo sem ou contra a vontade de Estados individuais. Todos esses valores são derivados da noção de que Estados não são mais que instrumentos cuja função inerente é servir aos interesses de seus cidadãos tais como são legalmente expressos nos direitos humanos [...]. Ao longo das últimas décadas, um processo tomou lugar lentamente por meio do qual os direitos humanos aumentaram de forma consistente o seu peso, ganhando *momentum* em comparação com a soberania estatal como algum tipo de princípio formal". [Em inglês, no original: "Today, the international legal order cannot be understood anymore as being based exclusively on State sovereignty. [...] Protection is afforded by

Mesmo a comissão iniciada por Kofi Annan[30] parte com grande evidência de que a reforma pendente da organização mundial se efetua na direção para a qual a Carta das Nações Unidas já havia aberto caminho com inovações de longo alcance. Pois ela havia:

(a) entrelaçado explicitamente a garantia da paz (como Kant) com uma política de imposição global dos direitos humanos;
(b) apoiado a proibição da violência com a ameaça de sanções e intervenções para forçar a paz (e assim aberto a perspectiva de penalizar a guerra como mecanismo de resolução de conflitos interestatais);
(c) relativizado a soberania dos Estados individuais em virtude da paz mundial e da segurança coletiva; e

---

the international community to certain basic values even without or against the will of individual States. All of these values are derived from the notion that States are no more than instruments whose inherent function is to serve the interests of their citizens as legally expressed in human rights [...]. Over the last decades, a crawling process has taken place through which human rights have steadily increased their weight, gaining momentum in comparison with State sovereignty as a somewhat formal principle". (N. T.)] Cf. sobre isso Bogdandy, "Constitutionalism in International Law: Comment on a Proposal from Germany", *Harvard International Law Revue*, v.47, n.1, p.223-42, 2006.

30 Em 1º de dezembro de 2004, o High-Level Panel [Grupo de Alto Nível] sobre *Threats, Challenges and Change* [ameaças, desafios e mudança] apresentou um relatório (citado como TCC), cujo conteúdo Kofi Annan adotou em seu discurso sobre a reforma da ONU em 31 de maio de 2005, "In Larger Freedom: Towards Development, Security and Freedom" (LF). Cf., como uma primeira tomada de posição, Fassbender, "UN-Reform und kollektive Sicherheit", em Böll-Stiftung (org.), *Global Issue Papers*, v.17, abr. 2005.

(d) criado, com a incorporação de todos os Estados em uma organização mundial inclusiva, um pressuposto importante para o primado e para a força vinculante universal do direito das Nações Unidas.

(a) Em contraste com a Liga das Nações, a Carta das Nações Unidas vincula o objetivo da paz mundial no artigo 1º, números 1 e 3, com o "respeito pelos direitos humanos e pelas liberdades fundamentais para todos, independentemente de raça, gênero, língua ou religião". Essa obrigação de fazer cumprir os princípios constitucionais que anteriormente só eram garantidos nos Estados nacionais tem determinado cada vez mais a agenda do Conselho de Segurança e, ao longo das últimas décadas, tem levado a uma interpretação cada vez mais ampla dos crimes de violação da paz, de agressão e de ameaças à segurança internacional. A Comissão de Reforma tirou consequência desse desenvolvimento ao expandir o "novo consenso de segurança" para incluir a tríade indivisível de evitar o perigo, garantir a liberdade individual e os direitos de participação, e a emancipação de condições de vida desumanas. Ela ampliou as fontes de perigo desde os clássicos conflitos não apenas entre Estados até as guerras civis e violência intraestatal, o terrorismo internacional, posse de armas de destruição em massa e crime organizado transnacional; ela aumentou esse catálogo das fontes de perigo ao olhar para os países em desenvolvimento cuja população sofre de massiva privação causada por miséria e doença, marginalização social e destruição ambiental.

Desse modo, a defesa da segurança internacional se funde conceitualmente com o postulado do cumprimento dos pactos (aprovados na Assembleia Geral de 1966) sobre direitos civis e políticos, econômicos, sociais e culturais. Quanto a isso, a Comissão pratica uma desmilitarização consciente do conceito de segurança quando, por exemplo, relembra que a epidemia internacional de gripe de 1919,[31] com mais de 100 milhões de mortos em um ano, fez muito mais vítimas que as sangrentas guerras militares durante a Primeira Guerra Mundial: "Todo evento ou processo que levar a mortes em larga escala ou à diminuição de chances de vida e enfraquecer o Estado como a unidade básica do sistema internacional é uma ameaça à segurança internacional" (TCC, p.12).*

(b) O cerne da Carta das Nações Unidas é formado pela proibição universal da violência em conexão com a autorização do Conselho de Segurança para, em caso de infração, impor as sanções adequadas. Desconsiderando as medidas coercitivas estabelecidas pela própria ONU, a proibição universal da violência é limitada apenas por um direito definido de maneira estrita à autodefesa no caso de um ataque claramente identificável e imediatamente ameaçador. De um lado, a Comissão corrobora a prerrogativa de decisão do Conselho de Segurança diante de grandes potências, que se arrogam um direito a primeiros ataques preventivos.[32] De outro lado, ela insiste no di-

31 A cifra de 100 milhões indicada no TCC (p.19) é controversa entre os historiadores, mas isso não altera a magnitude.

* Em inglês, no original: "Any event or process that leads to large-scale death or lessening of life-chances and undermines States as the basic unit of the international system is a threat to internatinal security". (N. T.)

32 TCC, p.189 s.: "Há pouca aceitação internacional da ideia de que a segurança é mais bem preservada por um equilíbrio de poder ou por qualquer superpotência singular – mesmo que motivada de modo benigno". [Em inglês, no original: "There is little evident

reito do Conselho de Segurança para intervenção militar: "Não é permitido que o uso coletivamente autorizado da força seja regra hoje, mas isso não é mais uma exceção" (TCC, p.81).* Ela reforça isso mesmo em relação à práxis de intervenção exercida nesse ínterim nos conflitos intraestatais: "Endossamos a norma emergente de que existe uma responsabilidade internacional coletiva para proteger, passível de ser exercida pelo Conselho de Segurança ao autorizar a intervenção militar como último recurso, em evento de genocídio e outros assassinatos em larga escala, limpeza étnica ou sérias violações da lei humanitária internacional que governos soberanos se mostram incapazes ou indispostos a prever" (TCC, p.203).**

Com base na análise dos erros e defeitos indicados até aqui, é possível criticar a inacreditável seletividade da percepção e o vergonhoso tratamento desigual de casos relevantes semelhantes (TCC, p.86-8, 201).[33] O relatório faz propostas:

---

international acceptance of the idea of security best preserved by a balance of power, or by any single – even benignly motivated – superpower". (N. T.)]

* Em inglês, no original: "Collectively authorized use of force may not be the rule today, but it is no longer an exception". (N. T.)

** Em inglês, no original: "We endorse the emerging norm that there is a collective international responsibility to protect, exercisable by the Security Council authorizing military intervention as a last resort, in the event of genocide and other large-scale killing, ethnic cleansing or serious violations of international humanitarian law which sovereign Governments have proved powerless or unwilling to prevent". (N. T.)

33 TCC, p.41: "Muito frequentemente, as Nações Unidas e seus Estados-membros agiram com discriminação ao responder às ameaças à segurança internacional. Contrastem a prontidão com que as Nações Unidas responderam aos ataques do 11 de setembro de

- para uma especificação mais precisa das possíveis sanções e seu controle;
- para uma diferenciação mais adequada entre missões de manutenção da paz (*peace-keeping*) e missões de promoção da paz (*peace-enforcing*);
- para a avaliação correta das tarefas construtivas de uma construção da paz pós-conflito (*post-conflict peace-building*), da qual a ONU não pode se subtrair depois de uma intervenção militar;
- para condições estritas sob as quais unicamente a aplicação da violência legítima é permitida (*seriousness of threat, proper purpose, last resort, proportional means, balance of consequences*) [seriedade da ameaça, propósito apropriado, último recurso, meios proporcionais, ponderação das consequências].

Contudo, a Comissão não se manifesta a respeito da questão de quais consequências resultam para o direito internacional humanitário da transformação de uma aplicação militar

---

2001 com suas ações quando confrontados com um evento muito mais mortal: de abril a meados de julho de 1994, Ruanda experimentou o equivalente a três ataques de 11 de setembro todos os dias durante mais de cem dias, tudo em um país cuja população era 1/36 dos Estados Unidos". [Em inglês, no original: "Too often, the United Nations and its Member States have discriminated in responding to threats to international security. Contrast the swiftness with which the United Nations responded to the attacks on 11 September 2001 with its actions when confronted with a far more deadly event: from April to mid-July 1994, Rwanda experienced the equivalent of three 11 September attacks every day for 100 days, all in a country whose population was one thirty-sixth of the United States". (N. T.)]

da violência para uma com perfil de política global: se as Forças Armadas realizam uma missão decidida pelo Conselho de Segurança, não se trata mais de uma delimitação civilizatória do poder de guerra, mas de obrigação de aplicação policial da violência com base nos direitos fundamentais de cidadãos do mundo, que devem ser protegidos contra seu próprio governo ou contra algum outro poder usurpador dentro do Estado.

(c) Se seguirmos a mera redação da Carta, há uma tensão entre o artigo 2º, número 7, que parece confirmar a proibição de intervenção no direito internacional clássico, por um lado, e, por outro, o Capítulo VII, que atribui direitos de intervenção ao Conselho de Segurança. Na prática, essa inconsistência tem frequentemente prejudicado o trabalho do Conselho de Segurança, especialmente quando se trata de catástrofes humanitárias que ocorreram sob os auspícios da soberania de um regime criminoso ou cúmplice.[34] A comunidade internacional

34 TCC, p.199: "A Carta das Nações Unidas não é tão clara como poderia ser quando se trata de salvar vidas em países em situação de atrocidade em massa. 'Reafirma a fé nos direitos humanos fundamentais', mas não faz muito para os proteger, e o artigo 2.7 proíbe a intervenção 'em questões que são essencialmente da competência de qualquer Estado'. Tem havido, como resultado, uma discussão de longa data na comunidade internacional entre aqueles que insistem em um 'direito de intervir' em catástrofes provocadas pelo homem e aqueles que argumentam que o Conselho de Segurança [...] está proibido de autorizar qualquer ação coercitiva contra Estados soberanos para tudo o que acontece dentro das suas fronteiras". [Em inglês, no original: "The Charter of the United Nations is not as clear as it could be when it comes to saving lives within countries in situation of mass atrocity. It 'reaffirms faith in fundamental human rights' but does not do much to protect them, and article 2.7 prohibits intervention 'in matters which are essentially within

viola a sua obrigação de garantir a proteção dos direitos humanos em todo o mundo quando defende assassinatos em massa e violações em massa, limpeza étnica e deslocamento, ou políticas de fome e contaminação sem intervenção (TCC, p.200-3). A Comissão relembra que as Nações Unidas não foram pensadas como um projeto utópico. Em vez disso, a construção do Conselho de Segurança deveria proporcionar aos "princípios" um "poder político" suficiente para submeter as relações internacionais ao direito coercitivo (TCC, p.13 s.).

Com a contínua descentralização dos monopólios da violência, isso só poderá funcionar se o Conselho de Segurança ganhar tanta autoridade que possa, em todos os casos, requisitar potenciais de sanção dos membros em cooperação para a imposição do direito prioritário da ONU. As propostas de reforma do Conselho de Segurança – no que diz respeito à composição, aos procedimentos eleitorais e ao aparato – servem, portanto, para reforçar a vontade de cooperação dos membros titulares e para integrar uma superpotência para a qual o processo de mudança de autocompreensão de um jogador autônomo para um parceiro de jogo é compreensivelmente o mais difícil.

Se for necessário, a proibição da violência e os diretos humanos fundamentais precisam ser impostos contra Estados relutantes ou impotentes com a ajuda das capacidades reunidas dos outros Estados-membros, que continuam monopolizando,

---

the jurisdiction to any State'. There has been, as a result, a longstanding argument in the international community between those who insist on a 'right to intervene' in man-made catastrophes and those who argue that the Security Council [...] is prohibited from authorizing any coercive action against sovereign States for whatever happens within its borders". (N. T.)]

cada qual a seu modo, os meios da aplicação legítima da violência. Como mostra o exemplo da União Europeia, essa não é uma premissa completamente irrealista, mas sim uma premissa que ainda não foi cumprida no âmbito supranacional da organização mundial. Nesse contexto se situa a recomendação de que o Conselho de Segurança tente cooperar de maneira mais estreita com as alianças regionais. Pois é evidente que as forças armadas localmente vizinhas têm uma responsabilidade especial pela realização das missões das Nações Unidas em cada uma das próprias regiões.

Sob a premissa de usar monopólios estatais da violência para fazer cumprir a lei de alto escalão, a questão dogmática de como a "igualdade soberana" dos Estados deve ser entendida também pode ser resolvida com elegância: "Ao assinar a Carta das Nações Unidas, os Estados não só se beneficiam dos privilégios da soberania, mas também aceitam as suas responsabilidades. Quaisquer que sejam as percepções que prevaleceram quando o sistema de Vestefália deu origem pela primeira vez à noção de soberania do Estado, hoje ele carrega claramente consigo a obrigação de um Estado proteger o bem-estar dos seus próprios povos e cumprir as suas obrigações para com a comunidade internacional mais ampla" (TCC, p.29).* Hoje como antes, o Estado nacional está equipado com fortes com-

* Em inglês, no original: "In signing the Charta of the United Nations, States not only benefit from the privileges of sovereignty but also accept its responsabilities. Whatever perceptions may have prevailed when the Westphalian system first gave rise to the notion of State sovereignty, today it clearly carries with it the obligation of a State to protect the welfare of its own peoples and meet its obligations to the wider international Community". (N. T.)

petências, mas opera agora como o agente falível da comunidade mundial. O Estado soberano tem a tarefa de garantir direitos humanos positivados como direitos fundamentais no interior das fronteiras nacionais; o Estado constitucional satisfaz essa função por ordem de seus cidadãos democraticamente reunidos. Todavia, na qualidade de sujeito do direito internacional – enquanto cidadão do mundo –, esses cidadãos do Estado transferiram ao mesmo para a organização mundial uma espécie de garantia em caso de perda, pela qual o Conselho de Segurança substitui a função de assegurar os direitos fundamentais quando o próprio governo já não é mais capaz ou não está disposto a fazer isso.

(d) Enquanto a Liga das Nações consistia de uma vanguarda de Estados liberais, as Nações Unidas foram, desde o começo, constituídas pela inclusão de todos os Estados. Hoje elas abrangem, ao lado de regimes liberais, também regimes autoritários, muitas vezes despóticos ou criminosos, os quais, em suas ações, atentam contra o teor da Carta e das resoluções das Nações Unidas compartilhadas por eles. Assim, certamente se satisfaz uma condição necessária para a validade universal de um direito constitucional mundial, porém, ao mesmo tempo, sua força vinculante é desmentida. Essa tensão conscientemente aceita entre facticidade e validade mostra-se de modo drástico no caso das violações de direitos humanos por parte de grandes potências que detêm poder de veto e podem bloquear todas as resoluções do Conselho de Segurança dirigidas contra elas. Por razões semelhantes, a credibilidade de outras instituições e procedimentos foram corrompidas pela aplicação de dois tipos de critérios. Isso vale particularmente para a práxis da Comissão de Direitos Humanos, que agora deveria ser reformada por completo: "A definição de padrões para reforçar os direitos humanos não pode ser realizada por Estados que não tenham um compromisso demonstrado com a sua promoção e proteção" (TCC, p.283).[35]

Por outro lado, o fosso entre a norma e a realidade também exerce pressão sobre os Estados-membros autoritários para que se adaptem. A mudança de percepção internacional e a discriminação pública contra Estados que violam as normas estabelecidas de segurança e de direitos humanos levaram à materialização da práxis de reconhecimento nos termos do direito internacional. O princípio de efetividade, segundo o qual basta a manutenção do direito e da ordem dentro do próprio território para que se reconheça a soberania de um Estado, hoje já foi em grande medida substituído pelo princípio de legitimidade.[36] Os relatos regulares de organizações de observação que operam globalmente, como Human Rights Watch ou Anistia Internacional, contribuem essencialmente para que se prive a legitimidade de Estados injustos.

Nesse contexto, o desejável reconhecimento do Tribunal Penal Internacional possui um significado especial. A práxis decisória de uma Corte, que especificaria as provas criminais e ainda controlaria no futuro as decisões do Conselho de Se-

35 [Em inglês, no original: "Standard-setting to reinforce human rights cannot be performed by States that lack a demonstrated commitment to their promotion and protection". (N. T.)] Sobre a proposta institucional apresentada por Kofi Annan para a formação de um novo Conselho para os Direitos Humanos, cf. LF, p.181-3.

36 Frowein, "Konstitutionalisierung des Völkerrechts", em *Völkerrecht und internationales Recht in einem sich globalisierenden internationalen System, Bericht der Deutschen Gesellschaft für Völkerrecht*, v.39, p.427-47, aqui p.429 ss.

gurança de acordo com o direito internacional, não apenas reforçaria a vinculação do direito supranacional diante das pretensões de soberania de Estados com reputação duvidável e, em geral, a autonomia das Nações Unidas diante de monopólios estatais do poder. Ela também daria uma voz autoritativa a uma difusa esfera pública mundial que se comove com crimes políticos de massa e regimes injustos.

V

Com isso, tocamos a questão acerca da carência de legitimidade e da capacidade de legitimação de decisões políticas nas organizações internacionais. Essas organizações estão na base de acordos multilaterais entre Estados soberanos. Quando tais organizações se encarregam de tarefas de "governar para além do Estado nacional", a carência de legitimidade ultrapassa o tipo e a escala de legitimação que, no melhor dos casos, contratos estabelecidos nos termos do direito internacional desfrutam em razão da Constituição democrática das partes contratantes. Mesmo no caso das Nações Unidas, que estão de olho na segurança internacional e no cumprimento dos padrões dos direitos humanos, parece existir tal discrepância.

A Comissão de Reforma sugere a inclusão de organizações não governamentais nas deliberações da Assembleia Geral (TCC, p.24), o que ao menos aumentaria a percepção sobre as decisões da organização mundial na esfera pública mundial. Talvez as ligações diretas com os parlamentos nacionais dos Estados-membros constituíssem uma solução adicional.[37]

---

37 Bummel, *Internationale Demokratie entwickeln*.

A convenção segundo a qual os "assuntos externos" pertencem ao âmbito arcano do Executivo simplesmente tornou-se obsoleta na medida em que a soberania estatal se estendeu das competências de decisão unilaterais até as competências de decisão conjuntas. Mas não nos enganemos: tais reformas, por mais desejáveis que sejam, não são o bastante para produzir uma vinculação suficiente entre as decisões supranacionais e os caminhos de legitimação intraestatais que funcionam democraticamente. Uma lacuna se mantém.

Por outro lado, coloca-se a questão de saber se a carência de legitimidade que surgiria da cooperação de um Conselho de Segurança reformado e de um Tribunal Penal Internacional universalmente reconhecido seria tal que ainda seria necessário suprir essa lacuna. Considerada corretamente, vê-se que a questão da legitimação para o âmbito supranacional precisa ser respondida de maneira diferente daquela para o âmbito transnacional. Quando o direito internacional segue a lógica intrínseca de desdobramento e explicação dos direitos humanos e a política internacional é cada vez mais orientada para esse desenvolvimento, no âmbito supranacional surgem tarefas de natureza mais jurídica do que política. E isso ocorreria mais em uma sociedade mundial politicamente constituída. Duas razões falam em favor de que a inserção de uma organização mundial reformada em uma esfera pública mundial (por enquanto certamente ainda sub-institucionalizada) basta para atribuir legitimação suficiente às decisões de seus dois dispositivos centrais, embora não majoritários.

Suponhamos que o Conselho de Segurança se ocupa das questões judiciais da garantia da paz e da proteção dos direitos humanos de acordo com regras equitativas, ou seja, de modo imparcial e não seletivo. E suponhamos ainda que o Tribunal Penal Internacional analisou e definiu dogmaticamente os principais crimes (caracterizados por enquanto como genocídio, crimes contra a humanidade, crimes de guerra e agressão). Configurado desse modo, a organização mundial conta com um amplo consenso de fundo que pode ser considerado com base em três aspectos: O acordo se refere, primeiramente, à finalidade política da concepção materialmente ampliada sobre segurança; em segundo lugar, ao fundamento legal de pactos de direitos humanos e convenções do direito internacional já aprovados pela Assembleia Geral e ratificados por muitos Estados (ou seja, remete ao âmbito nuclear do *ius cogens* nos termos dos direitos internacionais); e, em terceiro lugar, ao modo como uma organização mundial reformada elabora suas tarefas. Essa práxis pode ser reconhecida caso se atenha, como supusemos, a princípios e procedimentos que refletem o resultado de longos processos democráticos de aprendizagem. A confiança na força normativa de procedimentos existentes em conformidade com a justiça se alimenta de uma antecipação da legitimação que as histórias exemplares de democracias comprovadas colocam em certa medida à disposição da memória da humanidade.

Certamente, essas suposições de consenso ainda não explicam por que devemos atribuir à esfera pública mundial uma função crítica. Porém, Kant tinha sido otimista nesse aspecto, porque "a infração do direito em um lugar da Terra é sentida por todos".[38] As decisões sobre guerra e paz, justiça e injustiça, que são tomadas em âmbito supranacional, de fato encontram hoje – como nas intervenções no Vietnã, em Kosovo e no Ira-

38 Kant, "Zum Ewigen Frieden", BA, 46.

que, ou nos casos de Pinochet, Milosevic e Saddam – atenção mundial e ressonância crítica. A sociedade cosmopolita dispersa se integra caso a caso mediante reações espontâneas às decisões dessa envergadura. Com base na consonância da indignação moral diante de violações massivas dos direitos humanos e atentados evidentes contra a proibição da violência, e também pela compaixão com as vítimas de catástrofes humanitárias e naturais – que atravessam as grandes distâncias entre culturas, formas de vida e religiões –, surge gradativamente um sopro de solidariedade cosmopolita.

Os deveres negativos de uma moralidade universalista da justiça – o dever de abster-se de crimes contra a humanidade e de guerras de agressão – estão ancorados em todas as culturas e felizmente correspondem aos critérios juridicamente precisos segundo os quais as próprias instituições da organização mundial justificam as suas decisões. No entanto, essa base é demasiado estreita para decisões regulamentares negociadas transnacionalmente que vão além da lista clássica de tarefas de segurança, lei e liberdade. Em questões relevantes para a distribuição, surge um tipo de carência de legitimação que no interior do Estado nacional só pode ser satisfeito (mesmo que de maneira imperfeita) pelo caminho democrático. Porém, tão logo nos despedimos do sonho da república mundial, esse caminho está fechado no âmbito transnacional. Logo, surge aqui um déficit de legitimação que cada vez mais tem sido percebido como um problema.[39] Para concluir, eu gostaria de caracterizar três reações a esse desafio.

---

39 Kumm, "The Legitimacy of International Law: A Constitutionalist Framework of Analysis", *The European Journal of International Law*,

As Nações Unidas oferecem uma descrição correta do problema de legitimação que surge com novas formas de governo para além do Estado nacional, mas o trata com um apelo desajeitado (a). Da visão neoliberal e do pluralismo jurídico, o problema não apresenta ameaças ao *status quo*, porque a concepção de uma sociedade global do direito privado deflaciona as exigências legitimadoras. Mas o apelo à força de legitimação de instituições não majoritárias não ajuda muito (b). Mesmo quando se supõe a correção da teoria econômica subjacente no embotamento neoliberal do problema de legitimação, a conversão de domínios politicamente regulados da vida em funções de controle do mercado suscita uma questão inquietante: podemos responsabilizar a autorrestrição política global dos espaços de ação política (c)?

(a) A expansão do conceito de segurança internacional proíbe a comunidade internacional de se concentrar nas tarefas centrais da paz e da política de direitos humanos. O Conselho Econômico e Social destinava-se originalmente a interligar as tarefas da política de desenvolvimento global. Porém, nessas áreas, as Nações Unidas se depararam rapidamente com seus limites. A construção do regime econômico internacional efetuou-se fora de seu quadro sob a hegemonia dos Estados Unidos.

---

v.15, n.5, p.907-31, 2004. Contudo, essa proposta baseia-se inteiramente em princípios jurídicos legitimadores e ignora o âmbito institucional. O exemplo contrafactual de uma regulamentação de proteção climática decidida pelo Conselho de Segurança para limitar as emissões de dióxido de carbono (ibid., p.922 ss.) mostra que Kumm não leva em conta a natureza genuinamente política das questões relevantes para a distribuição e o tipo de necessidade de legitimidade que geram.

Essa experiência se reflete na sóbria declaração: "Tomada de decisão em assuntos de economia internacional, particularmente na área de finança e comércio, há muito deixou as Nações Unidas e nenhuma reforma institucional vai trazê-la de volta" (TCC, p.274).* Assumindo a igualdade soberana dos seus membros, as Nações Unidas estão mais adaptadas à construção de consenso normativamente regulamentado do que a um equilíbrio de interesses disputado politicamente e, portanto, não são adequadas para tarefas de configuração política.

Por outro lado, as organizações econômicas globais multilaterais (GEMs) – principalmente a Organização Mundial do Comércio (OMC), o Banco Mundial (BM) e o Fundo Monetário Internacional (FMI) – estão muito longe de cumprir aquelas tarefas que tocam nos pacotes do novo consenso de segurança. É nesse contexto que encontramos a observação de uma "fragmentação setorial" do trabalho conjunto das organizações internacionais. Os círculos de comunicação fechados de maneira autorreferencial entre ministérios das finanças e instituições monetárias internacionais, entre ministérios do desenvolvimento e programas internacionais de desenvolvimento, entre ministérios do meio ambiente e agências ambientais internacionais impedem uma percepção adequada dos problemas:

> As instituições e os Estados internacionais não se organizaram para abordar os problemas do desenvolvimento de uma forma coerente e integrada e, em vez disso, continuam a tratar a pobreza,

* Em inglês, no original: "Decision-making on international economic matters, particularly in the area of finance and trade, has long left the United Nations and no amount of institutional reform will bring it back". (N. T.)

as doenças infecciosas e a degradação ambiental como ameaças isoladas [...]. Para enfrentar os problemas do desenvolvimento sustentável, os países devem negociar em diferentes setores e questões, incluindo ajuda externa, tecnologia, comércio, estabilidade financeira e política de desenvolvimento. Tais pacotes são difíceis de negociar e requerem atenção e liderança de alto nível por parte dos países que têm os maiores impactos econômicos" (TCC, p.55 s.).*

A exigência de uma instituição, na qual não só funcionários governamentais destacados com competências relevantes dos departamentos especializados, mas também representantes de governos ou grupos ministeriais amplamente responsáveis se reúnam para ver os problemas no seu contexto e serem capazes de tornar flexíveis as decisões, pode ser compreendida como resposta implícita à defesa pluralista jurídica de uma "ordem mundial desagregada". No entanto, é difícil desenvolver uma perspectiva convincente para a instauração de uma política interna global estável a partir das reuniões governamentais não vinculativas do G8 ou das rodadas de coligação *ad hoc* do G20 e do G77. Com exceção dos Estados Unidos e da China (tal-

* Em inglês, no original: "International institutions and States have not organized themselves to address the problemas of development in a coherent, integrated way, and instead continue to treat poverty, infeccious disease and environmental degradation as stand-alone threats [...]. To tackle the problemas of sustainable development, countries must negotiate across different sectors and issues, including foreign aid, technology, trade, financial stability and development policy. Such packages are difficult to negotiate and require high-level attention and leadership from those countries that have the largest economic impacts". (N. T.)

vez a Rússia), os atuais Estados nacionais dificilmente são adequados para o papel de atores políticos globais. Teriam de agregar-se a grandes ordenações continentais ou subcontinentais sem terem de aceitar déficits democráticos significativos.

(b) A contraproposta a essa visão de uma política interna global tem a vantagem de se basear na estrutura das *redes políticas globais* existentes. Segundo a representação dos pluralistas jurídicos, das necessidades funcionais da sociedade mundial diferenciada surgem redes transnacionais que adensam a comunicação entre os sistemas funcionais constituídos até aqui de maneira nacional e aqueles que transpõem fronteiras. Os fluxos entrelaçados de informação exigem uma produção espontânea de regras e servem à coordenação e ao ajuste de padrões, ao encorajamento e à regulação da concorrência, à modernização e ao estímulo mútuo de processos de aprendizagem.[40] Para além do Estado nacional, dependências baseadas no poder retrocedem dos entrelaçamentos funcionais e das influências horizontais. Anne Marie Slaughter vincula essa análise à tese de uma desagregação da soberania estatal.[41]

Dessa perspectiva, as operações funcionalmente especificadas e as relações de troca com o poder organizado territorialmente ganham tanta força estruturante que as redes transnacionais repercutem sobre seus portadores essenciais, os governos nacionais contratantes. As forças centrífugas das redes transnacionais estilhaçam a soberania dos Estados em dire-

---

40 Com o acento nos papéis de atores privados, cf. Teubner, "Globale Zivilverfassungen: Alternativen zur staatszentrierten Verfassungstheorie", *Zeitschrift für ausländisches öffentliches Recht und Völkerrecht*, v.63, n.1, p.1-28, 2003.

41 Slaughter, *A New World Order*, op. cit., p.12 ss.

ções horizontais. A soberania estatal decompõe-se na soma de seus respectivos poderes parciais funcionalmente autônomos. O Estado perde a competência de determinar suas próprias competências e aparecer tanto externa quanto internamente como ator com voz própria. Essa imagem de desagregação da soberania estatal ilumina ao mesmo tempo o desacoplamento crescente entre decisões regulatórias que intervêm desde cima ou desde fora nas sociedades nacionais e a soberania popular organizada de acordo com o Estado nacional: o que se transfere às GEMs certamente permanece, em termos formais, sob a responsabilidade política dos governos participantes, mas *de facto* é subtraído da crítica pública e da tomada de decisão de cidadãos democráticos em suas respectivas arenas nacionais.[42] Por outro lado, não surge além do Estado nacional substituto algum para suprir o déficit de legitimação que cresce cada vez mais no âmbito nacional.[43]

Slaughter responde a essa questão de legitimação com uma proposta que mais ilumina o problema do que o resolve: "Os membros das redes governamentais [precisam] [...] primeiro [...] prestar contas perante os seus constituintes nacionais pelas suas atividades transgovernamentais, na mesma medida em que são responsáveis pelas suas atividades domésticas. Em segundo lugar, como participantes em estruturas de governança global, precisam ter um código operacional básico

42 Sobre isso, ver novamente Zürn ("Global Governance and Legitimacy Problemas", op. cit., p.273 s.), como foi antes citado na p.345 [da edição alemã].

43 Nanz; Steffek, "Global Governance, Participation and the Public Sphere", *Government and Opposition*, v.39, n.3, p.314-35, 2004.

que tenha em conta os seus direitos e os interesses dos povos".[44] Mas a quem os funcionários delegados têm de prestar contas quando negociam regulamentos multilateralmente vinculantes que os eleitores nativos não aceitam? E quem decide o que é do interesse de todas as nações concernidas a cada vez, tão logo o poder de negociação nas organizações internacionais seja distribuído de forma tão assimétrica quanto o poder militar e o peso econômico dos países participantes no mundo?[45]

Mais promissora é a estratégia de defesa neoliberal, que visa aliviar pretensões supostamente *excessivas* de legitimação. A força de legitimação dos governos democraticamente eleitos que enviam os seus funcionários para organizações internacionais deveria ser suficiente para acordos internacionais, mesmo que não haja um debate democrático aberto nos países concernidos. Segundo essa concepção neoliberal, a divisão desigual de poder no interior das GEMs não levanta problemas tão sérios. Pois corporações representativas são um falso modelo. O que falta em termos de legitimação deve ser compensado sobretudo pela força autolegitimadora da racionalidade de especialistas –

44 Slaughter, "Disagregated Souvereignty: Towards the Public Accountability of Global Government Networks", *Government and Opposition*, v.39, n.2, p.163, 2004. [Em inglês, no original: "The members of government networks [must] [...] first [...] be accountable to their domestic constituents for their transgovernmental activities to the same extent that they are accountable for their domestic activities. Second, as participants in structures of global governance, they must have a basic operating code that takes account of their rights and interests of peoples". (N. T.)]

45 Joerges; Godt, "Free Trade: The Erosion of National and the Birth of Transnational Governance", *European Review*, v.13, supl.1, p.93-117, maio de 2005.

em conjunto com uma transparência cada vez maior das negociações, uma informação melhorada dos concernidos e, caso necessário, a participação de ONGs. O modelo é o do profissionalismo de instituições não majoritárias: "As democracias contemporâneas atribuíram um papel importante e crescente às instituições não majoritárias, como o Judiciário [...] e os bancos centrais [...]. A prestação de contas das instituições internacionais, especialmente as globais, pode comparar-se favoravelmente com essas análogas nacionais".[46]

Mas essas analogias desoneradoras conduzem a erro. A independência de bancos centrais se explica pelo pressuposto (controverso, aliás) de que a estabilização da moeda exige decisões objetivas que devem ser atribuídas a especialistas. Em contrapartida, as decisões das GEMs interferem profundamente nas constelações de interesses politicamente abrangentes de sociedades nacionais, eventualmente até na estrutura de toda a economia nacional. Por essa razão, a Organização Mundial do Comércio (OMC) foi equipada com um procedimento de solução de conflitos (*Dispute Settlement*) e com um Comitê de Apelação (*Appelate Body*) que também devem levar em consideração os interesses de terceiros. Eles decidem, por exemplo, conflitos entre interesses econômicos, de um lado, e normas de proteção à saúde e ao meio ambiente, de proteção aos con-

46 Kahler, "Defining Accountability UP: the Global Economic Multilaterals", *Government and Opposition*, v.39, n.2, p.133, 2004. [Em inglês, no original: "Contemporary democracies have assigned a large and growing role to non-majoritarian institutions, such as the judiciary [...] and central banks [...]. The accountability of international institutions, particularly global ones, may compare favourably to these domestic analogues". (N. T.)]

sumidores e aos trabalhadores, de outro lado. Só que esse dispositivo não majoritário de um tribunal de arbitragem, cujos "relatórios" têm a função de "juízos" vinculantes, torna ainda mais claro o déficit de legitimação da OMC.[47]

No quadro do Estado constitucional, a legitimidade da jurisprudência baseia-se essencialmente no fato de os tribunais aplicarem o direito de um legislador democrático e de as decisões judiciais poderem ser corrigidas no processo político. Na OMC não existe uma instância legislativa que pudesse especificar ou *modificar* normas no âmbito do direito comercial internacional. Dado que as complicadas negociações multilaterais não substituem isso, os órgãos de resolução de conflitos dão prosseguimento ao direito com os seus relatórios detalhadamente fundamentados e, portanto, implicitamente também cumprem funções legislativas. Sem legitimidade aparente, tais obrigações vinculadas ao direito internacional podem interferir nos sistemas jurídicos nacionais e (como na famosa disputa hormonal entre os Estados Unidos e a União Europeia) exigir ajustamentos sensíveis.[48]

(c) O argumento para liberar as *governmental policy networks* [redes de política governamental] das excessivas exigências de legitimação só contaria sob as premissas de que as GEMs operassem como componente de uma constituição econô-

47 O argumento seguinte se apoia em Bogdandy, "Verfassungsrechtliche Dimensionen der Welthandelsorganisation", *Kritische Justiz*, v.34, n.3, p.264-81, 2001; e n.4, p.425-41, 2001; id., "Law and Politics in the WTO: Strategies to Cope with a Deficient Relationship", *Max Plank Yearbook of United Nations Law*, v.5, p.609-74.

48 Cf. a aula inaugural em Göttingen de P.-T. Soll, "Globalisierung und Legitimation", manusc. 2003.

mica mundial liberal *supostamente legítima* com a finalidade de impor a desregulamentação global dos mercados contra a intervenção estatal no mercado. Existe uma afinidade eletiva entre o programa neoliberal da produção de uma "sociedade de direito privado"[49] mundial e a estrutura organizacional das GEMs existentes, que são controladas por governos e burocraticamente ocupadas. A divisão de trabalho projetada entre uma integração da sociedade mundial por meio de mercados liberalizados e a imputação de obrigações sociais e ecológicas residuais aos Estados nacionais tornaria supérflua toda forma de *global governance* [governança global]. Dessa perspectiva, a visão de uma política interna mundial é uma exaltação perigosa.

Mas onde reside de fato o perigo? A exportação mundial do projeto social, que o presidente Bush desenvolveu mais uma vez de forma impressionante em novembro de 2003, por ocasião do vigèsimo aniversário da fundação do Fundo Nacional para a Democracia,[50] não pode apelar ao assentimento mundial. Pelo contrário, o chamado Consenso de Washington baseia-se numa teoria falível e altamente controversa, especificamente na ligação dos ensinamentos da Escola de Chicago com uma certa variante da teoria da modernização. O problema não é que essas teorias, como qualquer outra, possam revelar-se erradas. Inquietante é, antes, uma consequência que se tira no decorrer de uma rees-

---

49 Mestmäker, "Der Kampf ums Recht in der offenen Gesellschaft", *Rechtstheorie*, v.20, p.273-88, 1989.

50 "President Bush Discusses Freedom in Iraq and Middle East" [Presidente Bush discute liberdade no Iraque e no Oriente Médio], *The White House*, 6 nov. 2003. Disponível em: <https://georgewbush-whitehouse.archives.gov/news/releases/2003/11/20031106-2.html>. Acesso em: 12 jul. 2024.

truturação neoliberal em longo prazo da economia mundial. A política de adaptação de formas de regulação política aos mecanismos do mercado contribui com sua própria perpetuação, sabendo-se que uma mudança de política se torna mais difícil à medida que diminui em geral a margem de ação para intervenções políticas. A autorrestrição politicamente desejada do espaço de ação política em favor de forças sistêmicas de autocontrole privaria gerações futuras precisamente dos meios que são irrenunciáveis para corrigir o curso tomado. Mesmo que cada nação "escolha consciente e democraticamente ser um 'Estado competitivo' em vez de um 'Estado de bem-estar social'", essa decisão democrática teria de destruir os seus próprios fundamentos se conduzisse a uma organização da sociedade na qual se tornasse impossível reverter essa decisão por meios democráticos.[51]

Essa avaliação das consequências não é recomendada apenas no caso de as previsões neoliberais falharem. Mesmo se as hipóteses teóricas estiverem certas *grosso modo*, a velha fórmula das "contradições culturais do capitalismo"[52] poderia adquirir um novo significado. Já no Ocidente, que iniciou e continua a impulsionar a modernização capitalista, vários modelos sociais estão em concorrência. Nem todas as nações ocidentais estão preparadas para aceitar os custos culturais e sociais da falta de equalização do bem-estar em seu próprio território e em todo o mundo, custos que os neoliberais gostariam de lhes impor em prol de um crescimento acelerado do bem-estar.[53] Ainda

---

51 Bogdandy, "Verfassungsrechtliche Dimensionen", op. cit., p.429.

52 Bell, *The Cultural Contradictions of Capitalism*.

53 Uma alternativa social-democrata ao Consenso de Washington dominante foi desenvolvido por Held, *Global Covenant*, op. cit.

maior é o interesse em se manter um certo espaço de ação política em *outras* culturas que, ao acessar o mercado mundial e assentir com a modernização social, mostram disposição de adaptar e transformar suas próprias formas de vida, mas não de *renunciar* a elas, substituindo-as por uma forma de vida importada. Os vários rostos culturais da sociedade mundial pluralista – as *multiple modernities* [múltiplas modernidades][54] – não combinam com uma sociedade do mercado mundial completamente desregulada e politicamente desmobilizada. Pois isso significaria que as culturas não ocidentais marcadas por outras religiões universais seriam privadas do espaço de ação para se apropriar das conquistas da modernidade utilizando os seus próprios recursos.

54 Taylor, "Two Theories of Modernity", *Public Culture*, v.11, n.1, p.153-74, 1999.

Referências bibliográficas

ADORNO, Theodor W. *Gesammelte Schriften*. 20v. Frankfurt am Main: Suhrkamp, 1970-1997.

______. Die Idee der Naturgeschichte. In: *Gesammelte Schriften*. v.1. Frankfurt am Main: Suhrkamp, 1997.

______. *Probleme der Moralphilosophie* (1963). Frankfurt am Main: Suhrkamp, 1996.

______. Negative Dialektik. In: *Gesammelte Schriften*. v.6. Frankfurt am Main: Suhrkamp, 1973.

APEL, Karl-Otto. Diskursethik als Ethik der Mitverantwortung vor den Sachzwängen der Politik, des Rechts und der Marktwirtschaft. In: ______; BURCKHART, Holger (orgs.). *Prinzip Mitverantwortung*: Grundlage für Ethik und Pädagogik. Wurtzburgo: Königshausen & Neumann, 2001.

______. *Auseinandersetzungen*. Frankfurt am Main: Suhrkamp, 1998.

______. Wittgenstein und Heidegger. In: MCGUINNESS, B. et al. *Der Löwe spricht... und wir können ihn nicht verstehen*. Frankfurt am Main: Suhrkamp, 1991.

______. Sinnkonstitution und Geltungsrechtfertigung. In: FORUM FÜR PHILOSOPHIE (org.). *Martin Heidegger*: Innen- und Außenansichten. Frankfurt am Main: Suhrkamp, 1989.

APEL, Karl-Otto. *Diskurs und Verantwortung*: Das Problem des Übergangs zur postkonventionellen Moral. Frankfurt am Main: Suhrkamp, 1988.

______. *Der Denkweg von Charles S. Peirce*. Frankfurt am Main: Suhrkamp, 1975.

______. Wittgenstein und das Problem des Hermeneutischen Verstehens. In: *Transformation der Philosophie*. v.1. Frankfurt am Main: Suhrkamp, 1973.

______; BURCKHART, Holger (orgs.). *Prinzip Mitverantwortung*: Grundlage für Ethik und Pädagogik. Wurtzburgo: Königshausen & Neumann, 2001.

ARCHIBUGI, Daniele; HELD, David (orgs.). *Cosmopolitan Democracy*: Paths and Agents. Cambridge: Cambridge University Press, 1995.

ARENS, Edmund. *Kommunikative Handlungen*. Düsseldorf: Patmos, 1982.

ARNASON, Johan P. et al. (orgs.). *Axial Civilizations and World History*. Leiden: Brill, 2005.

AUDI, Robert. Moral Foundations of Liberal Democracy, Secular Reasons, and Liberal Neutrality toward the Good. *Notre Dame Journal of Law, Ethics, & Public Policy*, v.19, n.1, p.197-218, 2005.

______; Wolterstorff, Nicholas. *Religion in the Public Square*: The Place of Religious Convictions in Political Debate. Nova York: Rowman and Littlefield, 1997.

BARRY, Brian. *Culture and Equality*. Cambridge, Mass.: Harvard University Press, 2001.

BECKER, Werner. *Die Freiheit, die wir meinen*. Munique: Piper, 1982.

BELL, Daniel. *The Cultural Contradictions of Capitalism*. Nova York: Basic Books, 1976.

BELLAH, Robert et al. *Habits of the Heart*: Individualism and Commitment in American Life. Berkeley: University of California Press, 1985.

BENHABIB, Seyla. *The Claims of Culture*: Equality and Diversity in the Global Era. Princeton: Princeton University Press, 2002.

BERGER, Peter L. (org.). *The Desecularization of the World*: Resurgent Religion and World Politics. Washington: William B. Eerdmans Publishing Company, 1999.

BERNSTEIN, Richard J. *Beyond Objectivism and Relativism*: Science, Hermeneutics and Praxis. Filadélfia: University of Pennsylvania Press, 1983.

BIERI, Peter. *Das Handwerk der Freiheit*: Über die Entdeckung des eigenen Willens. Munique: Hanser, 2001.

BIRNBAUM, Norman. *Nach dem Fortschritt*: Vorletzte Anmerkungen zum Sozialismus. Munique: Deutsche Verlags-Anstalt, 2003.

BLUMENBERG, Hans. *Legitimität der Neuzeit*. Frankfurt am Main: Suhrkamp, 1966. [Ed. ingl.: *The Legitimacy of the Modern Age*. Cambridge, Mass.: MIT Press, 1983.]

BÖCKENFÖRDE, Ernst-Wolfgang. Die Entstehung des Staates als Vorgang der Säkularisation (1967). In: *Recht, Staat, Freiheit*. Frankfurt am Main: Suhrkamp, 1991.

BOGDANDY, Armin von. Constitutionalism in International Law: Comment on a Proposal from Germany. *Harvard International Law Revue*, v.47, n.1, p.223-42, 2006.

______ (org.). *Europäisches Verfassungsrecht*: Theoretische und dogmatische Grundzüge. Berlim: Springer, 2003.

______. Verfassungsrechtliche Dimensionen der Welthandelsorganisation. *Kritische Justiz*, v.34, n.3, p.264-81, 2001; e n.4, p.425-41, 2001.

______. Law and Politics in the WTO: Strategies to Cope with a Deficient Relationship. In: ______; WOLFRUM, Rüdiger (orgs.). *Max Plank Yearbook of United Nations Law*. v.5. Amsterdã: Koninklijke Brill, 2001.

BÖHLER, Dietrich. Warum moralisch sein? Die Verbindlichkeit der dialogbezogenen Selbst- und Mitverantwortung. In: APEL, Karl-Otto; BURCKHART, Holger (orgs.). *Prinzip Mitverantwortung*: Grundlage für Ethik und Pädagogik. Wurtzburgo: Königshausen & Neumann, 2001.

______; KETTNER, Matthias; SKIRBEKK, Gunnar (orgs.). *Reflexion und Verantwortung*. Frankfurt am Main: Suhrkamp, 2003.

BRANDOM, Robert B. *Making it Explicit*: Reasoning, Representing, and Discursive Commitment. Cambridge, Mass.: Harvard University Press, 1994.

BRUGGER, Winfried; HAVERKATE, Görg (orgs.). Grenzen als Thema der Rechts- und Sozialphilosophie. *Archiv für Rechts- und Sozialphilosophie*, Stuttgart: Franz Steiner, supl.84, 2002.

BRUMLIK, Micha. *Vernunft und Offenbarung*: religionphilosophische Versuche. Berlim; Wien: Philo, 2001.

BRUNKHORST, Hauke. Der lange Schatten des Staatswillenspositivismus. *Leviathan*, v.31, p.362-81, 2003.

______. *Solidarität*: Von der Bürgerfreundschaft zur globalen Rechtsgenossenschaft. Frankfurt am Main: Suhrkamp, 2002.

______. *Solidarität unter Fremden*. Frankfurt am Main: Suhrkamp, 1997.

BULTMANN, Rudolf. *Theologische Enzyklopädie*. Tübingen: J. C. B. Mohr, 1984.

BUMMEL, Andreas. *Internationale Demokratie entwickeln*. Stuttgart: Horizonte, 2005.

BURUMA, Ian; MARGALIT, Avishai. *Okzidentalismus*: Der Westen in den Augen seiner Feinde. Munique: Carl Hanser, 2004.

BUTLER, Judith. *Kritik der ethischen Gewalt*. Frankfurt am Main: Suhrkamp, 2003.

CHAYES, Abram; CHAYES, Antonia H. *The New Sovereignty*: Compliance with International Regulatory Agreements. Cambridge, Mass.: Harvard University Press, 1995.

COHEN, Hermann. *Religion der Vernunft aus der Quellen des Judentums* (1928). 2.ed. reimp. Wiesbaden: Fourier, 1988.

COTTIER, Thomas; HERTIG, Maya. The Prospects of 21st Century Constitutionalism. In: BOGDANDY, Armin von; WOLFRUM, Rüdiger (orgs.). *Max Plank Yearbook of United Nations Law*. v.7. Amsterdã: Koninklijke Brill, 2004.

CRAMM, Wolf-Jürgen. *Repräsentation oder Verständigung?* Eine Kritik naturalistischer Philosophien der Bedeutung un des Geistes. Frankfurt, 2003. Dissertação (Doutorado em Filosofia) – Johann-Wolfgang--Goethe-Universität, Frankfurt am Main.

CUTROFELLO, Andrew. On the Transcendental Pretensions of the Principie of Charity. In: HAHN, Lewis E. (org.). *The Philosophy of Donald Davidson*. La Salle: Open Court, 1999.

DAVIDSON, Donald. Reply to Richard Rorty. In: HAHN, Lewis E. (org.). *The Philosophy of Donald Davidson*. La Salle: Open Court, 1999.

______. Could There Be a Science of Rationality? *International Journal of Philosophical Studies*, v.3, p.1-16, 1995.

______. *Der Mythos des Subjektiven*. Stuttgart: Reclam, 1993.

______. Eine hübsche Unordnung von Epitaphen. In: PICARDI, Eva; SCHULTE, Joachim (orgs.). *Die Wahrheit der Interpretation*. Frankfurt am Main: Suhrkamp, 1990.

______. *Wahrheit und Interpretation*. Frankfurt am Main: Suhrkamp, 1986.

______. Radikale Interpretation. In: *Wahrheit und Interpretation*. Frankfurt am Main: Suhrkamp, 1986.

______. *Handlung und Ereignis*. Frankfurt am Main: Suhrkamp, 1985.

DECOMBES, Vincent. *The Mind's Provisions*: A Critique of Cognitivism. Princeton: Princeton University Press, 2001.

DENNINGER, Erhard. Vom Ende nationalstaatlicher Souveränität in Europa. In: *Recht in globaler Unordnung*. Berlim: Berliner Wissenschafts, 2005.

DERRIDA, Jacques. *Die unbedingte Universität*. Frankfurt am Main: Suhrkamp, 2001.

______. *Politik der Freundschaft*. Frankfurt am Main: Suhrkamp, 2000.

______. *Gesetzkraft*. Frankfurt am Main: Suhrkamp, 1991.

DETEL, Wolfgang. Forschungen über Hirn und Geist. *Deutsche Zeitschrift für Philosophie*, v.52, n.6, p.891-920, 2004.

DÖBERT, Rainer; HABERMAS, Jürgen; NUNNER-WINKLER, Gertrud (orgs.). *Entwicklung des Ichs*. Colônia: Kiepenheuer & Witsch, 1977.

DUMMETT, Michael. Language and Communication. In: *The Seas of Language*. Oxford: Clarendon Press, 1993.

______. Language and Truth. In: *The Seas of Language*. Oxford: Clarendon Press, 1993.

DURKHEIM, Emile. *Die Regeln der soziologischen Methode* (1895). Frankfurt am Main: Suhrkamp, 1984.

EDER, Klaus. Europäische Säkularisierung: ein Sonderweg in die postsäkulare Gesellschaft? *Berliner Journal für Soziologie*, v.12, n.3, p.331-43, 2002.

ENGELS, Eve-Marie. *Erkenntnis als Anpassung?* Eine Studie zur Evolutionären Erkenntnistheorie. Frankfurt am Main: Suhrkamp, 1989.

FASSBENDER, Bardo. UN-Reform und kollektive Sicherheit. In: BÖLL-STIFTUNG, Heinrich (org.). *Global Issue Papers*. v.17. Berlim: Heinrich Böll-Stiftung, abr. 2005.

FENNELL, John. Davidson on Meaning Normativity: Public or Social. *European Journal of Philosophy*, v.8, n.2, p.139-54, 2000.

FEUERBACH, Ludwig. *Grundsätze der Philosophie der Zukunft*. Zurique: Literarischen Comptoirs, 1843.

FORST, Rainer. *Toleranz im Konflit*: Geschichte, Gehalt und Gegenwart eines umstrittenen Begriffs. Frankfurt am Main: Suhrkamp, 2003.

______. Grenzen der Toleranz. In: BRUGGER, Winfried; HAVERKATE, Görg (orgs.). Grenzen als Thema der Rechts- und Sozialphilosophie. *Archiv für Rechts- und Sozialphilosophie*, Stuttgart: Franz Steiner, supl.84, 2002.

______. Toleranz, Gerechtigkeit und Vernunft. In: ______ (org.). *Toleranz*. Frankfurt am Main: Suhrkamp, 2000.

______. *Kontexte der Gerechtigkeit*: Politische Philosophie jenseits von Liberalismus und Kommunitarismus. Frankfurt am Main: Suhrkamp, 1994.

FRANKENBERG, Günter. Die Rückkehr des Vertrages. Überlegungen zur Verfassung der Europäischen Union. In: WINGERT, Lutz; GÜNTHER, Klaus (orgs.). *Die Öffentlichkeit der Vernunft und die Vernunft der Öffentlichkeit*. Frankfurt am Main: Suhrkamp, 2001.

______. *Die Verfassung der Republik*: Autorität und Solidarität in der Zivilgesellschaft. Frankfurt am Main: Suhrkamp, 2022.

FRASER, Nancy. Rethinking Recognition. *New Left Review*, v.3, p.107-20, maio-jun. 2000.

______. From Redistribution to Recognition? In: WILLETT, Cynthia (org.). *Theorizing Multiculturalism*: A Guide to the Current Debate. Oxford: Wiley-Blackwell, 1998.

______. Struggle over Needs. In: *Unruly Practices*: Power, Discourse and Gender in Contemporary Social Theory. Minnesota: Polity, 1989.

[Ed. esp.: *Prácticas rebeldes*: poder, discurso y género en la teoría social contemporánea. Buenos Aires: Prometeo, 2020.]

FRASER, Nancy; HONNETH, Axel. *Umverteilung oder Anerkennung?* Frankfurt am Main: Suhrkamp, 2003.

FREGE, Gottlob. Der Gedanke (1918-1919). In: *Logische Untersuchungen*. Göttingen: Vandenhoeck & Ruprecht, 1966.

FRIEDEBURG, Ludwig von; HABERMAS, Jürgen (orgs.). *Adorno--Konferenz*. Frankfurt am Main: Suhrkamp, 1983.

FROWEIN, Jochen A. Konstitutionalisierung des Völkerrechts. In: *Völkerrecht und internationales Recht in einem sich globalisierenden internationalen System, Bericht der Deutschen Gesellschaft für Völkerrecht*. v.39. Heidelberg: Müller, 2000.

FULTNER, Barbara. *Radical Interpretation or Communicative Action*: Holism in Davidson and Habermas. Illinois, 1995. Dissertação (Filosofia) – Northwestern University.

GADAMER, Hans-Georg. *Wahrheit und Methode*. Tübingen: Mohr, 1960.

GALSTON, William A. Two Concepts of Liberalism. *Ethics*, v.105, n.3, p.516-34, abr. 1995.

GANS, Chaim. *The Limits of Nationalism*. Cambridge: Cambridge University Press, 2003.

GAUS, Gerald F. *Justificatory Liberalism*: An Essay on Epistemology and Political Theory. Nova York: Oxford University Press, 1996.

GEYER, Christian (org.). *Hirnforschung und Willensfreiheit*: Zur Deutung der neuesten Experimente. Frankfurt am Main: Suhrkamp, 2004.

GOODSTEIN, Laurie; YARDLEY, William. President Bush Benefits from Efforts to Build a Coalition of Religious Voters. *The New York Times*, 5 nov. 2004.

GRAF, Friedrich W.; TROELTSCH, Ernst. Theologie als Kulturwissenschaft des Historismus. In: Neuner, Peter; Wenz, Günther (orgs.). *Theologen des 20. Jahrhunderts*. Darmstadt: Wissenschaftliche Buchgesellschaft, 2002.

GRANDE, Edgar. Vom Nationalstaat zum transnationalen Politikregime. In: BECK, Ulrich; LAU, Christoph (orgs.). *Entgrenzung und Entscheidung*. Frankfurt am Main: Suhrkamp, 2005.

GRIMM, Dieter. Bedingungen demokratischer Rechtssetzung. In: WINGERT, Lutz; GÜNTHER, Klaus (orgs.). *Die Öffentlichkeit der Vernunft und die Vernunft der Öffentlichkeit*. Frankfurt am Main: Suhrkamp, 2001.

______. *Die Zukunft der Verfassung*. Frankfurt am Main: Suhrkamp, 1991.

GÜNTHER, Klaus. Grund, der sich selbst begründet. Oder: Was es heißt eine Person zu sein. *Neue Rundschau*, v.114, p.66-81, 2003.

______. Warum es Anwendungsdiskurse gibt. *Jahrbuch für Recht und Ethik*, v.1, p.379-89, 1993.

______. Ein normativer Begriff der Kohärenz für eine Theorie der juristischen Argumentation. *Rechtstheorie*, v.20, p.163-90, 1989.

______. *Der Sinn für Angemessenheit*. Frankfurt am Main: Suhrkamp, 1988.

HABERMAS, Jürgen. Werte und Normen. Ein Kommentar zu Hilary Putnams Kantischem Pragmatismus. In: *Wahrheit und Rechtfertigung*. ed. bolso expand. Frankfurt am Main: Suhrkamp, 2004.

______. Das Kantische Projekt und der gespaltene Westen. In: *Der gespaltene Westen*. Frankfurt am Main: Suhrkamp, 2004. [Ed. bras.: *O Ocidente dividido*. São Paulo: Editora Unesp, 2016.]

______. Zur Architektonik der Diskursdifferenzierung. In: BÖHLER, Dietrich; KETTNER, Matthias; SKIRBEKK, Gunnar (orgs.). *Reflexion und Verantwortung*. Frankfurt am Main: Suhrkamp, 2003.

______. Wann müssen wir tolerant sein? Über Konkurrenz von Weltbildern, Werten und Theorien. In: BERLIN-BRANDENBURGISCHEN AKADEMIE DER WISSENSCHAFTEN, Festvortrag zum Leibniztag, 29 jun. 2002. *Jahrbuch...* Berlim: BBAW, 2003.

______. Glauben und Wissen. In: *Zeitdiagnosen*. Frankfurt am Main: Suhrkamp, 2003.

______. *Die Zukunft der menschlichen Natur* (erweiterte Ausgabe). ed. ampl. Frankfurt am Main: Suhrkamp, 2002.

______. *Zeit der Übergänge*. Frankfurt am Main: Suhrkamp, 2001.

______. Wie ist nach dem Historismus noch Metaphysik möglich? In: *"Sein, das verstanden werden kann, ist Sprache"*: Hommage an Hans-Georg Gadamer. Frankfurt am Main: Suhrkamp, 2001.

HABERMAS, Jürgen. *Glauben und Wissen*. Frankfurt am Main: Suhrkamp, 2001. [Ed. bras.: *Fé e saber*. São Paulo: Editora Unesp, 2013.]

______. Der demokratische Rechtstaat: eine paradoxe Verbindung widersprüchlicher Prinzipien? In: *Zeit der Übergänge*. Frankfurt am Main: Suhrkamp, 2001.

______. Constitutional Democracy: A Paradoxical Union of Contradictory Principles? *Political Theory*, v.29, n.6, p.766-81, dez. 2001.

______. Begründete Enthaltsamkeit. Gibt es postmetaphysische Antworten auf die Frage nach dem "richtigen Leben"? In: *Die Zukunft der menschlischen Natur*. Frankfurt am Main: Suhrkamp, 2001.

______. Auf dem Weg zu einer liberalen Eugenik? In: *Die Zukunft der menschlischen Natur*. Frankfurt am Main: Suhrkamp, 2001.

______. Wege der Detranszendentalisierung: Von Kant zu Hegel und zurück. In: *Wahrheit und Rechtfertigung*. Frankfurt am Main: Suhrkamp, 1999.

______. Wahrheit und Rechtfertigung: Zu Richard Rortys pragmatischer Wende. In: *Wahrheit und Rechtfertigung*. Frankfurt am Main: Suhrkamp, 1999.

______. *Wahrheit und Rechtfertigung*. Frankfurt am Main: Suhrkamp, 1999.

______. Von Kant zu Hegel: Zu Robert Brandoms Sprachpragmatik. In: *Wahrheit und Rechtfertigung*. Frankfurt am Main: Suhrkamp, 1999.

______. Richtigkeit vs. Wahrheit: Zum Sinn der Sollgeltung moralischer Urteile und Normen. In: *Wahrheit und Rechtfertigung*. Frankfurt am Main: Suhrkamp, 1999.

______. Rationalität der Verständigung. Sprechakttheoretische Erläuterungen zum Begriff der kommunikativen Rationalität. In: *Wahrheit und Rechtfertigung*. Frankfurt am Main: Suhrkamp, 1999.

______. *On the Pragmatics of Communication*. Org. Maeve Cooke. Cambridge, Mass.: The MIT Press, 1998.

______. Konzeptionen der Moderne. In: *Die Postnationale Konstellation*. Frankfurt am Main: Suhrkamp, 1998.

______. Eine genealogische Betrachtung zum kognitiven Gehalt der Moral. In: *Die Einbeziehung des Anderen*. Frankfurt am Main: Suhrkamp, 1996. [Ed. bras.: *A inclusão do outro*. São Paulo: Editora Unesp, 2018.]

______. *Die Einbeziehung des Anderen*. Frankfurt am Main: Suhrkamp, 1996. [Ed. bras.: *A inclusão do outro*. São Paulo: Editora Unesp, 2018.]

______. *Faktizität und Geltung*. Frankfurt am Main: Suhrkamp, 1992. [Ed. bras.: *Facticidade e validade*. 2.ed. rev. São Paulo: Editora Unesp, 2021.]

______. Vom pragmatischen, ethischen und moralischen Gebrauch der praktischen Vernunft. In: *Erläuterungen zur Diskursethik*. Frankfurt am Main: Suhrkamp, 1991.

______. *Erläuterungen zur Diskursethik*. Frankfurt am Main: Suhrkamp, 1991.

______. *Strukturwandel der Öffentlichkeit*. Frankfurt am Main: Suhrkamp, 1990. [Ed. bras.: *Mudança estrutural da esfera pública*: investigações sobre uma categoria da sociedade burguesa. São Paulo: Editora Unesp, 2014.]

______. Motive nachmetaphysischen Denkens. In: *Nachmethaphysiches Denken*. Frankfurt am Main: Suhrkamp, 1988.

______. Individuierung durch Vergesellschaftung. In: *Nachmetaphysisches Denken*. Frankfurt am Main: Suhrkamp, 1988.

______. Handlungen, Sprechakte, sprachlich vermittelte Interaktionen und Lebenswelt. In: *Nachmetaphysisches Denken*. Frankfurt am Main: Suhrkamp, 1988.

______. *Die Neue Unübersichtlichkeit*. Frankfurt am Main: Suhrkamp, 1985. [Ed. bras.: *A nova obscuridade*. São Paulo: Editora Unesp, 2015.]

______. *Der philosophische Diskurs der Moderne*. Frankfurt am Main: Suhrkamp, 1985.

______. *Vorstudien und Ergänzungen zur Theorie des kommunikativen Handelns*. Frankfurt am Main: Suhrkamp, 1984.

______. *Moralbewußtsein und kommunikatives Handeln*. Frankfurt am Main: Suhrkamp, 1983. [Ed. bras.: *Consciência moral e ação comunicativa*. São Paulo: Editora Unesp, 2023.]

HABERMAS, Jürgen. Diskursethik: Notizen zu einem Begründungsprogram. In: *Moralbewußtsein und kommunikatives Handeln*. Frankfurt am Main: Suhrkamp, 1983. [Ed. bras.: *Consciência moral e ação comunicativa*. São Paulo: Editora Unesp, 2023.]

______. *Theorie des kommunikativen Handelns*. 2v. Frankfurt am Main: Suhrkamp, 1981. [Ed. bras.: *Teoria da ação comunicativa*. 2v. São Paulo: Editora Unesp, 2022.]

______. *Texte und Kontexte*. Frankfurt am Main: Suhrkamp, 1971. [Ed. bras.: *Textos e contextos*. São Paulo: Editora Unesp, 2015.]

______. *Erkenntnis und Interesse*. Frankfurt am Main: Suhrkamp, 1968. [Ed. bras.: *Conhecimento e interesse*. São Paulo: Editora Unesp, 2014.]

HAHN, Lewis E. (org.). *The Philosophy of Donald Davidson*. La Salle: Open Court, 1999.

HARNACK, Adolf von. *Das Wesen des Christentums*. Org. T. Rendtorff. Munique: Gütersloh, 1999.

HEGEL, Georg Wilhelm Friedrich. Vorlesungen über die Philosophie der Religion II. In: *Werke*. v.17. Frankfurt am Main: Suhrkamp, 1986.

______. Glauben und Wissen. In: *Werke*. v.2. Frankfurt am Main: Suhrkamp, 1986.

HEIDEGGER, Martin. *Beiträge zur Philosophie*: Vom Ereignis. ed. compl. Frankfurt am Main: Vittorio Klostermann, 1989.

HELD, David. *Global Covenant*: The Social Democratic Alternative to the Washington. Cambridge: Polity, 2004.

______. *Democracy and the Global Order*: From the Modern State to Cosmopolitan Governance. Cambridge: Stanford University Press, 1995.

______; MCGREW, A. (orgs.). *The Global Transformation Reader*. Cambridge: Polity, 2000.

______ et al. *Global Transformations*: Politics, Economics and Culture. Cambridge: Stanford University Press, 1999.

HERDTLE, Claudia; LEEB, Thomas (orgs.). *Toleranz*: Texte zur Theorie und politischen Praxis. Stuttgart: Reclam, 1987.

HESSE, Konrad. *Grundzüge des Verfassungsrechts der Bundesrepublik Deutschland*. 17.ed. Heidelberg: Müller, 1990.

HÖFFE, Otfried. *Demokratie im Zeitalter der Globalisierung*. Munique: C. H. Beck, 1999.

HOFMANN, Hasso. Verfassungsrechtilche Annäherung an den Begriff des Gemeinwohls. In: MÜNKLER, Herfried; FISCHER, Karsten (orgs.). *Gemeinwohl und Gemeinsinn im Recht*. Berlim: De Gruyter, 2002.

HONNETH, Axel (org.). *Dialektik der Freiheit*: Frankfurter Adorno-Konferenz 2003. Frankfurt am Main: Suhrkamp, 2005.

______. *Das Andere der Gerechtigkeit*. Frankfurt am Main: Suhrkamp, 2000.

______. Eine Welt der Zerrissenheit. Die untergründige Aktualität von Lukács' Frühwerk. In: *Die zerrissene Welt des Sozialen*. Frankfurt am Main: Suhrkamp, 1990.

HORKHEIMER, Max; ADORNO, Theodor W. *Dialektik der Aufklärung*: Philosophische Fragmente. Amsterdã: Fischer, 1947.

HOY, David C.; MCCARTHY, Thomas A. *Critical Theory*. Oxford: Blackwell, 1994.

JASPERS, Karl. *Der philosophische Glaube angesichts der Offenbarung*. Munique: Heldelberg University Press, 1984.

JOERGES, Christian; GODT, Christine. Free Trade: The Erosion of National and the Birth of Transnational Governance. *European Review*, v.13, supl.1, p.93-117, maio 2005.

KAHLER, Miles. Defining Accountability UP: the Global Economic Multilaterals. *Government and Opposition*, v.39, n.2, p.132-58, 2004.

KANT, Immanuel. Streit der Fakultäten. In: WEISCHEDEL, Wilhelm (org.). *Werkausgabe*. v.XI. Frankfurt am Main: Suhrkamp, 1974.

______. Über den Gemeinspruch: Das mag in der Theorie richtig sein, taugt aber nicht für die Praxis. In: WEISCHEDEL, Wilhelm (org.). *Werkausgabe*. v.XI. Frankfurt am Main: Suhrkamp, 1974.

______. Kritik der Urteilskraft. In: WEISCHEDEL, Wilhelm (org.). *Werkausgabe*. v.X. Frankfurt am Main: Suhrkamp, 1974.

______. Die Religion innerhalb der Grenzen bloßer Vernunft. In: WEISCHEDEL, Wilhelm (org.). *Werkausgabe*. v.VIII. Frankfurt am Main: Suhrkamp, 1974.

KANT, Immanuel. Metaphysik der Sitten. In: WEISCHEDEL, Wilhelm (org.). *Werkausgabe*. v.VIII. Frankfurt am Main: Suhrkamp, 1974.

______. Kritik der praktischen Vernunft. In: WEISCHEDEL, Wilhelm (org.). *Werkausgabe*. v.VII. Frankfurt am Main: Suhrkamp, 1974.

______. Zum Ewigen Frieden. In: WEISCHEDEL, Wilhelm (org.). *Werkausgabe*. v.VI. Frankfurt am Main: Suhrkamp, 1974.

______. Kritik der reinen Vernunft. In: WEISCHEDEL, Wilhelm (org.). *Werkausgabe*. v.III/IV. Frankfurt am Main: Suhrkamp, 1974. KEIL, Geert; SCHNÄDELBACH, Herbert (orgs.). *Naturalismus*: Philosophische Beiträge. Frankfurt am Main: Suhrkamp, 2000.

KELSEN, Hans. Souvereignty. In: PAULSON, Stanley L.; LITSCHEWSKI-PAULSON, Bonnie (orgs.). *Normativity and Norms*. Oxford: Oxford University Press, 1988.

KERN, Andrea; MENKE, Christoph (orgs.). *Philosophie der Dekonstruktion*. Frankfurt am Main: Suhrkamp, 2002.

KERSTING, Wolfgang. Globale Rechtsordnung oder weltweite Verteilungsgerechtigkeit? In: *Recht, Gerechtigkeit und demokratische Tugend*. Frankfurt am Main: Suhrkamp, 1997.

KIERKEGAARD, Søren. *Die Krankheit zum Tode*: Eine christlich-psychologische Entwicklung zur Erbauung und Erweckung. Org. L. Richter. Frankfurt am Main: Suhrkamp, 1984. KIRSTE, Stephan. Dezentrierung, Überforderung und dialektische Konstruktion der Rechtsperson. In: BOHNERT, Joachim et al. (orgs.). *Festschrift für Alexander Hollerbach zum 70*: Geburtstag. Berlim: Duncker & Humblot, 2001.

KRIELE, Martin. *Einführung in die Staatslehre*. Opladen: Kohlhammer, 1994. KRUG, Wilhelm Traugott (org.). *Allgemeines Handwörterbuch der philosophischen Wissenschaften*: nebst ihrer Literatur und Geschichte. 2.ed. Leipzig: F. A. Brockhaus, 1832.

KRÜGER, Hans P. Das Hirn im Kontext exzentrischer Positionierungen. *Deutsche Zeitschrift für Philosophie*, v.52, n.2, p.257-94, 2004.

KUMM, M. The Legitimacy of International Law: A Constitutionalist Framework of Analysis. *The European Journal of International Law*, v.15, n.5, p.907-31, 2004.

KYMLICKA, Will (org.). *The Rights of Minority Cultures*. Oxford: Oxford University Press, 1995.

______. *Multicultural Citizenship*: A Liberal Theory of Minority Rights. Oxford: Oxford University Press, 1995.

LAFONT, Cristina. *The Linguistic Turn in Hermeneutic Philosophy*. Cambridge, Mass.: The MIT Press, 1999.

LEVINAS, Emmanuel. *Die Spur des Anderen*: Untersuchungen zur Phänamenologie und Sozialphilosophie. Freiburgo: Karl-Alber, 1983.

LIBET, Benjamin. *Mind Time*: Wie das Gehirn Bewusstsein produziert. Frankfurt am Main: Suhrkamp, 2005.

______. Haben wir einen freien Willen? In: GEYER, Christian (org.). *Hirnforschung und Willensfreiheit*: Zur Deutung der neuesten Experimente. Frankfurt am Main: Suhrkamp, 2004.

LOEWENSTEIN, Karl. *Verfassungslehre*. 3.ed. Frankfurt am Main: Mohr, 1975.

______. Militant Democracy and Fundamental Rights. *American Political Science Review*, v.31, n.3, p.417-32, 1937.

LÖWITH, Karl. Hegels Aufhebung der christlichen Religion. In: *Zur kritik der christlichen Überlieferung*. Stuttgart: Kohlhammer, 1966.

LUKÁCS, Georg. *Die Theorie des Romans*. Berlim: Paul Cassirer, 1920.

LUTZ-BACHMANN, Matthias. Religion nach der Religionskritik. *Theologie und Philosophie*, v.77, n.2, p.374-88, 2002.

______. Religion-Philosophie-Religionsphilosophie. In: JUNG, Matthias; MOXTER, Michael; SCHMIDT, Thomas M. (orgs.). *Religionsphilosophie*: historische Positionen und systematische Reflexionen. Wurzburgo: Echter, 2000.

______. Hellenisierung des Christentum? In: Colpe, Carsten et al. (orgs.). *Spätantike und Christentum*. Berlim: Akademie Verlag, 1992.

______. Materialismus und Materialismuskritik bei Max Horkheimer und Theodor W. Adorno. In: *Festschrift für Alfred Schmidt zum 60. Geburtstag*. Munique: Hanser, 1991.

MADSEN, Richard et al. (orgs.). *Meaning and Modernity*: Religion, Polity, and Self. Berkeley: University of California Press, 2003.

MARGALIT, Avishai; HALBERTAL, Moshe. Liberalism and the Right to Culture. *Social Research*, v.61, n.3, p.491-520, inverno 1994.

______; RAZ, Joseph. National Self-Determination. In: KYMLICKA, Will (org.). *The Rights of Minority Cultures*. Oxford: Oxford University Press, 1995.

MARX, Karl. Einleitung zur Kritik der Hegelschen Rechtsphilosophie (1843). In: MARX, Karl; ENGELS, Friedrich. *Werke*. v.I. Berlim: Dietz, 1976.

MAUERSBERG, Barbara. *Der lange Abschied von Bewußtseinsphilosophie*: Theorie der Subjektivität bei Habermas und Tugendhat nach dem Paradigmenwechsel zur Sprache. Frankfurt am Main, 1999. Tese (Doutorado) – Johann-Wolfgang-Goethe-Universität.

MCCARTHY, Thomas A. Die politische Philosophie und das Problem der Rasse. In: WINGERT, Lutz; GÜNTHER, Klaus (orgs.). *Die Öffentlichkeit der Vernunft und die Vernunft der Öffentlichkeit*. Frankfurt am Main: Suhrkamp, 2001.

______. Legitimacy and Diversity. In: ROSENFELD, Michel; ARATO, Andrew (orgs.). *Habermas on Law and Democracy*: Critical Exchanges. Berkeley: University of California Press, 1998.

______. Practical Discourse: On the Relation of Morality to Politics. In: *Ideals and Illusions*: On Reconstruction and Deconstruction in Contemporary Critical Theory. Cambridge, Mass.: MIT Press, 1991.

______. *Ideals and Illusions*: On Reconstruction and Deconstruction in Contemporary Critical Theory. Cambridge, Mass.: MIT Press, 1991.

MEAD, George H. *Geist, Identität und Gesellschaft*. Frankfurt am Main: Suhrkamp, 1968. [Ed. bras.: *Mente, self e sociedade*. Petrópolis: Vozes, 2021.]

MENKE, Christoph. Grenzen und Gleichheit: Neutralität und Politik im Politischen Liberalismus. *Deutsche Zeitschrift für Philosophie*, v.50, n.2, p.897-906, 2002.

______. Können und Glauben. In: KERN, Andrea; MENKE, Christoph (orgs.). *Philosophie der Dekonstruktion*. Frankfurt am Main: Suhrkamp, 2002.

MENKE, Christoph. *Spiegelungen der Gleichheit*. Frankfurt am Main: Suhrkamp, 2000.

______. Liberalismus im Konflikt. In: *Spiegelungen der Gleichheit.* Frankfurt am Main: Suhrkamp, 2000.

MESTMÄKER, Ernst-Joachim. Der Kampf ums Recht in der offenen Gesellschaft. *Rechtstheorie*, v.20, p.273-88, 1989.

MEYER, Thomas. Theorie der sozialen Demokratie. Wiesbaden: Springer, 2005.

Milbank, John. *Theology and Social Theory*: Beyond Secular Reason. Oxford: Blackwell, 1990.

______ et al. (orgs.). *Radical Orthodoxy*: A New Theology. Londres; Nova York: Routledge, 1999.

MILLS, Charles W. *The Racial Contract*. Ithaca, NY; Londres: Cornell University Press, 1997.

MÖLLER OKIN, Susan. "Mistress of their Own Destiny": Group Rights, Gender, and Realistic Rights to Exit. *Ethics*, v.112, n.2, p.205-30, jan. 2002.

MUELLER, A. *Referenz und Fallibilismus*: zu Hilary Putnams pragmatischen Kognitivismus. Berlim: Walter de Gruyter, 2004.

NAGEL, Thomas. The Psychological Nexus. In: *Concealment and Exposure*: And other Essays. Oxford: Oxford University Press, 2002.

NAGL-DOCKEKAL, Herta; LANGTHALER, Rudolf (orgs.). *Recht, Geschichte, Religion*: Die Bedeutung Kants für die Gegenwart. Berlim: Akademie, 2004.

NANZ, Patrizia; STEFFEK, Jens. Global Governance, Participation and the Public Sphere. *Government and Opposition*, v.39, n.3, p.314-35, 2004.

NEUNER, Peter; WENZ, Gunther (orgs.). *Theologen des 20. Jahrhunderts*. Darmstadt: Wissenschaftliche Buchgesellschaft, 2002.

NIQUET, Marcel. *Transzendentale Argumente*: Kant, Strawson und die Aporetik der Detranszendentalisierung. Frankfurt am Main: Suhrkamp, 1991.

NOERR, G. Schmid. *Das Eingedenken der Natur im Subjekt*. Darmstadt: Wissenschaftliche Buchgesellschaft, 1990.

NORRIS, Pippa; INGLEHART, Ronald. *Sacred and Secular*: Religion and Politics Worldwide. Cambridge, Mass.: Cambridge University Press, 2004.

OFFE, Claus. Wessen Wohl is das Gemeinwohl? In: WINGERT, Lutz; GÜNTHER, Klaus (orgs.). *Die Öffentlichkeit der Vernunft und die Vernunft der Öffentlichkeit*. Frankfurt am Main: Suhrkamp, 2001.

PAUEN, Michael. *Illusion Freiheit?*: Mögliche und unmögliche Konsequenzen der Hirnforschung. Frankfurt am Main: Fischer, 2004.

PAUER-STUDER, Herlinder. *Autonom leben*: Reflexionen über Freiheit und Gleichheit. Frankfurt am Main: Surhkamp, 2000.

PEIRCE, Charles Sanders. *Collected Papers*. Org. Charles Hartshorne e Paul Weiss. v.V/VI. Cambridge, Mass.: Harvard University Press, 1934.

PETERS, Anne. Wie funktioniert das Völkerrecht? *Basler Juristische Mitteilungen*, n.1, p.1-24, fev. 2004.

PETERS, Bernhard. *Die Integration moderner Gesellschaften*. Frankfurt am Main: Suhrkamp, 1993.

PEUKERT, Helmut. *Wissenschaftstheorie, Handlungstheorie, fundamentale Theologie*, Düsseldorf: Patmos, 1976.

PFLEIDERER, Georg. Karl Barth: Theologie des Wortes Gottes als Kritik der Religion. In: Neuner, Peter; Wenz, Günther (orgs.). *Theologen des 20. Jahrhunderts*. Darmstadt: Wissenschaftliche Buchgesellschaft, 2002.

PLESSNER, Helmuth. Die Stufen des Organischen und der Mensch. In: *Gessammelte Schriften*. v.IV. Frankfurt am Main: Suhrkamp, 1981.

PUTNAM, Hilary. The Meaning of Meaning. In: *Mind, Language and Reality*. Cambridge: Cambridge University Press, 1975.

RAWLS, John. *Politischer Liberalismus*. Frankfurt am Main: Suhrkamp, 1998.

______. The Idea of Public Reason Revisited. *The University of Chicago Law Review*, v.64, n.3, p.765-807, verão 1997.

______. Reply to Habermas. *Journal of Philosophy*, v.92, n.3, p.132-80, 1995.

______. *Political Liberalism*. Nova York: Columbia University Press, 1993.

______. *A Theory of Justice*. Cambridge, Mass.: Cambridge University Press, 1971.

RAZ, Joseph. Multiculturalism: A Liberal Perspective. In: *Ethics in the Public Domain*: Essays in the Morality of Law and Politics. Oxford: Oxford University Press, 1994.

REHG, William. *Insight and Solidarity*: A Study in the Discourse Ethics of Jürgen Habermas. Berkeley: University of California Press, 1994.

RICKEN, Friedo. *Religionsphilosophie*. Stuttgart: Kohlhammer, 2003.

RORTY, Richard. The Brain as Hardware, Culture as Software. *Inquiry*, v.47, p.219-35, 2004.

______. Davidson's Mental-Physical Distinction. In: HAHN, Lewis E. (org.). *The Philosophy of Donald Davidson*. La Salle: Open Court, 1999.

ROSENFELD, M.; ARATO, A. (orgs.). *Habermas on Law and Democracy: Critical Exchanges*. Berkeley: University of California Press, 1998.

ROTH, Gerhard. Worüber Hirnforscher reden dürfen: und in welcher Weise? *Deutsche Zeitschrift für Philosophie*, v.52, n.2, p.223-34, 2004.

______. *Fühlen, Denken, Handeln*. Frankfurt am Main: Suhrkamp, 2003.

ROTTLEUTHNER, Hubert. Zur Soziologie und Neurobiologie richterlichen Handelns. In: DAMM, Reinhard et al. (orgs.). *Festschrift für Thomas Raiser zum 70*. Geburtstag am 20. Berlim: De Gruyter, 2005.

SCANLON, T. M. *What We Owe to Each Other*. Cambridge: Belknap Press, 1998.

SCHLEIERMACHER, Friedrich. *Der christliche Glaube* (1830-1831). Berlim: De Gruyter, 1999.

SCHLUCHTER, Wolfgang. Die Zukunft der Religion. In: *Religion und Lebensführung*. v.2. Frankfurt am Main: Suhrkamp, 1988.

SCHMIDT, Thomas M. *Anerkennung und absolute Religion*. Stuttgart-Bad Cannstatt: Friedrich Frommann; Holzboog, 1997.

______. Postsäkulare Theologie des Rechts: Eine Kritik der radikalen Orthodoxie. In: FRÜHAUF, Martin; LÖSER, Werner (orgs.). *Biblische Aufklärung*: Die Entdeckung einer Tradition. Frankfurt am Main: Josef Knecht, 2005.

______. Glaubensüberzeugungen und säkulare Gründe. *Zeitschrift für Evangelische Ethik*, v.4, p.248-61, 2001.

SCHNÄDELBACH, Herbert. Vermutungen über Willensfreiheit. In: *Vernunft und Geschichte*. Frankfurt am Main: Suhrkamp, 1987.

SEARLE, John R. *Freiheit und Neurobiologie*. Frankfurt am Main: Suhrkamp, 2004.

SEEL, Martin. *Sich bestimmen lassen*: Studien zur theoretischen und praktischen Philosophie. Frankfurt am Main: Suhrkamp, 2008.

______. *Versuch über die Form des Glücks*. Frankfurt am Main: Suhrkamp, 1999.

SELLARS, Wilfrid. *Empiricism and the Philosophy of Mind*. Cambridge, Mass.: Harvard University Press, 1997. [

______. Philosophy and the Scientific Image of Man (1960). In: *Science, Perception and Reality*. Atascadero, Califórnia: Ridgeview, 1991.

SELMAN, Robert. *Die Entwicklung sozialen Verstehens*. Frankfurt am Main: Suhrkamp, 1984.

SHACHAR, Ayelet. On Citizenship and Multicultural Vulnerability. *Political Theory*, v.28, n.1, p.64-89, 2000.

SINGER, Wolf. Keiner kann anders sein, als er ist. Verschaltungen legen uns fest: Wir sollten aufhören, von Freiheit zu reden. *Frankfurter Allgemeine Zeitung*, n.6, 8 jan. 2004.

______. Selbsterfahrung und neurobiologische Fremdbeschreibung. *Deutsche Zeitschrift für Philosophie*, v.52, n.8, p.235-56, 2004.

SLAUGHTER, Anne-Marie. *A New World Order*. Princeton; Oxford: Princeton University Press, 2004.

______. Disagregated Souvereignty: Towards the Public Accountability of Global Government Networks. *Government and Opposition*, v.39, n.2, p.159-90, 2004.

TAYLOR, Charles. Two Theories of Modernity. *Public Culture*, v.11, n.1, p.153-74, 1999.

______. *Multikulturalismus und die Politik der Anerkennung*. Frankfurt am Main: Suhrkamp, 1993.

______. *Quellen des Selbst*. Frankfurt am Main: Suhrkamp, 1989.

TEUBNER, Gunther. Globale Zivilverfassungen: Alternativen zur staatszentrierten Verfassungstheorie. *Zeitschrift für Ausländisches Öffentliches Recht und Völkerrecht*, v.63, n.1, p.1-28, 2003.

THEUNISSEN, Michael. *Das Selbst auf dem Grund der Verzweiflung*. Meisenheim-Frankfurt am Main: Suhrkamp, 1991.

THEUNISSEN, Michael. *Der Andere*: Studien zur Sozialontologie der Gegenwart (1964). Berlim: De Gruyter, 1977.

TOMASELLO, Michael. *Die kulturelle Entwickling des menschlichen Denkens*. Frankfurt am Main: Suhrkamp, 2002.

TOMUSCHAT, Christian. International Law: Ensuring the Survival of Mankind on the Eve of a New Century. In: ACADÉMIE DE DROIT INTERNATIONAL DE LA HAGUE. *General Course on Public International Law*. Haia, 1999. (Recueil des Cours, v.281.)

TUGENDHAT, Ernst. Der Begriff der Willensfreiheit. In: *Philosophische Aufsätze*. Frankfurt am Main: Suhrkamp, 1992.

______. *Selbstbewußtsein und Selbstbestimmung*. Frankfurt am Main: Suhrkamp, 1979.

______. *Vorlesungen zur Einführung in die sprachanalytische Philosophie*. Frankfurt am Main: Suhrkamp, 1976. VON WRIGHT, Georg H. *Explanation and Understanding*. Londres: Cornell University Press, 1971.

WALDRON, Jeremy. Minority Cultures and the Cosmopolitan Alternative. *Journal for Law Reform*, University of Michigan, v.25, n.3-4, p.751-93, 1992.

WALZER, Michael. *Erklärte Kriege*: Kriegserklärungen. Hamburgo: Europäische, 2003.

______. *Just and Unjust Wars*. Nova York: Basic Books, 1977.

WEINGARTEN, Michael. *Leben (bio-ethisch)*. Bielefeld: Transcript, 2003. (Bibliothek dialektischer Grundbegriffe.)

WEISCHEDEL, Wilhelm (org.). *Werkausgabe*. 12v. Frankfurt am Main: Suhrkamp, [1974] 2002.

WEITHMAN, Paul J. *Religion and the Obligations of Citizenship*. Cambridge: Cambridge University Press, 2002.

WELLMER, Albrecht. *Ethik und Dialog*. Frankfurt am Main: Suhrkamp, 1986.

______. Georg Henrik von Wright über "Erklären" und "Verstehen". *Philosophische Rundschau*, v.26, p.1-27, 1979.

WENZ, Günther. A. v. Harnack: Herzensfrömmigkeit und Wissenschaftsmanagement. In: NEUNER, Peter; WENZ, Günther (orgs.).

Theologen des 20. Jahrhunderts. Darmstadt: Wissenschaftliche Buchgesellschaft, 2002.

WILLETT, Cynthia (org.). *Theorizing Multiculturalism*: A Guide to the Current Debate. Oxford: Willey-Blackwell, 1998.

WILLS, Garry. The Day the Enlightenment Went Out. *New York Times*, 4 nov. 2004.

WIMMER, Reiner. *Kants kritische Religionsphilosophie*. Berlim: De Gruyter, 1990.

WINGERT, Lutz. Die Schere im Kopf. Grenzen der Naturalisierung. In: Geyer, Christian (org.). *Hirnforschung und Willensfreiheit*: Zur Deutung der neuesten Experimente. Frankfurt am Main: Suhrkamp, 2004.

______. Die eigenen Sinne und die fremde Stimme. In: VOGEL, Matthias; WINGERT, Lutz (orgs.). *Wissen zwischen Entdeckung und Konstruktion*. Frankfurt am Main: Suhrkamp, 2003.

______. Epistemisch nützliche Konfrontation mit der Welt. In: WINGERT, Lutz; GÜNTHER, Klaus (orgs.). *Die Öffentlichkeit der Vernunft und die Vernunft der Öffentlichkeit*. Frankfurt am Main: Suhrkamp, 2001.

ZANGL, Bernhard. Is There an Emerging International Rule of Law? *European Review*, v.13, supl.1, p.73-91, maio 2005.

______; ZÜRN, Michael. *Frieden und Krieg*. Frankfurt am Main: Suhrkamp, 2003.

ZÜRN, Michael. Global Governance and Legitimacy Problems. *Government and Opposition*, v.39, n.2, p.260-87, 2004.

Índice onomástico

A
Adenauer, K. 59
Adorno, Th. W. 21, 22, 22n29, 24, 62, 285-93, 295-6, 299, 301-3, 305-11, 315, 340, 354, 413-4, 417-8
Annan, K. 496, 505n35
Apel, K.-O. 19, 60, 78-9, 127n48, 141-4, 146, 149, 157-8, 164-9, 337n30
Arato, A. 68n5
Archibugi, D. 472n9
Arens, E. 218-9n37
Aristóteles 50, 52, 55, 126
Arnason, J. P. 233n51
Audi, R. 206n21, 209, 210, 210-1n28, 218-9n37, 231-2n48

B
Barry, B. 402n23, 437-8n37, 443n43, 444, 447, 447n49
Barth, K. 360-1
Bayle, P. 230n47, 379-80
Beck, U. 478n15
Becker, W. 224n45
Bell, D. 519n52
Bellah, R. 207n23
Benjamin, W. 30, 186, 295, 308, 353-4, 366
Berger, P. L. 191n2
Bernstein, R. F. 82n19
Bieri, P. 250, 252-3, 298, 298n10, 300n12, 305n14
Birnbaum, N. 207n22
Bloch, E. 353
Blumenberg, H. 238n58
Böckenförde, E. W. 173, 173n2, 177, 179n6, 181, 186
Bogdandy, A. V. 463n1, 470n6, 471n8, 495-6n29, 517n47, 518n51

Böhler, D. 141n1, 166n23, 337n30
Böll, H. 496n30
Brandom, R. 19-20, 20n24, 21n26, 69, 73, 110-11, 126, 134-5, 134n52, 135n53, 136-8, 252
Brugger, W. 385n11
Brumlik, M. 350n51
Brunkhorst, H. 14n6, 177n5, 253n54, 304n13
Buber, M. 253n56
Bultmann, R. 211n29, 354-5n57, 361
Bummel, A. 506n37
Burckhart, H. 149n8, 166n23
Buruma, I. 192n3
Bush, G. W. 196, 196n7, 196n8, 518, 518n50
Butler, J. 315n19

C
Carnap, R. 19, 125
Cassirer, E. 53
Chayes, A. 474
Chayes, A. H. 474
Cohen, H. 349-50, 350n50
Colpe, C. 233n52
Cottier, Th. 471n8
Cramm, W.-J. 266n30, 316n22
Cutrofello, A. 144n35

D
Darwin, Ch. 20, 23, 45, 246, 264-5, 270, 286
Davidson, D. 19, 69, 73, 110-4, 114n33, 114n34, 115, 115n36, 115n37, 115n38, 116, 116n39, 116n40, 117, 118, 118n41, 120, 121n44, 122, 123-5, 250n9, 254, 254n15
Denninger, E. 467n4
Derrida, J. 67, 413, 413n5, 414, 414n6, 415n10
Descartes, R. 257
Descombes, V. 266n30
Detel, W. 239n60
Dewey, J. 59, 67
Dilthey, W. 67
Döbert, R. 283n52
Dummett, M. 18-9, 69, 73, 107, 109, 110-1, 125, 129n49, 130, 132, 133, 133n51, 268n32
Durkheim, E. 87n21

E
Eder, K. 187n9
Eisenstadt, S. N. 233n51
Engels, E. M. 264n28, 353n55
Espinosa, B. de 337, 340, 378

F
Fassbender, B. 496n30
Fennell, J. 121n44
Feuerbach, L. 184, 352, 353n56
Fischer, K. 488
Forst, R. 197n9, 200n11, 204n17, 215n35, 216n36, 218-9n37, 230n47, 385, 420n19, 422n22, 455n54

Foucault, M. 67, 228, 305, 412
Frankenberg, G. 383n9, 469n5
Fraser, N. 398n17, 436n33, 437, 437n36
Frege, G. 18-9, 73, 106-7, 109, 109n31, 110, 125, 128-30, 132, 266
Freud, S. 59, 291, 307, 353
Friedeburg, L. V. 285n2
Frowein, J. A. 505n36
Frühauf, M. 239n59
Fultner, B. 114n34

G
Gadamer, H.-G. 92, 92n22, 123, 124, 124n47
Galsron, W. 444, 449n51
Gans, Ch. 440n40
Gaus, G. F. 215n34
Gehlen, A. 61
Geyer, Ch. 232n49, 244n3, 250n10, 275n44
Godt, Ch. 515n45
Goethe, J. W. V. 380
Goodstein, L. 196n8
Grande, E. 478n15
Grimm, D. 396n15, 489n24
Günther, K. 165n21, 269n35, 316n21, 418n17, 426n25, 429n30, 469n5, 487n22, 489n24

H
Habermas, J. 16-8, 18n11, 18n12, 18n13, 18n14, 18n16, 19, 19n17, 19n18, 20, 20n24, 21-2, 22n30, 22n31, 23, 23n32, 23n34, 24, 24n37, 25, 25n38, 26n42, 27, 27n44, 28-30, 30n53, 31, 31n54, 32-3, 45n3, 60n3, 68n5, 71n9, 77n12, 92n22, 94, 101n26, 105n27, 146, 164n19, 201n12, 264n29, 270n38, 283n51, 337n30, 359n61, 366n70, 384n10, 396n16, 413n5, 418n17, 418n18, 421n21, 423-4n24, 446n48, 484n20
Habermas, T. 243n2
Hahn, L. E. 114n35, 115n38, 116n40, 254n15
Halbertal, M. 440n40
Harnack, A. V. 357
Haverkate, G. 385n11
Hayek, F. A. V. 224n45
Hegel, G. W. F. 20n24, 22, 27n44, 29, 30-3, 44, 65, 65-6n2, 184-5, 233, 349-51, 351n52, 351n53, 352, 354, 362, 364-6, 369, 371, 412, 421, 483-4
Heidegger, M. 60-1, 65, 67, 76, 81, 183, 233, 233n53, 373
Heinrich, D. 283n51
Held, D. 472n9, 477n14, 519n53
Heller, H. 478n16
Herdtle, C. 378n4, 379n6
Hertig, M. 471n8
Hesse, H. 59
Hesse, K. 383, 383n9
Hobbes, Th. 465

Höffe, O. 472n9
Hofmann, H. 488n23
Honneth, A. 31-2, 285n1, 399n18, 418, 437n36
Horkheimer, M. 8, 307n16, 370n73
Hoy, D. C. 67n4, 70n8
Humboldt, W. V. 53
Hume, D. 68-9
Hussein, S. 509
Husserl, E. 107, 109, 168, 266

I

Inamori, K. 49
Inglehart, R. 193n4, 195n6.

J

Jaspers, K. 44, 58, 233, 361, 371, 373
Jellinek, G. 176, 380
Joerges, Ch. 515n45
Jung, M. 227n46, 324
Jünger, E. 61

K

Kafka, F. 59
Kahler, M. 516n46
Kant, I. 19-21, 23, 25n38, 29-30, 45, 50, 63, 65, 65-6n2, 66, 68-70, 70n8, 71-4, 76, 78, 80-1, 84-8, 90-1, 95, 98-9, 105-7, 126, 162, 165, 175, 177, 184-5, 227n46, 231, 233, 245-6, 257, 264, 264n29, 270, 275, 286-8, 291-5, 299-300, 300-1n12, 302, 305-6, 310-1, 315, 323-9, 331, 333-55, 358-9, 361-9, 372-4, 379, 405, 410, 416, 425, 463-8, 470, 472, 475-7, 483, 493-4, 496, 508
Keil, G. 318n23
Kelsen, H. 177, 495n28
Kern, A. 415n11
Kersting, W. 467n3
Kettner, M. 141n1, 337n30
Kierkegaard, S. 30, 60, 184, 234, 350, 354, 354n57, 358-61, 366-7
King, M. L. 206
Kirste, S1. 440n39
Kriele, M. 467n4
Krug, W. T. 377n2
Krüger, H. P. 274n43
Kuhlmann, W. 169
Kumm, M. 509-10n39
Kymlicka, W. 400n20, 402n22, 444, 452n52

L

Laband, P. 176
Lafont, C. 14n6, 79n15
Langthaler, R. 323n1
Lau, Ch. 478n15
Leeb, Th. 378n4, 379n6
Leibfried, S. 486n21
Lessing, G. E. 387
Levinas, E. 314-5n19, 418
Libet, B. 244, 246-8, 250, 250n10
Litschewski-Paulson, B. 495n28
Locke, J. 143, 378-9, 405

Loewenstein, K. 382n8
Löwith, K. 352n54
Luhmann, N. 177
Lukács, G. 308, 309n17, 413
Lutz-Bachmann, M. 227n46, 233n52, 324n2, 370n73

M

Madsen, R. 207n23
Mann, Th. 59
Margalit, A. 192n3, 402n22, 440n40
Marx, K. 8, 30, 59, 65, 65-6n2, 184, 352, 353n55, 354, 358, 366, 407, 412, 483-4
Mauersberg, B. 283n51
McCarthy, Th. A. 65, 65n2, 66-7, 67n4, 68-9, 68n5, 70n8, 425, 426n25
McGrew, A. 490n25
McGuinness, B. 81-2n18
Mead, G. H. 27n44, 53, 99, 123, 135, 270, 270n38
Menke, Ch. 414, 414n7, 415, 415n10, 415n11, 415n12
Mestmäker, E. J. 518n49
Metz, J. B. 354
Meyer, Th. 578n16
Milbank, J. 238n57
Mills, Ch. W. 276, 400n19, 435, 435n32
Milosevic, S. 508-9
Möller Okin, S. 449-50n51
Möllers, Ch. 470n6
Moltmann, Jürgen 354
Mondrian, P. 59
Montesquieu, Ch. de 378
Moxter, M. 324n2
Mueller, A. 76n10
Münkler, H. 488n23

N

Nagel, Th. 255n16
Nanz, P. 514n43
Neuner, E. 183n8, 354-5n57, 357n59, 358n60, 361n65
Nietzsche, F. 65, 184, 372-3
Niquet, M. 76n11
Norris, P. 193n4, 195n6
Nunner- Winkler, G. 283n52
Nüssel, F. 354n57

O

Offe, C. 487n22

P

Pauen, M. 232n49
Pauer-Studer, H. 437n35
Paulson, St. 495n28
Peirce, Ch. S. 27n44, 53, 67, 77, 79, 79n14, 93, 135, 231
Peters, A. 495n27
Peters, B. 413n4
Peukert, H. 366n70, 370n73
Pfleiderer, G. 361n65
Piaget, J. 99
Picardi, E. 115n36
Pinochet, A. 509
Platão 55, 369
Popper, K. R. 224n45, 243n1

Putnam, H. 15n9, 18, 22n30, 76n10, 77n12, 94, 108n10, 317

Q

Quine, W. V. O. 19, 125, 243n1

R

Rawls, J. 28-9, 173, 188, 188n10, 198, 200, 200n10, 201n13, 202, 202n14, 203, 203n15, 204n18, 205-7, 209, 217, 128-9n37, 222n43, 238, 239-40, 389, 390n13, 391, 391n14, 416, 419, 420-1, 421n21, 426-7, 427n26, 457, 457n55
Raz, J. 402, 438n38
Rehg, W. 100
Renoir, P.-A. 278
Ricken, F. 370n73
Ricoeur, P. 243n1
Rorty, R. 115, 115n38, 116, 116n40, 254n15, 263, 263n27, 264
Rosenfeld, M. 68n5
Roth, G. 244n4, 247n6, 249n8, 254n14, 261n22, 262, 262n24, 263
Rottleuthner, H. 232n50
Rousseau, J.-J. 408, 410, 465, 468
Royce, J. 135

S

Sartre, J.-P. 59
Scanlon, T. M. 257n19
Schlagetter, A. L. 60, 60n3
Schleiermacher, F. D. E. 30, 184, 227n46, 350, 354, 354n57, 355, 355n58, 356-8, 360, 366-7
Schluchter, W. 358
Schmid Noerr, G. 307n16
Schmidt, Alfred 370n73
Schmidth, Th. M. 191n1, 214, 215n34, 227n46, 239n59, 324n2, 351n52
Schmitt, C. 61, 176, 183, 238, 369
Schnädelbach, H. 298n9, 318n23
Schulte, J. 115n36
Searle, J. 255n17, 261, 262n23
Seel, M. 256n18, 298n8, 429n29
Sellars, W. 97, 97n24, 122n45, 134, 261, 268n33
Shachar, A. 442n42
Simmel, G. 308
Singer, W. 189n11, 257-8n20, 262n23, 272-3, 273n41, 274, 275n45, 277, 281, 312
Skirbekk, G. 141n1, 337n30
Slaughter, A.-M. 479n17, 513, 513n41, 514, 515n44
Sócrates 184, 354, 358-9
Steffek, J. 514n43
Strauss, L. 183, 369
Strawson, P. 76n11

T

Tarski, A. 111-2
Taylor, Ch. 401n21, 444-5, 446n47, 461n57, 520n54

Teubner, G. 513n40
Theunissen, M. 353n56, 360n64
Tomás de Aquino 50
Tomasello, M. 26, 26n44, 270, 271n39
Tomuschat, Ch. 495n29
Tugendhat, E. 107n29, 249n7, 282n50, 283n51, 291n6, 328n7, 328n9

V
Vogel, M. 269n35, 318n24

W
Waldron, J. 440n41
Walzer, M. 473n10
Weber, M. 94, 319, 357, 358n60, 413
Weingarten, M. 294n7
Weischedel, W. 325n3, 470n7
Weithman, P. J. 207, 208n24, 210n27, 212n31, 213n32, 219-20, 220n39, 221n41
Wellmer, A. 79n14, 93n23, 267n31
Wenz, G. 183n8, 354-5n57, 357n59, 358n60, 361n65
Willett, C. 398n17, 437n36
Wills, G. 196n7
Wimmer, R. 335n26
Wingert, L. 243, 269, 275n44, 318n24, 426n25, 469n5, 487n22, 489n24
Wittgenstein, L. 243n1, 269, 269n35, 269n36, 275n44, 318n24, 426n25, 469n5, 487n22, 489n24
Wolterstorff, N. 206n21, 209n25, 212n30, 219, 221, 221n42, 222-3, 223n44, 231-2n48
Wright, G. H. V. 267

Y
Yardley, W. 196n8
Yates, M. 191n1
Young, I. 444

Z
Zangl, B. 475n12, 495n27
Zürn, M. 475n12, 486n21, 490-1, 491n26, 514n42

SOBRE O LIVRO

Formato: 13,7 x 21 cm

Mancha: 23 x 44 paicas

Tipologia: Venetian 301 12,5/16

Papel: Off-white 80 g/m² (miolo)

Cartão Triplex 250 g/m² (capa)

1ª edição Editora Unesp: 2024

EQUIPE DE REALIZAÇÃO

Capa

Vicente Pimenta

Edição de texto

Tulio Kawata (Copidesque)

Marcelo Porto (Revisão)

Editoração eletrônica

Eduardo Seiji Seki (Diagramação)

Assistente de produção

Erick Abreu

Assistência editorial

Alberto Bononi

Gabriel Joppert

Coleção Habermas

A inclusão do outro: Estudos de teoria política

A nova obscuridade: Pequenos escritos políticos V

A revolução recuperadora: Pequenos escritos políticos VII

Conhecimento e interesse

Facticidade e validade: Contribuições para uma teoria discursiva do direito e da democracia (2ª edição)

Fé e saber

Mudança estrutural da esfera pública: Investigações sobre uma categoria da sociedade burguesa

Na esteira da tecnocracia: Pequenos escritos políticos XII

O Ocidente dividido: Pequenos escritos políticos X

Para a reconstrução do materialismo histórico

Sobre a constituição da Europa: Um ensaio

Teoria da ação comunicativa (2 volumes)

Técnica e ciência como "ideologia"

Teoria e práxis: Estudos de filosofia social

Textos e contextos

Uma nova mudança estrutural da esfera pública e a política deliberativa

Rua Xavier Curado, 388 • Ipiranga - SP • 04210 100
Tel.: (11) 2063 7000
rettec@rettec.com.br • www.rettec.com.br